Beck'sche Reihe

BsR 1229

Die Leserinnen und Leser erwartet ein thesenreiches und in vieler Hinsicht provozierendes Buch: Vor dem Hintergrund einer umfassenden Patriarchatskritik (wie sie die Autorin bereits 1988 in ihrem Buch „Ursprünge und Befreiungen. Eine dissidente Kulturtheorie" vorlegte) und aus der Perspektive einer feministisch reflektierten Psychoanalyse stellt dieses Werk den Hauptlinien der neuzeitlichen Erkenntnistheorie einen Denkansatz entgegen, der neben der Ratio die Urteilskraft der Gefühle zu ihrem Recht kommen läßt. Das zentrale Postulat besteht in der Aufforderung, sich nicht nur auf vermeintlich objektive, rationale Entscheidungen zu stützen, wenn es um den Entwurf einer menschengerechten und solidarischen Weltgemeinschaft geht. Eine Verantwortungsethik kommt nicht daran vorbei, emotionale Wertkriterien in ihr Konzept einzubeziehen, womit die Grenze zwischen Rationalität und (scheinbarer) Irrationalität neu gezogen wird.

Carola Meier-Seethaler wurde in Philosophie promoviert, ist diplomierte Psychologin und hat bis vor wenigen Jahren als Psychotherapeutin in der Schweiz gearbeitet. Ihre Hauptarbeitsgebiete bilden die Erforschung der Rolle von Emotionen in Erkenntnistheorie und Wertphilosophie sowie Symbolgeschichte und Patriarchatskritik.

CAROLA MEIER-SEETHALER

Gefühl und Urteilskraft

Ein Plädoyer für die emotionale Vernunft

VERLAG C. H. BECK

Die Deutsche Bibliothek – CIP Einheitsaufnahme

Meier-Seethaler, Carola:
Gefühl und Urteilskraft : Plädoyer für die emotionale
Vernunft / Carola Meier-Seethaler. – Orig.-Ausg. –
München : Beck, 1997
  (Beck'sche Reihe ; 1229)
  ISBN 3 406 42029 X

Originalausgabe
ISBN 3 406 42029 X

Umschlagentwurf: Uwe Göbel, München
Umschlagabbildung aus Johannes Itten, Kunst der Farbe,
© Ravensburger Buchverlag 1983
C. H. Beck'sche Verlagsbuchhandlung (Oscar Beck), München 1997
Gesamtherstellung: C. H. Beck'sche Buchdruckerei, Nördlingen
Gedruckt auf säurefreiem, alterungsbeständigem Papier
(hergestellt aus chlorfrei gebleichtem Zellstoff)
Printed in Germany

Wenn es doch endlich einmal gelänge, in unserer Sprache ein Wort einzuführen, welches Denken und Fühlen nicht trennt. Ich habe es satt, mich immer für das eine und damit gegen das andere entscheiden zu müssen. Und wieviel Unglück ist erst dadurch entstanden, daß die Menschen auch danach gehandelt haben.

Ilse Aichinger

Dank

Im Bewußtsein, mich mit der Darstellung eines so umfassenden Themas auf eine Gratwanderung begeben zu haben, die komplexe Probleme differenziert vermitteln will und sich gleichzeitig auf bestimmte Aspekte des modernen Ethikdiskurses beschränken muß, war mir die kritische Begleitung von kompetenten Fachpersonen besonders wertvoll.

Allen voran danke ich Frau Prof. Dr. Annemarie Pieper, Basel, für die gründliche Durchsicht der ersten drei Kapitel. Frau Prof. Dr. Judith Jánoska, Bern, bin ich für die Klärung erkenntnistheoretischer Fragen verbunden, Herrn Prof. Dr. Hans Christoph Binswanger, St. Gallen, für die Durchsicht einiger Abschnitte des vierten Kapitels.

Zudem verdanke ich philosophiehistorische Anregungen Frau Claudia Sandkühler, München, solche finanzwissenschaftlicher Art Frau Mascha Madörin und Herrn Urs Hänsenberger, Bern, sowie Hinweise auf Umwelt- und biotechnologische Probleme meiner Tochter Martina Meier.

Nicht zuletzt bin ich Frau Stella Janko für die Fertigstellung des Manuskripts und auch anderen mir freundschaftlich verbundenen Personen für ihre menschliche Unterstützung dankbar.

Bern, Mai 1997

Inhalt

Kapitel IV

Die politischen Konsequenzen

Einleitung

Längst bevor die Postmoderne ausgerufen und der euphorische Glaube an den Fortschritt durch Wissenschaft und Technik brüchig wurden, gab es im europäischen Geistesleben eine Grundstimmung, die Freud *„das Unbehagen in der Kultur"* (1930) nannte.

Freilich hatte der Begründer der Psychoanalyse dieses Unbehagen nur im Sinne eines individuellen Glücksdefizits verstanden und es als notwendiges Übel jeder Kulturentwicklung interpretiert, weil der Zivilisationsprozeß unsere Triebbefriedigung hemme.

Wie immer man zu dieser Theorie steht, Freud hatte als erster wissenschaftlich formuliert, daß die rationalen Ziele der Kulturentwicklung allein die Grundbedürfnisse der Menschen nicht abzudecken vermögen. Dabei blieb er allerdings der rationalistischen Leib-Geist-Spaltung ebenso verhaftet wie der naturwissenschaftlichen Leitlinie seiner Zeit, wenn er das Psychische mit dem Organisch-Physiologischen und das Geistige mit dem Intellektuellen gleichsetzte.

Erst die Neopsychoanalyse, wie sie unter anderen Erich Fromm vertrat, und parallel dazu die Kritische Theorie der Frankfurter Schule, brachten die „Eindimensionalität" der „instrumentellen Vernunft" zum Bewußtsein und forderten damit *eine kritische Revision des Vernunftbegriffs selbst.* (Max Horkheimer 1947, 1967)

Diese Kritik richtet sich gegen ein rein pragmatisches Verständnis des Erkenntnisbegriffs, wonach als richtig bzw. als wahr gilt, was machbar ist und sich bei der Realisierung praktisch-technischer und praktisch-gesellschaftlicher Probleme bewährt. Daß dabei nicht nur die großen Zusammenhänge der Natur, sondern auch wesentliche soziale und geistige Bedürfnisse der Menschen ignoriert werden, blieb seitdem Gegenstand der Technologiekritik bedeutender Philosoph/innen und Wissenschaftler/innen, wie sie in Carolyn Merchants „Tod der Natur" (1987) oder in Josef Weizenbaums „Kurs auf den Eisberg" (1984) ihren ersten Höhepunkt fand.

Als seit den 60er Jahren einer breiteren Öffentlichkeit deutlich wurde, in welchem Ausmaß der einseitige Technologiefortschritt unsere Lebensgrundlagen bedroht, wurde aus dem individuellen Unbehagen in der Kultur ein kollektives Unbehagen an der Kultur.

Aus philosophischer und aus psychoanalytischer Sicht gibt es verschiedene Erklärungsmodelle für die offensichtliche Dysfunktionalität des eindimensionalen Denkens und dessen Ursachen. *Eine wissenschaftsinterne Kritik* lastet der fortschreitenden Spezialisierung die Blindheit für das Ganze an und fordert statt dessen ein vernetztes, ökologisches Denken. *Die Kapitalismuskritik* macht die Lebensmaxime des Habens und die Strategie der Ausbeutung für die Einseitigkeit unserer Kulturentwicklung verantwortlich. Und seit den frühen 70er Jahren tritt *die feministische Patriarchats- und Wissenschaftskritik* hinzu, welche das männliche Macht- und Überlegenheitsstreben als die eigentliche Triebkraft für unkontrolliertes und unkoordiniertes Wachstum begreift.

Es ist unschwer zu sehen, daß jeder dieser Erklärungsversuche für sich allein nicht ausreicht, um das ganze Phänomen abzudecken. So wurde spätestens seit dem Scheitern der realsozialistischen Gesellschaftssysteme im Osten am Ende der 80er Jahre klar, daß die Kapitalismuskritik zu kurz greift, um die katastrophalen Umweltzerstörungen, wie sie auch im Osten stattfanden, zu erklären. Von da an mußte sich der analytische Blick vermehrt den Naturwissenschaften selbst zuwenden, und hier war es die feministische Wissenschaftskritik, die durch ihre Einbeziehung des Geschlechterproblems (*Gender-Science-Debatte*) der Wissenschaftstheorie neue Perspektiven eröffnete.

Evelyn Fox Keller und Carolyn Merchant brachten anhand ihrer *wissenschaftshistorischen Textanalysen* ans Licht, daß die moderne Wissenschaftstheorie seit Francis Bacon (1561–1626) zutiefst von geschlechtsspezifischen Vorurteilen und Interessen geprägt ist. Als Begründer der experimentalwissenschaftlichen Methode spricht Bacon von der Natur stets in weiblichen Bildern und rät den jungen Forschern, die Natur so beherrschen zu lernen, wie ein Mann eine Sklavin und deren Kinder beherrscht.

Gleichzeitig erteilte *Bacon* der bisherigen Naturbetrachtung eine schroffe Absage, da sie in seinen Augen der Ausdruck einer passiv-weibischen Haltung war, und *proklamierte das männliche Zeitalter der Wissenschaft, das Heroen und Supermänner hervorbringen werde.* Aufgabe dieser Helden der Wissenschaft würde es sein, die Natur in den Schatten zu stellen und sie mit Maschinen sowie mit künstlich veränderten Pflanzen und Tieren zu übertrumpfen.[1]

Damit wurden schon vor 350 Jahren die Ziele unserer gegenwärtigen Spitzentechnologie vorweggenommen und zugleich die Motive für solche Zielvorgaben offengelegt. Es sind nicht nur die viel zitierte Wißbegierde oder das edle Motiv, das Los der Menschen zu verbessern, die unsere Forscher zu immer hektischeren technischen Fortschritten antreiben. Es spielt dabei auch ein spezifisch männlicher Ehrgeiz eine Rolle, sowie *die unbewußte Obsession, sich von „Mutter Natur" loszureißen.*

E. Fox Keller spricht daher von einer irrationalen bzw. *„emotionalen Substruktur" der Naturwissenschaft*[2] – ganz im Gegensatz zu deren bisherigem Selbstverständnis, welches Unvoreingenommenheit und Objektivität für sich in Anspruch nimmt.

Für diese emotionale Substruktur lassen sich individualpsychologische und kollektivpsychologische Faktoren benennen, von denen zwei im Mittelpunkt der *Gender-Science-Debatte* stehen. Zum einen die unbewußten Hintergründe für die strikte Subjekt-Objekt-Trennung in der naturwissenschaftlichen Methode, zum anderen die nicht minder unbewußten Motive für das ehrgeizige Programm, mit der Natur zu konkurrieren.

Zur Dechiffrierung der von ihr so genannten „objektivistischen" Methode knüpft Fox Keller an die Lehre der ersten Objektbeziehungen an bzw. an deren Neuinterpretation durch feministische Psychoanalytikerinnen (N. Chodorow, D. Dinnerstein, J. Flax und andere). Danach hat der Grundsatz in der Forschung, alle subjektiven Empfindungen zugunsten einer vorurteilslosen Herangehensweise an den Forschungsgegenstand auszublenden, neben seiner sachlichen Berechtigung auch ein verborgenes, subjektives Motiv: Er kommt dem Bedürfnis des Forschers entgegen, sich von seinem Gegenüber zu distanzieren und die eigene Autonomie durch die Herrschaft über das Objekt zu sichern.

Dabei ortet die feministische Psychoanalyse die Ursache für den *männlichen „Autonomiekomplex"* in der Struktur der patriarchalen Familie und deren „Mutterlastigkeit" bei der Kindererziehung. Aufgrund der einseitigen psychischen und emotionalen Präsenz der Mutter gestalten sich Ablösung und Identitätsfindung für den Knaben schwieriger und dramatischer als für das Mädchen. Weil der selbständig werdende Knabe nicht nur erwachsen, sondern ein anderer Erwachsener als die Mutter werden muß, wird für ihn *„Männlichkeit" gleichbedeutend mit der Abgrenzung gegenüber dem Weiblichen und das heißt auch mit der Ablehnung jeder emotionalen Abhängigkeit* und dem Vermeiden von Nähe.

Nun wird aber die strikte Subjekt-Objekt-Trennung weder den „Gegenständen" der Geisteswissenschaften gerecht, bei denen es sich ja um Subjekte und deren Äußerungen handelt, noch den Gegenständen der organischen Natur, es sei denn, man erkläre sie zu letztlich toten Objekten und ihre Aktivitäten zu rein mechanischen Abläufen. Wenn wir das Ideal der exakten Naturwissenschaften, das nur quantitative Bestimmungen und vorausberechenbare Kausalabläufe zuläßt, zum Nennwert nehmen, so müßten wir das Leben, wie wir es in uns selbst und in der spontanen Begegnung mit der Natur erfahren, als unwissenschaftliche Scheinwelt abqualifizieren. Von da aus wird die Vision der Kybernetik erst plausibel, eines Tages die gesamte organische Natur einschließlich des Menschen als berechenbare Roboter reproduzieren zu können.

Was nun die Motive für die Übertrumpfung der Natur anbelangt, so sind auch sie weit hintergründiger, als es die rationale

Vorstellung von der Naturbeherrschung vermuten läßt. Wie die feministische Kulturanalyse zeigt, erweisen sich die Baconschen Metaphern, welche die Natur mit der Frau und den Mann mit dem kreativen Geist gleichsetzen, als sehr alte Polarisierungen, die das gesamte patriarchale Denksystem seit der Antike durchziehen. Sowohl in der Theologie als auch in der Philosophie war diese Polarisierung immer mit einer Abwertung, ja Feindseligkeit gegenüber dem Weiblichen und dem Natürlichen verbunden.

Psychoanalytisch gesehen, ist die ideologische Abwertung der Frau bzw. die Selbsterhöhung des Mannes nur mit einer profunden narzißtischen Kränkung und deren Kompensation erklärbar. Wie uns nicht nur die Mythen- und Religionsgeschichte, sondern auch der Jargon der Naturwissenschaften bis in die Gegenwart nahelegen, hat die Kränkung zwei Wurzeln: den tief verdrängten Gebärneid des Mannes und die Enttäuschung über die eigene Sterblichkeit, die der weiblichen Natur als Versagen angelastet wird. Spiegelt sich der Neid in der Abwertung der weiblichen Sexualität und ihrer generativen Potenzen, die in allen patriarchalen Kulturen als „unrein" stigmatisiert bzw. durch einseitige Zeugungstheorien geleugnet werden, so das Nicht-Akzeptieren der Sterblichkeit in dem hartnäckigen Versuch, diese ungeschehen zu machen. Die Suche nach dem Unsterblichkeitskraut in der Alchimie findet ihren letzten Ausläufer in der Suche nach unbegrenzter Lebensverlängerung in der Medizin, und verräterischerweise bezog sich die Idee von der Unsterblichkeit in einem jenseitigen Leben zunächst nur auf die männliche Geistseele. Schließlich verspricht *der heute mehr denn je akute Traum vom homunculus in der Retorte,* beide Kränkungen des Mannes aufzuheben, indem er ihn nicht nur zum alleinigen Schöpfer des Lebens macht, sondern *zum Schöpfer eines besseren, fehlerfreien Lebens,* dem vielleicht eines Tages auch der Tod nichts mehr anhaben kann.

So fügt die feministische Gesellschafts- und Kulturanalyse der psychoanalytischen und der marxistischen Ideologiekritik eine weitere Desillusionierung hinzu, indem sie *die unreflek-*

tierte Geschlechterideologie als eine Quelle für philosophische und wissenschaftliche Theoriebildung entlarvt. Dabei geht es in unserem Zusammenhang nicht um das Geschlechterproblem als solchem bzw. um die Unterdrückung der Frau, sondern um die schwerwiegenden Folgen, welche die Abwertung des Weiblichen für den Gebrauch der Vernunft hatte und hat, einer Vernunft, die, obwohl einseitig männlich, als die allgemeinmenschliche gilt. Wie schon angedeutet, sprach Bacon vom „weibischen" Wissenschaftsstil vor seiner Zeit, womit er die passiv-kontemplative, aber eben auch respektvolle Einstellung gegenüber der Natur verächtlich machte. Mit seiner *Definition von Wissen als Macht* erhält naturwissenschaftliche Forschung einen aggressiven Stil, der sich über gefühlsmäßige Bedenken hinwegsetzt und bereits im 17. Jahrhundert vor grausamen Tierexperimenten nicht zurückschreckte.[3]

Im 19. Jahrhundert erfährt das Ideal des kühlen, machtbewußten Forschers seine Bekräftigung im amerikanischen Pragmatismus, wenn hier der Naturwissenschaftler als tough-minded definiert wird, im Gegensatz zu den *tender minded soft heads* der idealistischen Philosophen.[4] Die bis heute geltende Unterscheidung zwischen „harten" und „weichen" Wissenschaften führte schließlich *zur Spaltung der wissenschaftlichen Disziplinen in zwei Lager*, wovon nur eines den Ehrentitel „science" erhielt. Damit wurde „Wissenschaft" ein Synonym für „Naturwissenschaft", in der Meinung, daß nur die letztere sich durch harte Fakten belegen läßt, während alle Disziplinen der Sozial- und Geisteswissenschaften nur noch zu den weichen „humanities" zählen.

Um überhaupt noch ernst genommen zu werden, schickten sich Psychologie, Soziologie, Anthropologie, Sprach-, Rechts- und Politikwissenschaften eilig an, eine den Naturwissenschaften vergleichbare exakte Methode zu entwickeln, das heißt, nur noch meßbare Daten gelten zu lassen und subjektive Erfahrungen wenn überhaupt, nur noch als statistische Größen aufzunehmen.

Daß die auf diese Weise gewonnenen Ergebnisse trotz imponierender Materialsammlungen inhaltlich eher mager sind, kann nicht verwundern, wenn wir bedenken, daß die zwischenmenschlichen Probleme, die Gegenstand der Sozial- und Humanwissenschaften sind, nicht nur objektive Fakten spiegeln, sondern auch Bedürfnisse, Emotionen und Motivationen der Subjekte.

Eine ebenfalls nicht erstaunliche, aber beunruhigende Folge der Spaltung innerhalb der Wissenschaft ist *der weltweite Boom der Esoterik.* Nur weil die offizielle Wissenschaft die zentralen menschlichen Probleme wie ein heißes Eisen fallen ließ, konnten sich „alternative" Schulen und Heilslehren entwickeln, die sich uns heute als eine chaotische Mischung von durchaus ernstzunehmenden Ansätzen, kritiklosen Verstiegenheiten und marktschreierischen Angeboten darbieten. *Wenn das komplexe Gebiet der menschlichen Gefühle von der offiziellen Wissenschaft ignoriert oder zumindest vernachlässigt wird, so fristen die emotionalen Bedürfnisse ein vom Denken abgespaltenes Dasein und sind, je mehr sie verdrängt werden, umso anfälliger für selbsternannte Heilslehrer, Fundamentalisten und Demagogen.*

Bedauerlicherweise konnte auch die klassische Psychoanalyse, die zum erstenmal die unbewußten Seiten der Psyche wissenschaftlich ausleuchtete, diesen Prozeß nicht verhindern, weil sie immer nur von Trieben, aber wenig von Emotionen sprach. Freud selbst ging von einem durch und durch rationalistischen Erkenntnisansatz aus, und zudem bekennt er in seinen Briefen, daß ihm wichtige Bereiche menschlicher Gefühle persönlich fremd blieben.

Freuds Schriften reflektieren aber noch eine andere, zeittypische Erscheinung, nämlich *die Zäsur zwischen Wissenschaft und Kunst.* Ungeachtet der Tatsache, daß er auch über künstlerische Gegenstände brillante Aufsätze hinterließ, verstand Freud die Kunst doch nur als eine tröstliche Illusion, die uns zeitweise von unseren Frustrationen abzulenken vermag, nicht aber als eine Ausdrucksform menschlicher Erfahrung und Einsicht.

Bis heute sieht sich die Kunst in dieser merkwürdigen Lage zwischen Akklamation und gesellschaftlicher Duldung: Man verleiht Kunstpreise, brüstet sich mit ihr als nationaler Kultur-leistung, aber kaum je wird sie wirklich ernst genommen, weder von der psychologischen Wissenschaft, für die sie eine so reiche Quelle sein könnte, noch von der Politik, die sie als Seismograph des Zeitgefühls ebensowenig wahrnimmt wie als moralische Instanz.

Die schwerwiegendste Konsequenz, die sich aus der Weigerung ergibt, Emotionen am menschlichen Erkenntnisprozeß teilnehmen zu lassen, betrifft allerdings die ethische Theorie und das praktisch moralische Handeln. *Emotionsloses Denken führt immer zu partieller Wertblindheit,* weil Wertqualitäten, von der einfachsten sinnlichen Qualitätswahrnehmung bis hin zu den höchsten menschlichen Werten, nur emotional und nie ausschließlich rational wahrgenommen werden können.

Von daher gesehen ist *der Begriff von der „wertfreien" Wissenschaft* äußerst bedenklich, ganz abgesehen davon, daß er seit seiner Prägung durch Max Weber sehr oft mißverstanden wurde. Die Proklamation der Wertfreiheit hat nicht nur zu einer Art emotionaler Anästhesie in der Forschung geführt, sondern *zur prinzipiellen Spaltung zwischen Wissenschaft und Ethik,* was die letztere im gleichen Maße zur Privatsache macht wie die Kunst. Sobald aber ethische Fragen dennoch zu einer öffentlichen Angelegenheit werden, setzt man Ethikkommissionen ein, die über die Verlegenheiten der wertfreien Wissenschaft hinweghelfen sollen. Allerdings wird auch aus deren Diskurs eine große Hilflosigkeit deutlich, weil sich auch die philosophische Ethik seit langem einem rationalistischen Erkenntnisstil verschrieben hat und sich ihre Reflexionen meist auf „Güterabwägungen" beschränken.

Die Charakterisierung der philosophischen Ethik als rationalistisch gilt allerdings nur für den „mainstream" der europäischen Philosophie, für jene Hauptlinie, die von Descartes, Bacon und Hobbes über Kant und Hegel bis zu Comte und allen Spielarten des positivistischen und skeptizistischen Denkens führt. Daneben existiert aber eine ganz andere Tradition neuzeitlicher Philosophie, die bei Blaise Pascal, dem jüngeren Zeitgenossen Descartes' beginnt und sich über die englischen

Moralphilosophen, über Rousseau und die deutsche Romantik bis zur Existenzphilosophie und der gegenwärtig wieder auflebenden phänomenologischen Schule fortsetzt.

Diese zweite, vom modernen Bewußtsein immer wieder verdrängte philosophische Linie machte sich „*das Andere der Vernunft*" (Böhme 1985) zum Thema, welches der Rationalismus ausklammerte, und zu dem die Abhängigkeit von der leiblichen Existenz ebenso gehört wie der vielschichtige Chor der Emotionen.

Hartmut und Gernot Böhme, die Autoren des Buches mit dem oben genannten Titel charakterisierten *die rationalistische Philosophie als eine Art Selbstgeburt des Geistes, der seine Genese verleugnet.* Diese Aussage beziehen sie im besonderen auf Kants „intelligibles Subjekt", das unabhängig von allen natürlichen Bedingungen wie ein deus ex machina erscheint, aber auch auf Decartes' „cogito ergo sum", das er für die einzig sichere Realität hielt. In Anlehnung an feministische Gedankengänge sehen sie darin eine Verleugnung des eigenen biographischen Ursprungs, d. h. der eigenen Gebürtigkeit und der langen emotionalen Abhängigkeit.

Wir müssen diese Diagnose aber nicht nur für einzelne Vertreter einer rationalistischen Philosophie stellen, sondern auch für die gängige geistesgeschichtliche These, wonach am Beginn des abendländischen Denkens *der Sieg des Logos über den Mythos* stand. Eine solche Vorstellung ist aus einem doppelten Grund irreführend. Zum einen erweckt sie den Eindruck, als sei das mythische Denken der Völker ein bloßes Spiel der Einbildung und als solches für die Erkenntnis irrelevant. Diesen Irrtum hatte schon die wissenschaftliche Mythenforschung um die Jahrhundertwende korrigiert und *Mythen als ernstzunehmende Quelle emotionaler Lebens- und Welterfahrung* wiederentdeckt. Zum anderen erweist sich die angebliche Voraussetzungslosigkeit der rationalistischen Wissenschaft selbst als eine Illusion und damit als eine Art Mythos, was nicht nur für die Naturwissenschaften gilt, sondern ebenso für die „harte" Linie der Soziologie und der Wirtschaftswissenschaften, die ihre eigenen philosophischen Vorentscheidungen selten reflektieren. Dazu gehört etwa die keineswegs selbstverständliche Prämisse von der Dominanz des menschlichen Besitzstrebens und der darauf beruhende Mythos von der allein seligmachenden Gewinnmaximierung oder das Dogma vom autonomen Individuum, welches die Grundtatsache ignoriert, daß wir alle aus der Gemeinschaft erwachsen und ohne gegenseitige Abhängigkeit nicht existieren können.

Jedenfalls gibt es genügend Gründe, über ein breiteres Fundament der Erkenntnis nachzudenken und sich mit älteren und zeitgenössischen Philosoph/innen zu beschäftigen, die wesentliche Bausteine für eine solche Basis lieferten. Im *ersten Kapitel* meines Buches folge ich den Denkschritten der genannten, anderen Linie der europäischen Philosophie und versuche, sie anhand ausgewählter Beispiele in ihren wichtigsten Positionen nachzuzeichnen.

Den Ausgangspunkt bildet *Blaise Pascal (1623–62),* und dieser Beginn ist insofern ideal, als der geniale Mathematiker und Freund Descartes' nicht in den Verdacht gerät, aus mangelnder rationaler Begabung oder aus Sentimentalität der emotionalen Erkenntnis das Wort zu reden. Er schätzte im Gegenteil das klare cartesianische Denken sehr hoch, aber er sah gleichzeitig dessen Grenze beim Erfassen großer Zusammenhänge und bei der Beantwortung existentieller und moralischer Fragen. Deshalb stellte er der Logik des Verstandes *(ordre de la raison)* die *Logik des Herzens (ordre du cœur)* zur Seite, bzw. dem Geist der Mathematik *(esprit de géométrie)* den Geist des fein- und scharfsinnigen Gefühls *(esprit de finesse).*

Diese andere Seite der Vernunft erfaßt die Beziehungen zwischen den Dingen – wie die Erscheinungen des Lebendigen in ihrem Wechsel und die Beziehungen der Menschen untereinander –, und sie ist zugleich ein feines Meßgerät zur Bewertung äußerer und innerer Vorgänge. In allen Fragen der Moral ist für Pascal das Urteil des Herzens maßgebend und sogar weniger anfällig für Selbsttäuschungen als der oberflächlichere Verstand; das heißt, *er schreibt dem Gefühl eine echte Erkenntnisfunktion zu.* Pascal weiß auch um die Leibgebundenheit aller, auch der geistigen Gefühle, und damit unterscheidet er sich nicht nur diametral von Descartes' Leib-Geist-Spaltung, sondern nimmt Erkenntnisse vorweg, die erst die jüngste neurophysiologische Forschung bestätigt.[5]

Ein halbes Jahrhundert später kommt *Shaftesbury (1671–1713)* mit seiner Definition des *„moral sense"* zu einer ähnlichen Einschätzung der Gefühlskompetenz. Auch er versteht *die Urteilskraft des Gefühls* weder als ein Diktat der Leidenschaften noch als eine mystische innere Stimme, sondern als eine mit dem Reflexionsvermögen verbundene Gabe der Unterscheidung.

Meine Auswahl der historischen Meilensteine auf dem Weg zu einer Erkenntnistheorie des Gefühls ist notgedrungen lückenhaft und überspringt die auf Shaftesbury folgenden englischen Moralphilosophen ebenso wie die ungefähr gleichzeitigen französischen Moralisten, weil sie meines Erachtens keine wesentlich neuen erkenntnistheoretischen Gesichtspunkte vermitteln. Hingegen ist *Rousseau (1712–1778)* als Verteidiger des Gefühls gegen die rationalistische Aufklärung und als radikaler Kulturkritiker aus dieser Reihe nicht wegzudenken. Sein Einfluß auf die politischen Umwälzungen in Europa und auf das deutsche Geistesleben des 18. Jahrhunderts war enorm und findet seinen Niederschlag vor allem in den Werken der Denker/innen der *Romantik*. Bei Rousseau selbst manifestiert sich allerdings ein neuer Zwiespalt zwischen Verstand und Gefühl, der nun im sogenannten komplementären Geschlechtermodell einseitig auf das männliche und das weibliche Geschlecht projiziert wird. In diesem Zusammenhang widme ich auch dem Soziologen *Georg Simmel (1858–1918)* einen kleinen Abschnitt. An ihm zeigt sich, daß die Bemühung um ein androgynes Menschenbild in der deutschen Romantik an gesellschaftlichen Gegebenheiten scheiterte, wozu der Rückgriff auf völkisch-nationalistisches Gedankengut das Seine beitrug.

Ganz eigenständig hebt sich dagegen *Herders (1744–1803) Werk* ab, der seine Kritik am Rationalismus mit einer emotional begründeten Sprachtheorie verbindet und trotz seiner Hinwendung zum „Volksgeist" diesen nur als eine Stimme unter vielen im Gesamtchor der Menschheit einschätzt.

Wie ein erratischer Block scheint *Kant (1724–1804)* in meinem historischen Aufriß zu stehen, nachdem er als *der* rationale Begründer der Ethik gilt. Aber schon der Titel dieses Abschnitts verrät, warum er hier am Platze ist: *„Das Gefühl als heimliche Erkenntnisquelle bei Kant"*. Ich verdanke diese Einschätzung zu einem wesentlichen Teil der Revision der bisherigen idealisierten Kantbiographien durch die Gebrüder Böhme, wenn diese auch für mein Empfinden stellenweise allzu unerbittlich ausfällt. Dennoch halte ich es für unverzichtbar, das Denksystem eines Philosophen mit seinem persönlichen Werdegang in Beziehung zu setzen. Niemand kann von seinen Lebenserfahrungen völlig abstrahieren, und wenn er es tut, so besteht auch darin eine Bewältigungsstrategie eben dieser Erfahrungen.

Anhand von Kants eigenen, wenn auch verschlüsselten Bekenntnissen wird die Annahme plausibel, daß er zeit seines Lebens gegen die Versuchungen des Suicids zu kämpfen hatte, nachdem sein Leben in frühen Jahren einen jähen Bruch durch den Tod der Mutter erfuhr. Um den regressiven Verschmelzungswünschen nicht nachzugeben, mußte er alle weichen Gefühlsregungen verbannen und konnte sich nur durch heroische Willensanstrengung dahin bringen, seine geniale Begabung (welche die Mutter erkannt hatte) ins Werk zu setzen. Kant lebte und arbeitete aus Pflicht, aber dort, wo sein kategorischer Imperativ über das formale Prinzip hinaus einen Inhalt ahnen läßt, sind es die emotionalen Erfahrungen des empfindsamen Knaben: Sein berühmter Satz, wonach zwei Dinge das Gemüt mit Ehrfurcht erfüllen, „der bestirnte Himmel über mir und das moralische Gesetz in mir", entspricht genau seiner Kindheitserinnerung, wonach die Mutter den ersten Keim des Guten in ihm pflanzte und sein Herz den Eindrücken der Natur öffnete. Freilich verbot ihm seine autonome Vernunft, sich dieses Zusammenhangs bei der theoretischen Grundlegung der Ethik zu erinnern.

Eine der zentralen Gestalten auf dem Weg zu einer Erkenntnistheorie der Emotionen ist *Wilhelm Dilthey (1833–1911)*, der mit dem Ausbau der „hermeneutischen" Methode als der eigentliche Begründer der „verstehenden" Sozial- und Geisteswissenschaften gilt.

Als historischer Markstein unerläßlich ist auch das Werk *Freuds (1856–1939)*, denn seine Entdeckung des Unbewußten und des Verdrängten bildete einen revolutionären Einschnitt für das wissenschaftliche Denken seiner Zeit. Freud stellte den Monopolanspruch der Ratio in Frage und damit auch ein Stück fortschrittsgläubiger Selbstsicherheit.

Nicht weniger folgenschwer war die geistige Position *Max Webers (1864–1920)*. Mit seinem Wort von der „*Entzauberung*" der Welt – als Nachklang zu Nietzsches Diktum vom Tod Gottes – beugte er sich der *Zweckrationalität* des modernen Lebens, die er durch eine tiefe Kluft von der „*Wertrationalität*" bisheriger Kulturen geschieden sah. Aber während er selbst ein Zerrissener blieb und zutiefst um persönliche wie auch um politische Wertentscheidungen rang, klammerten viele Wissenschaftler nach ihm die Wertfrage auch für die Zielsetzung der Forschung aus. Aus der Abstinenz jeder Wertung innerhalb wissenschaftlicher Aussagen, wie Weber sie forderte, wurde ein Verzicht auf die Sinn- und Wertfrage überhaupt.

Ein nächster Abschnitt gilt dem Werk *Max Schelers (1874– 1928)* als einem bedeutenden Vertreter der Phänomenologie E. Husserls. Mit seiner „materialen Wertethik", die er der formalen Ethik Kants kritisch entgegensetzte, und mit seinem Begriff des „*emotionalen Apriori*" gab er der Ethikdiskussion einen neuen nachhaltigen Impuls.

Als Vertreter der Existenzphilosophie kommt *Karl Jaspers (1883–1969)* mit Einsichten zu Wort, die den von mir gewählten Begriff der emotionalen Vernunft berühren.

Schließlich stelle ich die in Europa erst wenig bekannte amerikanische Philosophin *Susanne Langer (1895–1985)* vor, *deren Werk der hervorragenden Bedeutung menschlicher Gefühle für den gesamten Erkenntnisprozeß gewidmet ist.* Bisher vor allem als Kunstphilosophin rezipiert, gehen ihre Intentionen weit über diesen Teilbereich der Philosophie hinaus. Im Anschluß an Cassirers Symboltheorie stellt sie der diskursiven Symbolik der Sprache die von ihr so genannte „*präsentative*"

Symbolik von Ritus, Mythos und Kunst an die Seite. Nach Langer sind deren bildhafte und rhythmische Ausdrucksformen als symbolische Transformationen emotionaler Gehalte zu verstehen, denen man nicht gerecht wird, wenn man sie als subjektive oder gar irrationale Expressionen einstuft. Präsentative Symbole folgen vielmehr einer bewußt hergestellten, eigenen Logik, die intersubjektiv kommunizierbar ist und die von daher in einem erweiterten Sinn als rational zu gelten hat.

Langer begreift Rationalität und Bewußtsein nicht als Gegensätze zum Gefühl, sondern alles Lebendige als einen fortschreitenden Prozeß immer intensiverer Stufen des Fühlens, der im Menschen in die Selbstreflexion aller psychischen Fähigkeiten einmündet.

Das *zweite Kapitel* des Buches setzt sich mit der *Ethikdiskussion der Gegenwart* auseinander. Um innerhalb der fast unüberschaubaren Fülle von Diskussionsbeiträgen gewisse Schwerpunkte zu setzen, gehe ich von drei Perspektiven aus, von der jede auf ihre Art die theoretischen Brennpunkte der zeitgenössischen Ethik anvisiert.

Im Fokus 1 resümiere ich den sogenannten *Positivismusstreit* zwischen Poppers kritischem Rationalismus und der Frankfurter Schule, bei dem es neben Methodenfragen um *die gesellschaftliche Verantwortung der Wissenschaft* und um gesellschaftliche Utopien ging. Während Popper einzig auf die Fortschritte der Wissenschaft setzt und jede gesellschaftliche Wertvorgabe als potentielle Wegbereiterin des Totalitarismus verwirft, besteht Habermas auf seiner These, daß auch die Wissenschaft soziologische Voraussetzungen hat und damit Vorentscheidungen trifft, die einem demokratischen Diskurs zu unterziehen seien.

Die Folgen dieses nie gelösten Streits sehe ich einerseits im Verlust der „Großen Erzählungen", mit denen sich die Postmoderne von den großen Entwürfen der Moderne verabschiedet, und andererseits in der Flucht aus dem Subjekt und seiner Verantwortung durch eine Wissenschaftstheorie, die den Personbegriff praktisch aufgibt (Soziobiologie, Kybernetik, Systemtheorie). Vor dem Hintergrund eines offensichtlichen gesellschaftlichen Sinnverlusts wird schließlich die Flucht breiter Massen in die Irrationalität, trage sie esoterische oder, viel schlimmer, faschistoide Züge, weniger unerklärlich.

Der Fokus 2 stellt *die gegenwärtige Renaissance philosophischer Gefühlstheorien* vor, und zwar zuerst mit zwei ihrer bedeutendsten Exponenten: mit *Hans Jonas,* der in seinem „Prinzip Verantwortung" der Ethik eine neue emotionale Basis gab, und mit *Agnes Hellers* „Theorie der Gefühle", deren phänomenologische Sicht sowohl durch die marxistische als auch durch die psychoanalytische Analyse geschärft ist.

Dazu kommt eine erstaunlich große Anzahl von Stimmen aus Amerika und dem deutschsprachigen Raum, die für eine Rehabilitation des Gefühls in der Ethik eintreten und die von der *„Rationalität" des Gefühls* (De Sousa) sprechen. Unter den ethisch relevanten Gefühlen nehmen Achtung, Scham, Reue und Empörung sowie das Mitleid einen breiten Raum ein, wobei auch die kritische Auseinandersetzung mit Schopenhauers Mitleidsethik eine Rolle spielt.

Eine überraschende Unterstützung erfährt dieser Diskurs durch spektakuläre *Ergebnisse der modernen Hirnforschung.* A. Damasio konnte anhand seiner umfangreichen Sammlung präfrontaler Cortexschädigungen nachweisen, daß der Ausfall von Gehirnzentren, die für die Verarbeitung von Emotionen verantwortlich sind, zu einer profunden Persönlichkeitsstörung führt. Auch wenn Sprache, Gedächtnis und formale Intelligenz intakt bleiben, verunmöglicht der Ausfall des Gefühls das Setzen von Prioritäten, die Entscheidungsfähigkeit und jedes kommunikative und moralisch adäquate Handeln.

Im Fokus 3 des zweiten Kapitels beleuchte ich *die feministische Kulturkritik und ihre Ansätze zu einer „nicht androzentrischen Ethik".* Dabei verzichte ich bewußt auf die Darstellung innerfeministischer Kontroversen um extreme Positionen wie den Dekonstruktivismus Judith Butlers oder biologistisch eingefärbte Differenz-Standpunkte. Erörtert werden feministische Theorien, die aus der „Gender"-Forschung hervorgingen und bei aller Kritik an patriarchalen Denkmustern ihre geistige Abkunft von der marxistischen und psychoanalytischen Ideologiekritik nicht verleugnen. Diese Dekonstruktion der patriarchalen Denksysteme trifft sich im Endeffekt mit den Anstrengungen jener Ethiker, die ihrerseits die Antinomien von Geist und Leben, Kultur und Natur, Ratio und Gefühl zu überwinden versuchen.

Zur effektiven Konvergenz zwischen traditionell weiblicher und traditionell männlicher Sicht wird es allerdings nur durch die Überwindung der alten Rollenklischees kommen, weil nur konkret geteilte Lebenserfahrungen zu vergleichbaren Realitätswahrnehmungen und zu vergleichbaren Wertvorstellungen führen. Dies zeigt sich nirgends deutlicher als in der sogenannten „care-justice"-Debatte, bei der es letztlich gerade nicht um eine „männliche" Gerechtigkeitshaltung und eine „weibliche" Fürsorgehaltung geht, sondern um den Nachweis, daß beide Aspekte für eine menschliche Ethik unentbehrlich sind und zwar für beide Geschlechter. Erst mit dem Ablegen der sexistischen Rollen und der damit verbundenen „Gender-Brillen" würde auch die Dichotomie von Immanenz und Transzendenz obsolet, sobald sich beide Geschlechter in gleichem Maße als der Natur verhaftet erkennen und sich für deren bewußte Gestaltung verantwortlich fühlen.

Im *dritten Kapitel* ziehe ich die Bilanz aus den beiden ersten und versuche wenigstens eine Teilantwort auf die Frage zu geben: *Gibt es universelle Kategorien der emotionalen Vernunft?*

Nachdem sich zeigen läßt, daß die klassischen Versuche einer apriorischen Moralbegründung zum Scheitern verurteilt sind, verlagert sich die Frage nach der Universalisierbarkeit ethischer Normen auf die Ebene intersubjektiver und interkultureller Verständigung im Blick auf moralische Urteile und Übereinkünfte. Die Ansätze zur Lösung dieses psychologisch/anthropologischen Problems lassen sich aus meiner Sicht in zwei Gruppen einteilen, wenn auch mit Übergängen und Verbindungen zwischen beiden.

Die Vertreter des ersten, *„konstruktivistischen" Ansatzes,* zu denen ich L. Kohlberg, J. Rawls, R. M. Hare, K. O. Apel und J. Habermas zähle, konzentrieren ihre Aufmerksamkeit auf rationale Fairneßregeln, die für alle Beteiligten akzeptabel sind.

Im zweiten, von mir als „*konziliationistisch*" (verbindend, gemeinschaftsstiftend) bezeichneten Ansatz, liegt das Gewicht stärker auf emotionalen Erfahrungen, die den Gemeinschaftssinn konstituieren. Diese „gestifteten" Normen funktionieren als solche aber nur, wenn sich alle Beteiligten als Mitglieder einer moralischen Gemeinschaft fühlen, und dies wirft die Frage auf, in welchem Maße sich eine solche Gemeinschaft erweitern läßt. Zu dieser zweiten Gruppe rechne ich C. Gillligan, A. Heller, H. Jonas, E. Tugendhat, R. De Sousa und S. Benhabib, die sich zwar hinsichtlich der Gewichtung einzelner Moralgefühle voneinander unterscheiden, aber darin übereinstimmen, daß ein „herrschaftsfreier Diskurs" in der Ethik (Habermas) nur dann zu einem echten Konsens kommen kann, wenn er nicht nur auf intellektueller Ebene geführt wird, sondern auch die individuellen Bedürfnisse und die kulturell unterschiedlichen Wertstrukturen einbezieht.

In einem nächsten Schritt befasse ich mich mit dem komplexen Problem des Wertrelativismus und stelle der skeptischen Argumentation drei Mechanismen entgegen, die für eine *künstliche Relativierung der Werte* verantwortlich sind: *die politische Klassenherrschaft, die sexistische Doppelmoral und die kapitalistische Marktideologie.* Dagegen wendet sich radikales Philosophieren den allen Menschen gemeinsamen Grundbedürfnissen zu und formuliert von da aus ethische Haltungen, die für jede menschliche Gemeinschaft unverzichtbar sind.

In Anlehnung an E. Fromm, H. Jonas, C. Gilligan und andere nenne ich vier solcher Grundbedürfnisse und leite von ihnen vier „Kardinaltugenden" ab, bzw. die entsprechenden negativen Einstellungen und deren Folgen für die Betroffenen. Neben Fürsorge und Gerechtigkeit stehen die Achtung vor der menschlichen Integrität und die Wertschätzung der individuellen Person. Wie wichtig das letzte Glied in dieser Reihe ist, wird erst bewußt, wenn Menschen durch den Verlust der mitmenschlichen und gesellschaftlichen Wertschätzung ihre persönliche und soziale Identität verlieren.

Die politischen Konsequenzen aus diesen Feststellungen werden erst im vierten Kapitel gezogen. Vorher geht es um die systematische Untersuchung der Frage nach der *Kommunizierbarkeit von moralischen Urteilen* und, unter der Voraussetzung, daß es sich dabei um emotionale Urteile handelt, um die intersubjektive Kommunizierbarkeit von Gefühlen überhaupt. Dabei fasse ich die phänomenologische Erforschung der Gefühle unter Anwendung introspektiver, ausdruckspsychologischer und hermeneutischer Methoden als die Annäherung an eine exakte Qualitätsbeschreibung auf. Zentrale Begriffe für diese Beschreibung sind die Metapher, wie sie die Umgangssprache und, gezielter, die Dichtung verwendet, und die Symbolbildung als Ausdrucksform aller Kunstgattungen, Mythen und Träume.

Die Einsicht, daß es bei aller Vielfalt der Formen so etwas wie eine *universelle Symbolsprache* gibt, teilen Mythen- und Symbolforscher mit Traumanalytikern. Doch steht die vergleichende Symbolforschung erst am Anfang und hat nicht nur die horizontale Ebene mit ihren ethnokulturellen Kontexten zu berücksichtigen, sondern auch die vertikale, historische Dimension. Beides lenkt die Aufmerksamkeit auf die gesellschaftliche Bedingtheit von Symbolsystemen und zudem auf die Überlagerung verschiedener Symbolschichten im Lauf der Geistesgeschichte.

Ich selbst gewann aus der Erfahrung, daß es eine weitgehende Übereinstimmung zwischen Wortbildern und Traumbildern gibt, die Überzeugung, *daß Bilder,* oder in der Terminologie Langers, präsentative Symbole, *die eigentliche Vermittlerrolle zwischen emotionaler und rationaler Vernunft spielen.* Neben der diskursiven Logik der Sprache gibt es innerhalb und außerhalb der Sprache eine Ana-logik der Bilder, die sich belegen und mitteilen läßt. Man kann sie zwar nicht wie abstrakte Begriffe als eindeutige Information weitergeben, aber man kann sie, bei entsprechend differenzierten Kenntnissen, rational vermitteln und auch kritisch diskutieren.

Gerade weil die Emotionen für moralische Urteile und darüber hinaus für alle Entscheidungen und Handlungsmotivationen von erstrangiger Bedeutung sind, wäre keine Anstrengung zu groß, ein möglichst umfassendes Vokabular für ihre

Ausdrucksformen zu sammeln. Bis jetzt beschränkt sich der wissenschaftliche Versuch, emotionale Übereinstimmungen weltweit zu erforschen, auf die mimischen Ausdruckserscheinungen, was immerhin zu dem Ergebnis führte, daß so grundlegende Emotionen wie Schmerz, Freude, Furcht, Wut und Abscheu in ihren mimischen Ausdrucksformen universell sind und in allen Teilen der Welt spontan verstanden werden.[6]

Ein internationaler Katalog von Emotionswörtern steht noch aus. Dabei wären Sprache und Dichtung die zuverlässigsten Quellen für den „moral sense" aller Völker, weil sie unabhängig vom zeitbedingten Moralkodex die Tiefenstruktur emotionaler Werturteile aufbewahren. Hier läge m. E. das eigentliche Feld zur Gewinnung eines „Weltethos", das nicht nur die Hochreligionen und die sogenannten Hochsprachen umfaßt, sondern auch die Sprachen indigener Völker. Gerade Idiome, die weniger stark von patriarchal-martialischen Metaphern überformt sind, könnten sich als Reservoir für authentische Gefühlsurteile fruchtbar erweisen. Deshalb stelle ich an den Schluß meines Buches das Projekt einer großangelegten internationalen Studie auf diesem Gebiet. Jedenfalls ist *ein Plädoyer für die emotionale Vernunft immer auch ein Plädoyer für die Sprache,* denn es ist erwiesen, daß Menschen mit fehlender Sprachkultur stärker zu aggressivem Verhalten neigen als Menschen, die sich verbal artikulieren und auf differenzierte Weise mit anderen verständigen können. Dies gilt in besonderem Maße auch für die internationale Friedensarbeit.

Der neue Stellenwert der Gefühle und ihre Befreiung aus dem Dunstkreis des Irrationalen hat aber auch *die Neudefinition von Rationalität und Irrationalität* zur Folge und damit *eine Neuformulierung des Wissenschaftsbegriffs.* Deshalb resümiere ich im letzten Abschnitt des systematischen Teils die Positionen kritischer Wissenschaftstheoretiker (unter anderen L. Fleck, P. Feyerabend und H. Maturana) und parallel dazu die Positionen feministischer Wissenschaftstheoretikerinnen (unter anderen E. Fox Keller, S. Harding, H. Longino, M. Krüll). Obgleich von unterschiedlichen Voraussetzungen ausgehend, kommt es zwischen den beiden Gruppen zu einer erstaunlichen und ermutigenden Konvergenz: zur Vision einer „herrschaftsfreien" und, aus feministischer Sicht, „nicht androzentrischen" Wissenschaft, die aus der Sackgasse des Machbarkeitszwangs herausführen könnte.

Das *vierte Kapitel* schließlich zieht *die politischen Konsequenzen* und wird zum eigentlichen Plädoyer für die emotionale Vernunft. Ausgehend vom allgegenwärtigen Politslogan „Bitte keine Emotionen – bleiben wir sachlich!" wird nach dessen Hintergründen gefragt: Welche Emotionen sind unerwünscht, und wessen Probleme gelten als Sache? An diesem Punkt erhalten alle vorangegangenen ideologiekritischen Erwägungen ihre eigentliche Brisanz. Dann zeigt sich, daß es weder eine autoritäre Entscheidungsbefugnis dafür geben kann, in welcher Richtung sich unser Technologiefortschritt bewegen soll, noch Ethikexperten, die an unserer Stelle Werturteile darüber abgeben, welche Zukunft wir alle für wünschenswert und für verantwortbar halten.

Dabei ist in einem herrschaftsfreien Diskurs unter mündigen Bürgern neben der rationalen Vernunft *der Urteilskraft des Gefühls ein hohes Gewicht* einzuräumen. Weder lassen sich unsere Umweltprobleme nur technisch lösen, sondern bedürfen völlig neuer Wertprioritäten, noch lassen sich die Probleme von Gewalt und Krieg auch nur annähernd verstehen, ohne die emotionalen Motive – auch die unbewußten – zu analysieren. Ebensowenig erfolgversprechend sind rein rationale Rezepte gegen das Drogenelend, das nur die Spitze jenes Eisbergs von Depressionen darstellt, der im Untergrund unserer erfolgsbesessenen und die Menschen in die Isolation treibenden Konkurrenzgesellschaft wächst.

Bei meiner Diskussion der brennendsten Gegenwartsfragen, zu denen auch die Probleme der Gen- und Reproduktionstechnologie sowie der Spitzenmedizin gehören, geht es aber gerade nicht um bloße Anklagen oder moralische Appelle, sondern um alternative Konzepte, bei denen die Priorität auf dem Umdenken liegt; auf einem Denken, das sich der Gesamtheit unserer geistigen Fähigkeiten bedient und sich vom Methodenzwang eines einseitigen intellektuellen Diskurses nicht einschüchtern läßt.

Dabei gehört es zu den Hauptabsichten meines Buches, die ebenbürtigen „Erkenntnisorgane" Verstand und Gefühl nicht als eine geschlechtsgebundene oder auch nur geschlechtsakzentuierte Mitgift der menschlichen Natur vorzustellen, sondern als allgemeinmenschliche Potenzen, die man fördern oder verkümmern lassen kann. Solange man allerdings die eine Fähigkeit jeweils auf Kosten der anderen kultiviert und den Männern das Wissen und die Macht und den Frauen das Gefühl und die Ohnmacht überläßt, kann sich die emotionale Vernunft über den Bereich des Privaten hinaus kaum etablieren. Deshalb wird eine kritische Erkenntnistheorie allein die Strukturen unserer Gesellschaft nicht verändern, sondern nur im Kontext mit zähen politischen Bemühungen um die entsprechenden Wirkungsräume für beide Geschlechter und für beide erkenntniskritischen Potenzen.

Aber auch das Umgekehrte gilt: Ohne den Prozeß der Bewußtmachung und der präzisen Diagnose „ideologischer Webfehler" im System unserer Denkstrukturen fehlt die Voraussetzung für neue und überzeugende Leitlinien politischen Handelns.

Kapitel I

Meilensteine der historischen Spur

1. Die „Logik des Herzens" bei Blaise Pascal (1623–62)

Der geniale Mathematiker Blaise Pascal, dem wir unter anderem wesentliche Teile der Wahrscheinlichkeitsrechnung verdanken, verstand sich zunächst als Schüler seines älteren und berühmten Zeitgenossen Descartes. Dessen Methodenlehre mit ihrer Forderung nach klaren und eindeutigen Begriffen, die jede Form von Erkenntnis an der Strenge der mathematischen Methode maß, schien Pascal auf den Leib geschnitten. Doch obwohl er sie hoch schätzte, wurde er sich auch der Grenzen dieser Methode bewußt. Verhalf sie ihm doch weder zur Klärung seiner existentiellen Situation als Mensch noch zur Erkenntnis des Unendlichen, das Pascal in der Sprache seiner Zeit „Gott" nannte. Allein gelassen gerade mit jenen Fragen, die sich ihm am dringendsten stellten, hatte Pascal im Alter von 31 Jahren eine Art Erleuchtungserlebnis, das ihn bewog, sich längere Zeit in das Kloster Port Royal zurückzuziehen.

Sein grundsätzliches Ungenügen am mathematischen Paradigma erinnert an einen anderen radikalen Denker, an Ludwig Wittgenstein, der 300 Jahre später in seinem *Tractatus Logico-Philosophicus* den Satz niederschrieb: „Wir fühlen, daß, selbst wenn alle möglichen wissenschaftlichen Fragen beantwortet sind, unsere Lebensprobleme noch gar nicht berührt sind."[1]

Pascals Lebenswerk bestand in der Entwicklung einer Methode, die er der *Ordnung der Vernunft (ordre de la raison)* an die Seite stellte und die er als *Ordnung des Herzens (ordre du* cœur) oder als Logik des Herzens *(logique du cœur)* bezeichnete. Doch obwohl er die Geistestätigkeit, die dieses „Andere der Vernunft" erfaßt, höchst scharfsinnig beschrieb und sie als „*esprit de finesse*" dem „*esprit de géométrie*" gegenüberstellte, fand sein Werk nur wenig Resonanz in der modernen Philosophie. Dies hängt wohl damit zusammen, daß Pascal sein Denken ganz in den Dienst des Glaubens stellte und mit seinen berühmten „Pensées sur la religion" eine Apologie der christlichen Lehre beabsichtigte. Dies erklärt auch, weshalb von den neueren Denkern vor allem der Theologe Kierkegaard auf Pascal zurückgriff.

Wenn wir aber von seiner Eingebundenheit in die Theologie einmal absehen, so gewinnen Pascals Überlegungen zu einer Art des Denkens, die wir heute als geistes- oder humanwissenschaftliche Methode bezeichnen würden, eine erstaunliche Frische und Modernität. Freilich erweist sich die übliche Übersetzung bzw. Gleichsetzung von „esprit de finesse" mit „Intuition" als einseitig und möglicherweise auch als irreführend.[2]

Wenn ich im folgenden Pascals „esprit de géométrie" mit „Geist der Exaktheit" und seinen „esprit de finesse" mit „Geist der Differenziertheit" übersetze, so halte ich mich so nahe wie möglich an seinen Sprachduktus. Im Französischen wird das Adjektiv „géométrique" bis heute im Sinne von „mathematisch genau" gebraucht, während „finesse" mit Intuition zunächst wenig zu tun hat, vielmehr „Feinheit" und „Sinnesschärfe" auch in der Bedeutung von „Scharfsinn" meint. Pascal selbst versteht den esprit de finesse ausdrücklich nicht als ein ungefähres Ahnen, sondern als ein seismographisch feines Reagieren auf die Wandelbarkeit des Lebendigen, das dennoch die Einheit im Wandel nicht aus den Augen verliert.[3] Diese zweite Bedeutung im Sinne der ganzheitlichen Wahrnehmung definierte später C. G. Jung als Intuition, doch hat diese seelische Funktion auch bei Jung nicht den Beigeschmack von dunklem Ahnungsvermögen oder gar esoterischer Erkenntnisweise, wie dies heute oft der Fall ist, wenn wir von Intuition sprechen.

Der von mir gewählte Ausdruck „Differenziertheit" scheint mir noch am ehesten die Feinheit der Reaktionsfähigkeit auf komplexe Sachverhalte wiederzugeben, und zugleich schwingt, von der lateinischen Wortbedeutung her, das Abwägen und damit auch das Werten der Dinge mit, auf das Pascal in seinen Ausführungen über das ethische und ästhetische Empfinden den Akzent setzt.

Die Annäherung an Pascals Kriterien gelingt am besten in der Gegenüberstellung der beiden von ihm genannten Erkenntnisweisen, wobei sofort hinzuzufügen ist, daß eine solche Gegenüberstellung nicht Gegensatz im Sinne von sich ausschließenden Gegenpositionen meint. Wir sind ja von unserer modernen Sicht her immer schon versucht, von der Spaltung in Natur- und Geisteswissenschaften auszugehen, während Pascal seinen „ordre du cœur" der mathematischen Ordnungsidee direkt an die Seite stellt und ihn als wesentliche Ergänzung für alle Bereiche der lebendigen Wirklichkeit begreift. So wäre er mit Diltheys bekanntem Satz „Die Natur erklären wir, das Seelenleben verstehen wir" wohl kaum einverstanden gewesen, auch wenn sein „esprit de finesse" mit Diltheys „Verstehen" verwandt ist. Mit der verstehenden und betrachtenden Herangehensweise *(contemplation)* an die Wirklichkeit will Pascal den ganzen Kosmos erfassen, während die Vertreter der neuen Wissenschaft seiner Zeit mit ihrer mathematischen Methode in seinen Augen nur die Oberflächenstruktur der Dinge anvisierten, um sich dieser Dinge bemächtigen zu können.[4]

Auf der nebenstehenden Übersicht sind die wichtigsten Unterscheidungsmerkmale der beiden Erkenntnisweisen zusammengestellt. In erster Linie unterscheiden sie sich in bezug auf den *Erkenntnisprozeß,* wobei das mathematische Denken als analytisch zerlegend und schrittweise vorgehend geschildert wird, im Sinne des heute gebräuchlichen Begriffs vom „diskursiven" Denken. Demgegenüber erfaßt der Geist der Differenziertheit die Dinge in ihrer Ganzheit gewissermaßen mit einem Blick (voir d'une vue).

| Die Logik des Verstandes (ordre de la raison) | Die Logik der Gefühle (ordre du cœur) |
Geist der Exaktheit (l'esprit de géométrie)	Geist der Differenziertheit (l'esprit de finesse)

Methode und Motivation

Die Dinge in ihre Elemente zerlegend und in kleinen Schritten vorwärts schreitend (par progrès)	Die Dinge in ihrer Ganzheit mit einem Blick erfassend (voir d'une vue)
Tendenzielle Forschung aus einer bestimmten Absicht bzw. auf eine bestimmte Hypothese hin (recherche avec présomption)	Herangehensweise, welche die Dinge in ihrem Sosein beläßt, die ihnen keine Gewalt antut und doch ihr Wesen erfaßt (contemplation)
geleitet von der Neugierde (curiosité)	geleitet von der Bewunderung (admiration)
distanziert gegenüber den Dingen, urteilt der Verstand nach den Prinzipien richtig-falsch (raisonner par principes)	weil das Herz auf die Dinge bezogen ist und sie ihm nicht gleichgültig sind, wertet es die Dinge gefühlsmäßig nach den Kriterien gut-schlecht (juger par sentiment)
Verstandesurteile entstehen gemäß schulmäßig festgelegter Regelmäßigkeit	Gefühlsurteile folgen einem inneren Meßgerät (montre), das sich auf die jeweils einmalige Situation und deren gesamten Kontext einstellt (flexibilité)

Erkenntnisbereiche

Reine Mathematik	Erscheinungen der Alltagswelt
Naturwissenschaft, die Materie in ihren quantitativ-mathematischen Gesetzen erfassend	Das Lebendige in seinem Wandel
	Die menschliche Person in ihrem sozialen Umfeld ästhetische und ethische Qualitäten

Aber schon diese Prozesse sind an *die unterschiedlichen Motivationen* gebunden, die der Art der Herangehensweise zugrunde liegen. Wenn hier die naturwissenschaftliche Forschung als „recherche avec présomption" bezeichnet wird, so schwingt in diesem Ausdruck auch die Erklärung Bacons mit, daß Wissen Macht sei. Denn das französische „présomption" heißt nicht nur „Vermutung", sondern auch „Anmaßung", was darauf hinweist, daß der Forscher die Natur aufgrund eigener Interessen und Zwecke untersucht. Auch in unserem deutschen Wort „Neugierde", mit dem bis heute die Forschermotivation beschrieben wird, ist die „Begierde" und damit der Zugriff auf die Dinge enthalten.

Im Gegensatz dazu könnte man Pascals „contemplation" und „admiration" mit dem Ausdruck Kants als „interesseloses Wohlgefallen" umschreiben. Doch damit sind die beiden Einstellungen gegenüber dem Erkenntnisgegenstand noch nicht hinreichend gekennzeichnet. Es gibt ja auch noch den anderen, von Pascal genannten Gegensatz, daß der Verstand seine Gegenstände aus innerer Distanz beurteilt, während der Erkenntnisakt des Herzens an den Dingen Anteil nimmt. Wir müssen also sagen, daß dem Naturforscher à la Bacon die Dinge als solche zwar relativ gleichgültig sind, er sie aber dennoch nicht neutral, sondern interessengebunden betrachtet, während umgekehrt die kontemplative Wesenschau sich in die Dinge einfühlt und ihnen nahe ist, ohne sie für eigene Zwecke zu vereinnahmen.

Dem ist allerdings relativierend beizufügen, daß Pascal beide Erkenntnisarten in Abhängigkeit von unserem Wollen *(volonté)* im weitesten Sinne sieht, d.h. von unserem Begehren nach Macht und Geltung ebenso wie von unserer Sehnsucht nach Harmonie und Glück.[5] Mit anderen Worten: Weder ist wissenschaftliche Forschung im Sinne des *esprit de géométrie* jemals ganz frei von persönlichen Interessen, noch sind die Werturteile des *esprit de finesse* frei von unseren menschlichen Sehnsüchten.

Nach Pascal beruht die Erkenntnisfähigkeit und Urteilsfähigkeit des Gefühls im wesentlichen auf seiner Bezogenheit auf die Welt, d. h., *die Erkenntnis des Herzens ist immer eine dia-logische, die aus dem Frage- und Antwortspiel von behutsamer Einfühlung und aufmerksamer Empfangsbereitschaft resul-tiert.*[6]

Das bedeutet auch, daß der *esprit de finesse* sich nicht auf abstrakte Allgemeinheiten bezieht, sondern stets auf eine kon-krete Situation. Aus diesem Grund können seine Urteile nicht irgendwelchen schulmäßig festgelegten Regeln folgen, wie sie für den Verstand richtungsweisend sind. Das Gefühlsurteil gründet sich vielmehr auf ein flexibles, inneres Meßgerät *(montre)*, das sich wie ein Seismograph auf sein Gegenüber einstellt.[7]

Auch die Fähigkeit, gewissermaßen mit einem Blick *(voir d'une vue)* die Dinge in ihrer Ganzheit zu erfassen, gründet sich auf die Beziehungsfähigkeit des Gefühls. Ganzheit erfas-sen heißt ja, die Beziehung der Teile zueinander und zum Ganzen zu erfassen. Dem Geist der Differenziertheit entgeht nicht, daß die kleinste Veränderung eines Teiles auf das Ganze wirkt, und zugleich kann er an einem lebendigen Gebilde, des-sen Teile sich ständig wandeln, die bleibende Ganzheit erken-nen.[8] Diese Feststellungen Pascals wirken wie ein Vorentwurf zu C. von Ehrenfels' und M. Wertheimers „Gestalttheorie", wonach die Ganzheit mehr ist als die Summe ihrer Teile und ihre „Gestalt" auch dann erhalten bleibt, wenn die Teile sich verändern. Und wenn Pascal von der Bezogenheit aller Teile im Weltganzen spricht, so klingt hier das vernetzte „ökolo-gische" Denken an, von dem heute so viel die Rede ist.

Aus dem Dialog zwischen Welt und Subjekt, wie ihn der *esprit de finesse* führt, formen sich nicht zuletzt unsere Wertur-teile. *Wenn unser Verstand die Wahrnehmung der Welt in eine begriffliche Ordnung bringt, so ordnet das Gefühl die gleichen Eindrücke nach qualitativen Wertmaßstäben,* d. h. nach den Kriterien des Angenehmen und Unangenehmen, Schönen und Häßlichen, Guten und Bösen. Solche Bewertungskriterien stellen nach Pascal ein Mittelding zwischen subjektiven und objektiven Perspektiven dar. Wenn sie auch immer subjektive Züge tragen und deshalb nicht absolut gesetzt werden können, so beanspruchen sie doch, mehr zu sein als singuläre subjektive Urteile. Es gibt menschliche Grundbedürfnisse und gegenseitige Erwartungen, die nicht unbeschränkt zu relativieren sind.[9]

Die eigentliche Schwierigkeit besteht nach Pascal in der allgemeinen Kommunizierbarkeit von Gefühlsurteilen. Im Vergleich zu den Aussagen der exakten Wissenschaften sind die Erkenntnisse des *esprit de finesse* sehr viel schwieriger mitteilbar. Entsprechend der Art, wie sie aus dem Dialog zwischen Subjekt und Mitwelt gewonnen werden, sind sie im Grunde auch nur dialogisch mitteilbar: d.h. sie können nur an Subjekte weitergegeben werden, die über ähnliche Erfahrungen verfügen und die bereit sind, ähnlich differenziert über ihre Erfahrungen zu sprechen. Wegen dieser Schwierigkeit kommt nach Pascal der sprachlichen Ausdrucksfähigkeit für die Kommunizierbarkeit von Werten eine entscheidende Bedeutung zu, und deshalb nimmt die Betrachtung der „*Sprachkunst*" einen breiten Raum in seinem Werk ein. Für ihn ist „éloquence" ein Mittel, die Menschen zu einer immer subtileren Kenntnis des Guten hinzuführen, und diese „Beredsamkeit" hat nichts mit Überredungskunst im sophistischen Sinn zu tun. Sie bemüht sich vielmehr, Worte zu finden, die Menschen im innersten ihres Herzens berühren und an ihre emotionale Urteilskraft appellieren. Dies ist nur möglich, wenn wir eine Sprache finden, die unseren feinsten Gefühlsschwingungen Ausdruck verleiht, und wenn wir zugleich so formulieren, daß auch unser Gegenüber die eigenen Gefühle darin wiedererkennt. Bei einem solchermaßen dialogischen Sprechen über Werterfahrungen gelingt die adäquate Wortwahl überhaupt erst im Gespräch oder zumindest im geistigen Einbezug potentieller Gesprächspartner/innen.[10] Solche Gedankengänge erinnern bereits an die Kommunikationsphilosophie von K. Jaspers.

Zu Pascals Sprachkunst im Dienste des *esprit de finesse* gehört im besonderen die Kunst der Metaphorik, also das Sprechen in Bildern, und darin unterscheidet sie sich grundsätzlich von der Sprache der exakten Wissenschaften mit ihrem hohen Abstraktionsgrad. Denn emotional berühren uns nicht abstrakte Gedanken, sondern eine Sprache, der es gelingt, die sinnliche Sphäre der geistigen einzuverwandeln. Deshalb pflegte Pascal selbst einen Stil, der nicht nur das Visuelle, sondern auch das Taktile als dasjenige, das die Dinge unmittelbar berührt, in die Metaphorik einbezieht.[11]

Besonders beeindruckend an Pascals Darlegungen über die Sprache ist seine *psychologische Sprachanalyse*. So bemerkt er, daß sich in der Wahl der Worte und deren feinen Zwischenklängen die eigentliche Motivation der Sprechenden oder Schreibenden verrate. Dies gelte vor allem für den unechten Gefühlsausdruck und dessen vorgespiegelte Motive. Hier ist es wieder die Urteilskraft des Gefühls, mit deren Hilfe die Unstimmigkeit zwischen großen Worten und dem fehlenden Engagement herausgehört bzw. hinter den Wortbildern verborgene Absichten durchschaut werden können.[12]

Mit diesen analytischen Ansätzen erweist sich Pascal als Pionier und als Kenner psychischer Tiefenschichten. Wir werden im zweiten Kapitel dieses Buches sehen, wie gegenwärtig die feministische Sprachanalyse den grundsätzlichen Gedanken Pascals aufgreift und am Sprachduktus auch wissenschaftlicher Autoren deren uneingestandene Absichten entlarvt.

Was die Anwendungsbereiche des *esprit de finesse* anbelangt, so liegt der Akzent auf der Erkenntnis des Lebendigen und der humanen Werte. Dennoch geht es Pascal nicht, wie schon erwähnt, um eine prinzipielle Aufteilung der Wissenschaften. Er sieht vielmehr eine gemeinsame Basis schon dadurch gegeben, daß auch Mathematik und Naturwissenschaften auf Axiomen fußen, die rational-formallogisch nicht mehr zu hinterfragen sind. Axiome wie der Satz vom Widerspruch, unser Raumbegriff oder die Vorstellung einer unendlichen Zahlenreihe verdanken ihre „Evidenz" nicht einer rationalen Einsicht, sondern unserer Anschauung und unserer Gefühlsgewißheit *(sentiment)*. Dasselbe gilt nach Pascal für unsere wissenschaftlichen Begriffe *(entendement)*. Auch die gehen letzten Endes auf vorwissenschaftliche Vorstellungen und auf Worte der Alltagssprache *(mots primitifs)* zurück.[13]

Damit entwertet Pascal das rational-mathematische Denken

in keiner Weise, aber er macht dessen prinzipielle Grenzen klar. Und diese Grenzen ergeben sich für ihn nicht nur aus erkenntnistheoretischen, sondern auch aus psychologischen Erwägungen. Mit dieser zweiten Ebene seiner kritischen Argumentation nimmt Pascal wesentliche Einsichten der Psychoanalyse vorweg: Unser Verstand kann die formallogische Methode dazu mißbrauchen, uns selbst über unsere wahren Motive zu täuschen, indem er seine Argumentation unseren geheimen Wünschen anpaßt. Damit beschreibt Pascal genau das, was heutige Psychologen „Rationalisierung" nennen würden. Er weiß, daß wir uns mittels unseres Verstandes ein Gespinst von Lebenslügen ausdenken können, während sich unser Herz in seinen Tiefen nicht betrügen läßt. Dort bleiben alle seelischen Vollzüge, auch die vergessenen, aufbewahrt, und deshalb ist unser Gefühl fähig, die Scheingefechte des Verstandes zu demaskieren, wenn es dazu bereit ist, sich mit den Tiefen der Seele zu konfrontieren.[14] Dabei beruht nach Pascal *die größere Verläßlichkeit des Gefühls* darauf, daß es unseren leiblichen Bedürfnissen und Körperwahrnehmungen näher steht als der Verstand und auf diese Weise Körper und Geist verbinden kann. Dieser letzte Gedankengang unterscheidet Pascal am radikalsten von seinem Lehrer Descartes. In seinem Weltbild steht nicht mehr ein formaler Geist *(res cogitans)* der ausgedehnten Materie *(res extensa)* gegenüber, sondern eine vielseitige Geistseele bleibt durch das Gefühl mit dem lebendigen Leib verbunden.

Wie undogmatisch Pascal in seinem Denken trotz seiner Glaubensbindung blieb, beweist sein Grundgedanke der Balance, der auch als dialektischer Prozeß zwischen den verschiedenen Erkenntniskräften zu verstehen ist. So plädiert er dafür, nie bei einer einmal gefundenen Wahrheit stehen zu bleiben, um sie nicht zur Ideologie erstarren zu lassen, was notwendigerweise eine Gegenideologie auf den Plan rufe.[15] Besonders für den Menschen selbst beschwört Pascal das Bild der Mitte und des immer neu zu suchenden Gleichgewichts, wenn er in seinem berühmten Satz sagt: „L'homme n'est ni ange ni bête, et le malheur veut, que qui veut faire l'ange fait la bête".

Der Mensch ist weder Engel noch Tier, und das Unglück will es, daß, wenn er sich zum Engel machen will, er sich zum Tier macht.[16]

Das heißt, *der Versuch, reiner Geist sein zu wollen, macht unmenschlich.* Oder – um ein anderes berühmtes Wort zu zitieren und zu variieren –, nicht nur der Schlaf der Vernunft gebiert Ungeheuer,[17] sondern auch der Rückzug auf die reine Intellektualität bei gleichzeitiger Narkotisierung des Gefühls.

2. Der „moralische Sinn" bei Shaftesbury (1671–1713)

Vom äußeren Lebensgang her gesehen bildet der weltmännische, weitgereiste Anton Ashley Cooper, Graf von Shaftesbury, den denkbar größten Gegensatz zu Pascals mönchischer Zurückgezogenheit. Und auch das Verhältnis zur christlichen Offenbarung ist bei den beiden Denkern grundverschieden. Als Vertreter der englischen Aufklärung und deren bedeutendster Moralist weist Shaftesbury jede Bevormundung durch Theologie und Kirche zurück.

Dennoch gibt es zwischen den beiden Philosophen auffallende Parallelen, und zwar auf mehreren Ebenen. Ähnlich wie Pascal argumentiert Shaftesbury weitgehend psychologisch und stellt den von ihm so genannten *„moral sense"* als das sittliche Gefühl in den Mittelpunkt seiner Betrachtungen. Die zweite Parallele ergibt sich aus der philosophiehistorischen Situation. Wie sich Pascal mit der seine Zeit beherrschenden Philosophie Descartes' auseinandersetzt, so Shaftesbury mit der Gesellschaftstheorie von *Thomas Hobbes (1588–1679),* dessen Lehre Generationen von Philosophen und Politologen bis heute beeinflußte.

Ganz im Gegensatz zum pessimistischen Menschenbild Hobbes', das dieser angesichts des grausamen englischen Bürgerkriegs entwickelte, beobachtet der um mehr als eine Generation jüngere Shaftesbury das Zusammenleben der Menschen in ihrem Alltag. Er schildert Personen aller Stände und nimmt mit feinster Sympathie an ihren schmerzlichen und glücklichen

Erlebnissen Anteil. Und während sich Hobbes an die mathematische Gelehrsamkeit hält und die strengen Gesetze der Physik auf den Gesellschafts„körper" überträgt, bewahrt sich Shaftesbury den unbefangenen Blick nicht nur auf das Leben der Menschen, sondern auch auf das Lebendige in der Natur. Über Hobbes' berühmten Satz „homo homini lupus" (Der Mensch ist dem Menschen ein Wolf), mit dem die Bösartigkeit der Menschen und der Krieg aller gegen alle illustriert werden sollen, kann sich Shaftesbury als begeisterter und sehr genauer Naturbeobachter nur mokieren. Längst bevor die wissenschaftliche Ethologie dies entdeckte, beschreibt Shaftesbury das streng geordnete Sozialleben der Wölfe mit den Tatsachen, daß Weibchen und Männchen gemeinsam ihre Jungen betreuen oder daß das Rudel gemeinsam jagt und die Beute teilt.[1]

Als noch ungereimter (absurd) schätzt Shaftesbury Hobbes' individualistisch-atomistisches Menschenbild ein, wonach es nur egoistische Einzelkämpfer gibt, die nach Selbsterhaltung und Macht streben und ihre feindselige Haltung gegeneinander nur zügeln, weil sie das Chaos fürchten und deshalb einen Teil ihrer Macht an den Polizeistaat abtreten. Hatte Hobbes offenbar den rücksichtslosen Selfmademan des Frühkapitalismus im Sinn, so setzt ihm Shaftesbury als Gebieter über eine Landgrafschaft die Erfahrung des Familien- und Dorflebens entgegen: noch mehr als jedes Säugetier sei der Mensch, der als völlig hilfloses Geschöpf zur Welt kommt, auf eine instinktiv gegebene Sozialstruktur angewiesen.[2] Weil das menschliche Leben immer mit der Beziehung zwischen Mutter und Kind bzw. zwischen Primärgruppe und Kind beginnt, müsse der Mensch von Natur aus mit sozialen Neigungen und Gefühlen begabt sein. Aus diesem Grund führt Shaftesbury in seiner Theorie der Gefühle *(affections)* die sozialen Gefühle als erste auf und nennt sie „natural affections".

Um seine Systematik angemessen zu interpretieren, bedarf es zunächst einer sprachlichen Klärung der Begriffe.[3] Im Unterschied zur deutschen Sprache, die das Wort „Affekt" einem bestimmten Ausschnitt von Gefühlsregungen, nämlich solchen von besonders heftiger Art, vorbehält, ist das englische „affection" gleichbedeutend mit „emotion". Die heftigen „power-ful emotions" werden im Englischen „passions" genannt. Dabei ist zu berücksichtigen, daß die Ausdrücke „affection" und „emotion" beide im passiven wie im aktiven Sinn gebraucht werden können. Emotionen und Affektionen können sowohl Gefühlseindrücke sein, die das Subjekt von außen empfängt, als auch von innen nach außen gerichtete Motive und Neigungen, die bei anderen Subjekten eine Affektion, also Betroffenheit erwecken.

Shaftesbury unterscheidet im wesentlichen *vier Arten von Gefühlsregungen oder Neigungen:*[4]

Erstens die schon genannten *„natural affections"*, zu denen er alle sozialen Neigungen und Gefühle zählt wie Freundlichkeit, Wohlwollen, Sympathie, Mitgefühl und hilfsbereite Solidarität. Zweitens die *„self affections"* oder „private affections", also die Regungen des Eigeninteresses im Sinne der Selbsterhaltung und des eigenen Wohlbefindens. Dazu gehören neben den Lust- und Unlustgefühlen auch alle Affektionen im Zeichen des Besitz-, Macht- und Geltungsstrebens.

Diese beiden, nach Shaftesbury einander nur scheinbar ausschließenden Gefühlskategorien bzw. Neigungen, teilen wir bis zu einem gewissen Grad mit den höheren Tieren. Doch während bei diesen die Natur selbst die Balance zwischen Eigen- und Artinteressen herstellt, muß der Mensch die Balance zwischen dem eigenen Wohl *(self system)* und dem Wohl der Gemeinschaft *(common system)* bewußt suchen. In diesem Bestreben nach Ausgewogenheit besteht für Shaftesbury die eigentliche moralische Tugend.

Als dritte Kategorie nennt er *die „unnatural affections"*, und diese unnatürlichen Regungen sind ausschließlich dem Menschen vorbehalten. Sie sind gleichbedeutend mit Shaftesburys *Definition des Bösen (ill),* das er als krankhafte Perversion der natürlichen Regungen auffaßt.[5] Dabei unterscheidet er verschiedene Abstufungen der Bösartigkeit, die von einer mehr oder weniger starken Gleichgewichtsstörung zwischen Eigenliebe und sozialen Strebungen bis hin zur Negation beider Lebensimpulse reichen.

In der Negation des eigenen und fremden Lebens, d. h. in der Perversion der Liebe zum Leben in Selbsthaß und Zerstörungswut sieht Shaftesbury das eigentliche Böse *(absolute ill)*, das er mit einer profunden Persönlichkeitsstörung und einer pervertierten Vorstellung von Tugend erklärt.

Die letztgenannte, vierte Kategorie, wird als *„reflective affections"* definiert, und sie stellen den *„moral sense" im Sinne eines reflexiven Gefühlsvermögens* dar. Das heißt, der Mensch ist dazu fähig, seine eigenen Gefühle und Neigungen zu reflektieren und sie gleichzeitig einem positiven oder negativen Werturteil zu unterziehen.[6]

Schon der erste Überblick dieser Unterscheidungen zeigt, wie provokant Shaftesbury seine Thesen formuliert, wenn er die hergebrachte Lehre von der Dominanz des Egoismus – sei es in Form der christlichen Erbsünde oder in Form des naturalistisch-pessimistischen Menschenbilds Hobbes' – auf den Kopf stellt. Die zweite Provokation besteht in seiner Behauptung von der Verträglichkeit zwischen privaten und gemeinnützigen Strebungen, während im christlichen Sinn die Tugend nur durch „Abtötung" der egoistischen Neigungen siegreich sein kann, oder im Sinne von Hobbes der soziale Friede nur durch ein vernunftmäßiges Übereinkommen gewissermaßen *contre cœur* herstellbar ist.

Shaftesburys Argumentation verläuft jedoch ebenso anschaulich wie plausibel: Wenn die Natur nicht beides in ihren Geschöpfen angelegt hätte, den Selbsterhaltungstrieb und die Fürsorge für die eigene Art, so würde schon unter den tierischen Arten ein völliges Chaos herrschen, was offensichtlich nicht der Fall sei.[7] Auch der Mensch gehe nicht nur aus der Fürsorge der Gruppe hervor, sondern bleibe in jedem Lebensalter auf ein Minimum an mitmenschlichem Kontakt angewiesen. Selbst der größte Schurke habe noch irgend einen Kumpanen, und auch der größte Tyrann lebe wenigstens von der Einbildung, daß ihm einige seiner Untertanen zugetan sind.[8] Deshalb hält Shaftesbury den nur auf sich selbst bezogenen Menschen für alles andere als glücklich. Bei seiner Beschreibung der sinnlichen und geistigen Freuden stehen im

Gegenteil die „*social pleasures*" an höchster Stelle, nämlich jene Glücksmomente, in denen unsere natürlichen Neigungen der Liebe, der Hilfsbereitschaft und der Sympathie Resonanz finden. Der Zauber *(charm)*, der von der Freude ausgeht, die im Freude bringen liegt, sei unvergleichlich mit allen anderen Freuden des Lebens. Um das zu erfahren, bedarf es nach Shaftesbury nicht irgendeiner religiösen oder spirituellen Begründung, man müsse nur die Augen offenhalten und den Ausdruck der Menschen in ihren Gesichtern lesen, um zu wissen, daß es keinen sinnlichen und keinen intellektuellen Genuß gibt, der ein solches Strahlen hervorbringt wie das Glück der Mitmenschlichkeit.[9]

Ebenso lebensnah und bestechend in ihrem psychologischen Scharfsinn wirkt Shaftesburys *Analyse der menschlichen Laster*. Diese bezeichnet er deshalb als „unnatural", weil kein Tier zu solchen Exzessen fähig sei wie der Mensch: bewußte Grausamkeit, Kriegsgreuel, Prostitution seien typisch menschliche Ausgeburten pervertierter Vorstellungen bzw. der Vergötzung irrationaler Ideale. Als Beispiele führt er das Pseudoheldentum der Piraterie oder die Gewalttaten im Dienste des Fanatismus, insbesondere des religiösen Fanatismus, an.[10]

Solche Gedanken klingen außerordentlich modern und erinnern schon an Erich Fromms „Anatomie der menschlichen Destruktivität", wobei sich der Autor bei der Wahl des Titels dieses Werkes vielleicht sogar bewußt auf Shaftesbury bezieht. Denn Shaftesbury spricht wiederholt von der „Anatomie" der menschlichen Bedürfnisse und daß sie so miteinander in Einklang gebracht werden müßten wie die Teile und Organe des Körpers. Auch seine Bezeichnung des Bösen als Krankheit spielt auf das organische Bild von ganzheitlicher Funktionalität bzw. von krankhafter Dissoziation und Dysfunktionalität an.[11]

Was nun die Funktionen des „moral sense" im einzelnen anbelangt, so ist deren Verwandtschaft mit Pascals „esprit de finesse" unverkennbar. Auch Shaftesbury verwendet den Ausdruck „Herz" *(heart)* gleichbedeutend mit „moral sense" und beschreibt damit einen Sinn für Verhältnismäßigkeit und natürliche Ordnung *(sense of order and proportion)*.[12] Auch wenn

Shaftesbury die Tugend, auf die sich der moralische Sinn bezieht, *„integrity"* nennt, geht es um diese ganzheitliche Ordnung. Für ihn besteht die Integrität des Geistes darin, im Einklang mit der Natur zu leben und gemäß den Geboten, die uns höchste Weisheit auferlegt *(Integrity of mind is to live according to nature and the dictates and rules of supreme wisdom").*[13]

Diese Weisheit ist aber viel weniger durch rationale Vernunftüberlegungen zu gewinnen als durch die emotionale Qualität des moralischen Sinnes. Dieser funktioniert als emotionales Reflexionsvermögen, durch welches nicht nur unser Körper oder unsere Gedanken zum Gegenstand der Reflexion gemacht werden, sondern auch unsere Motive und Gefühle. Durch diese Art von Reflexion entsteht eine ganz neue Klasse von Gefühlen, nämlich solche gegenüber den Gefühlsregungen, die wir bereits empfunden haben und die nun zum Gegenstand eines neuen Billigens oder Mißbilligens werden. Dabei findet die Bewertung unserer Gefühle, wenn auch oft nur schwach bewußt, zwangsläufig statt, weil, wie Shaftesbury meint, *das Herz nicht neutral bleiben kann.*[14]

Hier wird zum ersten Mal expressis verbis *der Sachverhalt der emotionalen Urteilskraft* ausgesprochen und etwas formuliert, was später in der Phänomenologie die „Intentionalität" der Gefühle genannt wird. Darunter ist zu verstehen, daß unsere Gefühle auf einen Sachverhalt außerhalb ihrer selbst gerichtet sind. In diesem Sinn intendiert der „moral sense" die eigenen, bereits erlebten Gefühle und Neigungen und darüber hinaus deren Balance untereinander sowie ihre Verhältnismäßigkeit zur erlebten Außenwelt. *Damit verbindet der moralische Sinn zwei entscheidende Fähigkeiten des menschlichen Geistes: die Fähigkeit zur Selbstreflexion mit der Bewertungsfunktion unserer Gefühle.*

Dabei ist Shaftesburys *moral sense* als autonome Instanz mit dem „Gewissen" platonischer oder christlicher Provenienz insofern nicht vergleichbar, als er ihn nicht von oben her kommend als eine „göttliche Stimme" in uns betrachtet, sondern als „eingeborene" Naturanlage die er mit dem tierischen Instinkt vergleicht.[15] Dennoch ist für ihn der Sinn für Recht und Unrecht keineswegs etwas statisch Festgelegtes, sondern nur ein Grundvermögen, das der ständigen Übung und Kultivierung bedarf.

Daher ergänzt Shaftesbury seinen Begriff vom „moral sense", der bei mangelnder Ausbildung rudimentär bleiben oder sogar verschüttet werden kann, mit dem Begriff des *„moral taste"*, worunter er die durch Erfahrung und Bewährung gefestigte moralische Urteilskraft versteht.[16]

Für das moderne Bewußtsein, das ästhetische Urteile von moralischen strikt trennt, wirkt der Ausdruck „taste", „Geschmack" für die Feinheit und Sicherheit des moralischen Urteils befremdend. Doch bedeutet bei Shaftesbury – wie schon bei Pascal – die Nachbarschaft beider Wertqualitäten nicht etwa eine ästhetisierende Verflachung der Moral, sondern umgekehrt ein Ernstnehmen der Schönheit und eine Verpflichtung ihr gegenüber. Erst im technischen Zeitalter wird Schönheit zu einer Art entbehrlichem Luxus, weil das Bedürfnis der Psyche nach harmonischem Einklang zugunsten praktischer und gewinnorientierter Erwägungen vernachlässigt wird.

Shaftesburys Tugendbegriff lebt vom Gedanken der richtigen und gerechten Proportionen und der harmonischen Einordnung des Einzelnen in ein größeres Ganzes. Dieser Gedanke beeinflußte nicht nur die Denker der Romantik, sondern auch Schiller, der die „schöne Seele" gegenüber Kants rigorosem Tugendbegriff verteidigte.

Als einer der wenigen Philosophen der europäischen Neuzeit überwand Shaftesbury die Kluft zwischen Verstand und Gefühl, weil ästhetische und ethische Gefühlsurteile für ihn der Ausdruck des reflektierenden und wertenden Geistes sind. Wir könnten deshalb die Regungen des moralischen Sinns auch als „Geistgefühle" bezeichnen. Nicht von ungefähr spielt in Shaftesburys Denken der Begriff der „Begeisterung" eine so große Rolle und trägt eine seiner bekanntesten Schriften den Titel „The sociable Enthusiast", was üblicherweise mit „Der gesellige Enthusiast" übersetzt wird. In freier Übertragung wäre dieser „Begeisterte" ein Mensch, der mit leidenschaftlicher Anteilnahme auf seine Mit- und Umwelt bezogen ist.

Von dieser Einstellung aus überwindet Shaftesbury auch den Gegensatz zwischen Egoismus und Altruismus, eine Alternative, die für ihn auf einer falschen Fragestellung beruht. Zutiefst davon überzeugt, daß eine egozentrische und egoistische Existenz nicht glücklich machen kann, hält er Sympathie und Solidarität ebenso für Grundbedürfnisse des Menschen wie ein gesundes Maß an Eigenliebe. Deshalb gibt es für ihn auch nicht den Antagonismus von Pflicht und Neigung, sondern nur das richtige Maß zwischen den verschiedenen Bereichen der Zuneigung. Jedes Übermaß, auch dasjenige der Selbstverleugnung, erachtet Shaftesbury als kontraproduktiv, weil es auf die Länge die Persönlichkeit aushöhlt.[17]

Während diesen Gedankengang später Erich Fromm aus psychoanalytischer Sicht vertieft, werden wir bei Agnes Heller eine Differenzierung wiederfinden, die schon Shaftesbury innerhalb der sozialen Gefühle vornahm. Die von ihm so genannten *„partial affections"* beziehen sich nur auf einen exklusiven Kreis von Personen und oft auch nur auf bestimmte Vorzüge dieser Personen, was solche Sympathiegefühle leicht enttäuschbar und unzuverlässig macht. Dagegen gelten die *„entire affections"* der ganzen Person und darüber hinaus nicht nur einer bestimmten Gruppe oder Schicht, sondern prinzipiell allen Menschen.[18]

Obwohl Shaftesburys Philosophie der emotionalen Vernunft spätere Denker und Denkerinnen wesentlich beeinflußte, ging sie in der Hauptströmung der europäischen Philosophie wieder verloren. In der zweiten Hälfte des 18. Jahrhunderts setzte sich in England der Utilitarismus als Morallehre durch, eine Lehre, die sehr viel besser mit der beginnenden Industrialisierung und der Fortschrittseuphorie korrespondierte als der Sinn für das psychisch und sozial Maßvolle. Was bei der Erhebung der Nützlichkeit zum obersten persönlichen und gesellschaftlichen Wert verlorenging, sind aber nicht, wie oft angenommen wird, die geistig-intellektuellen Werte zugunsten der rein materiellen Güter, sondern in erster Linie die sozialen Werte.

Als sich der Siegeszug des Utilitarismus auch auf dem europäischen Kontinent fortsetzte, stellte sich ihm zwar Kant mit seiner Pflichtethik vehement entgegen, doch blieb auch bei ihm die kommunikativ-soziale Ebene im toten Winkel seines Blickfeldes.

Erst W. Dilthey als einer der systematischen Begründer der Geisteswissenschaft würdigte die Bedeutung Shaftesburys für die „verstehenden" Wissenschaften.

Von unserer postmodernen Gegenwart aus, die jeden Gesamtentwurf ablehnt und in ihrem Alltag fiktiv und effektiv von Gewalt überschwemmt wird, scheint es naheliegend, Shaftesburys Werk als Spiegel eines schwärmerisch-romantischen Geistes abzutun – zu schön, um wahr zu sein. Tatsächlich ist uns sein optimistischer Pantheismus, wie er ihn in seinem großen Dialog „The Moralists" vertritt, kaum noch nachvollziehbar, doch sollten wir seine Aussagen über die menschliche Natur nicht vorschnell als weltfremden Idealismus einschätzen. Sie könnten sich vielmehr im Hinblick auf eine Psychodiagnose unserer heutigen Gesellschaft als höchst realistisch erweisen. So etwa, wenn Shaftesbury Beziehungsunfähigkeit mit Krankheit gleichsetzt und er diesen Defekt mit den Worten beschreibt: „Ein Bewußtsein, dem es solchermaßen an Milde und Güte mangelt . . . muß das Gemüt mit tiefem Mißtrauen und Neid verdunkeln, es in Ängste und in eine beständige innere Unruhe versetzen, und dies selbst in einem höchst angenehmen und sicheren Zustand des äußeren Wohlstands", oder wenn er „Traurigkeit, Niedergeschlagenheit und Depression" als Folgen mangelnder Mitmenschlichkeit bezeichnet.[19] Damit schildert er ein Zustandsbild, das in erschreckend realer Weise auf wesentliche Aspekte unseres kollektiven Bewußtseins zutrifft.

Und wenn wir uns mit Shaftesburys Definition der geistigen Integrität konfrontieren, die nach seinen Worten darin besteht, „im Einklang mit der Natur zu leben, gemäß den Geboten, die uns höchste Weisheit auferlegt", so kann dies unser ökologisches Gewissen nicht unberührt lassen.

3. Das Gefühl als heimliche Erkenntnisquelle bei Kant
(1724–1804)

Kant gilt als *der* Denker der Aufklärung schlechthin, weil er jede dogmatisch-metaphysische Erkenntnis verwirft und sich ausschließlich auf die Verstandeskräfte und die durch sie vermittelte Erfahrung beruft. Kritisch zwischen Rationalismus und Empirismus stehend, weist er den naiven Realismus in der Erkenntnistheorie zurück, und zwar in beiden Richtungen: Weder erfaßt unsere sinnliche Erfahrung das „Ding an sich", weil sie immer schon von den reinen Anschauungsformen unseres Verstandes geleitet wird, noch kann unsere Verstandestätigkeit als die formale Kraft, welche die sinnliche Erfahrung zur geregelten Erkenntnis ordnet, das empirisch Erfahrbare übersteigen.

Einen völlig anderen Ansatz als in der Kritik der reinen Vernunft wählt Kant in der Kritik der praktischen Vernunft zur Begründung der Ethik. Auf der Suche nach einem allgemeingültigen Sittengesetz glaubt er gerade nicht, an die sinnliche Erfahrung anknüpfen zu können, weil alles Wissen a posteriori von zufälligen Umständen abhängig ist. Vielmehr könne nur ein a priori gewonnenes Vernunftgebot den Anspruch auf unbedingte Geltung einlösen.

Da Kant alle Neigungen und Gefühle der empirischen Natur des Menschen zurechnet, sind sie für ihn weder geeignet, das Sollen zu begründen, noch das sittliche Verhalten zu motivieren. Bei der rein apriorischen Konstruktion des Sittengesetzes gerät Kant allerdings in Schwierigkeiten, die er nur scheinbar löst. Wenn er das moralische Subjekt der intelligiblen Welt zuordnet und es somit als eine Instanz auffaßt, die jenseits aller Erfahrung das moralische Gesetz aus reiner Vernunft schöpft, so bleibt dabei die Frage offen: Woher empfängt das moralische Subjekt die Botschaft, daß es überhaupt ein Sollen gibt, demgegenüber es sich verpflichtet fühlt? Oder konkreter gefragt: Wenn sich das autonom verfügte moralische Gesetz von der empirischen Gesetzgebung *(contrat sociale)* dadurch unterscheidet, daß es nicht nur eine „pflichtgemäße", sondern eine

Erfüllung „aus Pflicht" verlangt, woher stammt dieser unbedingte Pflichtbegriff?

Diese Antwort bleibt Kant schuldig. Statt dessen postuliert er das moralische Subjekt im Sinne einer Selbstgewißheit, so wie er das theoretische Ich – darin Descartes folgend – als Selbstgewißheit voraussetzt. Mit anderen Worten: Es wird postuliert, daß *der Mensch seinem Wesen nach ein Sollender* sei, so wie er seinem Wesen nach ein Denkender ist. Hören wir Kant selbst: „Das moralische Gesetz ist ein Faktum, das vor allem Vernünfteln über seine Möglichkeit und allen Folgerungen, die daraus zu ziehen sein möchten, vorhergeht."[1] Oder dasselbe anders gewendet: „Wäre dieses Gesetz nicht in uns gegeben, wir würden es als solches durch keine Vernunft herausklügeln."[2]

Im folgenden versuche ich zu zeigen, daß Kant selbst, ohne dies zu bemerken, seine rein rationale Begründung der Ethik überschreitet, indem er sich letztlich doch auf ein moralisches Gefühl beruft. Einen ersten Hinweis darauf scheint mir ein Satz aus der „Metaphysik der Sitten" zu liefern, in dem es heißt: „Kein moralisches Prinzip gründet sich, wie man wohl wähnt, auf irgendeinem Gefühl, sondern ist wirklich nichts anderes als dunkel gedachte Metaphysik, die jedem Menschen in seiner Vernunftanlage beiwohnt."[3]

Hinter dieser Wortwahl „dunkel gedachte Metaphysik" scheint sich bereits ein Stück unbewußter Erkenntnisquelle zu verbergen. Doch machen wir uns zunächst klar, welche Kompetenzen dem moralischen Subjekt zugedacht sind. *Verglichen mit dem Subjekt der reinen Vernunft besitzt das Subjekt der praktischen Vernunft ungleich größere Kompetenzen.* Liegt es in der Zuständigkeit des theoretischen Ich, durch die reinen Anschauungsformen von Raum und Zeit die Außenwelt erst erfahrbar zu machen und durch die Kategorien der reinen Vernunft unsere Wahrnehmungen zu ordnen, so erbringt das moralische Subjekt seine Leistungen auf zwei ganz verschiedenen Ebenen. Einerseits verfügt es über die Gewißheit des Sollens und über die Fähigkeit, dieses Sollen allgemeingültig zu formulieren, andererseits führt es uns zur Evidenz von der Freiheit des Willens. Nach Kant ist die unmittelbare Einsicht der sittlichen Verpflichtung so zwingend, daß daraus die Möglichkeit der Freiheit abgeleitet werden muß, dieser Verpflichtung auch Folge leisten zu können. Damit wird postuliert, daß das intelligible moralische Subjekt imstande ist, die Naturkausalitäten, zu denen auch die eigenen Neigungen und Gefühle gehören, zu transzendieren.

Aus dieser doppelten Kompetenz des Menschen als eines moralischen Wesens ergeben sich Kants Formulierungen des kategorischen Imperativs und sein Begriff des Guten. Mit seinem berühmten Satz *„Handle nur nach derjenigen Maxime, durch die du zugleich wollen kannst, daß sie ein allgemeines Gesetz werde"*[4] formuliert er die Verantwortung jedes Einzelnen für das Ganze. Mit dem zweiten ebenso bekannten Grundsatz *„Es ist überall nichts in der Welt, ja überhaupt außer derselben zu denken möglich, was ohne Einschränkung für gut gehalten werden könnte als ein guter Wille"*[5] löst Kant die Frage nach dem guten Leben von jeder inhaltlichen Bestimmung ab und verlegt den Begriff des Guten in die prinzipielle Entschlossenheit zum verantwortlichen Handeln.

Im dritten Grundsatz seiner Ethik scheint dann allerdings doch ein Inhalt auf, nämlich die Würde der menschlichen Person als solcher: *„Handle so, daß du die Menschheit sowohl in deiner Person, als in der Person eines jeden andern jederzeit zugleich als Zweck, niemals bloß als Mittel brauchst."*[6] Wenn Kant aber diese Würde ihrerseits als Ausdruck der moralischen Autonomie des Menschen begreift, so bewegen sich seine Maximen in einer Art Tautologie.

M. E. überschreitet ein anderer, nicht minder berühmter Satz diesen Zirkelschluß, wenn Kant darin bekennt: *„Zwei Dinge erfüllen das Gemüt mit immer neuer und zunehmender Bewunderung und Ehrfurcht, je öfter und anhaltender sich das Nachdenken damit beschäftigt: Der bestirnte Himmel über mir und das moralische Gesetz in mir."*[7] Schon der Begriff des „Gemüts" eröffnet eine andere Dimension, denn in seiner Einleitung zur Kritik der Urteilskraft (siehe Tafel) rechnet Kant zum „gesamten Vermögen des Gemüts" sowohl alle Formen des Erkenntnisvermögens als auch das Begehrungsvermögen und das Gefühl von Lust und Unlust.

Das Gemüt also läßt sich zum einen von der optischen Wahrnehmung des Kosmos in seiner unendlichen Größe und Ordnung beeindrucken und zum anderen durch das Sittengesetz, von dem Kant an anderer Stelle sagt, das Gemüt „höre" die Stimme der Vernunft.[8] Beide Arten von Wahrnehmungen erfüllen die Seele mit Bewunderung und Ehrfurcht, und dies sind Emotionen von größter Intensität. Höchst bedeutsam ist an sich schon die Verbindung der weit auseinanderliegenden Ursachen für beide Gemütsbewegungen und deren identische Beschreibung. Umso mehr läßt aufhorchen, daß es zu diesem philosophischen Bekenntnis, das so ganz anders klingt als die strengen Formulierungen des kategorischen Imperativs, eine bemerkenswerte Parallele in Kants Jugenderinnerungen gibt.

Als reifer Mann gedenkt er immer wieder seiner geliebten Mutter und äußert seinem Biographen gegenüber: „Ich werde meine Mutter nie vergessen, denn sie pflanzte und nährte den ersten Keim des Guten in mir, sie öffnete mein Herz den Eindrücken der Natur."[9] Damit werden genau jene beiden Pole bezeichnet, die Kant in seinem Satz vom „bestirnten Himmel über mir" und dem „moralischen Gesetz in mir" zusammenfaßt. Offensichtlich hat Kants Gemüt als Knabe die Stimme der Vernunft als Stimme der Mutter gehört, und wir müssen uns fragen, warum er diese für ihn so bedeutsamen persönlichen Erfahrungen aus seiner philosophischen Reflexion ausschließt.

Erst die genauere Kenntnis der biographischen Umstände erlauben eine annähernde Beantwortung dieser Frage. Wie *G. und H. Böhme* in ihrer kritischen Kantstudie ausführen, hatte Kant bis zu seinem 13. Lebensjahr in einer sehr innigen, in ihrer Ausschließlichkeit fast symbiotisch zu nennenden Beziehung zur Mutter gelebt. Als diese an einer fiebrigen Erkrankung plötzlich starb, schickte ihn der Vater, zu dem offenbar keine tiefere Beziehung bestand, in ein strenges Internat, in dem der Heranwachsende freudlos seine Schul- und Studienjahre verbrachte. Er widmete sich dort ausschließlich seiner

Arbeit, ohne nähere Freundschaften einzugehen. Erst viel später versammelte Kant in Königsberg eine Tafelrunde gelehrter Freunde um sich, während er zeitlebens nie eine Beziehung zu einer Frau unterhielt.[10]

Vor diesem Hintergrund wird plausibel, warum Kant allen Gefühlen mit so großer Reserve begegnete. Er konnte und wollte die Verzweiflung nicht aufkommen lassen, die der Tod der Mutter in ihm ausgelöst hatte, und von daher gesehen erscheint sein kategorischer Imperativ als der heroische Versuch, ein dem Guten verpflichtetes Leben ohne die beglückende Mitmenschlichkeit und die emotionale Nähe zu führen, derer er so früh beraubt wurde.

In diesem Kontext wird auch der schroffe Gegensatz nachvollziehbar, den Kant zwischen Pflicht und Neigung konstruierte; doch wie bei allen psychischen Verdrängungen gibt es gerade in diesem Teil der Kantschen Moralphilosophie erhebliche logische Brüche.

Oberflächlich gesehen scheint es zwar so, als stünde Kant mit seiner Abwehr gegenüber Trieben und Leidenschaften nur in der Tradition der klassischen Philosophie, besonders, nachdem er sich ausdrücklich auf die Lehre der Stoa bezieht. Bei näherem Zusehen ergeben sich aber wesentliche Abweichungen vom stoischen Ideal der Leidenschaftslosigkeit (Apathie). Kant geht es nicht nur darum, die Besonnenheit als ein Ideal hinzustellen, demgegenüber alle Erregungen und Begierden als nichtig erscheinen, sondern mehr noch um den Sieg des moralischen Willens. Und dieser Wille triumphiert dann am meisten, wenn die Sittlichkeit der Sinnlichkeit Gewalt antut. In den Worten Kants: „... weil die menschliche Natur nicht so von selbst, sondern nur durch Gewalt, welche die Vernunft der Sinnlichkeit antut, zu jenem Guten zusammenstimmt."[11]

Außerdem verstrickt sich Kant, wenn es um den praktischen Vollzug des sittlichen Ideals geht, in offensichtliche Widersprüche. Im Einklang mit der Stoa hält er zwar die absolute Leidenschaftslosigkeit für die einzig edle Gemütsverfassung und daher den phlegmatisch Veranlagten von Natur aus für begünstigt.[12] Wenn aber das eigentlich Moralische in der erhabenen Freiheit gegenüber der Naturanlage bzw. in der Überwindung der natürlichen Neigungen besteht, so erhebt sich die Frage, woher ein lebhafteres Temperament die psychische Energie beziehen soll, um sich gegen die Forderungen seiner sinnlichen Natur durchzusetzen.

Vom Gefühl als Emotion, d.h. als Beweggrund sittlichen Handels will Kant nichts wissen. Also bleibt nur die „*Achtung vor dem Gesetz*", die ihre „Macht" auf das Gemüt ausübt.[13] Freilich ist diese Achtung als solche auch ein Gefühl, das Kant selbst als „*moralisches Gefühl*" bezeichnet und als die subjektive Seite der Achtung vor dem Gesetz definiert.[14] Nur gehöre dieses Gefühl nicht dem sinnlichen Bereich an, weshalb es Kant auch als „*sinnenfreie Neigung*" bezeichnet und als einziges Gefühl überhaupt, das nicht sinnlich erfahrbar, sondern a priori durch Vernunft erzeugt sei. Wie um dies zu betonen, fügt er hinzu, das moralische Gefühl sei frei von Lust, hingegen nicht ganz frei von Unlust, weil wir uns der Unvollkommenheit unserer Pflichterfüllung immer bewußt bleiben.[15]

Dies alles klingt einigermaßen gequält. Eine „sinnenfreie Neigung" ist im Kantschen System eigentlich eine *contradictio in adiecto*, und die Beteuerung, daß das moralische Gefühl *a priori* gegeben sei, kann eigentlich nur heißen, daß die praktische Vernunft eine qualitativ emotionale Wahrnehmung einschließt. Ganz abgesehen davon, daß nicht einzusehen ist, warum Unlust unsinnlicher sein soll als Lust.

Im letzten Punkt manifestiert sich der Rigorismus der Kantschen Moral gegenüber der eigenen Natur, der sich noch verstärkt zeigt, wenn wir die Ausführungen über *die moralischen „Hilfsaffekte*" heranziehen. Mit dem Aufsuchen natürlicher Neigungen, die geeignet sind, eine sittliche Entscheidung zu befördern, will Kant offensichtlich das oben angesprochene energetische Problem lösen. In diesem Zusammenhang teilt er die menschlichen Gefühlsregungen in zwei Kategorien ein, nämlich in die „*zärtlichen Rührungen*" und die „*wackeren Rührungen*".[16]

Die erste Art, zu der er alle „schmelzenden" Gefühle wie die „Empfindelei", aber auch das Mitleid zählt, taugen nach seiner

Meinung gar nichts zum Aufbau des moralischen Charakters. Dagegen hält er die „wackeren" oder „mutigen" Rührungen für geeignet, den moralischen Charakter zu festigen und ihm Schwung zu verleihen. Dies gelte selbst dann, wenn solchen Rührungen ein gewisser Hang zur Gewalttätigkeit eigen sei wie dem Zorn und der Entrüstung. Bei seiner Analyse des Schönen und Erhabenen spricht Kant vom „heiligen Schauer", den wir beim Anblick tobender Gewässer oder tiefer Schlünde empfinden, und setzt diese Stimmung des Gemüts mit der Gestimmtheit zum Moralischen in Beziehung. Das Gefühl der Kraft, ja der Gewalt, gehöre zu den „wackeren" Seelenregungen, die zum Sieg über die bloße Neigung nötig sind.[17] Schließlich lesen wir in seiner Anthropologie: „Die Bösartigkeit der Temperamentsanlage ist doch weniger schlimm als die Gutartigkeit der letzteren ohne Charakter ... Selbst ein Mensch, der durch die Gewalttätigkeit seiner festen Maximen Abscheu erregt, ist doch zugleich Gegenstand der Bewunderung; wie Seelenstärke überhaupt in Vergleichung mit Seelengüte ..."[18]

Solche in ihrer Einseitigkeit fast unglaublichen Aussagen erhalten ihre Psycho-logik nur dann, wenn wir die Vermutung einbeziehen, die sich anhand biographischer Tatsachen aufdrängt, daß Kant zeit seines Lebens gegen die Versuchung des Suizids anzukämpfen hatte. Dieses Motiv klingt deutlich an einer Stelle in seiner „Grundlegung zur Metaphysik der Sitten" an, an der es heißt: „... *wenn Widerwärtigkeiten und hoffnungsloser Gram den Geschmack am Leben gänzlich weggenommen haben; wenn der Unglückliche, stark an Seele, ... den Tod wünscht und sein Leben doch erhält, ohne es zu lieben, nicht aus Neigung oder Furcht, sondern aus Pflicht: alsdann hat seine Maxime einen moralischen Gehalt.*"[19]

Seit dem Tod seiner geliebten Mutter mußte Kant alle „schmelzenden Gefühle" wohl deshalb abwehren, weil sie seinem innersten Wunsch entsprachen, sein freudloses Leben aufzugeben und im Tod mit seinem ersten und einzigen Liebesobjekt zu verschmelzen.

Auf besondere Weise spiegelt Kants Abhandlung „Über das Schöne und Erhabene" seine eigene psychische Gleichung wider, wenn er beide Prinzipien einander entgegensetzt und hinter dieser Polarität auch *die Polarität der Geschlechter* durchschimmern läßt. Auf der einen Seite steht die ästhetische Lebenshaltung mit ihrer Lebensbejahung, die nicht nur mit „Reizen" vereinbar ist, sondern auch die Lebenskraft der Menschen fördert; auf der anderen Seite der Sinn für das Erhabene, welcher mit den Reizen unvereinbar ist und die Lebenskräfte hemmt. Kant gibt dem Sinn für das Erhabene eindeutig den Vorzug, weil nur er die moralische Gesinnung befestigt und zur Unabhängigkeit von allen äußeren Objekten führe. Dieser Freiheit opfert Kant jedes Lebensglück, wenn er sagt, die echte Triebfeder der reinen praktischen Vernunft bestehe in der „Achtung für etwas ganz anderes als das Leben; womit in Vergleichung und Entgegensetzung das Leben vielmehr mit aller seiner Annehmlichkeit gar keinen Wert hat".[20]

Was Kant unerwähnt läßt, ist die Tatsache, daß eine derartige Einengung auf die Pflicht auch die Erinnerung an die tragischen Konsequenzen des Lebens auszulöschen vermag und wohl deshalb das Leben zugunsten des reinen Geistes abgewertet wird. Wenn wir noch hinzunehmen, daß Kant bei der Schilderung der ästhetischen Lebenshaltung häufig weiblich konnotierte Eigenschaften und Situationen zitiert, während er zur Illustration des menschlich Erhabenen ausschließlich männliche Vorbilder wählt, so entspricht auch dies seiner lebensgeschichtlichen Situation. Dabei ist sich Kant nicht bewußt, daß seine unausgesprochene Gleichung von „Moral = erhabene Lebenseinstellung = Männlichkeit" eigentlich den Frauen keinen Raum in seinem moralischen System läßt. Wie viele Denker vor und nach ihm glaubte er, im Namen der universellen Menschlichkeit zu sprechen, und sprach doch vor allem im Namen einer typisch männlichen Geisteshaltung. Nur auf Grund solcher unbewußten Polarisierungen sind auch die logischen Ungereimtheiten zu verstehen, von denen schon die Rede war. Es gibt keinen logischen Grund für die Annahme, daß ein „wackeres" oder gar gewalttätiges Temperament besser geeignet sei, sich den Entscheidungen der Vernunft zu beugen als ein „zärtliches" Temperament, es sei denn, wir gehen von einem Subjekt aus, das sich davon bedroht fühlt, von seinen weichen Seelenanteilen überwältigt zu werden. Im übrigen war Kant ein genügend guter Menschenkenner, um nicht zu wissen, daß das Mitgefühl eine natürliche Regung ist, die der Pflicht zur Nächstenliebe (Wohltun) entgegenkommt. In seiner Tugendlehre im zweiten Teil der Metaphysik der Sitten spricht Kant von der Pflicht der Wohltätigkeit, zu der er auch die Pflicht zur „teilnehmenden Empfindung" rechnet, womit er eigentlich seiner moralischen „Typologie" widerspricht.

Dieser Widerspruch wird allerdings insofern abgemildert, als er Teilnahme nicht im Sinne des Mitleidens versteht. Wie die Stoa verwirft er das letztere als eine Vermehrung des Leidens. Auch ist für Kant Wohltun und Gemeinschaft suchen durchaus nicht dasselbe. In der Absonderung von aller Gesellschaft, wenn sie nicht Flucht, sondern Ausdruck moralischer Stärke ist (sich selbst genug zu sein und Gesellschaft nicht zu bedürfen), sieht er vielmehr etwas Edles und Erhabenes.[21]

Die Distanz zwischen Ich und Mitwelt und *die Kluft zwischen moralischem Ich und eigener Naturanlage* bilden die Grundkonstanten in Kants Moralkonzept, die sowohl seinen Pflicht- als auch seinen Tugendbegriff konstituieren. Dabei verstellt der Antagonismus zwischen Selbstliebe (Egoismus) und Nächstenliebe, daß jede liebende Beziehung ein gewisses Maß an Selbstliebe voraussetzt und Selbstsucht sehr oft auf Selbsthaß beruht, während der Antagonismus zwischen Pflicht und Neigung bedenkliche pädagogische Konsequenzen nach sich zog.

Kants rigoroser Pflichtbegriff hat die puritanische Sinnenfeindlichkeit befestigt und dazu beigetragen, daß über viele Generationen hinweg die falschen Weichen für das Erziehungsideal gestellt wurden. Bis heute spukt in den Köpfen von Unteroffizieren und Sporttrainern die abstoßende Vorstellung vom „inneren Schweinehund", den es zu überwinden gelte, wodurch nur auf grobschlächtige Art ausgedrückt wird, was in Kants Kampf gegen die Neigung vorgezeichnet war.

Dazu sei allerdings bemerkt, daß Kant selbst an mögliche negative Auswirkungen der ethischen Askese dachte, wenn er die Befürchtung äußerte, sie könne die Menschen „mürrisch" machen: „was man nicht mit Lust, sondern bloß aus Frondienst tut, hat keinen inneren Wert und wird nicht geliebt".[22] Deshalb beschwört er zur Kompensation der geopferten Lebensfreude das „fröhliche Gemüt", das aus dem moralischen Sieg über die Naturtriebe resultieren soll. Moralität führe zum Gefühl des Erhabenen, das uns „mehr hinreißt als alles Schöne", weil es unsere „göttliche Abkunft" verkündige.[23]

Freilich führt eine dermaßen forcierte Selbstachtung unweigerlich zum moralischen Narzißmus, der an das mönchische Ideal der Selbstheiligung erinnert und immer in Gefahr steht, die lebendige Beziehung zu den Mitmenschen – und erst recht zu den Mitgeschöpfen! – zu verlieren. *Erst wenn wir Kants Rigorismus als eine Bewältigungsstrategie begreifen, die seinem tragischen Lebensgefühl Halt und Würde verlieh, werden auch die Emotionen faßbar, die sich hinter seinem rationalistischen Konzept verbergen.*

Auch Kant konnte nicht umhin, vom moralischen Gefühl zu sprechen, weil kein Mensch den Imperativ des Sollens ohne das Gefühl der Verpflichtung wahrnehmen kann, wenn er auch darauf beharrt, daß dieses Gefühl nicht die Ursache für den kategorischen Imperativ, sondern dessen Folge sei. Freilich läßt er damit das Rätsel ungelöst, auf welche Weise die praktische Vernunft zu ihrem Gegenstand kommt, und muß sich damit begnügen, die sittliche Selbstbestimmung als ein Faktum anzunehmen, das den Menschen als Vernunftwesen auszeichnet.

Über alle Schwächen und Schatten hinweg bleibt jedoch Kants gewaltige Leistung bestehen, die Ethik vom utilitaristischen Zweckdenken losgelöst zu haben. *Sein untrügliches Gefühl für menschliche Würde und seine unaufhebbare Forderung, Menschen immer als Zweck an sich selbst wahrzunehmen* und sie nie nur als Mittel zu gebrauchen, erhalten im ausgehenden 20. Jahrhundert ein ganz neues Gewicht. Im Zeitalter der Gentechnologie, der Herrschaft des Ökonomischen und der Medienmanipulation gibt es kaum ein ethisches Postulat, das ernster zu nehmen wäre. Zudem ist es in unserem erkenntnistheoretischen Zusammenhang wesentlich, die Rationalismuskritik an Kant nur als Teilaspekt einer umfassenderen Rationalismuskritik zu verstehen. Deshalb soll im folgenden Kants Position in den Rahmen einer psychoanalytisch fundierten Wissenschaftskritik gestellt werden, die vor allem von amerikanischen Denkerinnen ausging.

Feministische Psychoanalytikerinnen wie *Nancy Chodorow* oder *Dorothy Dinnerstein*[24] machten auf die kausale Beziehung zwischen moderner Familienkonstellation, wie sie sich seit der Industrialisierung herausbildete, und der seelisch-geistigen Prägung der Heranwachsenden aufmerksam. Die örtliche Trennung von Arbeitsstätte und Familie und die damit verbundene Abwesenheit der Väter hatte zur einseitigen Delegation der Erziehungsaufgaben an die Mütter geführt, und dies verengte nicht nur das Rollenverständnis der Geschlechter, sondern erschwerte auch die Identitätsfindung der Kinder. Wurde das Mädchen durch die Fixierung auf die häusliche Rolle in seiner Persönlichkeitsentwicklung beschnitten, so bedeutet für den Knaben die einseitige emotionale Bindung an die Mutter bis heute einen tiefgreifenden Konflikt für seinen Ablösungsprozeß. Wenn der Vater als emotionale Bezugsperson fehlt, kann die männliche Rolle nur über die Ratio definiert werden, während auf psychischer Ebene Erwachsenwerden heißt, sich vom Emotionalen als dem Inbegriff des Weiblichen zu distanzieren. Deshalb sieht sich der junge Mann genötigt, seine Bedürfnisse nach Nähe und Gefühlsverbundenheit zugunsten einer rationalen Lebensbewältigung aufzugeben, um seine Identität als Mann nicht zu gefährden.

Es ist leicht zu sehen, daß Kants persönliche Familiengeschichte nur eine besonders zugespitzte Form dieser allgemeinen Konstellation darstellt, und deshalb ist es auch kein Zufall, daß sein rationaler Denkstil unter den Wissenschaftlern nach ihm mit so großer Bereitschaft aufgenommen wurde.

Evelyn Fox Keller, die aus den neuen psychoanalytischen Einsichten die Konsequenzen für die Wissenschaftstheorie zog, sah in der strikten Subjekt-Objekt-Trennung in der Naturwissenschaft die psychische Ausgangssituation des Forschers gespiegelt: Seinem männlichen Autonomiestreben kommt eine Versuchsanordnung entgegen, die das beobachtende Subjekt auf Distanz zum beobachteten Gegenstand hält. Dies geschieht zwar im Namen der Objektivität – und im Hinblick auf die Vermeidung subjektiver Projektionen zurecht –, aber gleichzeitig schützt diese Anordnung den Forscher davor, sich emotional auf den Untersuchungsgegenstand einlassen zu müssen.

Was immer sich die Forschung zum Gegenstand macht, betrachtet sie als reines und damit letztlich als totes Objekt, eine Perspektive, die Keller im Unterschied zum wünschbaren Bemühen um Objektivität „objektivistisch" nennt. Seine distanzierte Position erlaubt es dem Forscher, sich souverän seines Gegenstandes zu bemächtigen und zwar auch dann, wenn es sich um ein Objekt handelt, das eigentlich als lebendiges „Gegenüber" und nicht als Gegenstand wahrgenommen werden müßte.

Wenn Keller von der „emotionalen Substruktur" der Wissenschaft spricht,[25] so sind damit die unbewußten psychischen Bedürfnisse der in der Wissenschaft Tätigen gemeint, die mit dem männlichen Autonomiekomplex in Zusammenhang stehen; wobei diese Substruktur gerade deshalb unbewußt bleibt, weil sie einen Teil der offiziellen Wissenschaftsdoktrin konstituiert.

Um aber auf Kant zurückzukommen, so waren mit seiner Kritik der reinen Vernunft die Weichen für eine „objektivistische" Perspektive in der Wissenschaft zumindest indirekt gestellt. Sein Grundgedanke, daß die „Dinge an sich" der Erkenntnis prinzipiell unzugänglich sind, rückte sie in eine Ferne, die sie der lebendigen Wirklichkeit entzog. Die experimentelle Methode der modernen Naturwissenschaft bildet dazu eine gewisse Parallele, wenn sie ihre Gegenstände von allen „vorwissenschaftlichen" Bezügen reinigt und sie als eine „terra incognita" betrachtet, der man mittels präzis gestellter Fragen rationale, und das heißt vor allem quantitative, Antworten abringt.[26]

Die andere Seite der Naturwissenschaft, nämlich ihr harter Zugriff auf die wirklichen Dinge, scheint ihrer erkenntnistheoretischen Zurückhaltung gerade entgegengesetzt zu sein. Sie geht in erster Linie auf Bacon und dessen erklärtes Ziel, das neue Wissen als Macht über die Natur zu gebrauchen, zurück. Doch findet sich dazu auch eine Parallele bei Kant, wenn auch nicht in seiner Kritik der reinen, sondern in seiner Kritik der praktischen Vernunft. Mit der gleichen herrischen Geste, mit der Kant das intelligible Subjekt von den Neigungen der eigenen Natur abgrenzt, um es über einen rigorosen Vernunftbegriff zu definieren, *beansprucht die moderne Naturwissenschaft den Vorrang ihrer intellektuellen Ziele vor jedem Eigenrecht der Natur.* Und dies gelingt ihr umso bedenkenloser, als sie das zu Beherrschende nur durch den Filter einer von allen sinnlichen Anfechtungen gereinigten Erkenntnismethode wahrnimmt und sich damit in eine Art *„rationale Anästhesie"* versetzt.[27]

Allerdings ist nicht zu vergessen, daß die naturwissenschaftliche Doktrin in einem wesentlichen Punkt von der Konzeption Kants abweicht: Sie verbannt die praktische Vernunft aus ihrem Diskurs und macht Ethik zur Privatsache, während Kant sie ihrem Rang nach über die theoretische Vernunft stellte. War für Kant der Mensch immer „Zweck an sich selbst", weil er das moralische Gesetz als seine Freiheit erkennt, so wird für die Wissenschaft auch der Mensch zum Forschungs-Objekt. Im naturwissenschaftlichen Denksystem ist die Würde des Menschen, die den Angelpunkt in Kants Philosophie bildet, im Prinzip nicht mehr geschützt. Und dies paradoxerweise gerade deshalb, weil Kant sich darauf versteifte, der Menschenwürde eine rationale Begründung zu geben: Weil er sich nicht zu den emotionalen Quellen der sittlichen Vernunft bekannte und jede rein rationale Grundlegung unzureichend bleibt, konnte seine Kritik der praktischen Vernunft als bloßer Anhang zu seiner großen Leistung auf dem Gebiet der theoretischen Vernunftkritik beiseite geschoben werden.

4. Die Rehabilitation des Gefühls in der Romantik von Rousseau (1712–1778) bis Carus (1789–1869)

Es gibt kaum eine geistige Strömung, die sich uns so komplex und widersprüchlich präsentiert wie die der Romantik. Allen ihren philosophischen und künstlerischen Ausdrucksformen ist nur eines gemeinsam, nämlich die Berufung auf das authentische Gefühl, das unbeirrbar allen intellektuellen und gesellschaftlichen Konventionen entgegengestellt wird.

Den Auftakt zu dieser Revolte gegenüber dem zeitgenössischen Rationalismus gab *Jean-Jacques Rousseau*, und dies in einem historischen Augenblick, der noch ganz im Zeichen der Aufklärung stand. Das Aufsehenerregende an seinem Werk waren sein leidenschaftlich engagierter Stil, seine vernichtende Kritik an den gesellschaftlichen und sozialen Verhältnissen des damaligen Frankreichs und nicht zuletzt seine Vision von einer menschenwürdigeren Gesellschaft, die er aus einem ganz neuen Geschichtsverständnis bezog. Überzeugt davon, daß Herrschaft, Unterdrückung und Ungerechtigkeit historisch gewachsene Phänomene und nicht der Urzustand der menschlichen Gesellschaft seien, klagt er die Zivilisation als Verderberin der menschlichen Natur an, deren Kern er für gut und friedfertig hält. Dennoch war Rousseaus Blick nicht einfach auf eine verklärte Vergangenheit gerichtet – das ihm untergeschobene Wort „Zurück zur Natur" hat er nie ausgesprochen,[1] sondern in eine Zukunft, die der freien Entfaltung der Menschen durch geeignete Erziehung und demokratische Grundrechte den Weg bahnen sollte.

Freilich war sein ganzes Denken mehr programmatisch als systematisch-argumentativ, und so hat es viel mehr als Impuls für die geistigen und politischen Befreiungsbewegungen der Zukunft gewirkt, als daß es eine neue erkenntnistheoretische Grundlage hätte liefern können. Immerhin gab dieser Impuls wesentliche Anstöße zur Französischen Revolution und machte für eine geistige Elite in ganz Europa *das Gefühl als persönliche Erkenntisquelle wieder diskussionswürdig.*

Wieviel durch den rationalistischen Vernunftbegriff unter

Verschluß gehalten worden war, wird an dem spontanen Aufbruch der romantischen Bewegung, vor allem in Deutschland, überhaupt erst faßbar. Sie führte zu einer fast unglaublichen *Bewußtseinserweiterung* in den verschiedensten Richtungen: zur Wiederentdeckung des Dionysischen als schöpferischem Prinzip in der Kunst, zur Erschließung von Mythos und Märchen und zur Wiedereinsetzung der spielerischen Phantasie in ihre Rechte im literarischen Schaffen, zur Wiederbelebung der mystischen Spiritualität für das religiöse Leben, zur Begründung der Naturphilosophie, zur Hinwendung an die Frühgeschichte der Menschheit und an vorzivilisatorische Völker und nicht zuletzt zur Entdeckung des Unbewußten.

Unsere gegenwärtige Epoche, für die der Begriff „romantisch" geradezu gleichbedeutend mit „unwissenschaftlich" wurde, vergißt, daß eine ganze Reihe von jungen Wissenschaften ihre Existenz jenem romantischen Aufbruch in der Geistesgeschichte verdanken. So die vergleichende Religionswissenschaft, die Sprachforschung und vergleichende Literaturwissenschaft, die Ethnologie und bis zu einem gewissen Grad auch Soziologie und Tiefenpsychologie.

Auf der anderen Seite kommt die Abwehrhaltung, die diesem Vergessen zugrunde liegt, nicht von ungefähr. Wenn sich in der romantischen Geistesbewegung die Subjektseite des menschlichen Bewußtseins Bahn brach, so war dies notgedrungen auch mit einem gewissen Subjektivismus, ja Narzißmus verbunden, um sich der geistigen Daseinsberechtigung der objektiv schwer faßbaren Gefühle zu versichern.

Zumindest ein Teil der Frühromantiker wie *Novalis* oder *Friedrich Schlegel* ist stark auf die eigene Person konzentriert, bzw. auf ihr ganz persönliches Verhältnis zur Natur, zur Geliebten oder zum Göttlichen. Deshalb auch die Absage an jede Konvention und die Neigung zum Elitären trotz der bewußten Überwindung herkömmlicher Klassenschranken. Das Leben der Einzelpersönlichkeit – und, als Utopie, schließlich das Leben aller Menschen – soll dem Kunstwerk gleichen, das alle sinnlichen, emotionalen und intellektuellen Fähigkeiten des Menschen zu einem je einmaligen Ganzen formt. Von dieser

Vorstellung aus ergeben sich fließende Übergänge zwischen Kunst, Wissenschaft, Philosophie und Religion, die nicht mehr als getrennte Fakultäten, sondern als sich gegenseitig befruchtende Äußerungen des zur Einheit strebenden Geistes aufgefaßt werden.

Auch innerhalb der elitären Zirkel, in denen sich die romantischen Künstler und Gelehrten bewegen, kommt es zu einer wesentlichen Erweiterung insofern, als *zum erstenmal bedeutende Frauen gleichberechtigt neben den Männern* stehen oder sogar den Mittelpunkt des Kreises bilden wie Karoline Schlegel-Schelling, die Günderode oder Bettina von Arnim. Dadurch, daß die Frau zur geistigen Partnerin wird, erhält auch die Liebe zwischen den Geschlechtern eine neue Dimension und überstrahlt in ihrer Bedeutung die Freundschaft unter Männern. *Das romantische Bewußtsein erneuert die antike Idee vom Eros als Erkenntniskraft,* nun aber eindeutig als kreativen Austausch zwischen Mann und Frau. Für *Franz von Baader* ist diese Idee so zentral, daß er geradezu eine „erotische Philosophie" fordert. Erkennen und Lieben sind für ihn eins, wobei er sich auf das hebräische Synonym für „eine Frau oder einen Mann erkennen" und geistiges Erkennen bezieht.[2]

Die Romantik hebt die konventionellen Geschlechterrollen zwar noch lange nicht auf, aber sie durchbricht sie und fordert als Ziel für beide Geschlechter die Entwicklung zur vollen Menschlichkeit. Der berühmten Aufforderung *Schleiermachers* an die Frauen, den Mut zu haben, sich ihres Verstandes zu bedienen, korrespondiert das Bemühen des romantischen Mannes, durch Einfühlung in die Frau bei sich selbst „weibliche" Gefühlskräfte zu kultivieren. Damit ist *das Ideal der Androgynie* formuliert, wie es später C. G. Jung in seine Anima-Animus-Konzeption aufnimmt. Jung, der in mehrerlei Hinsicht auf romantisches Gedankengut aufbauen konnte, übernahm allerdings auch dessen Halbheit in bezug auf das Geschlechterverhältnis. Auch in seinen Vorstellungen von Polarität und Komplementarität verrät sich die einseitig männliche Perspektive: Es wird ein Bild des Weiblichen entworfen, das dem Mann als ideale Ergänzung dient, während es dem authentischen Selbstentwurf der Frau wenig Raum gibt.

Dazu kommt *eine bemerkenswerte Tendenz des romantischen Mannes zur psychischen Regression* in verschiedenen Formen. Auf der persönlichen Ebene drückt sie sich als Sehnsucht nach dem Weiblich-Mütterlichen aus und, mythisch überhöht, als Sehnsucht nach Allverbundenheit mit dem Urgrund der Natur. Auf politischer Ebene bewirkt die gleiche Tendenz einen Hang zum Konservativen, die Rückwendung zu einstiger historischer Größe und das betonte Festhalten an Heimat, Volk und Vaterland. Novalis' Hymnen an die Nacht sind vom gleichen Wunsch nach Verschmelzung bis hin zur Selbstauflösung erfüllt wie die völkischen Lieder *Ernst Moritz Arndts und Theodor Körners,* die das deutsche Nationalgefühl für den Befreiungskrieg mobilisierten.

Psychologisch wäre diese merkwürdige Seelenverfassung damit zu erklären, daß ein jahrhundertelang zurückgedrängtes Gefühlspotential plötzlich in das männliche Bewußtsein einbrach: Weil es weder durch Erfahrung noch durch geistige Verarbeitung vorgeformt war, konnte es sich zunächst nur als kindliches, überwältigendes Abhängigkeitsgefühl reaktivieren. Auch die vielzitierte *romantische Ironie,* die nach offizieller Version die Unvollkommenheit des eigenen Gefühls gegenüber der Idee des Unendlichen zum Ausdruck bringen soll, wäre psychologisch als Schutzbedürfnis des romantischen Mannes zu interpretieren, diesem überwältigenden Abhängigkeitsgefühl nicht gänzlich ausgeliefert zu sein. Ironie schafft Distanz zum eigenen Gefühl und bewahrt das Subjekt davor, sich völlig auf Gefühle einzulassen.

Demgegenüber hatten die Frauen der Romantik einen völlig anderen Zugang zu ihren Gefühlen. Ihnen war der Umgang mit Emotionen von jeher gestattet und vertraut, und deshalb konnten sie sich auf viel realistischere Weise mit der Welt der Gefühle auseinandersetzen. So treffen wir in den Briefen *Karoline Schlegel-Schellings* auf wenig Elegisches und schon gar nicht auf sehnsuchtsvoll nach rückwärts Gewandtes. Ihre Äußerungen zeichnen sich im Gegenteil durch ein hohes Maß an

Realitätssinn und Gegenwartsbezogenheit aus. Alles, was Karoline denkt, fühlt und ausspricht, ist von kompromißloser Ehrlichkeit. Nie flüchtet sie vor der Wirklichkeit in den schönen Schein oder in irgendwelche weltabgewandten Konstruktionen. Auch *Karoline von Günderode,* die den Männern ihrer Zeit als eine fast überirdische Lichtgestalt erschien, war letzten Endes lebensvoller und in ihrer Gradlinigkeit kraftvoller als viele ihrer Verehrer. Ihr Leben scheiterte daran, daß sie einen Mann leidenschaftlich liebte und sie diese Liebe auch sinnlich realisieren wollte, während der Geliebte davor zurückschreckte, an das idealisierte Bild zu rühren.[3] Als die 26jährige sich den Tod gab, geschah dies mit ebenso großer Bewußtheit wie Sachlichkeit. Nachdem sie sich anatomisch ins Bild gesetzt hatte, erdolchte sie sich auf einem ihrer täglichen Spaziergänge. Wieviel unsentimentaler wirkt dieser Tod als derjenige des jungen Werthers, den Goethe ersann!

Bettina v. Arnim teilt mit ihren Dichterkollegen die unerschöpfliche, bisweilen skurrile Phantasie und die Vorliebe für das Unkonventionelle, doch schöpft sie aus einem ganz anderen Lebensgefühl. Sie ist die Verkörperung sinnlicher Daseinsfreude und Lebensbejahung schlechthin, und darin hat melancholische Todessehnsucht keinen Platz. In ihrer zweiten Lebenshälfte durchbricht die scheinbar verspielte Dichterin den individuellen Lebenskreis und wendet sich den sozialen und politischen Problemen ihrer Zeit zu. So beschreibt sie soziale Mißstände und tritt öffentlich für die Unterdrückten ein, und zwar nicht nur theoretisch, sondern auch unmittelbar praktisch als Helferin während der Choleraepidemie von 1831. In dieser Hinsicht war ihr von den männlichen Vertretern der Romantik nur der Arzt und Philosoph Franz von Baader wesensverwandt.[4]

Wir werden aber auch der romantischen Geistesbewegung im ganzen nicht gerecht, wenn wir in ihr nur den Aufbruch der Gefühlskräfte und den schwärmerisch-spekulativen Geist eines Novalis oder Schelling wahrnehmen. In den Werken Herders und Schleiermachers wird auch das erkenntnistheoretische Bemühen deutlich, den rationalistischen Ansatz in Philosophie und Geisteswissenschaften durch den Einbezug des Emotionalen zu erweitern.

Für *J. G. Herder (1744–1803)* wirken im Erkennen alle menschlichen Seelenvermögen zusammen, während die Verabsolutierung des Verstandes zu einem „Geschwätz tauber Wörter" führe.[5] Neuland beschreitet er in seinen Untersuchungen *zum Ursprung und Wesen der Sprache,* wenn er ihre eigentliche Quelle im Emotionalen sieht. Er findet ihre Wurzel in der Musik und in der Dichtung, die beide die menschlichen Gefühle und Leidenschaften zum Ausdruck bringen. Am Beginn jeder Erfahrung steht für ihn nicht der Verstand, sondern die Empfindung, und sie gibt auch der Sprache ihre ursprüngliche Ausdrucksstärke und ihren Rhythmus. Für diese These ruft er die alten Volkslieder in aller Welt zu seinen Zeugen auf.[6]

Herder war einer der wenigen Geisteswissenschaftler, die die Welt nicht in sogenannte Hochkulturen und sogenannte Primitivkulturen scheiden. Die „Stimmen der Völker", die er unermüdlich sammelt, gelten ihm gleichviel, ob es sich bei den Texten um slavische und lappländische oder um lateinische, französische oder morgenländische Lieder handelt. Kultur ist für ihn das konkret Menschliche und die Volksweisheit eine Quintessenz des historisch Erfahrenen.

Von daher kritisiert er die Beschränktheit und den Hochmut des eurozentrischen Denkens und spricht von dem Wahn, sich selbst als Mittelpunkt der Welt zu fühlen, als ob alles auf die „Thronsitzer des 18. Jahrhunderts als letzte Endlinie" hinausliefe.[7] Auch ist er sich des furchtbaren Unrechts bewußt, das den außereuropäischen Ländern im Laufe der Kolonialgeschichte angetan wurde, und betrachtet die europäischen Weltreisenden seiner Zeit mit Skepsis. Dabei wendet er sich nicht nur gegen den Rassendünkel der Weißen, sondern gegen den Rassenbegriff als solchen: „Ich sehe keine Ursache zu dieser Benennung. Rasse leitet auf eine Verschiedenheit der Abstammung ... nur ein und dieselbe Gattung ist das Menschengeschlecht auf der Erde."[8]

Herders tiefer Respekt vor allen Ausformungen der menschlichen Kultur bewahrt ihn vor jener parteilichen, nationalen

Begeisterung, wie sie die Spätromantik hervorbrachte. Ihn beseelt *die Vision einer allgemeinverbindlichen Humanität, zu der die Menschheit mit ihren vielen Stimmen eines Tages wie in einem großen Chor zusammenklingen werde.* Mit dieser Idee grenzt er sich vom uniformen Gleichheitsideal der Aufklärung ebenso ab wie von der regressiven Stimmung derer, welche die partikulare Volksseele beschwören.

In seiner Abhandlung „vom Erkennen und Empfinden der menschlichen Seele" empfiehlt Herder verschiedene Wege, um der rationalistischen Verengung zu entkommen.[9] Einer davon besteht in der Einbeziehung der eigenen Biographie in den Erkenntnisvorgang, womit er postuliert, daß Selbsterkenntnis und Wirklichkeitserkenntnis einander bedingen. Darin klingt schon die höchst moderne Forderung einer psychoanalytisch fundierten Erkenntnistheorie an. Ein anderer Weg führt über die Sprache und das Ernstnehmen ihrer emotionalen Dimension. Herder selbst beschritt ihn unter anderem bei seiner Beschäftigung mit der Naturwissenschaft seiner Zeit. An den physikalischen Begriffen „Energie", „Kraft", „Bewegung" oder „Trägheit" exemplifiziert er die Tatsache, daß wir auch über Naturzusammenhänge nur in Bildern sprechen können. In den Sprachbildern sieht er das eigentliche Medium zwischen Außenwelt und Innenwelt, zwischen Sinnlichkeit und Verstand: „Was wir wissen, wissen wir nur aus Analogie ... wie unsere ganze Psychologie aus Bildworten besteht, so war's meist *ein* neues Bild, *eine* Analogie, *ein* auffallendes Gleichnis, das die größten und tiefsten Ideen geboren."[10]

Hatte Herder nach dem Ursprung der Sprache als Basis der menschlichen Kultur gesucht, so stellte *F. E. D. Schleiermacher* (1768–1834) die Frage nach dem Ursprung der Religionen.[11] Seine Definition des religiösen Erlebens als eines Gefühls „schlechthinniger Abhängigkeit" wurde später von Rudolf Otto in seinen Begriff des „Numinosen" aufgenommen und weiterentwickelt.

Dieses Gefühl der Abhängigkeit, das uns die eigene Kreatürlichkeit und Endlichkeit zum Bewußtsein bringt, ist ein real erfahrbares Korrektiv zur Selbstgenügsamkeit und zum Herrschaftsanspruch der rationalen Vernunft.

Schließlich ist noch auf jenen Romantiker zu verweisen, der einen zentralen Gedanken der Psychoanalyse vorbereitete. Jahrzehnte vor Freud sprach der Arzt und Philosoph *C. G. Carus (1789–1869)* vom Unbewußten der Seele. So lautet der erste Satz in seinem Werk „Psyche", mit dem er die Entwicklung des Seelischen vom Organisch-Animalischen bis zu den höchsten Bewußtseinsstufen des Menschen entwirft, folgendermaßen: „Der Schlüssel zur Erkenntnis vom Wesen des bewußten Seelenlebens liegt in der Region des Unbewußten."[12] Doch anders als bei Freud ist seine Aufmerksamkeit nicht vom Triebleben und dessen Verdrängung gefesselt, sondern von der vielseitigen Rolle der Gefühle, die er als Mittler zwischen Außenwelt und Bewußtsein, und zwischen leiblich-unbewußtem und seelisch-bewußtem Geschehen betrachtet. Damit legte er auf seine Weise einen Grundstein zur psychosomatischen Medizin. Heute ist es die moderne Neurophysiologie, die das Gefühl als Vermittlungsinstanz aller bewußten Prozesse neu entdeckt (vgl. Kap. II, 2.4).

5. Das „Verstehen" als Grundlage der Geisteswissenschaften bei Wilhelm Dilthey (1833–1911)

Wenn *Dilthey* mit seinem bekannten Satz „*Die Natur erklären wir, das Seelenleben verstehen wir*"[1] von zwei grundlegend verschiedenen Erkenntnisweisen sprach, so befand er sich in einer historischen Situation, in der die Spaltung zwischen Natur- und Geisteswissenschaften eigentlich schon Tatsache war. Nicht diese Spaltung wollte er vertiefen, sondern den Geisteswissenschaften einen eigenen Boden schaffen und sie damit den Dominanzansprüchen der naturwissenschaftlichen Methode entziehen. Zu seiner Zeit gab es ja bereits die experimentelle Psychologie als sogenannte „Psychophysik", welche die physiologischen Zusammenhänge zwischen Nervensystem und Empfindungen erforschte. Dabei wehrte sich Dilthey nicht gegen diese wissenschaftliche Richtung als solche, deren Beiträge er durchaus schätzte, sondern gegen die Tendenz, das Seelisch-Geistige vereinfachend und kausal auf physikalisch-chemische Vorgänge zurückzuführen.

Dieser Tendenz stellte er seine „beschreibende und zergliedernde Psychologie" entgegen, die vom „Erlebnis" ausgeht, wie es in der Selbstreflexion gegeben ist. Erlebnisse sind für ihn die lebendigen Vollzüge des Seelenlebens, die immer schon als komplexe Ganzheiten auftreten. Darin sind Wahrnehmungen, Gefühlsempfindungen, Denkvorgänge und Willensregungen eng miteinander verwoben. Im Gegensatz zur sogenannten Elementenpsychologie gibt es nach Dilthey keine voneinander getrennten seelischen Funktionen, weshalb für ihn die Aufgabe der Psychologie darin besteht, die Struktur der psychischen Prozesse systematisch zu beschreiben und zu zergliedern, d. h. in eine wissenschaftliche Terminologie zu bringen. Erst von da aus lassen sich seelische Vollzüge in ihrer gegenseitigen Verflechtung „verstehen".[2]

Der erkenntnistheoretische Begriff des „Verstehens" beinhaltet also zweierlei: die unmittelbare Nachvollziehbarkeit eines psychischen Ablaufs und das Erfassen dieses Ablaufs in seiner komplexen Struktur. Dies entspricht auch der Umgangssprache, wenn wir einerseits sagen, „ich verstehe deine Begeisterung oder deinen Zorn", und andererseits davon reden, einen „Charakter" zu verstehen.

Dabei ist „das elementare Verstehen kein Schluß von einer Wirkung auf die Ursache ... In elementarster Form macht sich hier das Verstehen zwischen Lebensäußerung und dem Geistigen, das in allem Verstehen herrscht, geltend."[3]

Wie aber kann das unmittelbare Verstehen, wie wir es aus den eigenen Reaktionen kennen, auf psychische Vorgänge außerhalb unserer selbst übertragen werden, und dies in einer nicht nur subjektiven, sondern möglichst allgemeingültigen Form?

Für das individuelle Verstehen von Person zu Person spielt das Ausdrucks-Verstehen die Mittlerrrolle, wie wir es im Verstehen von Mimik und Gestik und natürlich auch im Sprachverständnis vor uns haben. Dilthey spricht in diesem Zusammenhang vom *„Artcharakter" des Ausdrucksverstehens, das zwar individuell und kulturell variabel, aber in seinen Grundzügen universell* sei.[4]

Schon auf der persönlichen Ebene ist das Verstehen nicht nur ein passiver Akt des Aufnehmens, sondern immer schon ein aktives Verstehenwollen im Sinne des Sich-Hineinversetzens in die Situation des anderen. Dabei stehen *Selbstverständnis und Fremdverständnis im Verhältnis der Wechselwirkung zueinander:* Die bewußte Wahrnehmung des eigenen Erlebens schärft das Verständnis für das Fremderleben, und umgekehrt erweitert sich unser Selbstverständnis im Verstehen anderer: *„Das Verstehen ist ein Wiederfinden des Ich im Du."*[5]

Mit seiner Konzeption einer allgemein verbindlichen Verstehenslehre geht Dilthey jedoch weit über die Psychologie als Fachdisziplin hinaus. Seiner Auffassung nach bauen sämtliche Geisteswissenschaften auf dem psychischen Verstehen auf, weil sie alle mit komplexen menschlichen Erlebnisformen und menschlichen Handlungen befaßt sind. Für das Verstehen von Texten und darüber hinaus für das Erfassen geistesgeschichtlicher Zusammenhänge bedarf es bestimmter Methoden der verstehenden Interpretation.

Einen ersten Einblick in die wissenschaftliche Methode der Auslegung liefern Diltheys Ausführungen zur *Hermeneutik.*[6] Diesen von Schleiermacher übernommenen Begriff für die Interpretation von Texten erweitert er zum möglichen Verstehen aller objektivierten menschlichen Lebensäußerungen überhaupt, wie sie uns in Recht, Politik, Religion und Kunst als Niederschlag der menschlichen Kultur gegeben sind. Diese Gebiete des „objektiven Geistes" definiert er als „die mannigfachen Formen, in denen die zwischen Individuen bestehende Gemeinsamkeit sich in der Sinnenwelt objektiviert hat".[7]

Prinzipiell möglich ist die Interpretation solcher objektivierten Lebensäußerungen aufgrund der gleichen psychischen Grundstruktur aller Menschen, wenn auch in den individuellen und in den verschiedenen kulturellen Ausprägungen die Akzente auf die einzelnen Seelenvermögen verschieden gesetzt sind. Wie schon beim elementaren Verstehen von Person zu Person, so gilt auch für das vermittelte Verstehen, daß es in einer Wechselwirkung zwischen Interpret und Autor besteht. Je erfahrener und differenzierter das Seelenleben der Interpreten, desto größer sind die Chancen eines adäquaten Verstehens der Autorenschaft. Umgekehrt wird die interpretierende Person vom Reichtum des Textes oder des Kunstwerks angeregt und zu intensiverer Erfahrung eigener potentieller Möglichkeiten stimuliert.

Ausgangslage jeder Auslegung ist eine Mischung von Fremdheit und Vertrautheit des Gegenstandes. Wie eine Auslegung unnötig wäre, wenn uns der Gegenstand ganz vertraut ist, so wäre sie unmöglich, wenn er uns gänzlich fremd wäre.

Die Kunst der Auslegung besteht nun in einem Prozeß der Annäherung zwischen Bekanntem und Unbekanntem und zwischen den Teilen und dem Ganzen eines Kulturprodukts. Jede Deutung schreitet von der Interpretation „unbestimmt-bestimmter Teile" zum Sinn des Ganzen fort, um von da aus wiederum die Teile fester zu bestimmen. Dabei macht sich ein Mißlingen der Deutung geltend, wenn sich einzelne Teile nicht verstehen lassen. Dies nötigt dann zu einer neuen Bestimmung des Gesamtzusammenhangs, bis auch diese Einzelteile sich in den Sinn des Ganzen einfügen. Dieser Prozeß dauert so lange an, bis der ganze Sinn ausgeschöpft ist, was aber letzten Endes ein „Niezuendekommen" bedeutet.[8]

Dilthey ist sich also im klaren darüber, daß es sich bei der wissenschaftlichen Begründung der Verstehenslehre nur um ein *Annäherungsverfahren* handeln kann. Aber er sieht diesen Umstand in der Sache selbst begründet. In jedem Verstehen bleibe ein Rest des „Irrationalen", weil das Leben selbst nicht völlig rational aufzuschlüsseln sei.[9] Trotz dieser Einschränkung hält er den *Aufbau einer geisteswissenschaftlichen Methode* aus zwei Gründen für dringend geboten. Zum einen kann nur sie den Geisteswissenschaften einen legitimen Platz sichern, den Dilthey durch eine prinzipiell skeptische Haltung ebenso gefährdet sieht wie durch eine romantisch-subjektive Handhabung geisteswissenschaftlicher Stoffe. Zum andern gibt es für ihn *nur die Wahl zwischen einer wissenschaftlich-psychologischen Begründung und der zufälligen und dilettantischen Vorannahme populärer psychologischer Meinungen.* Denn ohne psychische Vorannahmen seien weder die Rechtswissenschaft, noch die Wirtschafts- und Politikwissenschaft, und schon gar nicht die Kunstwissenschaft denkbar. Zudem gäbe es ohne Psychologie keinen inneren Zusammenhang zwischen den einzelnen Geisteswissenschaften: „Die Verbindungen, in welcher Wirtschaft, Recht, Religion, Kunst und Wissen untereinander und mit der äußeren Organisation der Gesellschaft stehen, können doch nur aus dem umfassenden, gleichförmigen seelischen Zusammenhang verständlich gemacht werden, aus dem sie nebeneinander entsprungen sind."[10]

Zu seinem Versuch einer „*Kritik der historischen Vernunft"* gehört allerdings noch ein anderer wesentlicher Gedankengang. Danach ist die Annäherung an eine allgemeingültige Auslegung nur im Vergleich und in der Auseinandersetzung mit verschiedenen Interpretationen erreichbar und, im historischen Prozeß, durch die Neuinterpretation menschlicher Dokumente von den je gegenwärtigen Bedingungen aus. So gesehen ist der geisteswissenschaftliche Prozeß eine unendliche Aufgabe, bei der die subjektiven und zeitbedingten Voraussetzungen des Wissenschaftlers und die allgemeinen Begriffe, welche die Wissenschaft herauszuarbeiten versucht, einander ergänzen: „Im Nacherleben der individuellen und kollektiven Strukturzusammenhänge finden die geisteswissenschaftlichen Begriffe ihre Erfüllung, wie anderseits das unmittelbare Nacherleben selbst vermittels der allgemeinen Formen des Denkens zu wissenschaftlicher Erkenntnis erhoben wird."[11]

Zu diesen allgemeinen Formen des Denkens gehört in erster Linie die Sprache, weshalb die *Philologie als Wissenschaft* von den Strukturen der Sprache und der Sprachpflege überhaupt von allergrößter Bedeutung sei.

Die Grundlage für jede Wertbestimmung in der Ethik sieht Dilthey – wie vor ihm Shaftesbury und die Romantiker – in unseren Gefühlsurteilen. Sie hängen nicht vom Erfolg und der äußeren Anerkennung unserer Handlungen ab, sondern melden sich als Gewissen, das er als ein „Innewerden von Willensverhältnissen und der Wertschätzung unbedingter Willensbeschaffenheiten"[12] definiert. Aber im Gegensatz zu Kant, an den diese Formulierung erinnert, hält Dilthey die „unbedingten Willensbeschaffenheiten" für etwas Erworbenes, das wir in der Gemeinschaft, in der wir aufwachsen, entwickeln. Doch führt die Betonung des sittlich Gewachsenen Dilthey nicht zum Wertrelativismus, weil es für ihn über alle gesellschaftlichen Verschiedenheiten hinweg „*Urphänomene*" *des Sittlichen* gibt, die bei allen Völkern zu finden seien.

Zu diesen „Urphänomenen" zählt er drei Wertkomplexe: den Komplex des Mitgefühls, der Solidarität und der Gastfreundschaft, den Komplex der Wahrhaftigkeit und des Vertrauens in die Ehrlichkeit der Mitmenschen und als dritten einen Wertkomplex, den er die „männlichen Tugenden" nennt. Diese beruhen auf dem positiven Erleben der eigenen Kraft, des Mutes und der Anstrengungsbereitschaft.[13]

Die beiden ersten Wertkomplexe werden uns in den gegenwärtigen Emotionstheorien immer wieder begegnen, während die Hervorhebung typisch männlicher Tugenden zum Gegenstand feministischer Kritik am komplementären Tugendmodell wurde (vgl. S. 211 ff.).

6. Die Entmonopolisierung der Ratio durch Sigmund Freud (1856–1939)

Als Freuds Theorien erstmals an eine breitere Öffentlichkeit drangen, lösten sie ebensoviel Unverständnis wie Entrüstung aus. Das war nicht nur die Reaktion auf eine gewaltige Tabuverletzung, die seine Sexualtheorie zur damaligen Zeit darstellte, sondern auch die Reaktion auf Freuds Behauptung der *Verdrängung*. Die Annahme, die Vernunft könnte nicht Herr im eigenen Hause sein, sondern werde heimlich von primitiven Kräften manipuliert, wiesen die meisten seiner Zeitgenossen als unerhörte Zumutung zurück.

Tatsächlich stellte Freuds Entdeckung des Verdrängt-Unbewußten, wie es ihm in seiner Neurosenbehandlung begegnete, gegenüber früheren Beschreibungen des Vor- und Außerbewußten etwas völlig Neues dar. Hatte Carus festgestellt, daß unser Bewußtsein immer nur einen kleinen Bereich unseres Erinnerungsschatzes fokussieren kann und daß eine Reihe körperlicher Reaktionen unserem Bewußtsein gänzlich entzogen sind, so sprach Freud von Inhalten, die „absichtlich" aus dem Bewußtsein ins Unbewußte verdrängt wurden.

Den Hintergrund für solche Verdrängungsmechanismen sah Freud im Konflikt zwischen triebhaften Ansprüchen und den herrschenden Moralvorstellungen, wie sie das von ihm so genannte Über-Ich vertritt. Während er das Bewußtsein dem „*Ich*" zuordnet und das Unbewußte „*Es*" nennt, gehört das *Über-Ich* zum Teil dem bewußten Bereich an, wo es sich als „Stimme des Gewissens" meldet, während es zum größten Teil im Unbewußten verankert ist und dort die verinnerlichte Elternautorität repräsentiert.[1]

Nach Freud lassen sich fast alle Verdrängungen auf die frühe Kindheit zurückführen, weil die wertende und strafende Elterninstanz sehr früh einsetzt und das ungehemmte Triebleben des Kindes beschneidet. Dabei ist es vor allem der Vater, der den Moralkodex einfordert und den Knaben dazu zwingt, die Mutter als Lustobjekt aufzugeben. Gleichzeitig erlebt das Mädchen aus Freuds Perspektive die große Enttäuschung seines Lebens, wenn es sich seines Penismangels bewußt wird und diesen „Geburtsfehler" der Mutter anlastet. Die befriedigende Auflösung dieser ödipalen Spannungen gelingt nach Freud nur dann, wenn sich beide, Knabe und Mädchen, mit dem Vater identifizieren, wobei dieser für den Knaben zur Leitfigur für Triebverzicht und höhere Kulturwerte wird, während das Mädchen den Vater zum Objekt des Begehrens macht und sich den Anforderungen der männlichen Sexualität unterwirft. Gelingt diese Identifikation nur ungenügend bzw. findet das Ich keine Balance zwischen Es, Über-Ich und den Anforderungen der Außenwelt, so entstehen unbewußte Triebstauungen, die sich in Form neurotischer Symptome äußern.[2]

Es ist hier nicht der Ort für eine kritische Auseinandersetzung mit Freuds Triebtheorie. Nur soviel sei erwähnt, daß Neopsychoanalyse und feministische Psychoanalyse einhellig Freuds Befangenheit in patriarchalen Denkstrukturen kritisieren und daraus sowohl seine Fehleinschätzung der weiblichen Sexualität als auch seine Rückspiegelung des bürgerlichen Familienmodells in Mythos und Urgeschichte ableiten.

In unserem Zusammenhang interessiert der Verdrängungsvorgang als solcher, weil er die mögliche Täuschung unseres Bewußtseins hinsichtlich unserer wahren Motivation bloßlegt.

Wenn Freud den Inhalt solcher Verdrängungen ausschließlich in sexuellen Triebwünschen sah, so hatte dies zwei Gründe. Zum einen stammten seine Patient/innen aus einer puritanisch-bürgerlichen Gesellschaftsschicht, in der die Sexualfeindlichkeit tatsächlich zu starken Unterdrückungsmechanismen führte. Zum andern entsprach Freuds Subsumierung aller lebenswichtigen Triebe unter den erweiterten Begriff der sexuellen Libido seinem materialistischen Medizinverständnis, womit er die menschliche Triebstruktur an die gerade erst entdeckten Substanzen der Hormone binden konnte.[3]

Im übrigen ist es nicht erstaunlich, daß Freuds Schüler sehr bald auch andere Verdrängungsinhalte aufspürten wie die unterdrückten Macht- und Geltungsimpulse, die *Alfred Adler* bei seinen Unterschichtspatienten diagnostizierte oder die verdrängten Bedürfnisse nach Lebenssinn, wie sie *C. G. Jung* bei typisch außengelenkten Erfolgsmenschen fand.

Auch *Erich Fromm,* der sich als Freudianer und Neopsychoanalytiker verstand, kritisierte die einseitige Fixierung Freuds auf das Sexuelle und die Vernachlässigung der kindlichen Gefühlsbindungen und Geborgenheitswünsche. 50 Jahre nach Freud sah Fromm in der „Marktorientierung"[4] der amerikanischen Gesellschaft mit ihrer Vereinzelung und Instrumentalisierung des Menschen unter Verdrängung seiner emotionalen Bedürfnisse eine Quelle für neurotische Störungen. Schließlich brachte die *psychoanalytische Patriarchatskritik* noch ganz andere Verdrängungen ans Licht wie den Gebärneid des Mannes oder die unterdrückten Persönlichkeitsanteile von Frauen und Männern, zu denen das sexistische Rollenmuster zwingt (siehe unten S. 219ff.).

Doch ungeachtet aller Streitpunkte zwischen den einzelnen psychoanalytischen Schulen bleibt die Entdeckung der Verdrängungsmechanismen eine epochemachende Leistung Freuds und ein Stachel für jede selbst- und zeitkritische Analyse. Freuds berühmter Leitsatz „*Wo Es war, soll Ich werden*"[5] beinhaltet ein gleichermaßen anspruchsvolles wie bescheidenes Ziel. Anspruchsvoll, weil es die rückhaltlose Aufrichtigkeit gegenüber den eigenen Motivationen bedeutet, bescheiden, weil Freud klar sah, daß die Bewußtmachung als solche nur zur Symptomfreiheit, nicht aber zu einem glücklicheren oder sinnvolleren Leben führen könne. Freuds Pessimismus resultierte aus dem Wissen, daß Triebbefriedigung keine dauerhafte Befriedigung gewährt und daß auch ihre Sublimierung zugunsten kultureller Leistungen immer mit Verzicht und Glücksverlust bezahlt wird. Dieser Pessimismus ist aber die unausweichliche Konsequenz von Freuds Ausblendung aller höheren Gefühle. Wenn Liebe und Haß nichts anderes sind als „die Relation des Ichs zu seinen Lustquellen"[6] so sind Enttäuschung, aber auch Destruktivität vorprogrammiert.

Dazu kommt Freuds persönliche Erschütterung durch den Ausbruch des Ersten Weltkriegs, die ihn dazu bewog, seine Theorie von der alles umfassenden Libido durch den von ihm sogenannten „*Todestrieb*" zu ergänzen, um das Ausmaß an kriegerischer Gewalt erklärbar zu machen. Trotz des offensichtlichen Scheiterns der menschlichen Ratio gegenüber diesen dunklen Mächten sah Freud als einzige Chancen für die Menschheit die Weiterentwicklung der Intellektualität und den Fortschritt der Wissenschaften. Versprach er sich von der fortschreitenden Intellektualisierung eine allmähliche Triebdämpfung, so von der Verbesserung der materiellen Lebensbedingungen durch die Technik eine mögliche Entschärfung des Kampfes um Ressourcen.

Diese späte Haltung Freuds zeigt, daß er die Idee einer vernünftigen Balance zwischen Ich und Es offenbar aufgegeben hatte und seine einzige Hoffnung erneut in die Monopolisierung der Verstandeskräfte setzte.

Hier greift *Fromms* profunde Kritik am Freudschen System an. In seiner „*Anatomie der menschlichen Destruktivität*" macht er plausibel, daß es nicht das „Es" als Träger der animalischen Triebstruktur sei, das den zivilisierten Menschen noch immer zu destruktiven Handlungen treibt. Destruktivität habe im Gegenteil ihre Voraussetzung gerade in der relativen Instinktentbundenheit des Menschen.[7] Weil der Mensch als ein reflexives Wesen sein Leben bewußt gestaltet, kann er seine Lebensaufgabe verfehlen und sich in irrationale Selbstbestätigungen flüchten. So sieht Fromm im Sadismus, für den es keine Parallele im Tierreich gibt, eine Perversion erlebter Ohnmacht in Allmacht und im Rausch der Zerstörung ein letztes Sich-Aufbäumen derer, die keine positive Selbstidentität im Leben finden. Wenn weder die produktive Bindung an die Gemeinschaft in Form von Liebe und Solidarität noch die Kreativität in Form von kultureller Leistung gelingt, wird nur noch die eigene Zerstörungskraft als Potenz erlebt bzw. die regressive Verschmelzung mit einer kollektiven Größenidee.[8]

Von dieser Sicht her stehen sich nicht der irrationale Trieb und die rationale Triebdämpfung als Antagonisten gegenüber, sondern *rationale „Biophilie"* (Liebe zum Leben) und *irrationale „Nekrophilie"* (Liebe zum Tod). Fromm schlägt vor, „alle Gedanken, Gefühle oder Handlungen als rational zu bezeichnen, die das adäquate Funktionieren und das Wachstum des Ganzen, von dem sie einen Teil bilden, fördern, und als irrational alles, was dazu tendiert, das Ganze zu schwächen oder zu zerstören".[9] Im Zentrum beider Lebenseinstellungen, der biophilen wie der nekrophilen, stehen Gefühle, weil der Mensch nicht nur ein intellektuelles Bewußtsein seiner selbst besitzt, sondern ein wertendes Gefühl für sich selbst und seine existentielle Situation. Ein positives Selbstwertgefühl zu entwickeln, gelingt nur in dem Maße, in dem sich der Mensch von seiner kindlichen Abhängigkeit (vor allem von der Mutter) löst und gleichzeitig seine aktive Liebesfähigkeit entwickelt. Denn „*produktive Liebe*" stellt nach Fromm die einzig rationale Beantwortung des menschlichen Dilemmas zwischen Abhängigkeit und Isolation dar.[10]

Während Freud vom „psychischen Apparat" spricht und seine Theorie auf einer mechanistischen Auffassung der Lebensvorgänge beruht, geht Fromm von einer organischen Naturauffassung aus, d. h. vom Vorbild des Lebewesens, das während seines Wachstums einen ständigen Zuwachs an Energie produziert und bis zu seinem individuellen Tod ständig Energie erneuert. Beim Menschen ist es neben der Libido als Lebensantrieb das Grundbedürfnis nach gegenseitiger Zuwendung, das diesen Lebensprozeß in Gang hält. Wird das Liebesbedürfnis vom Kind zunächst passiv ausgelebt, so erweitert es sich mit fortschreitender Reife zum gegenseitigen Geben und Nehmen, was in Fromms Sicht aber gerade nicht nach dem Gesetz des Warenaustauschs funktioniert, sondern einen schöpferischen Prozeß der gegenseitigen Stimulierung in Gang setzt.

Was Fromm in seiner Betrachtung der menschlichen Destruktivität bereits andeutet,[11] nämlich die stärkere Neigung des Mannes zur nekrophilen Lebenseinstellung, wird bei *feministischen Analytikerinnen* zur eigentlichen Basis ihrer Kulturkritik.

Wie weltweite ethnologische Befunde seit langem nahelegten und neue Ergebnisse der Mythen- und Symbolforschung bestätigen, spielt für die Identitätsfindung von Männergruppen *der Gebärneid und dessen Kompensation* eine ganz wesentliche Rolle.[12]

Für die Frühkulturen waren die generativen Fähigkeiten der Frau von entscheidender Bedeutung für das Überleben der Gruppe, und dies verlieh ihr einen Stellenwert, den sich die Männergruppe auf andere Art erst erwerben mußte. Zunächst konzentrierte sich die Suche nach männlicher Identität auf Jagd und Krieg und damit auf eine heldische Lebenseinstellung, die das Töten- und Sterbenkönnen zum eigentlichen Lebensinhalt macht. Später treten technische Errungenschaften und Machterwerb durch Geld hinzu, wobei die Erzeugung künstlicher Produkte die Lebenskreativität der Frau kompensiert und schließlich in den Schatten zu stellen versucht.

Auf ganz neue Weise scheint sich der Traum von der „männlichen Geburt" in der modernen Reproduktionstechnologie zu bestätigen, wo die Erzeugung des Embryos im Reagenzglas die Realisierung des alchimistischen „homunculus" verspricht oder in der Roboter-Forschung, der die Kreation des künstlichen Menschen vorschwebt. Das heißt nichts Geringeres, als *daß ein Teil der Ziele, die sich unsere Wissenschaft steckt und die sie mit großen finanziellen Aufwendungen vorantreibt, irrationaler Natur sind.*[13]

Um noch einmal auf unseren Ausgangspunkt bei Freud zurückzukommen, so müßte seine Entdeckung der Verdrängung eigentlich zu einem prinzipiellen Wendepunkt in der Erkenntnistheorie geführt haben. Dies wird allerdings nur von wenigen Wissenschaftstheoretikern wahrgenommen, während die meisten von ihnen noch immer ihren positivistischen Standpunkt gegenüber religiösen und metaphysischen Dogmen verteidigen, wie dies ja auch Freud getan hatte. Dabei übersehen sie aber, daß heute die wissenschaftliche Lehrmeinung längst an die Stelle der kirchlichen Lehrmeinung getreten ist und sich ähnlicher Strategien bedient, wenn sie alles ihr nicht Kongruente mit dem Bannstrahl der „Unwissenschaftlichkeit" belegt.

Immer dann, wenn dissidente Stimmen aus den eigenen Reihen oder die Stimmen der „Laien" zum Schweigen gebracht werden sollen, sieht sich die psychoanalytisch geschärfte Vernunft zu dem Verdacht genötigt, daß dabei andere als rationale Motive im Spiel sind. Deshalb wäre einzulösen, was G. Böhme bereits 1980 vorschlug, nämlich den *Einbezug der psychoanalytischen Erkenntniskritik in die offizielle Wissenschaftstheorie.*[14] Bei der Diskussion alternativer Wissenschaftsmethoden kann es sich allerdings nicht darum handeln, die Ratio in dem Sinn zu entmonopolisieren, daß sie durch irgendein diffuses Denken „aus dem Bauch" ergänzt würde, und auch nicht darum, das Bestreben nach wissenschaftlichem Konsens in postmoderne Beliebigkeit aufzulösen.

„Entmonopolisierung" kann nur bedeuten, das rationale Bewußtsein an den ihm zustehenden Platz zu verweisen, und das heißt, es als reflektierende Instanz zu begreifen. Als solche kann bewußte Vernunft aber immer nur reflektieren, was ihr aus dem großen Reservoir lebendiger psychischer Wirklichkeit gemeldet wird, und von daher wäre sie auch zur Wachsamkeit gegenüber unterschlagenen Meldungen verpflichtet.

Dabei ist freilich nicht zu vergessen, daß die Verdrängung von Wahrnehmungen durch schlichte Aufklärung nicht zu beheben ist. Freuds therapeutische Erfahrung hat uns gelehrt, daß der Aufklärung von Verdrängungen immer ein großer Widerstand entgegengesetzt wird, weil die Identität und der Selbstwert ihrer Träger sich auf diese Verdrängungen gründen. So entspricht es durchaus der psychoanalytischen Logik, wenn es gerade Frauen sind, die am hartnäckigsten leugnen, durch patriarchale Weiblichkeitsnormen in ihrer Persönlichkeitsentwicklung beschnitten zu sein, weil sie sich mit der Maske, unter der sie leben, identifizieren und der Verzicht auf sie mit existentieller Verunsicherung erkauft würde. Dasselbe gilt für den „workaholic" oder den objektivistischen Naturforscher. Er wird die Diagnose, daß er sich auf der Flucht vor einem Teil seiner selbst befinde oder irrationale Selbstbestätigungen suche, als lächerliche Unterstellungen zurückweisen, solange die Gesellschaft seine Lebenseinstellung und seine Forschungsziele sanktioniert und er aus beiden seine Selbstidentität bezieht.

Meist wird die Verdrängung erst aufgegeben, wenn ernsthafte psychosomatische Störungen oder depressive Verstimmungen die eigene Lebensbasis in Frage stellen und wenn eine andere Identitätsbasis in Sicht ist.

Im Bereich der Wissenschaft wäre es immerhin ein erster – und vielleicht der wichtigste – Schritt, wenn ihre Vertreter und Vertreterinnen Rechenschaft über ihre ganz persönliche Gleichung[15] ablegen würden. Denn die Rechnung des „objektiven Geistes" kann nicht aufgehen, solange wir die private Rechnung nicht einbeziehen und wie die Schildbürger vergessen, die eigenen Nasen mitzuzählen.

7. Die sexistische Definition des Emotionalen bei Georg Simmel (1858–1918)

Der Grund dafür, daß Simmels Thesen hier Erwähnung finden, liegt nicht darin, daß er zu den überragenden Denkern gehörte wie sein Zeitgenosse Max Weber. Dazu waren sein Denkstil zu sprunghaft und seine essayistisch vorgetragenen Behauptungen zu inkonsequent. Was seine *Philosophie der Geschlechter* für uns dennoch interessant macht, ist seine Beurteilung der „Frauenfrage" des 19. Jahrhunderts. Simmel zählt zu jenen Theoretikern, die der klassischen Geschlechtertypologie eine neue Wende gaben, um den Geschlechter-Dualismus gleichzeitig zu zementieren. Er hatte eine feine Antenne für die Strömungen seiner Zeit und reagierte auf sie in einer typisch androzentrischen Art, die trotz äußerer Konzessionen das patriarchale Weltbild stützt und damit die De-Konstruktion der sexistischen Zuordnungen erschwert.

Als einer der ersten wissenschaftlichen Soziologen kam Georg Simmel in Berlin mit der *ersten deutschen Frauenbewegung* in Berührung, und seine Beziehung zu starken und intellektuell begabten Frauen bewog ihn zunächst auch, sich für die Sache der Frau zu engagieren. So trat er für die Zulassung von Studentinnen an der Berliner Universität ein und untersuchte die sozialen und rechtlichen Benachteiligungen von Frauen verschiedener Schichten.

Dann aber begann er auf theoretischer Ebene durch seine spekulativen Gedanken zur Geschlechterfrage den Emanzipationsraum der Frauen grundsätzlich wieder zu begrenzen. Dabei wertet Simmel im Gegensatz zur klassischen Philosophie das Weiblich-Gefühlshafte nicht ab, sondern erhöht es – wie schon die Romantik – in seinem Eigenwert. Aber bei ihm ist nicht mehr von Androgynie die Rede und von der kühnen Selbsterweiterung beider Geschlechter, sondern vom weiblichen Wesen, das die notwendige Ergänzung zur männlichen Verstandeswelt bildet. Simmel betont erneut die qualitativen Unterschiede zwischen den Geschlechtern, die er vor allem in ihrem unterschiedlichen Zugang zur Transzendenz sieht. Während der Mann durch seine betonte Subjekt-Objekt-Spaltung die Welt aktiv ergreift, sie umgestaltet und sich kulturelle Normen schafft, bewahrt das weibliche Wesen die ursprüngliche Einheit vor dieser Subjekt-Objektspaltung. Deshalb bleibe die Frau auch immer mehr Gattungswesen als der Mann und könne an den individuellen Kulturschöpfungen und damit an der Welt des objektiven Geistes nur indirekt über den Mann teilnehmen. Gleichzeitig macht Simmel aus dieser Not eine spezifisch weibliche Tugend, weil die Frau jene geschlossene, ganzheitliche Struktur und die Beziehung „zum Grund der Dinge überhaupt" besitze, die dem Mann verloren ging. Mit begeisterten Worten verherrlicht Simmel das mütterliche Prinzip, das bis in den „Urgrund der Natur" und bis ins „Übernatürlich-Mystische" reiche, und stellt es als den ruhenden Pol dem in seiner Spezialisiertheit zerrissenen Mann gegenüber.[1] Infolge solcher Projektionen und regressiver Bedürfnisse weist Simmel der Frau die Häuslichkeit als den idealen Ort ihrer Selbstverwirklichung zu, was die bürgerliche Arbeitsteilung zwischen den Geschlechtern festschreibt. Und weil die Frau keinen direkten Zugang zur objektiven Verstandeswelt hat, ist sie im Prinzip auch von der aktiven Mitgestaltung des Geisteslebens ausgeschlossen.

Tatsächlich entspricht dies den praktischen Verhältnissen an den Universitäten der nächsten Jahrzehnte, an denen zwar Studentinnen zugelassen, aber Professorinnen undenkbar sind. Das bedeutet auch, daß sich *die Wissenschaften,* die sich um die Jahrhundertwende immer stärker spezialisieren, je länger je mehr *nach dem einseitigen Welt- und Selbstbild des Männlichen* entwickeln.

Gegenüber der romantischen Tradition stellt Simmels Standpunkt einen eindeutigen Rückschritt dar, denn nun wird *das Emotionale erneut an die Frauen delegiert, während sich die Wissenschaft davon dispensiert.*

Eine ähnliche Spaltung vollzieht sich im ökonomischen Bereich. Auf der einen Seite werden die Geschäfte immer härter, auf der anderen Seite wird das „traute" Heim als Kompensation immer nötiger.

Zur selben Zeit – und dies hängt vielleicht mit den politischen Aktivitäten des sozialistischen Flügels der Frauenbewegung zusammen – versucht die Medizin mit neuesten naturwissenschaftlichen Erkenntnissen die Nicht-Eignung der Frauen für öffentliche Aufgaben zu beweisen. So soll der kleinere Hirnumfang den „physiologischen Schwachsinn" der Frau belegen und die angeblich pathogenen Wirkungen der Menstruation ihre Stimmungslabilität und ihre schwächeren Nerven.[2]

Das Festmachen der psychischen Geschlechter-Dualität an der Anatomie, wie es auch bei Freud so deutlich hervortritt, hält sich hartnäckig bis in unsere Gegenwart, und in dieser Hinsicht sind die Ausführungen *Erik Eriksons* interessant. Der bedeutende amerikanische Psychoanalytiker, dem wir wesentliche Einsichten in der Entwicklungspsychologie verdanken, knüpfte seine Psychologie der Geschlechter an die von ihm so genannte *„Morphologie der Zeugung".* Anders als Freud betrachtet er die sexuelle Ausstattung der Geschlechter als gleichrangig, doch in ihrer Funktion als diametral verschieden. Die Tatsache, daß der weibliche Körper den männlichen Samen empfängt, verallgemeinert Erikson zu einem aktiven und passiven „Wesen" der Geschlechter. In seiner Untersuchung „Das Weibliche und der innere Raum" kommt er zu ganz ähnlichen Aussagen wie Simmel, wenn er das Wesen der Frau als umschließend und umsorgend bezeichnet, dagegen das des Mannes als ausgreifend und sich der Umwelt bemächtigend.[3]

Gegen diese im ersten Moment bestechende funktionale Ableitung der Gechlechterpolaritäten lassen sich freilich ernsthafte Einwände erheben. Erstens ist der Zusammenhang zwischen „Zeugungsmorphologie" und psychischer Konstitution schon deshalb fragwürdig, weil die Zeugung selbst gar nicht erlebt wird (und von den Menschen in ihrer Funktionsweise die längste Zeit gar nicht erkannt wurde), während der sexuelle Akt als solcher durchaus eine aktive Rolle der Frau zuläßt.

Von vorpatriarchalen Kulturen wissen wir, daß sie ein völlig anderes sexuelles Rollenverständnis haben und es für sie nicht nur selbstverständlich ist, daß Frauen die Initiative ergreifen, sondern daß ihr Anteil am Zeugungsvorgang auch als der bedeutendere angesehen wird.[4]

Zweitens belehrt uns ein Blick auf die Welt der Säugetiere über Möglichkeiten ganz anderer weiblicher und männlicher Verhaltensweisen, als es die Theorie Eriksons suggeriert. So sind sämtliche Raubtierweibchen wesentlich aktiver und kämpferischer als die Männchen und bemächtigen sich die Muttertiere bei der gemeinsamen Jagd ausgesprochen zielsicher ihrer Umwelt – und dies obwohl sie zweifellos der gleichen „Zeugungsmorphologie" unterliegen wie ihre menschlichen Schwestern.

Ganz ähnlich wie Simmel delegiert auch Erikson die menschliche Grundfähigkeit zur Emotionalität in erster Linie an die Frau, weil dem physischen inneren Raum ihre „Innerlichkeit und sensible Innigkeit" entspreche und sie diese Fähigkeit zum Mitfühlen prädestiniere.[5] Anders als Simmel plädiert Erikson aber dafür, daß die Frau gerade wegen ihrer Gefühlsstärke „ihren Teil der Führerschaft in den schicksalsträchtigen menschlichen Aufgaben übernehme".[6] Dies vor dem Hintergrund der späten 60er Jahre und der wachsenden Skepsis gegenüber dem technischen Fortschritt und dessen Vernichtungspotential.

Beiden Denkern gemeinsam ist jedenfalls die These von der „Gleichwertigkeit in der Verschiedenheit" und *das Konzept eines komplementären Geschlechtermodells,* das die angeblich spezifischen Stärken und Schwächen des einen Geschlechts mit den komplementären Vorzügen und Nachteilen des anderen zu einem Ganzen zusammenfügt. Dieses scheinbar ideale Modell, das bis heute seine Faszination nicht verloren hat, dient letzten Endes nur der Erhaltung des status quo. Es erspart den Männern, sich ihre eigenen Gefühlsverdrängungen bewußt zu machen und ihr einseitiges Wissenschaftssystem in Frage zu stellen, und ruft andererseits nach den Müttern, die einen rettenden Ausweg aus dem Kulturkollaps bewirken sollen. Nur können solche vermeintlichen Retterinnen, selbst wenn sie zu den politischen Ämtern zugelassen sind, das Unheil nur dann aufhalten, wenn sie sich ihres Verstandes bedienen und, zusammen mit dissidenten Männern, eine grundlegende Revision des gesamten Kultursystems fordern.

8. Die „Wertrationalität" bei Max Weber (1864–1920)

Kaum ein Denker an der Wende vom 19. zum 20. Jahrhundert wirkte so nachhaltig auf unser gegenwärtiges Wissenschaftsverständnis ein wie der Soziologe und Politologe Max Weber. Neben Wilhelm Dilthey gilt er als einer der Väter der geisteswissenschaftlichen Methode, deren Kern das „Verstehen" kultureller Phänomene bildet.

Ausgehend von einer geradezu unglaublichen Belesenheit auf historischem, wirtschaftlichem, philosophischem und theologischem Gebiet versteht Weber die von ihm begründete Soziologie als eine umfassende Kulturwissenschaft. Wie er dies in seiner berühmten Studie „Die protestantische Ethik und der Geist des Kapitalismus" (1905) beispielhaft darlegt, fügt er die ökonomischen und politischen Bedingungen einer Epoche mit religiösen Überzeugungen und gesellschaftlichen Strukturen zum Gesamtbild einer historischen Lebensform zusammen. Dabei bilden nach Weber die „Wertideen" einer Epoche den eigentlichen strukturellen Zusammenhang für alle gesellschaftlichen Ausformungen: Weil wir Kulturmenschen sind, begabt mit der Fähigkeit und dem Willen, bewußt zur Welt Stellung zu nehmen und ihr einen Sinn zu verleihen, ist *jede Kultur an Wertideen gebunden, und jedes Verständnis einer anderen Kultur ist nur mit Hilfe der sie konstituierenden Wertideen aufzuschlüsseln.*[1]

Weber würde also der unter heutigen Wissenschaftlern verbreiteten Meinung nicht zustimmen, daß es eine „reine" Wissenschaft gibt, die abgehoben von jedem persönlichen und gesellschaftlichen Interesse, nur aufgrund intellektueller Neugierde betrieben wird. Vielmehr lehre uns die geschichtliche Erfahrung, daß *„Wertinteressen es sind, welche auch der rein empirisch-wissenschaftlichen Arbeit die Richtung weisen".*[2]

Was er verlangt, ist die strikte Trennung der Problembereiche zwischen ethischer, ästhetischer oder religiöser Zielsetzung einerseits und empirischer Tatsachenwissenschaft andererseits: „Eine empirische Wissenschaft vermag niemanden zu lehren, was er soll, sondern nur, was er kann und – unter Umständen – was er will."[3]

Dieser Satz verweist auf die drei Bedeutungsebenen, die Weber am bewußten Denken und Handeln unterscheidet. Was er „*Richtigkeitsrationalität*" nennt, zielt auf die empirisch nachprüfbare Übereinstimmung zwischen Annahmen und Tatsachen.[4] Die „*Zweckrationalität*" steht im Dienst unseres Nützlichkeits- und Erfolgsstrebens und gibt uns eine Auswahl geeigneter Mittel an die Hand, um das, was wir wollen, realitätsgerecht auszuführen. Auf diesen beiden Bedeutungsebenen der Rationalität hat Wissenschaft ihren Platz, nicht aber auf der dritten Ebene der „*Wertrationalität*", auf der entschieden wird, was wir tun sollen. Wertrationale Handlungen sind nach Weber vom bewußten Glauben an den Eigenwert ihrer Zielsetzungen motiviert,[5] und diese Wertvorstellungen stammen aus einer ganz anderen Erkenntnisquelle.

In seiner Auseinandersetzung mit Gustav Schmoller, die als „*Werturteilsstreit*" in die Geschichte der Soziologie einging (und sich später im sogenannten „Positivismusstreit" wiederholte, siehe S. 121 ff.), hält Weber fest: „Es ist und bleibt . . . für alle Zeit ein unüberbrückbarer Unterschied, ob eine Argumentation sich an unser Gefühl und unsere Fähigkeit, für konkrete praktische Ziele oder für Kulturformen und Kulturinhalte uns zu begeistern, wendet, oder, wenn einmal die Geltung ethischer Normen in Frage steht, an unser Gewissen, oder endlich an unser Vermögen und Bedürfnis, die empirische Wirklichkeit in einer Weise *denkend* zu *ordnen,* welche den Anspruch auf *Geltung* als Erfahrungswissenschaft erhebt. Und dieser Satz bleibt richtig, trotzdem . . . jene höchsten ‚Werte' des *praktischen* Interesses für die *Richtung,* welche die ordnende Tätigkeit des Denkens auf dem Gebiete der Kulturwissenschaften jeweils einschlägt, von entscheidender Bedeutung sind und immer bleiben werden." (Hervorhebungen im Original)[6]

Damit reißt Weber *eine unüberwindliche Kluft zwischen Wissen und Glauben, Wissenschaft und Werterkenntis, intellektueller und praktisch-politischer Orientierung* auf, wie sie für die kommenden Generationen so typisch werden sollte. Und er ist sich auch der Konsequenzen dieser Kluft bewußt, nämlich einer Privatisierung der Ethik: „Es ist das Schicksal unserer Zeit ... daß gerade die letzten und sublimsten Werte zurückgetreten sind aus der Öffentlichkeit, entweder in das hinterwäldliche Reich mystischen Lebens oder in die Brüderlichkeit unmittelbarer Beziehungen der einzelnen zueinander. Es ist weder zufällig, daß unsere höchste Kunst eine intime und keine monumentale ist, noch daß heute nur innerhalb der kleinsten Gemeinschaftskreise, von Mensch zu Mensch, im pianissimo, jenes Etwas pulsiert, das dem entspricht, was früher als prophetisches Pneuma in stürmischem Feuer durch die großen Gemeinden ging und sie zusammenschweißte."[7]

Dieses Zitat aus Webers berühmter Rede „Wissenschaft als Beruf" deckt freilich noch nicht das ganze Dilemma auf. Da wir nicht nur im privaten, sondern auch im politischen Leben ständig Entscheidungen fällen müssen, und es für Weber keine allgemeinverbindlichen Werte gibt, so stehen *„die verschiedenen Wertvorstellungen der Welt in unlöslichem Kampf miteinander"* oder, bildlich gesprochen, sobald man sich für eine Wertvorstellung entschließt, „dient (man) diesem Gott und kränkt einen anderen."[8]

Diese Überzeugung Webers von der unauflöslichen Gegensätzlichkeit verschiedener Wertstandpunkte unterscheidet ihn von seinem älteren Kollegen Schmoller, der sich zwar ebenfalls zu strengen wissenchaftlichen Methoden (einschließlich der Statistik) bekannte, aber das von humanen Werten getragene Menschenbild aus der Gesellschaftslehre nicht ausklammern wollte. Ausgehend von einem möglichen Konsens über soziale Grundwerte, vertrat er eine Nationalökonomie, die sich die Versöhnung von Individual- und Gesamtinteressen, Freiheit und Gerechtigkeit zur Aufgabe macht.[9]

Weber als Kenner und Bewunderer Nietzsches war von dessen Diktum „Gott ist tot" zutiefst betroffen und empfand *die*

„*Entzauberung der Welt*" als ebenso unabwendbar wie schmerzlich. Aber ähnlich wie Nietzsche stellt er dieser existentiellen Enttäuschung eine pessimistisch-trotzige Daseinsbejahung entgegen. Er ist davon überzeugt, daß sich der illusionslose Mensch mit der „ethischen Irrationalität der Welt" und damit auch mit dem nicht auszuschaltenden Faktum von Krieg und Gewalt abzufinden habe.[10]

Daraus folgt für ihn keineswegs ein persönlicher Wertrelativismus, aber *ein unaufhebbares Dilemma zwischen der Wertrationalität des empfindsamen Menschen und den zweckrationalen Sachzwängen, denen der Politiker gegenübersteht.* Deshalb hält Weber nur sehr starke, „charismatische" Persönlichkeiten, die der Spannung zwischen Gesinnungsethik und dem verantwortlichen Umgang mit Macht und Gewalt gewachsen sind, für den Beruf des Politikers als geeignet.[11] Seine Skepsis gegenüber der parlamentarischen Demokratie und seine Zurückweisung der Ideen der Volkssouveränität, des Naturrechts und der allgemeinen Menschenrechte machten ihn auch zum Verfechter nationalistischer Tendenzen, die später in Deutschland einen so verhängnisvollen Verlauf nahmen.[12]

Weber akzeptierte den Krieg als eine unvermeidliche Auseinandersetzung zwischen verschiedenartigen Kulturen und brachte den Theorien eines Machiavelli nicht nur Respekt, sondern auch eine gewisse Sympathie entgegen. Das lag neben seiner illusionslosen, realpolitischen Denkweise wohl auch in seinem Charakter begründet. Sein Zeitgenosse Max Scheler sagt von ihm, er hätte eine „überbetonte Liebe zur Dunkelheit, zur tragisch unauflösbaren Spannung des Lebens" gehabt, ja eine „Verliebtheit ins Irrationale als solches".[13] Ich würde dem die Vermutung hinzufügen, daß er einen Teil seiner Identität aus dem heroischen Lebensgefühl des patriarchalen Mannes bezog und daß er diese Seite unhinterfragt ließ. Dies scheint mir aus seinen Kommentaren zur Kriegsschuldfrage nach dem Ersten Weltkrieg hervorzugehen, worin er von der männlich-herben Bereitschaft spricht, sich mit den „diabolischen Mächten" einzulassen, während er die Frage nach Schuldigen als eine Mentalität „alter Weiber" einstuft.[14] Allerdings kann man mit Weber durchaus einer Meinung sein, daß Politik nicht mit reiner Gesinnungsethik zu lösen sei und der Politiker mitunter auch zu gefährlichen und „unheiligen" Mitteln greifen muß, ohne die prinzipielle Idee der Völkerverständigung aufzugeben und Pazifismus als Schwäche zu diskreditieren.

Offensichtlich aber hat in Webers Gedankenwelt die „emotionale Vernunft" keinen Platz, wenn wir darunter eine gemeinschaftsstiftende, ethische Vernunft verstehen und nicht bloß eine subjektive Wertrationalität. Seine schroffe Trennung zwischen Gefühl und Verstand, Wertbezug und Realitätsbezug macht die Vereinbarkeit zwischen beiden Polen zu einer Gratwanderung, welche das „Umkippen" von Rationalität in Irrationalität geradezu heraufbeschwört. Insofern bestätigt sich in Max Webers Werk die Aussage Agnes Hellers, daß Irrationalität nur die Kehrseite der (einseitigen) Rationalität sei.[15]

Das eigentlich Brisante an Webers Wissenschaftstheorie sind ihre enormen Nachwirkungen, die sie hatte und bis heute noch hat. Freilich lädt ein so umfangreiches und von inneren Spannungen vibrierendes Werk dazu ein, einzelne Thesen isoliert herauszugreifen und zu verabsolutieren. Dies ist in besonderem Maß mit dem Begriff der *„Wertfreiheit" in der Wissenschaft* geschehen; so als würde Weber die Wissenschaftler von ihrer moralischen Verantwortung für die Ziele ihrer Forschungen entbinden, aber genau dies ist aus seiner Lehre nicht herauszulesen.

So sehr er betont, daß sich der Wissenschaftler auf der Ebene der Tatsachen und der objektiven Zusammenhänge zu bewegen habe, ohne sie mit seinen persönlichen Überzeugungen und mit seinem persönlichen Werturteil zu färben, so soll ihm das wissenschaftliche Denken auch dazu verhelfen, *„sich selbst Rechenschaft zu geben über den letzten Sinn des eigenen Tuns"* (Hervorhg. im Original).[16] Mit diesem Appell, sich Klarheit über die eigenen Forschungsmotive und über den Sinn des jeweiligen Forschungsvorhabens zu verschaffen, fordert Weber eine Wahrhaftigkeit, die weit über den üblichen Ehrenkodex wissenschaftlicher Redlichkeit hinausgeht. Sich Rechenschaft zu geben über den letzten Sinn des eigenen Tuns schließt Verantwortung für die Folgen dieses Tuns ein.

9. Das „emotionale *Apriori*" bei Max Scheler (1874–1928)

Im Gegensatz zur resignativen Denkhaltung Max Webers entsteht mit der Phänomenologischen Schule eine philosophische Denkrichtung, die mit großem Aufwand darangeht, Bedeutungen und Wertvorstellungen intellektuell beschreibbar zu machen. *Edmund Husserl* (1859–1938) als dem Begründer der Phänomenologie geht es um eine Art Bestandsaufnahme sämtlicher Vorgänge (Akte), die sich in unserem Bewußtsein abspielen. Dabei interessieren ihn nicht die psychologischen Abläufe, wie sie sich individuell vollziehen, sondern die idealtypischen Gehalte und Verlaufsformen des Denkens, Fühlens und Wollens.

In der von ihm so genannten „*Wesensschau*" will Husserl die eigentliche Bedeutung unserer Erlebnisinhalte erfassen, d. h. ihre wesentlichen Züge unabhängig von allen zufälligen, einmaligen Begebenheiten und ebenso unabhängig von allen vorgefaßten Theorien. Das, was sich in solchen reinen Erlebnisakten zeigt, nennt er „Phänomene".[1]

Die Schüler Husserls, zu denen unter anderen Max Scheler gehört, widmeten sich im besonderen demjenigen Bereich von Erlebnissen, welche die klassische Philosophie vernachlässigt hatte, nämlich den Gefühlen. Auch dieser Bereich wird idealtypisch klassifiziert und zwar unter dem Gesichtspunkt der jeweiligen Gegenstände (Intentionen), auf die sich ein Gefühl richtet bzw. von denen es erregt wird. Dabei sind die „gerichteten" Gefühle, die in der akuten Begegnung zwischen Ich und Umwelt entstehen, von den „Stimmungen" zu unterscheiden, die über einen längeren Zeitraum andauern und vom aktuellen Geschehen relativ unabhängig sind.

Der in unserem Zusammenhang *entscheidende Wesenszug aller Gefühlsgattungen besteht in ihrem wertenden Charakter.* Alle Empfindungen aus der Außenwelt oder aus der Innenwelt – wie unsere Körpergefühle oder unsere Gefühlserinnerungen – enthalten eine Qualifikation mit mehr oder weniger starken positiven oder negativen Vorzeichen. Insofern sind *Gefühle ihrem Wesen nach Urteile im Sinne von Qualitätsbewertungen.*

Scheler selbst vermeidet allerdings den Terminus „Urteil", weil darunter vielfach nur das rationale Urteil, d.h. die Feststellung eines Sachverhalts verstanden wird, der entweder zutreffend oder nicht zutreffend (richtig-falsch) sein kann. Er bevorzugt den Terminus „Evidenz", um zu betonen, daß Qualitäten immer als unmittelbare Erfahrung gegeben und als solche unbestreitbar sind.

Als eine ihrer grundlegenden Aufgaben betrachtet die phänomenologische Forschung die Auflistung und Klassifizierung des riesigen Spektrums menschlicher Gefühle; eine Aufgabe, die sowohl psychologische als auch linguistische Kompetenzen erfordert und die bis heute längst nicht abgeschlossen ist.

Mit anderen von der Phänomenologie beeinflußten Denkern wie Erich Rothacker oder Nicolai Hartmann teilt Scheler die Gefühlsempfindungen in mehrere Bereiche oder „Schichten" ein. Dabei stellt er zunächst die leibbezogenen Gefühle den seelisch-geistigen Gefühlen gegenüber, um beide in weitere Untergruppen aufzuteilen.

Bei den leibgebundenen Gefühlen unterscheidet Scheler die *„sinnlichen Gefühle"* von den *„vitalen Gefühlen"*. Während wir die ersteren punktuell erfahren und diesen Einzelempfindungen die Wertskala des Angenehmen und Unangenehmen bzw. des Schmerzhaften zuordnen, betreffen die vitalen Gefühle unser Lebensgefühl als Ganzes. So zeigt die Skala von Lust-Unlust nach Scheler bereits komplexere Qualitäten an, die von intensivster Daseinslust bis zu Langeweile und Antriebsunlust reichen.

Von weit größerer Komplexität erweisen sich die seelisch-geistigen Gefühle, die sich in eine große Palette von Gefühlsnuancen auffächern lassen. Das gilt bereits für *die Ichbezogenen Gefühle* wie Macht- und Ohnmachterlebnisse,

Gefühle der Erhobenheit oder Minderwertigkeit, der Eifersucht, des Ressentiments etc.

Dazu kommen *die mitmenschlichen Gefühle* der Sympathie und Antipathie, Einfühlung, Liebe und Haß in all ihren Schattierungen und schließlich die *geistigen Gefühle,* die über das Individuell-Mitmenschliche hinausweisen. Hier lassen sich *die Wertsphären des Ethischen, des Ästhetischen, Wahren (Sinnhaften) und Heiligen* unterscheiden, denen jeweils spezifische Wertskalen zuzuordnen sind.[2] So unterscheiden wir die Qualifikationen des „Rechten" (Guten) und „Unrechten" (Bösen) von denen des „Schönen" und „Häßlichen" und beantworten sie im ersten Fall mit „Billigen-Mißbilligen", oder „Achtung-Verachtung", im zweiten mit „Gefallen-Mißfallen". Und während uns die Wahrheits- und Sinnerkenntnis mit Begeisterung erfüllt und ihr Verlust mit Verwirrung bis Verzweiflung, so entspricht dem Wert des Heiligen die Ehrfurcht und dessen Verletzung die Abscheu.

Im Unterschied zur Psychologie und zur Dichtung, die beide an der ganzen Klaviatur menschlicher Gefühle gleichermaßen interessiert sind, konzentriert sich die philosophische Analyse auf gefühlshafte Qualifikationen, die mit allgemein verbindlichen Werten assoziiert sind oder auch – wie in der Existenzphilosophie – mit den Grundgefühlen menschlicher Existenz wie etwa Angst oder Einsamkeit.

Als bevorzugte Themen in der phänomenologischen Literatur finden wir Gefühlskomplexe wie Würde, Scham und Reue, Achtung und Verachtung, Verantwortung, Mitleid und Mitfreude oder Ehrfurcht und Begeisterung. Scheler selbst hat über *„Wesen und Formen der Sympathie"* und über *„Scham und Schamgefühl"*[3] Monographien verfaßt.

Der bedeutendste Beitrag Max Schelers liegt jedoch in seinem Versuch, die Verbindlichkeit von Wertgefühlen prinzipiell zu begründen, wobei er sich vor allem mit Kant auseinandersetzt. Der Titel seines Hauptwerkes *„Der Formalismus in der Ethik und die materiale Wertethik"* umreißt bereits dessen Programm.

Während Kant glaubte, von allen inhaltlichen Wertbestim-

mungen absehen zu müssen, um die Universalität des Sittengesetzes zu garantieren, setzt sich Scheler gerade diese inhaltliche, „materiale" Wertbestimmung zum Ziel. Gleichzeitig gibt
er aber – im Gegensatz zu den Skeptikern unter den Moralphilosophen – die Allgemeingültigkeit der Sollensansprüche nicht
auf.

Schelers Begriff des „*emotionalen Apriori*" sprengt das formale Schema Kants, indem er zwischen der konkreten und
zufälligen „Neigung" und dem Apriori der praktischen Vernunft eine emotionale Instanz konstatiert, die apriorische Evidenz für sich beansprucht.

Zunächst widerlegt Scheler die Behauptung, apriorische
Aussagen seien immer formale Aussagen wie die logischen
Axiome. Dagegen setzt er die Feststellung, daß sämtliche
Qualitäten und Werte „unreduzierbare Grundphänomene der
fühlenden Anschauung" seien.[4] Weder die Farbe „rot" noch
Werte wie die des „Angenehmen", der Freude oder des Glücks
können als solche bewiesen werden. Man kann sie nur
„aufweisen", das heißt, sie sehen bzw. fühlen machen. Mit die-
sem *Evidenzbegriff* bezieht sich Scheler ausdrücklich auf
Pascal und dessen „ordre du cœur".[5]

Die Identifizierung des Apriorischen mit dem Formalen hält
Scheler für den Grundirrtum Kants. Bei dem in der Erkenntnistheorie üblichen Gegensatz zwischen *a posteriori* und *a
priori* handle es sich nicht um den Gegensatz zwischen Erfahrung und Nichterfahrung, sondern um zwei unterschiedliche
Arten des Erfahrens. *A priori* nennt Scheler das reine, unmittelbare Erfahren oder die Evidenz, *a posteriori* die induktiv er-
schlossene Erfahrung.[6]

Für nicht minder irrig hält er die Gleichsetzung des Apriorischen mit dem Rationalen als einem Gedachten und die
Gleichsetzung des Aposteriorischen mit dem Sinnlichen. Dieser grundfalsche Dualismus zwinge dazu, die Eigenart ganzer
Erlebnis(Akt)-Bereiche zu negieren, wie sie die seelisch-
geistigen Emotionen darstellen: „Nur die endgültige Aufhebung des alten Vorurteils, der menschliche Geist sei durch den
Gegensatz von Vernunft und Sinnlichkeit irgendwo erschöpft

oder es müsse sich alles unter das eine oder das andere bringen lassen, macht den Aufbau einer a priori-materialen Ethik möglich."[7]

Nach Scheler wird Werterkenntnis in spezifischen, emotionalen Akten gewonnen, die von allem Wahrnehmen und Denken völlig verschieden sind. *Ein nur auf Wahrnehmung und Denken beschränkter Geist wäre zugleich absolut wertblind.* Werterkennende Akte lassen sich nur als einen „fühlenden, lebendigen Verkehr mit der Welt" beschreiben, bei welchem in unserer bejahenden Liebe oder unserem verwerfenden „Haß" die Werte bzw. Unwerte aufscheinen.[8]

Was nun die verschiedenen Wertklassen anbelangt, so geht Scheler, wie schon erwähnt, von der Vorstellung einer Schichtung aus, deren Basis die sinnlichen Qualitäten mit ihren Kriterien des Angenehmen und Unangenehmen bilden. Schon auf dieser Wertebene, die ganz individuelle Grade und Intensitäten zuläßt, gibt es insofern eine Allgemeingültigkeit, als das Angenehme immer unter positiven und das Unangenehme immer unter negativen Vorzeichen erfahren wird.

Derselben, nicht weiter reduzierbaren Evidenz begegnen wir auf der nächsten Stufe der vitalen Lebenswerte mit ihren Modalitäten des Froh- und Unfrohseins. Dabei ergibt sich nach Scheler bereits zwischen diesen beiden Stufen eine selbstverständliche Rangordnung der Werte, was schon daraus hervorgehe, daß wir kleine Unannehmlichkeiten in Kauf nähmen, um Erlebnisse genießen zu können, die unser gesamtes Lebensgefühl steigern.

Für Scheler besteht das Werterlebnis nicht nur in einem Akt des Bejahens oder Verneinens, sondern gleichzeitig in dem des Vorziehens und Nachsetzens, und dies bewog ihn zu der kühnen Behauptung, daß nicht nur unser Wertgefühl, sondern auch die Erfahrung der Wertrangordnung a priori gegeben sei.[9] Von daher definiert er *das ethische Handeln* geradezu *als einen Vorzugsakt des jeweils höheren Wertes.*[10]

Am ehesten können wir diesen Gedankengang nachvollziehen, wenn es um das Vorziehen vitaler, ästhetischer oder sinnhafter Werte gegenüber der bloßen Nützlichkeit geht, die

Scheler auf die Wertstufe des Angenehmen stellt. Sehr viel problematischer wird die Behauptung einer starren Wertrangordnung zwischen Lebenswerten und geistigen Werten, was der traditionellen Vorstellung entspricht, daß Lebenswerte den geistigen Werten selbstverständlich zu opfern seien. Am wenigsten plausibel stellt sich schließlich die Rangordnung innerhalb der geistigen Werte dar, wenn wir nicht, wie Scheler dies offensichtlich tut, von einer göttlichen Ordnung ausgehen. Meines Erachtens sind ästhetische, intellektuelle und religiöse Werte in ihren Qualitäten so unvergleichbar, daß sie rein phänomenologisch – d.h. ohne metaphysische Vorentscheidungen – nicht in eine lineare Rangordnung zu bringen sind.

An der Frage der Rangordnung und am ethischen Prinzip des rechten Vorziehens setzt auch die Kritik *Nicolai Hartmanns* an Scheler an, obwohl er sich in seinem Werk über Ethik weitgehend auf Schelers materiale Wertethik stützt. Für Hartmann stellt sich bei der Wahl zwischen den verschiedenen Wertbereichen weniger die Frage nach der absoluten Werthöhe als die der Dringlichkeit des Wertappells. Er spricht in diesem Zusammenhang von *„Wertstärke"* oder *„Wertgewicht"* und formuliert das Gesetz, wonach die elementaren Vitalwerte stärker sind als die differenzierteren Personen- und Kulturwerte. Dies sei unter anderem daraus abzuleiten, daß wir die Verstöße gegen elementare Werte wie etwa gegen das Leben eines Menschen, sehr viel schwerwiegender empfinden als Verstöße gegen die persönliche Liebe oder gegen kulturelle Werte, so bedauerlich diese auch sein mögen.[11]

Ungeachtet solcher berechtigter Einwände, verdanken wir Schelers Wertanalysen eine Fülle von Erkenntnissen, von denen hier einige hervorgehoben seien.

Eine wesentliche Aussage Schelers in bezug auf den Tugendbegriff bzw. auf den Inhalt des sittlichen Aktes selbst besteht darin, daß *das moralisch Gute niemals direkt intendiert werden könne, vielmehr „gleichsam auf dem Rücken" eines wertrealisierenden Aktes erscheint.* Das schließt die Konzentration auf die eigene Tugend aus und verlegt das Gewicht nicht auf den „guten Willen" als solchen, wie Kant dies tut, sondern auf die selbstvergessene Hingabe an den Wert.[12]

Ebensowenig können wir nach Scheler das Glück im Sinne eines seelisch-geistigen Zustands willentlich intendieren. Auch das Glück erscheint auf dem Rücken des Handelns als eine Begleiterscheinung der Werthingabe und der Wertverwirklichung. Denn alle Gefühle von Glück und Unglück sind auf das Fühlen von Werten gegründet. Deshalb hält Scheler den Streit um den ethischen „Eudämonismus", d.h. der Lehre, wonach das Glück das erstrebenswerteste Ziel sei, für gegenstandslos.[13]

Von großem Interesse sind Schelers Untersuchungen zur *Wertrelativität,* wie sie in der philosophischen Diskussion bis heute behauptet wird. Ein skeptischer, absoluter Wertrelativismus beruht für ihn auf der Anwendung falscher theoretischer Kriterien. Dabei stehe die Verabsolutierung der eigenen Kultur und die falsche Erwartung, andere Kulturgemeinschaften müßten gleiche Maßstäbe und Verhaltensregeln entwickeln, im Vordergrund.[14] Fehleinschätzungen resultierten aber auch aus der mangelhaften Differenzierung zwischen Ethos, Sitte und Rechtsordnung.

In diesem Zusammenhang zitiert Scheler einen Missionarsbericht, in dem es um die vermeintliche Schamlosigkeit unbekleideter indigener Völker geht. Nachdem eine schwarze Frau den ihr dargereichten Rock des weißen Missionars mit der Begründung zurückwies, wenn sie diesen trüge, müßte sie sich vor den Männern schämen, wurde klar, daß die Integrität des Körpers auch dann auf dem Spiel stehen kann, wenn ein Körperteil durch ungewohnte Verhüllung betont wird.[15]

Aber auch innerhalb eines Kulturkreises findet eine historische Entwicklung des Wertfühlens statt. Vielerorts wurde die Verpflichtung zur Blutrache als ein Gesetz der Gruppensolidarität durch andere Wiedergutmachungsregelungen ersetzt, was aber keineswegs bedeutet, daß man rückblickend denjenigen verachtet, der sein Leben für die „heilige" Pflicht der Rache einsetzte.[16]

Scheler macht uns aber auch bewußt, daß die Entwicklung des Wertfühlens nicht nur in der Richtung einer immer differenzierteren Werterfassung verlaufen kann, sondern ebenso umgekehrt in der Richtung der Verflachung und der *partiellen Wertblindheit*. Eine solche bezeichnet er als *„désordre du cœur"*[17] und führt sie unter anderem auf die Setzung falscher Prioritäten zurück. Seit der Geist des Kapitalismus den Nützlichkeitswert an die erste Stelle setzte, verdrängte dieser Utilitarismus nicht nur die sozialen und geistigen Werte, sondern auch die Lebenswerte. Das Konkurrenzsystem mit seiner Akzentuierung des Individualismus und Egoismus macht nach Scheler blind für die Werte und Güter als solche, weil sie daran gemessen werden, wie hoch der eigene Anteil an ihnen im Vergleich mit dem Rivalen ist: „Nicht was man hat, sondern was man relativ zu anderen nicht hat ... wird als Wert für die Aufmerksamkeit hell gemacht",[18] und dies bedeutet, daß wir das Erworbene schnell für selbstverständlich halten und den begehrlichen Blick schon wieder auf ein Nächstes richten.

Scheler beschreibt damit das Phänomen der Sucht und meint, daß wir davon nur befreit werden könnten, wenn wir uns *vom Neid- und Konkurrenzprinzip abwenden und auf das Solidaritätsprinzip besinnen*. Dem solidarischen Denken stehen „diejenigen (Güter) am höchsten, die vital am wertvollsten sind, in wie großer Menge sie auch vorhanden sein mögen, wie z.B. Luft, Wasser, in gewissem Sinne Erde". Dieser im Jahre 1916 geschriebene Satz trifft uns um so mehr, als unsere Konkurrenzwirtschaft gerade diese scheinbar unbegrenzten Güter zu vernichten droht.[19]

Im übrigen hält Scheler die Prämisse des Kapitalismus, wonach der Egoismus die Basis allen Strebens sei, für grundfalsch. Sie stelle die natürlichen Verhältnisse auf den Kopf, weil jede Gemeinschaft aus kleinsten Solidargruppen erwachse. Wenn er daraus folgert, daß der einseitige Egoismus ein Defizitphänomen sei, so erinnert dieser Gedankengang ganz an Shaftesbury, auf den sich Scheler aber meines Wissens nirgends bezieht.[20]

Die bleibende Leistung Schelers liegt meines Erachtens in seinen außerordentlich differenzierten Wertanalysen einerseits und in seinen erkenntnistheoretischen Begriffsklärungen andererseits. Mit dem Aufbrechen so tief eingewurzelter Dualismen wie der Begriffspaare *a priori-a posteriori,* emotional-rational, subjektiv-objektiv stellt Scheler die Frage nach der Allgemeinverbindlichkeit der Werte ganz neu.

Was er anhand der phänomenologischen Methode zeigen will, ist die Einsicht, daß die subjektive Erlebnisart der höheren Gefühle keineswegs gleichzusetzen ist mit Zufälligkeit oder Unverbindlichkeit. *Die Gegenstandsbezogenheit (Intentionalität) der Gefühle verbindet sie immer auch mit Qualitäten (Wesenheiten), die den objektiven Gegebenheiten anhaften.* Gerichtete Gefühle als die Antennen für die Qualitäten der uns umgebenden Welt und als Motivationen unseres Handelns machen eine wirkliche Kommunikation zwischen uns und den Objekten und Subjekten der Außenwelt überhaupt erst möglich.

Dabei erleidet nach Scheler die Gültigkeit solcher Wertbeziehungen keinen Abbruch dadurch, daß nicht alle Subjekte identische Qualitäts- und Werterfahrungen von der Welt gewinnen. Verschiedene Kulturen haben jeweils bestimmte Ausschnitte qualitativ besonders intensiv erfaßt und andere relativ vernachlässigt, was in gleicher Weise auch für die unterschiedlichen Individuen gilt. Doch relativieren solche Unterschiede nicht prinzipiell den Wertbestand menschlichen Fühlens, sondern halten ihn offen für gegenseitige Lernprozesse und Bewußtseinserweiterungen.

Entscheidend ist, daß die wahrgenommenen Werte als verpflichtend und d.h. als verbindlich erlebt werden, auch wenn im Extremfall nur ein Einzelner der Gruppe von einem Wert berührt wird, der die bisherigen Verbindlichkeiten übersteigt. Das letztere gilt für die großen Religionsstifter und Weisheitslehrer, die das Ethos einer Gemeinschaft weiterentwickelten oder sogar revolutionierten.[21]

Nicolai Hartmann nimmt diese Gedankengänge Schelers auf, wenn er von der *Vielheit der Moralen [sic] und der Einheit der Ethik* spricht bzw. wenn er sagt, daß der Wertblick des Einzelnen im Laufe seines Lebens oder der von Kulturgemeinschaften im Laufe der unterschiedlichen Ausprägungen der Geschichte „wandert". Dabei sei die jeweilige Perspektive des

Wertblicks das Relative, nicht die Werte selbst. Die Ausblendung eines Teils von wertrelevanten Phänomenen (Wertblindheit) bedeute nicht deren prinzipielle Verneinung. So halte niemand Gerechtigkeit als solche für schlecht und Ungerechtigkeit als solche für gut, wenn auch tatsächliche Ungerechtigkeiten in einem bestimmten kulturellen Kontext nicht wahrgenommen werden.[22]

Jedenfalls unterscheidet sich die Position der phänomenologischen Ethik und ihre Betonung der emotionalen Wertwahrnehmung grundsätzlich vom sogenannten „Emotivismus". Dieser hält die Werturteile für rein subjektive Gefühlsäußerungen und ethische Diskussionen für gegenseitige Propaganda mit dem Zweck, andere zur Übernahme der eigenen Haltung zu überreden.[23]

Unabhängig von diesem skeptischen Subjektivismus, wie er von einigen angelsächsischen Philosophen vertreten wird, blieben Geist und Methode der Phänomenologie bis heute lebendig und bildeten unter anderem den Ausgangspunkt für die deutsche und französische Existenzphilosophie.

10. Das „Unbedingte" bei Karl Jaspers (1883–1969)

Die geistesgeschichtliche Konstellation, in der die Existenzphilosophie entstand und auf die sie eine Antwort zu geben versuchte, war der Ausgangslage der Phänomenologie ähnlich. Auch sie sah sich zwischen zwei Fronten gestellt, zwischen die positivistische Reduktion des Menschen auf seine biologischen und psychologischen Funktionen einerseits und die Vereinnahmung der Vernunft durch dogmatisch fixierte Ideologien andererseits.

Auch der existentielle Ansatz will das Wesen des Menschseins aus der unmittelbaren menschlichen Erfahrung selbst gewinnen, doch steht nun nicht mehr die Wesensschau der intentionalen Erkenntnisakte im Zentrum, sondern die existentielle Befindlichkeit und das existentielle Handeln des Subjekts. War für die Phänomenologie die reine Beschreibung der „Gegebenheiten" der Weg zur vorurteilslosen Erkenntnis und führte dieser Weg zur Evidenz von Wesenheiten und Werten im Sinne einer statischen Struktur, so knüpft die Existenzphilosophie an die Dynamik der Selbsterfahrung und an die Situation unumgänglicher Entscheidungen an.

Schon rund 100 Jahre vorher hatte *Søren Kierkegaard (1813–1855)* die weltfremde Katphederphilosophie verworfen und die Angst des Menschen vor der Sinnlosigkeit des Daseins zum eigentlichen Thema der Philosophie erklärt. Darin folgten ihm *Heidegger* mit seinem Begriff der „Geworfenheit", *Sartre* mit dem der Einsamkeit vor dem Nichts und des Verdammtseins zur Freiheit und Jaspers mit seiner Schilderung der „Grenzsituationen", von denen das Wissen um den eigenen Tod die grundlegendste ist.

Freilich waren bei aller Ähnlichkeit ihrer Ausgangsposition die Schlußfolgerungen der einzelnen Existenzphilosophen sehr verschieden. Mündeten sie bei den christlichen Existentialisten (G. Marcel, L. Gabriel) in einen verstärkten Glaubens- und Gnadenbegriff, so bei Sartre in einen heroischen Nihilismus und bei Karl Jaspers in einen erkenntnismäßigen Schwebezustand, den er den *„philosophischen Glauben"* nannte.[1]

Dieser Glaube, der nie fester Erkenntnisbesitz sein kann wie das Wissen, gründet nach Jaspers dennoch auf überzeugenden Gewißheiten, die der Verstand allein nicht begreift, die aber den ganzen Menschen ergreifen. Tragende Elemente dieser Gewißheiten sind zum einen das Erlebnis des Unbedingten und zum anderen der wesentliche Austausch in der Kommunikation.

Das Unbedingte wird im Anruf des Sollens erfahren, in der ethischen Forderung, etwas zu tun oder nicht zu tun, das nicht an irgendwelche Bedingungen des Daseins im Sinne der Nützlichkeit geknüpft ist. Das Gewissen als das Fordernde und Verbietende, das Distanz zum eigenen Verhalten schafft und zugleich zur Entscheidung drängt, versteht Jaspers als eine Vereinigung aller Kräfte der Vernunft: der Kraft des Denkens, der Erfahrung, der Einfühlung und der Entschlossenheit zum unbedingten Handeln.[2]

Aber im Unterschied zu Kant, auf den sich Jaspers mit höchstem Respekt beruft, will er die Entschlossenheit zum unbedingten Handeln nicht vergleichen mit dem Mut und der Kraft, „die wir entschlossenen Männern" zuschreiben, sondern nennt sie eine Entscheidung, die sich „in aller Weichheit des Hörens und Reagierens bildet", denn *das Gewissen bleibt ratlos ohne Liebe*".[3]

Damit wird nicht nur die traditionelle Androzentrik der abendländischen Philosophie überschritten, sondern zugleich der Kommunikationsfähigkeit des vernünftigen Menschen ein wesentlicher Stellenwert eingeräumt.

Jaspers' schwerwiegender Satz „Wahrheit ist, was uns verbindet", oder, anders gewendet, *In der Kommunikation hat Wahrheit ihren Ursprung*",[4] zielt aber nicht auf einen gemeinsamen Nenner ab, wie er dem Begriff des „common sense" vorschwebt. Echte Kommunikation bedeutet ihm die Begegnung zwischen Menschen, die aus dem innersten Kern ihrer bewußten Existenz nach der unbedingten Wahrheit suchen. Die aber ist nicht allein im Disput auffindbar, sondern in der gegenseitigen Teilnahme am je einmaligen Lebensvollzug des anderen und dessen Erfahrungen mit dem Unbedingten. Und wenn Jaspers die höchste Form der existentiellen Kommunikation in der persönlichen Liebe sieht, so ist auch sie nicht nur Ausdruck einer subjektiven Gefühlsgewißheit, sondern zugleich ein „liebender Kampf" um Wahrhaftigkeit im Streben nach dem unbedingten Guten.[5]

Im Unterschied zur phänomenologischen Wertevidenz, die als „Wesensschau" verstanden eine unmittelbare Teilhabe am objektiven Sein verspricht, kann das „Unbedingte" als das bedingungslos zu Bejahende nur im existentiellen Lebensvollzug selbst erfahren werden. Nach Jaspers erfahren wir das sittlich Wahre, in welchem Wissen und Gewissen zusammenfallen, am reinsten in den *Grenzsituationen*" des Schicksals, der Schuld und des Todes: „Was angesichts des Todes wesentlich bleibt", ist das eigentlich Menschliche, das wir im existentiellen Entschluß ergriffen haben und das uns in der existentiellen Kommunikation geschenkt wurde; und beides weist immer schon

über unser bloßes Dasein hinaus.[6] Sein Begriff des „Unbedingten" als solcher ist mit Kants „Zweck an sich Selbst" vergleichbar, nur daß Jaspers ihn als ein unbedingtes Gut begreift,
dessen Sollensanspruch gleichermaßen vom Denken wie vom
Gefühl wahrgenommen wird.

Dabei mißtraut Jaspers dem dumpfen Gefühl allein ebenso
wie dem nur formallogischen Verknüpfen rationaler Begriffe.
Das zentrale Selbsterlebnis des Humanen besteht für ihn aus
dem verwirrenden Grunderlebnis, sich selbst nicht geschaffen
zu haben und andererseits der Frage nach Sinn und Verantwortung für das eigene und das Leben anderer nicht ausweichen zu
können. Für diese Dialektik von gleichzeitiger Determiniert-
heit und Freiheit reichen die Kriterien des logisch-diskursiven
Denkens nicht aus. Deshalb nennt Jaspers seinen Versuch, den
Kern des Humanen aus eigener und kommunikativer Erfahrung zur Mitteilung zu bringen, weder praktische Vernunft
wie Kant noch reine Beschreibung wie die Phänomenologie,
sondern „*Existenzerhellung*". Bei diesem Vorgang spielt Sprache als Medium der Mitteilung eine eminent wichtige Rolle,
und zwar ein Sprechen, das die tiefsten Gefühle mitschwingen
läßt und sich gleichzeitig bemüht, denkend diese Gefühle zur
Klarheit zu bringen.[7] Nur ein derart ganzheitliches Involviertsein in den Prozeß des reflektierenden Denkens und Handelns verdiene den Namen „Vernunft".

Japsers' Existenzbegriff schließt eine spezifische Interpretation des Subjekt-Objekt-Verhältnisses ein bzw. eine strikte
Subjekt-Objekt-Trennung aus: „*was nur objektiv ist, ist so exi-
stenzlos wie das, was nur subjektiv ist*". Das heißt, die Verabsolutierung des einen oder anderen Pols gerät zum Verrat an der
Vernunft, sei es durch Ausschaltung des Humanen im Objek-
tivismus, sei es durch die Beliebigkeit des Nur-Subjektiven, das
sich der kommunikativen Überprüfbarkeit entzieht.[8]

Dagegen stellt existentielles Bewußtsein eine Balance zwischen Objekt- und Subjektebene her, und zwar sowohl im Bereich der Seinserkenntnis als in demjenigen der Werterkenntnis. Damit Werterkenntnisse beiden Ebenen gerecht werden,
bedarf es u.a. des *historischen Bewußtseins*. Deshalb beschäf-

tigte sich Jaspers mit den großen Denkern der Vergangenheit und den ethischen und religiösen Entwürfen der verschiedensten Kulturen. Erst aus der Begegnung mit den historischen Objektivierungen der geistigen Kultur erwächst die kritische Auseinandersetzung mit der Gegenwart, wie auch die Kommunikation mit anderen ernsthaft Suchenden die ständige Überprüfung des eigenen Standpunkts fordert.

Zwei weitere, wesentliche Bedingungen für die Balance zwischen Subjektivität und Objektivität sieht Jaspers im Verzicht auf persönliche Macht und im Mut zur persönlichen Verantwortung auch um den Preis des möglichen Schuldigwerdens.[9] Freilich gibt es für existentielle Entscheidungen nie endgültige Sicherheit. Sie bleiben ein Wagnis, und nur in seltenen Glücksmomenten, den „hohen Augenblicken", werde sich der Mensch der Sinnhaftigkeit seiner Existenz und seines Handelns bewußt.[10]

Wenn Jaspers von der „Atmosphäre" der Vernunft spricht, die sich als Offenheit für alles Vernehmbare spüren läßt, und er diese Atmosphäre ausdrücklich auch als Medium der Dichtung bezeichnet, so werden damit die Grenzen zwischen Philosophie und Dichtung fließend.[11] Die Offenheit für das „Andere der Vernunft", für die emotionale und sinnliche Erfahrung, fand ihren Niederschlag nicht zuletzt in Jaspers' Sprachstil. Damit brachte er sich allerdings in manchen Kreisen in den Verruf, ein dunkler Mystiker zu sein, der sich der Überprüfbarkeit des diskursiven Denkens entziehe.

Darauf wäre zu antworten: Seiner Intention nach will Jaspers in keiner Weise dunkel oder verschleiernd sein. Seine ganze Leidenschaft gilt im Gegenteil der „Erhellung" der menschlichen Grundsituation und des Erkennbaren überhaupt. Aber weil er sich nicht beschränken will auf partikulares Wissen und logisch-formale Aussagen, vielmehr die lebendige Wahrheit als Beziehung zur Welt und zu sich selbst sucht, wird sein Sprechen zu einem immer neuen Umkreisen der Wahrheit, die sich nie völlig erhellen läßt. Für Jaspers ist Wahrheit letztendlich nur als „Chiffer" greifbar, als Symbol oder „Bild",[12] und dies steht fraglos der Metaphorik der Dichtung nahe.

Ob man dies gut heißen will oder nicht, ist eine Frage der Selbstdefinition der Philosophie. Ungerechtfertigt ist hingegen der Vorwurf der „Irrationalität", weil dabei von einem verengten Begriff der Rationalität ausgegangen wird.

Jaspers selbst definiert *das Irrationale* gerade als *Flucht* aus der existentiellen Spannung des Vorläufigen *in die Täuschung des endgültigen Wahrheitsbesitzes.* Das Objekt als solches für das eigentliche Sein zu halten, nennt er „Aberglauben", und deshalb verwirft er jedes religiöse oder ideologische Dogma ebenso wie den „*Wissenschaftsaberglauben".*[13]

Im übrigen besitzt auch die Dichtung, wie die Kunst überhaupt, ihre eigene Rationalität, doch war dies für Jaspers kein Thema für eine systematische Auseinandersetzung. Die rationalen Strukturen der Kunst aufzudecken, blieb der philosophischen Symbolforschung vorbehalten, der wir uns im nächsten Abschnitt zuwenden.

11. Der neue Schlüssel zur emotionalen Vernunft bei Susanne K. Langer (1895–1985)

Als letztem Meilenstein auf der historischen Spur begegnen wir einem Denkansatz, der von *Ernst Cassirer (1874–1945)* ausging. An seine „Philosophie der symbolischen Formen", in der er sich mit der Logik der Sprachsymbole befaßte,[1] knüpfte Susanne Langer an. Mit Cassirer, der den Menschen geradezu als *das „symbolverwendende Tier"* definiert, hält Langer den Symbolgebrauch für den wesentlichsten Faktor der *conditio humana.*[2] Für sie stellt er den „Schlüssel zu einem spezifisch menschlichen, d.h. oberhalb der Ebene rein animalischer Bewußtheit liegenden Geistesleben"[3] dar; doch geht sie bereits in ihrem ersten großen Werk „Philosophy in a New Key" (1942) über den Ansatz Cassirers hinaus.

Wenn Symbolbildung die wesentliche Tätigkeit des Geistes ist, argumentiert Langer, *so beinhaltet Geist mehr als das, was gemeinhin Denken heißt.*[4] Denn Symbolbildung tritt uns neben der Sprache auch in Gestalt des Ritus, des Mythos und der

Kunst entgegen. Und schon unser alltägliches bzw. allnächtliches Leben belehre uns darüber, daß unsere symbolbildende Tätigkeit bei Ausschaltung des diskursiven Denkens im Schlafzustand nicht nur nicht aufhört, sondern in Gestalt unserer Träume eine äußerst lebhafte Aktivität entfaltet. *Träume* seien aber weder mit den Kategorien der wachen Denkfähigkeit aufzuschlüsseln, noch können sie biologisch, als im Dienst des Überlebens stehend, gedeutet werden. Dennoch sind Träume für den Menschen existentiell, was daraus hervorgeht, daß eine länger andauernde, künstliche Traumverhinderung zu psychisch-geistigen Störungen führt.

Schon aus der Funktion der Träume, die offenbar mit der Verarbeitung von Wacherlebnissen zu tun hat, leitet Langer ab, daß sich die Fähigkeit zur Symbolbildung nicht in einer Hilfsfunktion für intellektuelle Verständigung erschöpfen kann. Wie stark die Symbolbildungsprozesse vom menschlichen Bedürfnis nach geistiger Orientierung und Sinnstiftung geleitet sind, demonstriert sie anhand ihrer Analysen von Riten, Mythen und künstlerischen Gestaltungen.

Riten als die „Sprache der Religion" sind in den Augen Langers symbolische Transformationen von existentiellen Erfahrungen der Gruppe. In Rede, Gebärde und Gesang werden die Bezüge der Menschen zu Leben und Tod und dem sie umgebenden Kosmos zum Ausdruck gebracht. Gleichzeitig bildet das gemeinsam geübte Ritual den geistigen Zusammenhalt der Gruppe und die Basis für solidarisches Handeln.

Wie der Ritus so ist auch die Magie in erster Linie expressiv und erst in zweiter Linie praktisch. Magie, sagt Langer, sei nicht als der mißglückte Versuch oder die tastende Vorform einer wissenschaftlichen Naturerklärung aufzufassen. Als rationales Mittel zur Erfüllung eines rationalen Zwecks ist sie zum Mißerfolg verurteilt und hätte niemals Jahrtausende der Menschheitsgeschichte überdauert, wenn sie nicht im Kontext eines bestimmten Glaubenssystems sinnvoll gewesen wäre.

Ebensowenig läßt sich nach Langer *der Mythos* als ein naives Weltbild verstehen, das die Lücken kausaler Naturerkenntnis mit phantastischen Erklärungen füllt. Mythische Erzählungen stellen vielmehr *ein Netz von metaphorisch ausgedrückten Lebenserfahrungen* dar, in welchem die frühen Menschen ihre persönlichen Erlebnisse von Geburt, Liebe und Tod mit ihrem Wissen um kosmische Lebensrhythmen im astralen, animalischen und vegetativen Raum verbinden.[5]

Schließlich entziehen sich auch *die Manifestationen der Kunst,* unabhängig davon, ob und mit welchen mythischen Vorstellungen sie verbunden sind, einer rein intellektuellen Erklärung. Dennoch gehören die Werke der Kunst ebenso untrennbar zum menschlichen Geistesleben wie die Symbolbilder unserer Träume. Obwohl sie für den unmittelbaren Überlebenskampf nicht nur nichts beitragen, sondern diesem sogar Energien abziehen, finden wir künstlerische Gestaltungen unter den härtesten Lebensbedingungen seit dem Paläolithikum.

Befragen wir die Kunst nach ihren Inhalten und ihrem geistigen Stellenwert, so geht Langer mit der Mehrzahl der Kunsttheoretiker davon aus, daß Kunsterzeugnisse der Ausdruck persönlicher oder kollektiver Gefühlserlebnisse und gefühlsmäßiger Lebenseinsichten sind. Dies seien sie aber nicht im Sinne eines direkten, unmittelbaren Ausdrucks, sondern im Medium einer *„symbolischen Transformation".* Für Langer besteht zwischen dem Aufschrei des Schmerzes oder dem Ausruf des Entzückens einerseits und dem Klage- oder Jubelruf der Dichtung andererseits nicht nur ein gradueller, sondern ein prinzipieller Unterschied. Dichtung setze eine gewisse Distanz zu den eigenen Gefühlen und eine Abstraktionsfähigkeit gegenüber den Sinneserfahrungen voraus.[6]

Jede Form von Kunst, sei es der Tanz, die Musik, die Dichtung oder die bildende Kunst, stellt nach Langer einen artikulierten Symbolismus dar, das heißt, die Transformation kollektiver oder persönlicher Erlebnisse in ein Medium symbolischer Formen. *„Das Feld der Semantik reicht weiter als das der Sprache"*[7] – mit diesem grundlegenden Satz eröffnet Langer ein völlig neues Feld für die Symbolforschung. Im Gegensatz zur Sprachsymbolik, die es mit diskursiven Strukturen zu tun hat, beschreibt sie *die symbolischen Strukturen der Kunst* als *„präsentativ".*

Sind beim diskursiven, nicht-poetischen Gebrauch der Sprache die Worte mehr oder weniger eindeutig definiert und werden sie durch lineare Aneinanderreihung und bestimmte grammatikalische Regeln logisch miteinander verknüpft, so können präsentative Symbole nur als Ganzheiten erfaßt werden. Ein Bild erhält seine Bedeutung nur durch die gleichzeitige Anschauung aller seiner Teile, ein Tanz nur durch die Beziehung der einzelnen Bewegungen zum ganzheitlichen Ablauf, eine musikalische Phrase nur durch die figurale Verbindung von Tönen zur Melodie bzw. die zeitliche Abfolge von Tönen in einem bestimmten Rhythmus.

Das Gemeinsame zwischen beiden Arten von symbolischer Transformation besteht nach Langer darin, daß beide als Kommunikationsvehikel für Bedeutungen fungieren. Sie nimmt sogar an, daß die Formulierung allgemein verständlicher Bedeutungen in Form ritueller Handlungen in Tanz, Gesang und konventionalisierten Gesten der sprachlichen Ausdrucksfähigkeit vorausgeht.[8]

Eigentlich revolutionär wird ihre Aussage dadurch, daß sie *in der präsentativen Symbolik eine eigene Logik* erkennt, eine disziplinierte Artikulation von Erlebnissen und Gefühlen, die nicht irrational ist, sondern ihre eigene, besondere Rationalität besitzt. *Damit werden die Symbole der Kunst in den Bereich der Vernunft eingegliedert bzw. der Bereich der Vernunft wird nicht mehr auf das begriffliche Denken beschränkt, sondern auf die symbolische Vermittlung emotionaler Inhalte erweitert.* Auf welche Weise die symbolische Transformation emotionaler Inhalte in der Kunst zustande kommt, exemplifiziert Langer anhand der Musik und anhand der Dichtung, insbesondere der Lyrik.

In der *Musik* kommt die nicht-diskursive Semantik zweifellos am reinsten zum Ausdruck. In ihrer Auseinandersetzung mit verschiedenen Musiktheorien grenzt sich Langer von der These, Musik sei programmatische Lautmalerei ebenso ab wie von der These, sie sei unmittelbarer Ausdruck von Gefühlen. Die Theorie vom unmittelbaren Selbstausdruck der Musik bzw. von ihrer Entstehung und Wirkung als einer emotionalen

Katharsis weist sie mit den Sätzen zurück: „Die Gesetze der emotionalen Katharsis sind Naturgesetze, nicht solche der Kunst", und *„Musik ist ebensowenig die Ursache von Gefühlen wie deren Heilmittel. Sie ist ihr logischer Ausdruck".*[9]

Dabei verkennt sie nicht, daß Musik sekundär auch dazu dienen kann, das emotionale Gleichgewicht des produzierenden Künstlers wie das des Hörers wiederherzustellen. Doch wie jede künstlerische Schöpfung ist Musik primär ein geistiges Produkt, das Lebens- und Gefühlserfahrungen von einem inneren Abstand aus in eine ästhetische Form bringt.

Nun ist aber auch die musikalische Form wie die bildhafte Gestalt nicht diskursiv aufschlüsselbar. Das heißt, wir können nie eine bestimmte Phrase einem eindeutigen Gefühlsausdruck zuordnen. In dieser Tatsache sieht Langer den Grund dafür, daß puristische Musiktheoretiker jeden symbolischen Bezug der Musik zu Emotionen leugnen. Wenn wir aber den musikalischen Figuren keine bestimmten Gefühlsqualitäten zuordnen können, was vermitteln sie uns dann? „Die Morphologie des Gefühls", antwortet Langer.[10] Gemeint ist damit die Verlaufsform der Gefühle, ihr Auf und Ab, ihre Ambivalenz und ihr Rhythmus. Dabei zeigen Gefühle von großer Tiefe, wie Freude und Trauer – trotz ihrer gegensätzlichen Inhalte –, eine ähnliche Morphologie und ebenso die oberflächlicheren Gefühlsgegensätze wie etwa Vergnügen und Ärger. Musik vermittelt uns ein Wissen um emotionale Erfahrung, um Lebensimpulse und Todesahnung, und zwar in einer Nuanciertheit, die weit über die Möglichkeiten der Sprache hinausgeht.

Eine solche *Morphologie der Gefühle,* durch die unsere emotionalen Erfahrungen als allgemeine Bedeutungen mitteilbar werden, zeichnet sich in sämtlichen Kunstgattungen ab. So verschieden ihre Medien auch sind, immer geht es um Spannung und Auflösung der Spannung, sei es in der tänzerischen Bewegung, sei es in der architektonischen oder malerischen Raumauflösung oder in der Abfolge metaphorischer Sprachbilder und Sprachrhythmen in der Dichtung.

Was Langer in ihrem Werk „Feeling and Form" über *Lyrik* schreibt, gehört zu den brillantesten Kunstanalysen überhaupt.

Auch hier besteht sie darauf, daß der Dichter – nicht anders als der Musiker – seine Gefühle nicht unmittelbar ausdrückt und auch nicht die seines Helden oder die unsrigen. Er kreiere vielmehr vor dem Hintergrund seiner Lebenserfahrung eine Illusion, *ein Stück virtuelles Leben,* das wir als solches aufnehmen und interpretieren können.[11] Auf seiten des Künstlers bedingt dies eine hohe Abstraktionsfähigkeit, aber nicht im Sinne des abstrakt-mathematischen Denkens, sondern im Sinne der abstrahierenden Sinneserfahrung. Daß dies möglich sei, beweise am schlagendsten *die Metapher:* Sie wird aus dem abstrahierenden Sehen geboren und überträgt ihren Bedeutungsgehalt auf andere äußere Gegebenheiten oder auf innere Zustände.[12] Jede neue Erfahrung beschreiben wir mit Bildern, die anderen Erfahrungen gleichen, und dieses analogische Verfahren macht die Sprache trotz der Beschränktheit ihrer Worte so unerschöpflich.

Die verstehende Interpretation der Poesie läuft über die gleiche Fähigkeit, mit metaphorischen Gehalten umzugehen, aber sie hat ihre Grenzen am Erfahrungshorizont des Interpreten. Das macht es schwierig, ein objektives Werturteil über Kunst zu fällen, doch bedeutet dies nach Langer nicht, daß es keine allgemeinverbindlichen Qualitätsbestimmungen gäbe. Gute Kunst definiert sie als wahrhaftige Ausdrucksform von Gefühlen, schlechte Kunst als verlogene oder korrumpierte Ausdrucksform, während es mittelmäßiger Kunst an vitaler Ausdruckskraft fehle.[13]

Was die allgemeine Analyse der Sprache angeht, so korrigiert Langer die weit verbreitete These, Sprache sei in erster Linie ein Instrument zur gegenseitigen Information und ein Mittel zur Anmeldung von Wünschen oder Zurückweisungen. Für diesen Zweck wäre auch die „Sprache" der Tiere geeignet, während die menschliche Sprache in der Dichtung gerade unabhängig von solchen Zwecken ihre höchsten Ausformungen erreicht.

Ganz abgesehen davon ist jedes alltägliche Idiom voll von metaphorischen Wortbildern, nur sind uns die meisten von ihnen so geläufig, daß wir ihre ursprüngliche Bedeutung gar nicht mehr reflektieren. Der metaphorische Gehalt der Sprache ist für Langer ein Hinweis darauf, daß Sprache aus der Fähigkeit, Vorstellungen zu bilden, entstanden sein muß. Und *Vorstellungen als abstrahierte Wahrnehmungen sind die Bausteine aller Symbole.* Mit zunehmender Intellektualisierung und Technisierung der Sprache verblassen allerdings ihre Bilder, so daß sie ihre sinnliche und emotionale Qualität mehr und mehr einbüßt.[14]

Diese „Austrocknung" sinnstiftender Symbole beeinträchtigt am empfindlichsten die Wertorientierung in unserer modernen Welt. Bei ursprünglichen Völkern läuft die symbolische Lebensorientierung im Kosmos mit der moralischen Struktur des Zusammenlebens parallel, und beide werden durch Tabus befestigt und durch Rituale feierlich erneuert. Das heißt, es gibt ganz bestimmte Wesen, Dinge und Handlungen, die als „heilig" gelten und die der Einzelne auch unter persönlichen Opfern respektiert.[15]

Alle unsere Sitten, Konventionen, ethischen oder religiösen Vorstellungen beruhen auf von einer Gemeinschaft getragenen Wertvorstellungen. Ob bewußt oder unbewußt, „sanktionieren" sie unsere Handlungen und verleihen dem Individuum Sicherheit, weil es auf ein verbindliches Repertoire von Verhaltensweisen vertrauen kann, das seinerseits auf einem Katalog „heiliger" Selbstverständlichkeiten beruht.

Die moderne Gesellschaft kennt solche gemeinschaftsstiftenden Festpunkte, wie es die bedeutungsgeladenen Symbole waren, kaum mehr. In ihr findet jeder, wie Langer sagt, „sein Allerheiligstes, wo er mag". Finden muß er es auf irgendeine Weise, denn „*ein Leben, welches gar nichts an Ritual, an Geste und innerer Haltung in sich schließt, hat keine geistige Verankerung*".[16] Deshalb lastet Langer einer Philosophie, „die nur eine deduktive oder induktive Logik der Vernunft anerkennt und alle anderen menschlichen Funktionen als gefühlsmäßig, irrational und animalisch beurteilt", ein kulturelles Versagen an. Eine solche Philosophie treibe die Menschen in die Arme unseriöser Heilsangebote, seien sie esoterischer oder politischer Provenienz. Nach ihrer Überzeugung kann nur „*eine*

Theorie des Geistes, deren Kern die Symbolbildung und deren Problem die Morphologie des Sinngehalts ist", diese Gefahr bannen.

Konkret bedeutet dies, daß sich Philosophie nicht länger in die Rolle eines bloßen Propädeutikums für die Wissenschaft drängen lassen darf, das über die Einhaltung formallogischer und methodischer Prinzipien wacht. Sie muß vielmehr mithelfen, alten Symbolen einen neuen Sinn und neuen, umfassenden Ideen, wie der einer weltumspannenden Humanität, geistige Legitimation zu verleihen.[17]

Bedauerlicherweise wurde Susanne Langers Werk, das nur zum kleinsten Teil übersetzt ist, in Amerika und in Europa nur unter dem Etikett „Kunstphilosophie" zur Kenntnis genommen. Das aber ist genau das Gegenteil dessen, was Langer zeigen wollte, daß nämlich jede künstliche Aufteilung des menschlichen Geistes in getrennte Bezirke zur geistigen Austrocknung führen muß. So will sie gerade die Kunst aus ihrem Ghetto des schönen Scheins zurückholen in den Kern des philosophischen Diskurses. Indem sie die auf Emotion gegründete Symbolik ernst nimmt und ihre Formgesetze als eine eigene, im weitesten Sinne rationale Logik beschreibt, gewinnt Langer den Horizont der Sinnhaftigkeit und der Lebensqualität für die Philosophie zurück.

Schließlich geht Langer in ihrem dreibändigen Werk „*Mind – An Essay on Human Feeling*" über ihren phänomenologisch-erkenntnistheoretischen Ansatz hinaus und zieht aus ihm ontologische Schlußfolgerungen.

Ganz im Gegensatz zur klassischen Philosophie gibt es für Langer *keine grundsätzlichen ontologischen Unterschiede zwischen Materie, Seele und Geist,* sondern nur das eine Kontinuum des lebendigen Seins, das sich in verschiedenen Stufen ausdifferenziert. An den Schwellen dieser Stufen – zwischen anorganischer und organischer Materie, zwischen dem Vegetativen und dem Animalischen und dessen niederen und höheren Stufen, und schließlich an den evolutionären Schaltstellen zwischen Tier und Mensch – kommt es zu einer immer intensiveren Fähigkeit des Fühlens.[18]

„Feeling" ist in ihrer Konzeption der Oberbegriff für alle erlebten psychisch-geistigen Zustände und „Bewußtsein" nicht ein eigener Seinszustand, der an eine bestimmte geistige Substanz gebunden ist, sondern eine Qualität ganz verschiedener psychischer Funktionen. Bei der Wahrnehmung tritt diese Qualität als bewußte Aufmerksamkeit (awareness) auf, bei der Wechselwirkung zwischen Organismus und Umwelt als bewußtes Fühlen der inneren Impulse einerseits (emotivity) und der von außen kommenden Reize andererseits (sensitivity). Beim Menschen erweitert sich die Qualität des Bewußtseins zum bewußten Umgang mit den eigenen Motivationen und zur bewußten Verknüpfung von Wahrnehmungen, inneren Drängen und von außen kommenden Erregungen. Freilich unterscheidet sich der Mensch in seiner Denk- und Willensfähigkeit nur graduell von den höheren Tieren. Den eigentlichen Unterschied sieht Langer im menschlichen Wissen um den Tod und in der Verantwortlichkeit für sein Tun, die den Menschen unabdingbar zu einem moralischen Wesen macht.[19]

Langer stellt ihre ontologische Sicht ganz bewußt der Spaltung von Geist und Materie bei Descartes entgegen. „Tote" Materie ist für sie nur ein Grenzbegriff, denn tatsächlich gäbe es nur ganz wenige Mechanismen in der Natur, die wir als leblos bezeichnen können. Alle komplizierteren physikalischen und chemischen Vorgänge seien lebendige Vorgänge in dem Sinne, daß sie ineinandergreifende Rhythmen, aufeinander bezogene Aktivitäten und Wechselwirkungen darstellen. Diese lebendige Wirklichkeit nennt sie eine „Matrix von Akten innerhalb anderer Akte, eine Organisation vorher unverbundener materieller Einheiten auf atomarer und molekularer Ebene in ein Kontinuum von Aktivitäten, die sich zu jener unglaublichen Dynamik aufbauen, die wir einen lebendigen Organismus nennen, und der wieder zerfällt, wenn die kreative Aktivität endet".[20]

Aktivität (autogenic action) ist *das Schlüsselwort für Langers Lebensbegriff,* das wir mit Selbsttätigkeit oder Spontaneität übersetzen können. Auch von „Handeln" oder „Motivation" spricht sie nicht erst von dem Augenblick an, in dem sich ein

Subjekt seiner Motive bewußt ist, sondern wählt diesen Terminus, um lebende Wesen von nicht lebenden Systemen zu unterscheiden. Lebendigkeit besteht für Langer gerade darin, daß ein lebender Organismus zwischen verschiedenen Möglichkeiten, die ihm die Umwelt bietet, wählen kann. Deshalb wendet sie sich nicht nur mit allem Nachdruck gegen das Ansinnen, durch Computertechnik jemals künstliches Leben erzeugen zu können, sondern auch gegen eine rein mechanistisch verstandene Evolutionslehre, die den Organismus als passiven Spielball äußerer Gegebenheiten betrachtet. Hierin decken sich Langers Gedankengänge weitgehend mit jenen der Mikrobiologin und Nobelpreisträgerin Barbara Mc Clintock.[21] Wir finden ganz ähnliche Grundgedanken aber auch bei Hans Jonas (Organismus und Freiheit 1973) oder in Carl Friedrich von Weizsäckers Werk „Zeit und Wissen" (1993), in dem er der Natur ein virtuelles Bewußtsein zuschreibt und die Fähigkeit, ihre kreativen Kräfte in der Zeit zur Gestalt zu bringen.[22]

Auf der anderen Seite löst Langer den Geistbegriff als einen ontologisch-metaphysischen Substanzbegriff auf. *Geist* (mind) *ist für sie nicht etwas, das der Materie gegenübersteht oder zur Materie hinzutritt, sondern etwas, das sich mit der lebendigen Wirklichkeit in fortschreitenden Intensitätsstufen entfaltet.* Deshalb beruht für sie auch der alte Streit um das Leib-Seele-Problem auf einer falschen Fragestellung. Der Punkt, an dem physiologische Vorgänge fühlbar werden, sei nicht zu denken als eine Transformation eines materiellen, nervlichen Zustands in einen ontologisch verschiedenen psychischen Zustand, sondern als Erhöhung bzw. Intensivierung eines neuronalen Prozesses in einen Zustand des Gewahrwerdens *(awareness)* durch den Organismus.[23]

Der Verstand bzw. die „res cogitans" tritt also nicht plötzlich zur Materie als der „res extensa" hinzu, wie dies Descartes suggerierte, sondern *der Strom der lebendigen Materie entwikkelt immer intensivere Zustände des Fühlens* ihrer selbsterzeugten Spannungen, Rhythmen, Impulse und Reize. Damit subsumiert Langer das Denken unter den allgemeineren Begriff des Fühlens als der Subjektseite von Seinszuständen, wie dies der provokante Titel ihres Werkes „Mind – An Essay on Human Feeling" bereits vorwegnimmt.

Damit beschritt Langer einen philosophischen Weg, der allen metaphysischen Spekulationen wie der Idee der „Entelechie" oder des „Panentheismus" eine Absage erteilt und gleichzeitig die naturalistischen Reduktionen positivistischer, neodarwinistischer oder behaviouristischer Prägung zurückweist.[24]

Ganz im Gegensatz zum späteren Popper, mit dem sich Langer nicht mehr auseinandersetzt, betrachtet sie *das menschliche Denken* nicht als einen durch Sprache und Schrift objektivierten und vom Subjekt losgelösten Prozeß, sondern als *die differenzierteste Form der Reflexivität, durch die das organische Geschehen zu sich selbst kommt.* Von dieser Reflexionsebene aus definiert Langer die Begriffe subjektiv-objektiv nur als die zwei Seiten möglicher Spiegelung: Alle jene Erlebnisse, die sich auf unsere Eigenimpulse, auf unsere Emotionen beziehen, nennt sie „subjektiv", alle gefühlten Eindrücke von außen *(impacts)* „objektiv". Und während wir aus den von außen kommenden, „objektiven" Wahrnehmungen die Welt der Tatsachen bilden, diese zu Begriffen abstrahieren und im Denken verknüpfen, drängen unsere subjektiven Emotionen zur Expression, d.h. zur emotionalen Mitteilung und zur Handlung.[25] Als kultureller Niederschlag dieser Prozesse steht die Mathematik als die höchste Stufe der begrifflichen Abstraktion neben der Kunst als der höchsten Stufe der expressiven Abstraktion.

Damit formuliert Langer in einer neuen philosophischen Sprache genau die beiden Sphären des Geistes, die Pascal mit dem „esprit géométrique" und dem „esprit de finesse" umrissen hatte. Das, was sie präsentative Symbole nennt und die Art, wie diese zu interpretieren sind, entspricht fast wörtlich Pascals „voir d'une vue", obwohl sich Langer an keiner Stelle auf Pascal beruft. Wenn sie von ganzheitlicher Wahrnehmung oder Intuition *(intuition)* spricht, bezieht sie sich vielmehr auf Bergson, Croce und die Gestaltpsychologie: „Jede Formerkenntnis ist intuitiv ... jede ganzheitliche Gestalt kann nur durch direkte Einsicht erkannt werden, und das ist Intuition."[26]

Langer ist sich aber auch bewußt, daß jede ästhetische Botschaft, die Sinn vermitteln und jede ethische Überzeugung, die Werterfahrungen weitergeben will, vor einem entscheidenden, erkenntnistheoretischen Engpaß steht. Wir können sie nicht vorzeigen wie irgendeine festgestellte Tatsache oder eine aufgestellte Rechnung, sondern nur präsentieren in einer möglichst luciden Form, so daß der erlebnisfähige Mensch die darin enthaltene emotionale Qualität erkennen kann.[27]

Was uns Susanne Langer schuldig bleibt, ist ein systematischer Beitrag zur Ethik. Ihr leidenschaftliches Engagement galt der Kunst und dem Nachweis, daß das Fühlen und die aus der Reflexion der Gefühle entstehende Symbolik einen wesentlichen Anteil an unserem Geistesleben hat.

Kapitel II

Zur Ethik-Diskussion der Gegenwart

Noch nie war das Thema „Ethik" öffentlich so präsent wie seit dem Ende des Zweiten Weltkriegs. Die Niederwerfung des Hitler-Regimes, das die Menschenwürde in einem nie dagewesenen Ausmaß mißachtet hatte, der Kampf des Westens gegen den totalitären Kommunismus und, im Zusammenhang mit beidem, die Entwicklung eines unvorstellbaren militärischen Zerstörungspotentials sprengten alle traditionellen Begriffe von Recht und Unrecht.

Gleichzeitig, zunächst schleichend, dann immer prägnanter, erwiesen sich auch andere Errungenschaften des technischen Fortschritts als zweischneidig; nicht nur im Sinne eines Raubbaus an den natürlichen Ressourcen, sondern als Bedrohung unserer Lebensgrundlagen überhaupt. Und was zunächst nur als Problem der technischen Anwendung erschien, erweiterte sich zur Ambivalenz des naturwissenschaftlichen Fortschritts selbst, weil dieser Möglichkeiten schuf, die das Gleichgewicht der Natur ebenso bedrohen wie die Freiheit des Menschen.

Dieser geballten Ladung neuer ethischer Probleme standen alle gesellschaftlichen Autoritäten – von der Kirche über die politischen Entscheidungsträger bis zu den Fachphilosophen und Ethikexperten – völlig unvorbereitet gegenüber. Deshalb kann es nicht überraschen, daß es in den folgenden Jahrzehnten zu sehr unterschiedlichen und oft unversöhnlichen Lösungsvorschlägen kam. Noch am Ausgang des Jahrhunderts, an dem wir stehen, ist ein befriedigendes Ende solcher Meinungskämpfe kaum abzusehen, und dies, wie ich im Folgenden zu zeigen versuche, unter anderem aus wissenschaftstheoretischen Gründen.

Praktisch gesehen steht sehr viel, wenn nicht alles, auf dem Spiel, während die theoretischen Argumente oft viel zu kurz greifen. Dies hängt wesentlich mit der Definition dessen zusammen, was als wissenschaftlich zulässiges bzw. allgemeingültiges Argument anerkannt werden soll. Eine erste Zuspitzung dieser grundsätzlichen, wissenschaftstheoretischen Problematik spiegelt sich im sogenannten Positivismusstreit der deutschen Soziologie.

Fokus 1.
Der sogenannte Positivismusstreit und seine Folgen

Was unter dem Namen „Positivismusstreit" in die Philosophiegeschichte einging, entzündete sich vordergründig an Methodenfragen der soziologischen Forschung Ende der 50er Jahre. Damals standen sich Vertreter der *„Kritischen Theorie" der Frankfurter Schule* unter Führung von *Th. Adorno* und *J. Habermas* und Vertreter der *neoliberalen Gesellschaftsphilosophie* unter Führung *K. R. Poppers* gegenüber.

An der Tübinger Soziologentagung von 1960, der eine Reihe von Publikationen folgten, wurde aber bald klar, daß das eigentliche Thema viel grundsätzlicherer Natur war und den Rahmen des Faches Soziologie weit überragte. *Es ging um die philosophische Basis wissenschaftlicher Erkenntnis überhaupt* und zugleich um den mehr oder weniger offen ausgesprochenen, wechselseitig erhobenen Vorwurf der ideologischen Befangenheit.

Das Frankfurter Institut für Sozialforschung wurde in den 20er Jahren von einer Gruppe sozialistischer Forscher begründet und setzte sich mit der marxistischen Kapitalismuskritik und mit der „Pathologie der Moderne" auseinander. Zur letzteren rechneten ihre Vertreter die „Entfremdung" des Menschen in der technisierten Produktions- und Konsumgesellschaft ebenso wie die von ihnen früh erfaßte tödliche Gefahr des Faschismus. Im Laufe ihrer wechselvollen Geschichte, die ihnen während der Nazizeit die Emigration nach Amerika aufzwang, setzten sich die Vertreter der Frankfurter Schule aus ganz verschiedenen Denkern zusammen, die unterschiedliche Akzente setzten. Davon erlangten in der älteren Generation Max Horkheimer, Erich Fromm, Theodor Adorno und Herbert Marcuse, in der jüngeren Generation Jürgen Habermas die größte Publizität.[1]

Karl Popper, der bis heute zu den führenden Erkenntnistheoretikern zählt, begann seine wissenschaftliche Laufbahn in Wien und floh vor dem „Anschluß" Österreichs nach London. Schon früh (1934) distanzierte er sich in seiner *Logik der Forschung"* vom neopositivistischen Ansatz des Wiener Kreises und akzeptierte für seine erkenntnistheoretische Position die Bezeichnung *„kritischer Rationalismus"*, die Hans Albert ihr gab.

Bedauerlicherweise redete man auf der Tübinger Tagung aneinander vorbei, nicht zuletzt, weil beide Seiten eine völlig verschiedene Terminologie benutzten. Lehnte Popper, wie er später bekennen sollte, die tatsächlich oft komplizierte Ausdrucksweise der Frankfurter Schule grundsätzlich ab,[2] so sprach Habermas beharrlich von der „positivistischen" Gegenposition Poppers, womit sich dieser gar nicht betroffen fühlte. So konnten sie sich nicht einmal auf den Begriff einigen, der diesem folgenschweren Streit seinen Namen gab. Worum ging es wirklich?

1.1. Die Position Karl R. Poppers

Im Gegensatz zur Erkenntnistheorie des Wiener Kreises, der jede Verifikation unseres Wissens auf Sinneswahrnehmungen zurückführt, weist Popper auch die sensualistische Basis als eine Quelle möglicher Täuschung zurück: „Es gibt", sagt Popper, „keine rein beobachtenden Wissenschaften, sondern nur Wissenschaften, die mehr oder weniger bewußt kritisch theoretisieren".[3] Der einzige Weg zur vorläufig gesicherten Erkenntnis führt über hypothetische Beschreibungen von vermeintlichen Tatsachen, die sich durch die Erfahrung und speziell im Experiment „falsifizieren" lassen.

Mit seinem Begriff der *„Falsifikation"* – als Gegenbegriff zur „Verifikation" – betont Popper die Vorläufigkeit jeden Erkennens der Wirklichkeit. Wissenschaftliche Theorien, die heute als mit den Tatsachen übereinstimmend gelten können, werden möglicherweise schon morgen von genaueren Aussagen und besseren, d.h. umfassenderen Theorien „falsifiziert" und damit überholt – ein fortschreitender Prozeß, der theoretisch unendlich offen ist.[4]

Diesen strengen Maßstab, den er aus der Praxis der Naturwissenschaften gewonnen hat, legt Popper auch an sämtliche Geistes- und Sozialwissenschaften an, wobei der kritische Punkt darin besteht, daß Aussagen und Theorien, die nicht falsifizierbar sind, grundsätzlich als wissenschaftlich irrelevant zurückgewiesen werden. Zu diesen nicht-wissenschaftlichen Methoden rechnet Popper vor allem die verstehende Psychologie und die Psychoanalyse und fordert, daß sich die Soziologie davon unabhängig mache. Er schlägt vor, in der Soziologie auf die verstehende, „hermeneutische" Methode und damit auf die Einfühlung in Personen oder Personengruppen ganz zu verzichten und statt dessen die objektiven Problemsituationen und deren Lösungsmöglichkeiten zu fokussieren. So etwa sei das soziale Phänomen der Konkurrenz nicht psychologisch zu erklären, sondern als ungewollte Folge menschlicher Handlungssituationen.[5] Popper verweist auf die Wirtschaftswissenschaften als Beispiel dafür, daß es rein objektive Methoden in den Sozialwissenschaften gebe, die er unter dem Begriff *„Situationslogik"* zusammenfaßt. Diese „besteht darin, daß sie die Situation des handelnden Menschen hinreichend analysiert, um die Handlung aus der Situation heraus ohne weitere psychologische Hilfe zu erklären. *Das objektive Verstehen besteht darin, daß wir sehen, daß die Handlung objektiv situationsgerecht war."* Auf diese Weise können die „zunächst anscheinend psychologischen Momente, zum Beispiel Wünsche, Motive, Erinnerungen und Assoziationen, in Situationsmomente verwandelt werden".[6]

Auch die Einsichten der Wissenssoziologie, welche die kulturellen und klassenspezifischen Einflüsse auf die Grundannahmen (Paradigmen) der Wissenschaft untersucht, glaubt Popper vernachlässigen zu können, weil sich solche subjektiven Verzerrungen durch die gegenseitige Kritik unter Wissenschaftlern von selbst ausgleichen würden.[7]

Dementsprechend empfiehlt er auch den historischen und den Kunstwissenschaften, ihre Interpretation auf die objektiven Zeitbedingungen oder auf die künstlerisch-technischen Probleme abzustellen und nicht auf Einfühlung und Ausdrucksverstehen.[8] In zugespitzter Weise nennt Popper seine Methodenlehre eine „*Erkenntnistheorie ohne erkennendes Subjekt*"[9] und versucht damit, das gesamte Geistesleben auf praktische und theoretische Problemlösungsversuche nach dem Prinzip von Versuch und Irrtumskorrektur zu reduzieren. Von da aus wird seine Forderung nach „Wertfreiheit" in der Wissenschaft plausibel: Für ihn ergeben sich die Zielsetzungen der Wissenschaft objektiv aus den sich immer neu stellenden praktisch-technischen Problemen und der ständigen Revisionsbedürftigkeit der Theorien.

Für Popper sind Wertvorstellungen wichtige, persönliche Entscheidungen, doch hätten diese im rein sachlich-wissenschaftlichen Diskurs nichts zu suchen. Es gäbe zwar auch für die Wissenschaft Wertvorstellungen wie Aufrichtigkeit und Fairneß im Forschungsbetrieb und Annäherung an die Wahrheit als Forschungsziel; doch sollten die beiden Wertsphären – die außerwissenschaftliche und die wissenschaftliche – strikt auseinandergehalten werden. Deshalb möchte er die Forderung nach „Wertfreiheit" im Sinne einer reinen Wissenschaftlichkeit durch die Forderung ersetzen, „*daß es eine der Aufgaben der wissenschaftlichen Kritik sein muß, Wertvermischungen bloßzulegen und die rein wissenschaftlichen Wertfragen nach Wahrheit, Relevanz, Einfachheit usw. von außerwissenschaftlichen Fragen zu trennen*".[10]

Diese Wertabstinenz in der Wissenschaft ist es dann auch, die Poppers *äußerste Abwehr gegenüber allen ganzheitlichen, „holistischen" Theorien* begründet. Für ihn bedeutet jeder Versuch, in geschichtlichen Abläufen einen Sinn und in sozialen Entwicklungen eine Gesetzmäßigkeit erkennen zu wollen, eine

Form von Ideologie. (Was er etwas mißverständlich als „Historizismus" bezeichnet.) Mit solchen Versuchen seien immer Wertvorstellungen verbunden, die zu utopischen Sozial lehren, zu „Verschwörungstheorien" und zu totalen politischen Lösungen mißbraucht werden können.[11]

Dazu kommt, daß Popper – auch unabhängig von der damals realen Bedrohung durch den sowjetischen Totalitarismus – eine tiefe Abneigung gegen alle „geschlossenen" Gesellschaften bekundet. So sieht er in den alten Stammeskulturen, in denen die soziale Ordnung in ein mythisches Weltbild eingebettet ist, in erster Linie Unfreiheit und Aberglauben und letzten Endes Barbarei.

Erst die griechische Hochkultur mit ihrer Hinwendung zum Logos als zur kritisch-rationalen Vernunft, habe die eigentliche Humanität begründet und die abendländische Zivilisation aus der Gefangenschaft der kollektiven Glaubensvorstellungen befreit. Damit war nach Popper der Grund zur offenen Gesellschaft gelegt, die dank des naturwissenschaftlichen Denkens einen echten, stets korrigierbaren Fortschritt garantiert.[12]

Zur Offenheit gehört für Popper aber auch die Nichtvorhersehbarkeit der Zukunft, weil im wissenschaftlichen Prozeß der fortschreitenden Problemlösungen völlig überraschende, neue Probleme entstehen, die neue Lösungen erfordern. Deshalb kann es nach Popper keine langfristige Planung geben, weder in der Wirtschaft noch in der Wissenschaft, sondern nur das unbestechliche Prinzip von *„trial and error"*, das die jeweils optimale Lösung anstrebt. Aus dieser Perspektive bekennt sich Popper unbedingt zur freien Marktwirtschaft plus einer *„Sozialtechnologie" in kleinen Schritten.* Hingegen könne jede romantische Utopie, die uns verspreche, den Himmel auf Erden einzurichten, die Welt nur in eine Hölle verwandeln.[13]

1.2. Die Position von Th. W. Adorno und J. Habermas

Im Unterschied zu Habermas setzte sich Adorno mit den Thesen Poppers wenig konkret auseinander, sondern stellte dessen

„Kritischem Rationalismus" die Leitidee seiner eigenen „Kritischen Theorie" gegenüber.

Zunächst verteidigte er den ganzheitlichen Ansatz in der Soziologie: „Ohne die Antizipation jenes strukturellen Moments, des Ganzen, das in Einzelbeobachtungen kaum je adäquat sich umsetzen läßt, fände keine einzelne Beobachtung ihren Stellenwert."[14] Auch hält er an der Durchlässigkeit zwischen Psychologie, Soziologie, Ökonomie und Geschichte fest, weil nur in der Zusammenschau aller dieser Ansätze ein Bild von der Totalität der Gesellschaft zu gewinnen sei.[15]

Am deutlichsten grenzt er sich dann *gegen den Begriff der Wertneutralität in der Wissenschaft* ab, wie sie Popper vertritt. *Kritisches Denken sei immer emanzipatorisches Denken,* wie dies Popper selbst zugestehe, und deshalb müsse die Soziologie immer auch kritisch gegenüber der eigenen Gesellschaft sein: „Tatsächlich verbietet wertfreies Verhalten sich nicht bloß psychologisch, sondern sachlich. Die Gesellschaft, auf deren Erkenntnis Soziologie schließlich abzielt, wenn sie mehr sein will als eine bloße Technik, kristallisiert sich überhaupt nur um eine Konzeption von richtiger Gesellschaft." Freilich könne diese Konzeption nicht ein vorgegebener, abstrakter Wert sein, sondern entspringe aus dem Bewußtsein der gesellschaftlichen Widersprüche. „Daraus resultiert ein Verhalten, das weder sich verbeißt in Wertfreiheit … noch vom abstrakten und statischen Wertdogmatismus sich leiten läßt."[16]

Nach Adorno stellte sich das Wertproblem in der Wissenschaft überhaupt erst von dem Zeitpunkt an, als man im Dienste einer reibungslosen Naturbeherrschung begann, Mittel und Zwecke auseinanderzureißen. Wenn man aber in der Rationalität der Mittel unaufhörlich fortschreite, ohne nach den Zwecken zu fragen, so könne das Resultat nur sein, daß irrationale – und das heißt, unkontrollierbare – Zwecke sich einschleichen.[17]

Genau an diesem Punkt nimmt *Habermas* den Gesprächsfaden auf, wenn er konstatiert, daß „die Beschränkung auf ein technisches Erkenntnisinteresse" die „normative Bindung des Forschungsprozesses an Motive der Lebenspraxis" nicht aufhebt: „sie bringt vielmehr ein bestimmtes Motiv gegenüber anderen undiskutiert zur Herrschaft".[18] Damit wendet er den Ideologieverdacht, den die liberale Seite gegen die Frankfurter Schule vorbringt – und dies im Hinblick auf Marcuse und seine Bedeutung für die Studentenbewegung nicht ganz unbegründet –, gegen die Position Poppers selbst.

In seiner Schrift „*Erkenntnis und Interesse*" benennt Habermas die spezifischen Interessen, die den methodischen Regeln von Forschungsprozessen als Motive unterliegen. Danach stehen die empirisch-analytischen Naturwissenschaften unter dem leitenden Interesse der technischen Verfügung über die Natur und über andere vergegenständlichte Ausschnitte der Wirklichkeit. Dieses Forschungsmotiv hatte schon *Horkheimer* in seiner „*Kritik der instrumentellen Vernunft*" herausgearbeitet: Seit Bacon gilt Wissen als Bemächtigung und führt Forschung zur Verdinglichung ihrer Gegenstände.[19]

Für die historisch-hermeneutischen Wissenschaften besteht nach Habermas das Erkenntnisinteresse darin, daß im Austausch zwischen Subjekten und in der Auseinandersetzung mit der Tradition ein Sinnverständnis und eine handlungsorientierte Verständigung erschlossen wird: kurz gesagt, ein praktisches und mithin auch ethisches Erkenntnisinteresse.[20]

Von dieser, traditionell als Geisteswissenschaften bezeichneten Gruppe, trennt Habermas eine dritte ab, die er „kritisch orientierte Wissenschaften" nennt und zu der er auch die Soziologie zählt. Ihnen liege ein „emanzipatorisches Erkenntnisinteresse" zugrunde, das sich vom Herrschaftsdenken jeglicher Art zu befreien versuche. *In der Moderne, in der sich Herrschaftsstrukturen entpersönlichen und sich hinter Institutionen und Sachzwängen verbergen, werden die kritischen Wissenschaften zur Ideologiekritik.* Für dieses Erkenntnisinteresse reichen aber die herkömmlichen Erkenntnismethoden der verstehenden Wissenschaften nicht aus, sondern bedürfen der kritischen Reflexion, wie sie Habermas prototypisch in der psychoanalytischen Methode angelegt sieht.[21]

Von dieser erweiterten Sicht der Erkenntnisfunktionen her wird plausibel, warum Habermas die Position Poppers als positivistisch bezeichnet, obwohl sich dieser selbst vom engeren Begriff des empirischen Positivismus abgrenzt. Für Habermas ist Positivismus gleichbedeutend mit der *Verleugnung von Reflexion:* „Daß wir Reflexion verleugnen, ist der Positivismus".[22] Eine solche Verleugnung, wie sie Poppers „Erkenntnistheorie ohne erkennendes Subjekt" gebietet, desavouiere das eigentliche Motiv der Aufklärung, denn für Habermas ist Reflexion „die einzig mögliche Bewegung, in der sie sich durchsetzt".[23] Dagegen würden „Individuen, die nur noch über technisch verwertbares Wissen verfügten und keine rationale Aufklärung mehr über sich selbst sowie über Ziele ihres Handelns erwarten dürften, ihre Identität verlieren".[24]

Die Reduktion der Gesellschafts- und Politikwissenschaften auf eine „Sozialtechnik", wie Popper dies vorschlägt, verschleiert nach Habermas den gesamtgesellschaftlichen Interessenzusammenhang, in dem Strategien gewählt, Technologien verwendet und Systeme eingerichtet werden. Dadurch wandle sich die einst offensichtliche Herrschaft autoritärer Staaten in die unsichtbare Herrschaft des technokratischen Kontrollapparats, der sich mit Sachzwängen rechtfertigt. Der Staat selbst hat dann nur noch die formale Aufgabe, das technische System aufrechtzuerhalten und allenfalls ein Wohlfahrtsminimum zu garantieren.[25]

Dies hat aber, wie Habermas zu bedenken gibt, die Folge, daß die eigentlich praktischen Fragen, wie die Frage nach dem „guten Leben" und alle ethischen Fragen überhaupt, politisch gar nicht mehr gestellt werden, und damit letztlich auch die politische Öffentlichkeit funktionslos wird. Mit anderen Worten, *die Technokratie droht, das Demokratieverständnis auszuhöhlen.*[26] In diesem Prozeß kommt nach Habermas den Naturwissenschaften, die nicht mehr von ihren technischen Anwendungen zu trennen sind, eine wachsende Bedeutung zu. Wenn Wissenschaft, Industrieforschung und staatliche Forschungsförderung eine Allianz eingehen, so geben die Parlamentarier damit einen Teil ihrer Willensbildung und die staatliche Verwaltung einen Teil ihrer Exekutive an die Wissenschaft ab; dies schon deshalb, weil heute der gesamte Verwaltungsapparat in seinem Funktionieren von Technikexperten abhängt.

Demgegenüber fordert Habermas, daß eine politisch wirksame Diskussion in Gang zu bringen sei, in der die Öffentlichkeit darüber bestimmt, in welcher Richtung und in welchem Maße wir technisches Wissen in Zukunft entwickeln wollen. Aber: „Weil das eine Sache der Reflexion ist, gehört sie nicht wiederum in die Zuständigkeit von Spezialisten. Die Irrationalität der Herrschaft, die heute zu einer kollektiven Lebensgefahr geworden ist, könnte nur durch eine politische Willensbildung bezwungen werden, die sich an das Prinzip allgemeiner und herrschaftsfreier Diskussion bindet".[27]

Die größte Distanz zu Poppers Position ergibt sich für Habermas – wie schon für Adorno – in der Stellung zu gesellschaftlich verbindlichen Werten. Während Popper die ethischen Werte von den wissenschaftlich-theoretischen Werten strikt getrennt halten will, besteht Habermas darauf, daß *„das gesellschaftliche Potential an technischem Wissen und Können zu unserem praktischen Wissen und Wollen rational verbindlich in Beziehung gebracht"* werden muß.[28]

Was bei dem nie wirklich ausgetragenen Soziologenstreit auf der Strecke blieb, waren die unterschiedlichen Positionen in bezug auf wirtschaftswissenschaftliche Theorien. So fand Poppers Glaube an die neoliberale Theorie von *F. A. v. Hayek*[29] kaum eine ebenbürtige Kritik. Diese erreicht uns jetzt mit großer Verspätung aus Südamerika, wo die Schattenseiten einer ungebremsten Marktwirtschaft sehr viel früher greifbar wurden. *F. J. Hinkelammerts* „Kritik der utopischen Vernunft"[30] teilt Poppers Skepsis gegen sozialistische Utopien, aber er analysiert auch die irrationalen Grundannahmen der totalen Marktwirtschaft und deren Utopie vom sich selbst regulierenden Gleichgewicht in sämtlichen Bereichen des sozialen Lebens und angesichts der ökologischen Krise.[31]

1.3. Das Verhältnis beider Positionen zu Rationalität und Emotionalität

Im Zusammenhang mit ihren ethischen Postulaten interessiert die Frage, welchen Stellenwert Habermas auf der einen und

Popper auf der anderen Seite dem emotionalen Zugang zu den Werten einräumen. Die Antwort darauf ist nicht einfach, weil wir uns dabei nur auf indirekte Aussagen beider Denker stützen können.

In der Habermasschen *„Diskursethik"* wird der Stellenwert des Emotionalen dadurch verdeckt, daß sie bewußt keine inhaltlichen Orientierungen gibt, sondern nur den formalen Rahmen absteckt, der allen an der Ethikdiskussion Teilnehmenden die gleichen Chancen für Mitbestimmung sichern soll. Als bloßes Verfahren kann die Diskursethik nicht zur Erzeugung gerechtfertigter Normen dienen, vielmehr zur Prüfung vorgeschlagener Normen hinsichtlich ihrer möglichen Allgemeingültigkeit. Seine Inhalte muß sich der praktische Diskurs von den hergebrachten Werten sozialer Gruppen geben lassen, wie sie sich aus ihrer Lebenswelt und deren Tradition herausbildeten.[32]

Habermas ist sich aber durchaus bewußt, daß solche Wertungen emotionale Urteile enthalten, und zwar nicht einfach subjektive Empfindungen, sondern immer zugleich Gefühlsurteile, die sich an objektiven Normen orientieren. In diesem Zusammenhang verweist er auf die phänomenologischen Untersuchungen von *P. F. Strawson,*[33] die die Verflochtenheit zwischen Verhaltensnormen und persönlicher Betroffenheit an alltäglichen Beispielen von Beleidigung, Entrüstung und Entschuldigung vor Augen führt. Strawson zufolge können wir den Sinn moralischer Rechtfertigung von Handlungsweisen nur dann nicht verfehlen, wenn wir das in die kommunikative Alltagspraxis eingelassene Netz moralischer Gefühle im Auge behalten. Dies kommentiert Habermas: „Daß Strawson Gefühle analysiert, ist nicht zufällig. *Offenbar haben Gefühle eine ähnliche Bedeutung für die moralische Rechtfertigung von Handlungen wie Wahrnehmungen für die theoretische Erklärung von Tatsachen"* (Hervorhbg. d. Autorin).[34]

Wie aber Wahrnehmungen nicht einfach als evidente Gewißheiten hingenommen werden können, so fordert Habermas auch eine kritische Überprüfung der wertenden Gefühle. Als Kriterium dient ihm der Universalisierungsgrundsatz, wie im

Kantschen Imperativ ausgesprochen; allerdings mit einer wichtigen Umformulierung. Statt sich auf ein nicht weiter begründbares Apriori der praktischen Vernunft zu verlassen, das mir sagt, von welcher Maxime ich wollen kann, daß sie allgemeines Gesetz sei, muß ich meine Maxime allen anderen Betroffenen vorlegen, um ihren Allgemeingültigkeitsanspruch prüfen zu lassen.[35]

Der „herrschaftsfreie Diskurs", der Habermas vorschwebt, setzt freilich den Willen aller Beteiligten voraus, eine „ideale Sprechsituation" herzustellen, d.h. unbedingte Aufrichtigkeit mit dem Respekt vor anderen Standpunkten zu verbinden.[36]

Im Vergleich zu diesem Versuch, emotionale und rationale Wertbegründung in einem differenzierten Wechselspiel einander anzunähern, erscheint *Poppers Verhältnis zur Emotionalität sehr viel unreflektierter und widersprüchlicher.* Sein strikter Dualismus zwischen Tatsachen und Maßstäben bzw. zwischen Wahrheitserkenntnis und Werterkenntnis legt nahe, daß er die wissenschaftliche Erkenntnis ganz der Rationalität und Objektivität und die Werterkenntnis ganz der Subjektivität und Emotionalität zuordnet. Das ist aber nicht durchgehend der Fall. Einerseits belehrt uns Popper darüber, daß als Quelle für außerwissenschaftliche Werte nicht Gefühle oder moralische Intuitionen anzunehmen sind, weil die Frage nach der Werterkenntnis genauso ein Scheinproblem sei wie die Frage nach der Quelle der Tatsachenerkenntnis. Auch außerwissenschaftliche Maßstäbe wie soziale Verhaltensnormen entstünden durch Versuche und Fehlschläge und würden dadurch schrittweise verbessert, ohne daß es einen absoluten Maßstab gäbe.[37] Im Gegensatz zu Habermas legt Popper also wieder den Akzent auf das soziale Experiment und nicht auf die Reflexion und die Kommunikation zwischen Subjekten. Hier macht sich *Poppers einseitige Auffassung der Sprache* geltend, wonach die höheren, eigentlich menschlichen Funktionen der Sprache in der Deskription von Tatsachen und in der Formulierung von Aussagen bzw. Argumenten bestehen. Dagegen hält Popper alle emotionalen Ausdrucksgehalte der Sprache für vormenschlich und vernachlässigbar.[38] Damit eliminiert Popper den eigentlich menschlich-emotionalen Ausdrucksgehalt der Sprache, während Habermas die Umgangssprache und deren vielschichtige Ausdrucksphänomene in den Diskurs einbezieht, um damit Gefühlsinhalte kommunizierbar werden zu lassen.[39]

Wenn Popper nur Aussagesätze im Sinne von Deskriptionen bzw. Informationen zuläßt, so kann er seine Aussage, er halte Grausamkeit für den höchsten Unwert und menschliche Güte für einen großen Wert,[40] nicht wirklich begründen. Ohne Einfühlung und Reflexion kommt weder das Wesentliche des Sadismus noch das der Güte zum Bewußtsein.

Andererseits hält Popper fest, daß es wissenschaftliche Werte gebe und daß der Wissenschaftler auch emotional engagiert sei: „Wir können dem Wissenschaftler nicht seine Parteilichkeit rauben, ohne ihm auch seine Menschlichkeit zu rauben ... Der objektive und wertfreie Wissenschaftler ist nicht der ideale Wissenschaftler. Ohne Leidenschaft geht es nicht, und schon gar nicht in der Wissenschaft. Das Wort ‚Wahrheitsliebe‘ ist keine bloße Metapher." Dennoch bleibt für ihn die „Reinheit der reinen Wissenschaft ein Ideal ... Objektivität und Wertfreiheit sind ja selbst Werte".[41]

Wenn Popper an anderer Stelle von seinem „Glauben" spricht, „daß die objektive Wahrheit ein Wert ist: also ein ethischer Wert, vielleicht sogar der größte Wert",[42] so scheint mir hier eine Wertvermischung vorzuliegen, die er eigentlich ablehnt. *Seine eigene Definition von objektiver Wahrheit als eine immer nur vorläufige Übereinstimmung mit den Tatsachen,* die Webers „Richtigkeitsrationalität" entspricht, *macht ihren Charakter als ethischen Wert nicht plausibel.* M.E. vermischt Popper hier seine sonst so nüchterne Bewertung des wissenschaftlichen Fortschritts am Prinzip von Versuch und Irrtum mit platonischen Ideen. Tatsächlich vergleicht er seinen Begriff der „dritten Welt" des objektiven Geistes, den er neben die erste Welt der physischen Körper und die zweite Welt des subjektiven Bewußtseins stellt, mit den platonischen Ideen. Allerdings entsprechen seine „intelligibilia" als die in Sprache und Schrift niedergelegten Gedanken sehr viel eher den Gegenständen des Denkens im Sinne der Phänomenologie, wie

Popper selbst einräumt.[43] Aber objektive Denkgegenstände und -Zusammenhänge, die nicht, wie bei Platon, in die Schau letzter Sinnzusammenhänge einmünden, Wahrheitsfindung, die nicht in der Erkenntnis des höchsten Guten gipfelt, verlieren ihren ethischen Gehalt.

Wenn eine solche Wertvermischung dazu beitrug, wissenschaftliche Forschung zur wertvollsten menschlichen Tätigkeit überhaupt zu deklarieren, so unterlegt Popper in seinem Werk „Objektive Erkenntnis" (1973) der Wahrheitssuche allerdings noch ein anderes Motiv: „Wir sehen", heißt es dort, „letzten Endes die Wissenschaft als ein grandioses Abenteuer des Geistes vor uns, ein unermüdliches Erfinden und Ausprobieren von Theorien an der Erfahrung."[44]

Grandioses Abenteuer? Ist dies der eigentliche Ansporn, um dessentwillen Forscher ihrer Arbeit nachgehen und aus dem die *scientific community* ihre Identität bezieht? Popper würde sich freilich weigern, einem sprachlichen Ausdruck soviel Bedeutung beizumessen und psychologische Schlußfolgerungen daraus zu ziehen. Doch könnte *die Faszination vom großen Abenteuer Wissenschaft* die Tatsache erklären helfen, daß Popper entgegen seiner überaus kritischen Grundhaltung die Gefahren und die möglichen ethischen Grenzen der Wissenschaft kaum wahrnimmt. Alle schädlichen Folgen der Forschung wischt er weg mit dem Argument, daß dies unvermeidliche Fehler und Nebenwirkungen seien, die nur durch neue, technische Problemlösungen behoben werden können. Immun gegen alle Warnungen auch aus Kreisen ernstzunehmender Forscher selbst ist Poppers Fortschrittsglaube noch 1989 ungebrochen, wenn er erklärt, in einer bestmöglichen Welt zu leben, die „immer schöner geworden ist und lebensfreundlicher".[45]

Dennoch zweifelt Popper daran, und dies scheint mir ein offensichtlicher Widerspruch, ob der wissenschaftliche Fortschritt zum Glück und zur Zufriedenheit der Menschen beigetragen habe[46] – unter anderem deshalb, *weil die offene, auf rationale Kritik aufgebaute Gesellschaft sich immer stärker in Richtung einer „abstrakten" Gesellschaft entwickeln wird:* „Man kann sich eine Gesellschaftsordnung vorstellen, in der sich die Menschen praktisch niemals von Angesicht zu Angesicht sehen, in der alle Geschäfte von isolierten Individuen ausgeführt werden … künstliche Befruchtung würde sogar die Fortpflanzung ohne persönlichen Kontakt ermöglichen." Diese Entwicklung gerate aber in Kollision mit unserer biologischen Struktur, die sich nicht verändert hat und aufgrund derer Menschen soziale Bedürfnisse besitzen, die eine abstrakte Gesellschaft nicht befriedigen kann. Statt aber, wie es in Deutschland üblich sei, dieses Phänomen mit dem „hegelianisch-sentimentalen" Namen der Selbstentfremdung des Menschen zu bezeichnen, sollten wir uns damit abfinden, zumindest einige unserer emotionalen und natürlichen sozialen Bedürfnisse unbefriedigt zu lassen: „Wir müssen, glaube ich, diese inneren Spannungen, diese Last auf uns nehmen als einen Preis, den wir zahlen müssen für jede neue Erkenntnis, für jeden weiteren Schritt zur Vernunft … Es ist der Preis für die Humanität."[47]

Hier nimmt die *Verkennung der conditio humana* extreme Ausmaße an. Allerdings wird dabei nur das alte, dualistische Schema der „abendländischen" Philosophie, die Popper als die höchste Blüte der Menschheit preist, auf die Spitze getrieben. Menschliche Bedürfnisse, Emotionen, Leidenschaften, sollen geopfert werden, um der abstrakten Ratio zum Sieg zu verhelfen. Und es gibt, wie uns Popper versichert, keinen Weg zurück. Für diejenigen, die vom Baum der Erkenntnis gekostet haben, sei das Paradies der geschlossenen Gesellschaft verloren: „Wenn wir uns zurückwenden, dann müssen wir den ganzen Weg gehen, wir müssen wieder zu Bestien werden."[48]

Dahinter steht zum einen die eurozentrische Fehlbeurteilung der Frühgeschichte und die Verkennung der Stammeskulturen. Die menschliche Zivilisation war längst in hoher (und friedlicher) Blüte, als die Griechen in den Mittelmeerraum einfielen, und bis heute gibt es unter den Stammeskulturen ausgesprochen kultivierte Gesellschaften. Zum andern scheint sich hinter dem „grandiosen Abenteuer Wissenschaft" auch eine patriarchale Ideologie zu verbergen, welche die zentralen Werte der emotionalen Mitmenschlichkeit dem Männertraum von wissenschaftlicher Weltbeherrschung preisgibt.

Zudem blendet Popper in seinem Credo, nur die absolute Freiheit der Wissenschaft könne auch die demokratische Freiheit garantieren, gerade jene Gefahren aus, auf die seine Frankfurter Gesprächspartner aufmerksam machten. Sie benannten die Gefahren einer Technokratie, welche im Begriff ist, eben diese Freiheit zu untergraben, indem eine Elite von Spitzenwissenschaftlern den Bürgern und Bürgerinnen diktiert, wie sie zu leben und welche Risiken sie zu tragen haben.

Aber auch die andere Gefahr, die Popper beschwört, der Rückfall in den Nationalismus als eine „geschlossene" Gesellschaft, hat, so real sie leider ist, andere Wurzeln. Der Nationalismus ist kein vorzivilisatorisches, „barbarisches" Phänomen, sondern die historisch sehr junge Reaktion auf die „Entzauberung" und Entwurzelung der Moderne. Er ist ein Kind des romantischen Protests gegen eine rationalisierte Welt und die Antwort auf verlorene Identität. *„Nation" bezeichnet keinen Primitivzustand, sondern ein ideologisches Konstrukt, in das sich Menschen flüchten, um den Sinnverlust ihrer persönlichen Existenz oder den ihrer sozialen Gruppe zu kompensieren.*

Das heißt auch, daß sich solche Fluchtmechanismen in dem Maße verstärken könnten, in dem in unserem Alltag Isolation und Entsinnlichung zunehmen. Dann allerdings würde sich Poppers Aufforderung, das „Kreuz" des wissenschaftlichen Fortschritts tapfer zu tragen und „ins Unbekannte, Ungewisse, Unsichere weiterzuschreiten"[49] als Bumerang erweisen.

1.4. Lyotard und das Ende der Großen Erzählungen

Das stimmungsmäßige Fazit aus den kritischen Denkbewegungen beider Lager – der kritischen Theorie der Linken wie auch der neoliberalen der Rechten – hatte J. F. Lyotard am Ausgang der 70er Jahre mit seinem Schlagwort vom „Ende der Großen Erzählungen" gezogen.[50] Damit war beides gemeint, der Verlust einer historisch-politischen Gesamtschau mit ihrem Glauben an die Sinnhaftigkeit der Geschichte und der Verlust des Fortschrittsglaubens an den Aufstieg der Vernunft durch die Wissenschaft. Und weil beide „Meta-Erzählungen" mit der Idee der Moderne verbunden sind und als solche säkularisierte Heilslehren repräsentieren, sprach Lyotard auch vom *Ende der Moderne.* Den Begriff „Postmoderne" entlieh er aus der Kunsttheorie, wie sie in den 60er Jahren in Amerika aufkam und den Abschied vom sachlich-funktionalen Stil in Architektur und Kunst bezeichnete.[51]

Wenn J. F. Lyotard zum bekanntesten Autor der *philosophischen Postmoderne* wurde, so wahrscheinlich nicht deshalb, weil er den Januskopf der Moderne mit ihren Leistungen und ihren Defiziten am klarsten erkannt hätte – vieles, was zu diesem Thema gehört, hatten Horkheimer und Adorno in ihrer „Dialektik der Aufklärung" weitaus präziser beschrieben.[52] Vielmehr verstand er es, die Enttäuschung seiner Generation über die nicht eingelösten Versprechen der Moderne in philosophische Begriffe zu transponieren, die sich durch ihre Einseitigkeit und Schärfe ins Bewußtsein der Desillusionierten einprägten.

Dabei ist Lyotard alles andere als ein Systematiker, was schon daran abzulesen ist, daß er seinem Hauptwerk „Der Widerspruch" die Form aneinandergereihter Aphorismen gab. Axel Honneth sprach geradezu von seinem „Affekt gegen das Allgemeine",[53] doch wird dieser Affekt vor dem Hintergrund von Lyotards persönlichem Werdegang plausibel. Wie viele französische Intellektuelle war er engagierter Kommunist, bis er sich angesichts der stalinistischen Unmenschlichkeiten von seiner Überzeugung lossagte. Dadurch verlor er seinen Mitstreiter und engsten Freund und machte die schmerzliche Erfahrung, sich als Dissident mit dem Dogmatiker nicht mehr verständigen zu können: ihre Diskursebenen waren inkommensurabel geworden.[54] Deshalb sprach Lyotard später in Anlehnung an Wittgenstein von verschiedenen „*Sprachspielen*", die „durch einen Abgrund voneinander getrennt" seien.[55]

Dennoch blieb Lyotard im Herzen immer Sozialist und hielt auch das entgegengesetzt Allgemeine, nämlich die Herrschaft des Kapitals und der instrumentellen Vernunft für ebenso terroristisch: „Der Sieg der kapitalistischen Techno-Wissenschaft ... ist eine andere Art und Weise, das Projekt der Moderne zu zerstören, indem man vorgibt, es zu verwirklichen."[56] Daher sein Abwehrreflex gegenüber jeder philosophischen These, die Allgemeingültigkeit verspricht, und seine unerbittliche Dekonstruktion jedes allgemeinen Vernunftbegriffs und seiner Träger, sei es in Gestalt des transzendentalen oder des historischen Subjekts.

Was Lyotard mit seinen Negationen verhindern wollte, war die Vereinnahmung der eigenen authentischen Sprache, um damit die Freiheit, wie er sie verstand, zu retten. Nur macht er es uns nicht leicht, dieses Engagement hinter der schillernden Fassade des Skeptikers zu erkennen. Dies gilt auch für seinen Streit mit Habermas, den er verdächtigt, er wolle die Vereinheitlichung divergenter Sprachspiele durch einen vorherrschenden, rationalen Diskurs erzwingen. Freilich kann Lyotard selbst, indem er sich darauf versteift, daß es zwischen unvereinbaren Sprachspielen keinen Meta-Diskurs geben könne, keinen Weg zu einer demokratischen Verständigung zeigen.[57]

Politisch setzt Lyotard auf die *„kleinen Erzählungen"*, d.h. auf regionale Erhebungen, autonome Gruppen, wie sie ja tatsächlich in den letzten Jahrzehnten als politische Kräfte immer bedeutender wurden. Nur dieser dauernde, von Alternativgruppen ausgehende Widerstand könne die Herrschaft der Technokratie aufhalten.[58]

In unserem Zusammenhang ist Lyotards eigenwillige Kantinterpretation aufschlußreich. In Kants erkenntnistheoretischem Ansatz fühlt sich Lyotard insofern bestätigt, als er behauptet, mit den drei Kritiken seien auch drei Subjekte konstituiert, das theoretische, das praktische und das ästhetische Subjekt (letzteres durch die Kritik der Urteilskraft). Aber anders als Kant findet Lyotard keine Vermittlung zwischen diesen drei Ansätzen, sondern faßt sie als inkommensurabel auf. Damit will er die ästhetische und die ethische Empfindungsfähigkeit vor dem Zugriff der rationalen Vernunft schützen.[59] Nur bleiben diese ganz anderen Erkenntnisarten für Lyotard letztlich das „Undarstellbare", das nur in Anspielungen ausgedrückt werden kann.[60] Hier nähern sich Lyotards Gedanken dem an, was Jaspers die „Chifferschrift" nannte.

Aber wie schon für die Existenzphilosophie, so wäre auch gegenüber Lyotard der Vorwurf des Irrationalismus nicht gerechtfertigt. *Er kämpft nicht gegen das Rationale als solches, sondern gegen die Verallgemeinerung der szientistischen Rationalität* unter Ausgrenzung aller anderen Diskursebenen. Eine andere Frage ist, inwieweit Lyotard mit seinem trotzigen Subjektivismus und seinen sich nie festlegenden Formulierungen einem Denken der Beliebigkeit Vorschub leistete, wie es für den Postmodernismus der folgenden Jahrzehnte so typisch werden sollte.

In den 80er Jahren fand dann mit dem Niedergang und schließlich dem Zusammenbruch der realsozialistischen Staaten eine erhebliche Verschiebung im Gleichgewicht der Desillusionierungen statt. Während sich die Linke auf einen theoretischen Nullpunkt zurückgeworfen fand, fühlte sich die liberale Rechte als Siegerin und von nun an der Selbstkritik weitgehend enthoben. Das spiegelt sich sowohl in der unkritischen Anwendung neoliberaler „Deregulierungs"-Strategien als auch im Aufleben neuer „Großer Erzählungen" in den Wissenschaften. Zu den letzteren tragen Soziobiologie und Kybernetik ebenso bei wie die einseitigen Paradigmen der Gentechnologie.

1.5. Die Flucht in die Subjektlosigkeit

Im Zusammenhang mit Lyotard und den Vertretern der *„Dekonstruktion" (Derrida)* wurde vom *„Tod des Subjekts"* (W. Hübener) gesprochen, doch erweist sich eine solche Unterstellung als irreführend. Nicht das Subjekt schlechthin sollte destruiert werden, sondern das übermächtige Subjekt, wie es in der idealistischen Philosophie als „Held" des geschichtlichen und in der Aufklärung als „Held" des wissenschaftlichen Fortschritts erschien oder im Marxismus in Form des historisch notwendigen Klassensubjekts. Nur der Ausschließlichkeitsanspruch eines übergeordneten Meta-Diskurses war das Ziel der Dekonstruktion.[61]

Vom „Tod des Subjekts" wäre viel eher im Hinblick auf die *Systemtheorie (Luhmann)* zu sprechen, wie sie aus der Kybernetik entwickelt und für eine mögliche Sozialtechnologie konzipiert wurde.[62] Anläßlich seiner Auseinandersetzung mit Habermas behauptet Luhmann, daß „Vernunft" und „Reflexion" in ihrer klassischen Bedeutung veraltete Begriffe seien, von denen sich die Systemtheorie emanzipiert. Der Systemtheorie könne es nicht mehr um die „Selbstaufklärung des Subjekts" gehen, weil die Komplexität der Wissenschaftssysteme derart zugenommen hat, daß ein Einzelsubjekt den Gesamtüberblick gar nicht mehr leisten kann: „Der klassische Bildungsbegriff wird sich … auflösen bzw. in Sozialisationshypothesen oder in Hypothesen über Korrelationen zwischen personaler Komplexität und theoretischer Komplexität des Forschungssystems übersetzt werden müssen. Reflexion wird damit begriffen als die Fähigkeit eines Systems, sich als System in seiner Selektivität zu steuern."[63] Damit wird nicht nur der klassische Vernunftbegriff suspendiert, sondern auch derjenige der Person.

Solche wissenschaftstheoretischen Entwicklungen, die in ihrer Tragweite für ethische und politische Probleme überhaupt noch nicht erfaßt sind, würden aber noch nicht dazu berechtigen, von einer Flucht in die Subjektlosigkeit zu sprechen. Dieser Gedanke drängt sich erst auf, wenn wir Publikationen aus den Bereichen der *Soziobiologie* oder der *Computerforschung* in Betracht ziehen.

Den psychologischen Hintergrund für eine solche Flucht bildet m. E. wiederum eine *Desillusionierung:* die unausweichliche Einsicht nämlich, daß sich unsere humanistischen Ideale seit den Menschenrechtserklärungen nicht nur nicht erfüllten, sondern daß die Exzesse der Gewalt und der Grausamkeit auch in hochzivilisierten Ländern eher zu-, statt abgenommen haben.[64] Diese ernüchternde und bestürzende Bilanz wird dann erträglicher, wenn dem moralischen Subjekt die Entscheidungskompetenz und damit die Last der Verantwortung weitgehend abgesprochen wird.

Am gründlichsten gelingt dies mittels einer überzogenen Interpretation soziobiologischer Hypothesen. Dabei beschränkt man sich nicht darauf, den Fortpflanzungserfolg als ein Krite-

rium unter anderen für tierisches Sozialverhalten und evolutionäre Entwicklung zu betrachten. Die größtmögliche Vermehrung wird zum alleinigen Agens der Evolution hochstilisiert, und zwar nicht im Dienst der Arterhaltung und auch nicht im Dienst individueller Fortpflanzung, sondern als „Antrieb" der kleinsten biologischen Replikatoren, der Gene. In seinem Buch „*Das egoistische Gen*" legt *R. Dawkins* dar, daß weder menschliche Subjekte noch vormenschliche Individuen die eigentlichen Träger des Lebens seien, sondern die Gene mit ihren Erbinformationen. „Wir", sagt Dawkins, „sind Überlebensmaschinen, Roboter, blind programmiert zur Erhaltung der selbstsüchtigen Moleküle, die Gene genannt werden." Und weil – wie Dawkins wissen will – der einzige Daseinszweck der Gene in ihrer möglichst zahlreichen Vermehrung besteht, gehen diejenigen Gene siegreich aus dem Konkurrenzkampf hervor, die es verstehen, sich am rücksichtslosesten durchzusetzen. Deshalb vergleicht er sie mit „erfolgreichen Chicago-Gangstern", von denen wir annehmen müssen, daß ihre Haupteigenschaft „ein skrupelloser Egoismus" sei. Daraus folgt für Dawkins unter anderem, daß „universelle Liebe und Wohlergehen der Arten" Begriffe sind, die evolutionsgeschichtlich überhaupt keinen Sinn ergeben.[65]
Uns interessieren hier weniger die fachwissenschaftlichen Vorbehalte, die von kompetenter Seite gegen den Universalanspruch der Soziobiologie vorgebracht werden,[66] als deren stillschweigende philosophische Prämissen und ihre ethischen Konsequenzen. Die Prämissen sind eindeutig: Die Evolution verläuft zwar absolut blind und mechanisch, aber sie hat von der Entstehung des organischen Lebens an fest umrissene Agenten, die ein ebenso fest umrissenes Ziel verfolgen, nämlich – um es philosophisch auszudrücken – die eigene Unsterblichkeit. Damit haben sich zwei verpönte metaphysische Begriffe in die Naturwissenschaft wieder eingeschlichen: der Substanzbegriff, nun festgemacht am Gen, und der Telos-Begriff, nun vorgestellt als Ziel der Evolution. *Es gibt also wieder einer* „*Große Erzählung", deren Helden winzig kleine Kämpfer sind, die sich im Laufe der Evolution immer kompliziertere*

Hüllen als Überlebensmaschinen schaffen und damit ihren „persönlichen" Existenzcode ad infinitum weiterzugeben versuchen.

Für das Funktionieren der menschlichen Art sieht sich Dawkins allerdings gezwungen, der genetischen Evolution noch eine kulturelle Evolution an die Seite zu stellen, deren Replikatoren er „Meme" nennt, d.h. Nachahmer und Vermittler kultureller Traditionen. Auch kulturelle Ideen wie theologische, künstlerische und wissenschaftliche Aussagen müssen Überlebenswert haben und stehen in Konkurrenz miteinander. (Was wohl oder übel Individuen als Träger voraussetzt!)[67]

Was Dawkins eigentlich beweisen will, ist *das durchgängige Prinzip des Egoismus als Lebensprinzip schlechthin*. Was die klassische Verhaltensforschung als Solidarität bzw. Altruismus im Dienst der Arterhaltung interpretiert hatte, entlarvt die Soziobiologie als „egoistische" Manipulation der Gene: Brutpflege, Schutzverhalten, Gruppenzusammenhalt sind nichts weiter als Strategien der Gene, um ihre Erbinformationen mit Hilfe der nächst verwandten Überlebensmaschinen möglichst effizient zu vermehren. Daraus folge unter anderem der natürliche „Fremdenhaß" und das Machoverhalten der polygamen Männchen bzw. das ortsgebundene Dasein monogamer Weibchen.[68] Außerdem – und dafür gibt es eindrucksvolle Beispiele bei vielen Tierarten – seien Tarnung, Täuschung und „Lüge" die bevorzugte Taktik im Überlebenskampf vom Glühwürmchen bis zum Menschen.[69]

Was die anthropologisch-ethischen Konsequenzen anbelangt, so werden sie von den Soziobiologen unterschiedlich gezogen. Dawkins spricht auf den letzten beiden Seiten seines Buches völlig unzusammenhängend doch noch die Hoffnung aus, der Mensch könne als einziges Lebewesen der Evolution der Tyrannei seiner Gene widerstehen und moralische Verantwortung übernehmen. Eine viel differenziertere, aber auch höchst problematische Bilanz zieht *Christian Vogel*. Für ihn hat das menschliche Reflexions- und Einfühlungsvermögen ein fatales Doppelgesicht, weil es zu Mitleid und Hilfsbereitschaft ebenso befähigt wie zu Sadismus und Grausamkeit. Während aber das altruistische Handeln biologisch nicht vorgebahnt sei, trete das grausame Morden in die Spur des biologisch programmierten Tötens. Dies sei in Rechnung zu stellen, um die moralischen Forderungen an menschliche Gemeinschaften realistisch zu konzipieren und nicht idealistisch zu überhöhen.[70]

Gegen Vogels Argumente ist folgendes einzuwenden: So offensichtlich die psychologische Tatsache ist, daß Mitleid und Grausamkeit beide in der Empathie verwurzelt sind, so wenig sagt dies über die Motivation zur typisch menschlichen Grausamkeit aus. Auch Vogels Annahme, daß Genocid von jeher ein „Dauerelement der Menschheitsgeschichte" gewesen sei, ist in dieser Einseitigkeit unhaltbar; wie auch unerklärt bleibt, warum der Mensch in bezug auf innerartliche Tötungstendenzen alle übrigen Primaten um ein vielfaches übertrifft.

Schließlich setzt *Volker Sommer* auf die Chance, daß sich gut getarnte Egoismen in Form von moralischer Heuchelei gegenseitig aufschaukeln und einen friedlicheren Zustand erreichen könnten.[71] Wobei er freilich offenläßt, wie die Idee des Guten, die sich die Heuchler als Maske wählen, in die Gehirne der Überlebensmaschinen gerät.

Einen völlig anderen Ansatz zur philosophischen Begründung der destruktiven Gewalt liefert, wie bereits dargelegt, Erich Fromm (siehe oben S. 81 ff.) und die feministische Kulturkritik, wie sie im Fokus 3 zur Sprache kommen wird.

Noch einen Schritt weiter auf dem Weg zur Subjektlosigkeit führt ein anderer Forschungszweig, der heute zu unseren Spitzenwissenschaften zählt: *die Erforschung der künstlichen Intelligenz*. Wie es der Titel eines Streitgesprächs zwischen Computerfachleuten Anfang der 90er Jahre „Sind Computer bessere Menschen?" pointiert formuliert, geht es dabei längst nicht mehr nur um hohe Speicherkapazität und blitzschnelle Datenverarbeitung. Die sogenannten „Parallelrechner" kopieren die menschliche Intelligenzleistung insofern, als sie verschiedene Teilaufgaben gleichzeitig und im Austausch miteinander abwickeln. „Intelligente Maschinen kopieren Wahrnehmungsvorgänge mit ihren Sensoren, auf die sie dann entsprechend reagieren, so daß die vollautomatische Fabrik in absehbarer Zeit verwirklicht werden kann."[72]

Die Visionen der Informatiker gehen aber noch sehr viel weiter. Sie halten es für möglich, *daß Computer eines Tages Bewußtsein erlangen und sich wie lebende Wesen verhalten können.* Sie würden dann eigene Programme entwickeln und unsere Programme möglicherweise überflügeln. Damit wäre in den Augen der Forscher ein weiterer Schritt der Evolution in Richtung höhere Intelligenz getan.[73]

Hier freilich beginnen die grundsätzlichen Einwände, wie sie *Josef Weizenbaum* in zahlreichen Publikationen vorgebracht hat. Der wesentlichste besteht darin, daß sich Menschsein nicht in Intelligenzleistungen erschöpft; ganz abgesehen davon, daß die Annahme unbeweisbar sei, die Evolution verfolge als Ziel eine immer höhere Intelligenzentwicklung. „Bewußtsein" ist sehr viel mehr als ein Verarbeitungszentrum von Daten und Rückmeldungen, denn mit unserem Reflexivbewußtsein beziehen wir uns auf sämtliche Erlebnisgehalte, vor allem auch auf Gefühlserlebnisse.[74] Das Bedenklichste an der ganzen Diskussion sieht Weizenbaum allerdings darin, daß er sich mit seinen Kollegen gar nicht mehr verständigen kann. Viele von ihnen haben den szientistischen Rationalismus bereits so weit auf die Spitze getrieben, daß in ihrem abstrakten Menschenbild weder mitmenschliche Zuwendung noch künstlerische Ausdrucksfähigkeit einen Platz haben. *Klaus Haefner* argumentiert, daß Gedichte auf dem Computer herstellbar seien, und der amerikanische Robotik-Spezialist *H. Moravec* meint: „Das Wesen der Person ist das Muster und der Prozeß, der im Kopf und im Körper abläuft, nicht die Maschine, die das alles ermöglicht und unterstützt. Wenn dieser Prozeß erhalten ist, z. B. im Transfer zum Computer, dann ist die Person, d. h. der Mensch erhalten ... Der Rest ist bloß Gelee."[75]

Erst vor diesem Hintergrund können wir das volle Gewicht und die Brisanz der Habermasschen Aussage würdigen: „Daß wir Reflexion verleugnen, ist der Positivismus". Aber auch hier ist nicht nur von Subjektlosigkeit, sondern wiederum von einer Flucht in diese zu sprechen. Das geht aus einer anderen These

Moravecs und ähnlicher Äußerungen seiner Kollegen hervor. In 40 Jahren, so meint Moravec, werde der intelligente Roboter eine derartige Perfektion erreicht haben, daß seine Art besser ohne die Menschen auskomme und letztere allmählich verschwänden. Im übrigen wäre das auch nicht schade, denn dann wäre nach den Worten H. Jastros „endlich ... das Menschenhirn im Computer eingeführt und von den Schwächen des sterblichen Fleisches befreit".[76] In der Vision von einem *„post biological age"* würde also die ganze Last wegfallen, der unsere *conditio humana* unterworfen ist, einschließlich derjenigen der moralischen Verantwortung.

1.6. Die Flucht in die Irrationalität

Der beschleunigte Prozeß der Technisierung und die individuelle Ohnmacht angesichts anonymer Wirtschaftsmächte und ökologischer Bedrohungen, lassen Ängste entstehen, die zwangsläufig psychische Kompensationsbedürfnisse hervorrufen.

Ein vielseitiges Kompensationsangebot liefert der seit langem anhaltende *Esoterik-Boom.* 1991 betrug der Anteil der Esoterik-Veröffentlichungen auf dem deutschen Buchmarkt volle zehn Prozent.[77] Inhaltlich gesehen deckt der verschwommene Esoterikbegriff ein weites Gebiet ab, das von esoterischen Heilmethoden über mantische und magische Künste bis zur kosmischen Gesamtschau und außergewöhnlichen Bewußtseinszuständen reicht.

Vom ökonomischen Profit dieses Marktes einmal abgesehen, interessieren in unserem Zusammenhang drei Fragenkomplexe: 1. Wie setzt sich die Abnehmerschaft dieses Marktes zusammen, und welche Sehnsüchte stehen dahinter? 2. Worin liegen die politischen Gefahren bzw. Mißbräuche? 3. Wie können wir unkontrollierbar Irrationales von ernstzunehmenden Ansätzen in Richtung alternativer Kulturentwürfe unterscheiden?

Schon die Antwort auf die erste Frage ist erstaunlich: Esoterisch Interessierte gibt es in allen Bevölkerungskreisen, Bildungsschichten und Altersgruppen.[78] Viele, die den traditionellen Kirchen entfremdet sind, suchen eine Art Religionsersatz und finden ihn in den *New-Age-Versprechungen von der nahen Wendezeit.* Die Vision vom harmonischen Wassermann-Zeitalter, das mit kosmischer Gesetzmäßigkeit auf uns niederkommt, ist geeignet, dunkle Zukunftsprognosen zu verdrängen und einem optimistischen Denken Platz zu machen. Deshalb erstaunt es nicht, daß Personalchefs und Managerseminare die Angebote der Esoterik als leistungssteigernde „Stimmungsaufheller" längst entdeckt haben.

Unkritische „Ganzheits"- und Schicksalslehren, wie etwa die aus Indien entlehnte *Karma-Lehre,* versprechen Geborgenheit und Sinnerfahrung, die Lehre von der Allverbundenheit mit dem Kosmos eine Potenzierung der eigenen Kräfte. Die zentrale Botschaft der Esoterik, wonach die Kraft zur Veränderung ausschließlich im Inneren des Einzelnen zu suchen sei, ist freilich zweischneidig. Sie appelliert zwar an die persönliche Verantwortung, gleichzeitig aber auch an die Akzeptanz der Verhältnisse. Wenn alle gesellschaftlichen Bedingungen ausgeblendet sind und sich in jedem Einzelnen nur das selbstgewählte – oder früheren Existenzen geschuldete – Schicksal erfüllt, so kann dies zur Rechtfertigung des status quo dienen. Effektiv erfüllte die Karma-Lehre diese Funktion bereits vor 3000 Jahren als Beschönigung des unmenschlichen Kastensystems. Insofern *übernimmt heute ein Teil des Esoterikangebots die Rolle, die Marx den herkömmlichen Religionen zuschrieb, nämlich „Opium fürs Volk" zu sein.*

Die größere Gefahr *eines eigentlichen Mißbrauchs* droht den esoterischen Bewegungen allerdings *von seiten rechtsextremer Gruppierungen.* Die politische Vereinnahmung esoterischen Gedankenguts bleibt zudem lange unbemerkt, weil sie sich indirekt auf der Symbolebene einschleicht. So benutzen faschistoide Kräfte ähnliche Metaphern für ein neues Naturverständnis wie engagierte Umweltschützer und esoterisch Gesinnte, wobei die Übergänge zwischen den beiden letzten Gruppen oft fließend sind. Auch das Interesse an indigenen Völkern und vorpatriarchalen Kulturen wird von den gleichen Kräften in eine nebulöse Blut- und Bodenmystik umgeleitet, die uns als Ausgeburt eines regressiven und destruktiven Nationalismus nur allzu bekannt sein müßte.[79] Hier ist für alle „grünen" und ökofeministischen Bewegungen äußerste Wachsamkeit geboten.

Umso dringender wäre es, *die ernstzunehmenden Ansätze* innerhalb der im weitesten Sinn esoterischen Bewegungen zu analysieren und sie in eine vernünftige gesellschaftspolitische Diskussion einzubinden. In bestimmten Bereichen, wie in der Pädagogik oder in der Medizin, ist dies zum Teil schon geschehen, wenn wir an die Anregungen der Anthroposophie für die *Kunsterziehung,* die *Erfahrungsmedizin* und den *biologischen Landbau* denken oder an die Bereicherungen, die von fernöstlichen Heilerfahrungen ausgingen.[80]

Ähnliches gilt für eine ernsthafte Revision unserer einseitigen Naturbetrachtung und *das Erfassen ökologischer Zusammenhänge.* Dafür ist eine Wissenschaftsmethode, aus der Popper die Beobachtung und die reine Beschreibung ausgeschlossen sehen will,[81] ausgesprochen ungeeignet. Denn nur geduldiges Sammeln von Erfahrungen, einfühlendes Beobachten und Vergleichen wird den Veränderungen von komplexen Lebensgemeinschaften gerecht. Deshalb hätten wir von vielen Frühkulturen und heute noch lebenden indigenen Völkern tatsächlich eine ganze Menge zu lernen: von ihren höchst angepaßten Anbaumethoden, ihrem Sinn für natürliches und soziales Gleichgewicht wie auch von ihrem spirituellen Leben, das auf Ausgleich und Befriedung statt auf Eroberung und Bemächtigung ausgerichtet ist. Die Beschäftigung mit alten Kulturen wird erst dann zur Groteske – und zur Respektlosigkeit –, wenn Nordeuropäer glauben, von schamanistischen oder anderen magischen Praktiken privat profitieren zu können.

Dennoch gibt es eine rationale Vergangenheitsbewältigung unserer patriarchalen Herrschaftsverhältnisse auch ohne regressive Utopien, und die Tatsache, daß bei manchen Forscher/innen irrationale Sehnsüchte mitspielen, entbindet uns nicht von der Verpflichtung, die irrationalen Prämissen der eigenen Kultur aufzudecken. Der historisch faßbare Paradigmenwechsel vom zyklischen Naturverständnis zur Herrschaftssymbolik des Oben und Unten, wie sie in den hierarchischen

Metaphern von Himmel und Erde, Geist und Natur zum Ausdruck kommt, muß rational aufgearbeitet werden, um eine Neuorientierung überhaupt möglich zu machen (vgl. Fokus 3).

Es wäre allzu einfach, die ökologische und feministische Kulturkritik als irrelevant abzulehnen, weil an den Rändern dieser Bewegungen Grenzüberschreitungen ins Irrationale stattfinden. Im übrigen ist, wie die Beispiele aus der soziobiologischen und der kybernetischen Forschung zeigten, auch die offizielle Wissenschaft vor vergleichbaren Grenzüberschreitungen nicht gefeit.

Rationalität und Irrationalität liegen immer dort nahe beieinander, wo die Motive für die Theoriebildung unbewußt sind, so daß alles darauf ankommt, individuelle und kollektive Bedürfnisse bewußt zu machen, die unseren Denkentwürfen zugrunde liegen – seien sie nun szientistischer oder alternativesoterischer Provenienz.

Fokus 2.
Das Prinzip Verantwortung und die emotionale Dimension

2.1. Hans Jonas (1903–1992)

Als Hans Jonas, schon in hohem Alter stehend, sein Buch „Das Prinzip Verantwortung" 1979 herausgab, war er sich voll bewußt, gegen den „mainstream" der zeitgenössischen Philosophie angetreten zu sein. Besonders in der angelsächsischen Welt, die seine zweite Heimat geworden war, sah er sich einer positivistisch-analytischen Philosophie gegenüber, die auf die Beantwortung existentieller menschlicher Grundfragen verzichten zu müssen glaubte.[1]

Für Jonas waren solche Grundsatzfragen angesichts des rasenden Tempos und der unabsehbaren Folgen unserer technologischen Entwicklung unausweichlich geworden: Konnte der Einzelne oder äußerstenfalls die gegenwärtige Generation für sich selbst eine distanzierte und resignierte Haltung angesichts dieser enormen Bedrohung einnehmen, so schien es ihm ethisch in keiner Weise zu verantworten, die künftigen Generationen den von uns selbst geschaffenen, tödlichen Gefahren auszuliefern.[2]

Sein „*Tractatus technologico-ethicus*", wie Jonas seine Abhandlung nennt, stellt sich gewissenhaft der rationalen Letztbegründung ethischen Handelns, ausgehend von der Frage, warum das Menschengeschlecht überhaupt weiterleben solle bzw. weshalb es kein Recht auf Selbstmord habe. Wie jeder rationale Diskurs stößt auch der von Jonas geführte dabei auf ein letztes Axiom, das nicht weiter rückführbar ist, sondern Evidenz für sich beansprucht. Für Jonas bildet dieses letzte Axiom *die Überlegenheit von Zweck an sich über Zwecklosigkeit.* Dem Leben als Ganzem mit all seinen Facetten der Entwicklung muß ein Zweck, ein Streben auf ein, wenn auch noch so vorläufiges, Ziel hin unterstellt werden. Jeder wachsende Keim beinhaltet gewissermaßen ein Versprechen, eine Chance zu gedeihen und gleichzeitig die Möglichkeit, zu verderben und damit ins Nichts zurückzusinken. „In der Zielstrebigkeit als solcher", so Jonas, „können wir eine grundsätzliche Selbstbejahung des Seins sehen, die es *absolut* als das Bessere gegenüber dem Nichtsein setzt (Hervorhebung im Original) ... In jedem Zweck erklärt sich das Sein für sich selbst und gegen das Nichts ... Das heißt, die bloße Tatsache, daß das Sein nicht indifferent gegen sich selbst ist, macht seine Differenz vom Nichtsein zum Grundwert aller Werte, zum ersten Ja überhaupt."[3]

Freilich muß die Selbstbejahung der Natur nicht notwendigerweise auch zu ihrer Bejahung im Bewußtsein des Menschen führen. Denn es ist ein erheblicher Unterschied, ob wir nur der naturgegebenen Seinsbejahung unserer eigenen Natur in der Selbsterhaltung folgen bzw. unsere lebendigen Mitwesen in deren Selbsterhaltung gewähren lassen oder ob diese Erhaltung einen Sollenscharakter für uns hat, d.h. zur ethischen Pflicht wird.

Damit die Welt des Seienden zum uns verpflichtenden Sollenden wird, bedarf es nach Jonas einer doppelten Voraussetzung: zum einen der Bedürftigkeit, die allen Lebewesen eigen ist, sofern sie nur durch die ständige Anstrengung der Lebenserhaltung dem Tod entrinnen können, zum anderen unserer eigenen Affizierbarkeit für eine solche Bedürftigkeit. Bei der zweiten Voraussetzung kommt die emotionale Ebene ins Spiel, ohne die es kein moralisches Gesetz geben kann, denn der Ruf nach Unterstützungsbedürftigkeit kann seine Antwort nur in unserem Verantwortungs*gefühl* finden. *„Dies faktische (Hervorhebung im Original) Gegebensein des Fühlens, vermutlich ein allgemein menschliches Potential, ist demnach das kardinale datum der Moral und als solches auch im ‚Soll' schon impliziert."*[4]

Was aber die Pflicht zur Erhaltung des Menschengeschlechts anbelangt, so begründet sie Jonas damit, daß die Evolution allein Menschen das hohe Bewußtseinsvermögen und das Verantwortungsgefühl verlieh, die ihm die Sorge für das Ganze aufgeben. Wegen dieser Fähigkeit haben wir den Fortbestand des Menschengeschlechts zu garantieren und künftigen Generationen Rahmenbedingungen zu hinterlassen, die ihnen die Wahrnehmung ihrer Sollenspflichten ermöglichen. Das schlimmste Verbrechen wäre, sie der Sollensfähigkeit zu berauben, wie das manche utopische Technologieentwürfe nicht ausschließen.[5]

So sehr sich Jonas dafür ausspricht, daß die objektive Gültigkeit der sittlichen Gebote mit der rationalen Vernunft begriffen werden muß, so betont er gleichzeitig, daß die Wirksamkeit dieser Gebote von der subjektiven Bedingung des Verantwortungsgefühls abhängt: *„... die Kluft zwischen abstrakter Sanktion und konkreter Motivation muß vom Bogen des Gefühls überspannt werden, der allein den Willen bewegen kann."*[6]

Mit dieser grundlegenden Einsicht geht Jonas über die Begründung des Sittengesetzes durch Kant deutlich hinaus. Nicht die „Ehrfurcht vor dem Gesetz" kann für ihn die eigentliche Triebfeder für unsere moralischen Entscheidungen sein – mit Scheler ist Jonas der Überzeugung, daß Moralität nie sich selbst zum Ziel haben kann – sondern, „worauf es ankommt, sind primär die Sachen und nicht die Zustände meines Willens".[7]

Aber Jonas bemerkt auch, daß Kant bereits in seiner Fassung des kategorischen Imperativs, in der er die Achtung vor der Würde der Person als Zweck an sich selbst fordert, über den eigenen autonomen Ansatz hinausweist. Jonas hält jedoch die Ehrfurcht nur für die eine Hälfte des grundlegenden moralischen Gefühls, weil sie in kontemplativer Ergriffenheit verharren kann. Das entscheidende, zum Handeln bewegende Gefühl ist für ihn erst das der Verantwortung, denn nur das Verantwortungsgefühl motiviert uns, das in seiner Würdigkeit wahrgenommene Objekt auch durch unser Tun zu unterstützen.[8]

Der zweite, höchst bemerkenswerte Unterschied zu Kants Moraltheorie besteht in Jonas' völlig anderer Auffassung vom menschlichen Urteilsvermögen. Kant definiert es in seiner „Kritik der Urteilskraft" als „das Vermögen, das Besondere als enthalten unter dem Allgemeinen zu denken" und sieht seine Funktion darin, zwischen dem reinen Verstand und der praktischen Vernunft zu vermitteln. Stellt für Kant der Verstand die allgemeinen Gesetzmäßigkeiten bereit, nach denen die Natur zu unserem Erkenntnisbesitz werden kann, und bestimmt die Vernunft als moralisches Vermögen die Endzwecke für unseren Willen (Begehrungsvermögen), so vermittelt die Urteilskraft eine Zweckmäßigkeit in der Natur und in der Kunst, die subjektiv als Sinnhaftigkeit – sei sie teleologisch oder ästhetisch – mit dem Gefühl lustvoller Zustimmung erlebt wird. Kant versteht also unter Gefühl nur das der Lust und Unlust und verbindet es mit dem Vorhandensein oder dem Fehlen von subjektiv wahrgenommener Ordnung in der Natur bzw. von wahrgenommener Harmonie oder Disharmonie in Natur und Kunst.[9]

Im Gegensatz dazu bildet für Jonas das vom Gefühl getragene Urteilsvermögen die zentrale Instanz für die moralische Entscheidungsfähigkeit: „*als Urteilsvermögen vom Gefühl belehrt, wägt die Vernunft die möglichen Zwecke nach ihrer Würdigkeit und schreibt sie dem Willen vor*". Demnach ist der „gute Wille" nichts anderes als ein „Wille zu werten Zwecken, der das Urteilsvermögen auf das Gefühl horchen läßt".[10]

Wenn Jonas das Verantwortungsprinzip zum Angelpunkt der Ethik erklärt, unterscheidet er sich aber auch von der abendländischen Tradition ethischer Theorien insgesamt, die, wie er selbst sagt, im Hinblick auf das Phänomen Verantwortung so schweigsam gewesen sind.[11] Ohne daß Jonas den Grund für diese Schweigsamkeit explizit nennt, ergibt er sich m. E. aus den Beispielen, die er für das Verantwortungsgefühl anführt. Als *„archetypische Evidenz"* für das Wesen der Verantwortung nennt er *die Bedürftigkeit des Säuglings,* denn „der Säugling vereinigt in sich die selbstbeglaubigende Gewalt des Schondaseins und die heischende Ohnmacht des Nochnichtseins, den unbedingten Selbstzweck jedes Lebendigen und das Erstwerdenmüssens des zugehörigen Vermögens, ihm zu entsprechen ... In ihm zeigt sich exemplarisch, daß *der Ort der Verantwortung das ins Werden eingetauchte, der Vergänglichkeit anheimgegebene, vom Verderben bedrohte Sein* ist."[12] Und wenn Jonas hinzufügt, daß die Verantwortung die Dinge nicht „sub specie aeternitatis" betrachten müsse, vielmehr „sub specie temporis", so wird damit seine Distanz zum herkömmlichen Ethikdiskurs offensichtlich. Grund zur ethischen Motivation ist nicht ein „höchstes Gut" *(summum bonum)* im Reich der ewigen Ideen, nicht die eigene Vollkommenheit, der die Sterblichen entgegenstreben, um am Unvergänglichen teilzuhaben, sondern das Vergängliche qua Vergängliches, das heißt, kraft seines bloßen Daseins.[13]

Diese ethische Perspektive ist in ihrer Einfachheit ebenso überzeugend wie verblüffend. Verblüffend deshalb, weil es kaum je einen Philosophen gab, der auf das Faktum des Säuglings überhaupt reflektiert hätte. Gegenstand der Ethik und Gesellschaftstheorie war immer das erwachsene, autonome Individuum, losgelöst von seiner Gebürtigkeit, seiner langen Hilflosigkeit und seiner bis zu einem gewissen Grade immerwährenden Abhängigkeit. Und nun überspringt Jonas mit der Leichtigkeit des Unvoreingenommenen (die freilich ein Merkmal des Genialen ist) die Barriere der androzentrischen Sicht, welche jahrhundertelang die Verantwortung für das werdende Leben an das weibliche Geschlecht delegiert und für den philosophischen Kontext unsichtbar gemacht hatte. Jonas' in meinen Augen kopernikanische Wende im Ethikdiskurs hat mehrfache Konsequenzen:

Als erstes ergibt sich daraus, daß *Verantwortung primär ein „nicht reziprokes Verhältnis"* ist.[14] Verantwortlich sind in erster Linie die „Mächtigen", die in der Lage sind, den Hilfsbedürftigen beizustehen. Deshalb wächst der Umfang von Verantwortung mit dem Maß an Verfügbarkeit über Macht. Angewandt auf unseren gegenwärtigen Stand der Technologie, der einzelnen Menschen und der Menschheit als Ganzer ein nie dagewesenes Maß an Macht verleiht, bedeutet dies einen ebenso großen Zuwachs an Verantwortung.

Zweitens ist Verantwortung ihrem Wesen nach nicht nur auf den gegenwärtigen, sondern auch auf den zukünftigen Zustand ihrer Schutzbefohlenen gerichtet. Sind es auf der individuellen Ebene die Eltern, die für ihre Kinder Verantwortung tragen bis zu dem Zeitpunkt, an dem sie für sich selber Verantwortung übernehmen können, so sind es auf der kollektiven Ebene die verantwortlichen Träger des öffentlichen Lebens, die für das Gesamtwohl der Gemeinschaft und deren Zukunft Sorge zu tragen haben. Daraus leitet Jonas seinen Imperativ ab: *„Handle so, daß die Wirkungen deiner Handlung verträglich sind mit der Permanenz echten menschlichen Lebens auf Erden",* oder negativ ausgedrückt: „Handle so, daß die Wirkungen deiner Handlungen nicht zerstörerisch sind für die künftige Möglichkeit solchen Lebens."[15]

Aus der Sorge, die gleichsam die Zwillingsschwester der Verantwortung ist, ergeben sich zwei grundsätzliche Pflichten. Die eine nennt Jonas *die Pflicht zur Vorstellung schädlicher Fernwirkungen,* eine Forderung, die sich an die wissenschaftliche Phantasie und an den Willen zur ökologischen Gesamtschau richtet. Dazu kommt die Pflicht zur Furcht als dem angemessenen Gefühl für vorauszusehendes Unheil.[16]

Auch die Berufung auf die Furcht als der vorausschauenden Sorge und ihre Qualifikation als moralische Pflicht steht quer zum bisherigen Ethikdiskurs. Aus der androzentrischen Perspektive galt Furcht stets als Feigheit (mit Ausnahme vielleicht des Aristoteles, der den Mut in die Mitte zwischen Furcht und Tollkühnheit setzte). Jonas aber führt gute Gründe für seine Vorsicht an. Mit seinem Begriff der „utopischen Dynamik"[17] umreißt er die entscheidenden Unterschiede zwischen der heutigen Technologie und der Technik der vorindustriellen Jahrhunderte bzw. Jahrtausende. Die längste Zeit hindurch waren technische Werkzeuge ganz bestimmte Mittel zur Verwirklichung ganz bestimmter Zwecke. Dies wandelte sich grundsätzlich mit der Begründung der Naturwissenschaft und ihrer experimentellen Methode, weil von da an die Erfindung immer neuer technischer Mittel zum Selbstzweck wird, wozu man die Anwendung, d.h. das Ziel, oft erst suchen muß. Dabei verschränken sich wissenschaftliche Forschung und Technikentwicklung so eng, daß sie sich gegenseitig in ihrem Fortschritt anstacheln und schließlich ununterscheidbar werden; ganz im Gegensatz zu den Epochen vor Bacon, in denen Wissenschaft und Technik deutlich unterschieden nebeneinander bestanden.

Verleiht schon diese wechselseitige Stimulierung von Wissenschaft und Technik dem Fortschritt eine hochgradige Dynamik, so wird sie durch den Wettbewerbsdruck unserer Wirtschaft noch um ein Vielfaches potenziert; nicht zuletzt durch den Rüstungswettlauf, der immer ungeheuerlichere Vernichtungspotenzen hervorbringt.

Es ist aber nicht nur diese unheimliche Eigendynamik der technologisch-wissenschaftlichen Entwicklung, die unseren bewußten Zielsetzungen davonläuft, sondern auch die dem technologischen Fortschritt zugrundeliegende Mentalität, welche diese Beschleunigung aufrechterhält. Seit Bacon sind Wissenschaft und Macht verschwistert, und das Programm der totalen Machtergreifung über die Natur – einschließlich der menschlichen in ihren biologischen und gesellschaftlichen Abläufen – ist prinzipiell grenzenlos. Die Utopie von der ständigen Verbesserung des Lebens, die alle Raffinessen der Bequemlichkeit ausschöpft und immer neue Erlebnishorizonte eröffnet, mündet in die Illusion der totalen Machbarkeit bis hin zur Entmachtung des individuellen Todes.

Angesichts solcher utopischer Machterweiterungen fordert Jonas die Umkehrung des Kantschen Satzes „Du kannst, denn du sollst." Heute ist unser Können so immens, daß es das Schicksal der ganzen Erde besiegeln kann, und daher müsse das Gebot lauten: *„Du sollst, denn du kannst."* Das heißt, der Mensch muß sich vor den Möglichkeiten seiner eigenen Macht schützen.[18]

Dieser Schutz bezieht sich jedoch nicht nur auf die direkt sichtbaren oder meßbaren Zerstörungspotenzen als Folge der physikalischen und chemischen Spitzentechnologien, sondern ebenso auf die viel weniger greifbaren Gefahren der Mikrobiologie und Gentechnik. Zum einen ist es der Zeitfaktor, der völlig neue Verhältnisse schafft. Verfügte die natürliche Evolution der Arten über unendlich lange Zeiträume, in denen sich Mutationen ihrem Umfeld anpassen und im ökologischen Zusammenspiel ausbalancieren konnten, so greift die Wissenschaft als Initiantin einer künstlichen Evolution abrupt in den natürlichen Haushalt ein und kann schon deshalb die Gefährlichkeit oder Ungefährlichkeit ihrer Eingriffe nicht abschätzen, weil dazu die Zeitspanne eines Menschenlebens gar nicht ausreicht.

Zum anderen tangieren die kühnen Visionen der Genmanipulation beim Menschen und die dazugehörigen Experimente auf vielfache Weise die Würde des Menschen als Einzelindividuum, als spezifische Krankheitsgruppe und als Gesellschaftskörper insgesamt. Was die realen, äußerst schwer abschätzbaren Gefahren anbelangt, stellt ihnen Jonas sein *„in dubio pro malo"* als ethisches Prinzip entgegen: Im Zweifelsfalle hat die schlechtere Prognose vor der besseren den Vorrang.[19] Die rationale Begründung dafür liegt in der Tatsache, daß Irrtümer der Wissenschaft niemals auszuschließen sind, daß aber ein Irrtum im Umgang mit mikrobiologischen Prozessen möglicherweise nicht mehr rückholbar ist und der Umgang mit mikrophysikalischen Energien auch künftige Generationen schädigen kann. Nach Jonas kann hier die Abwägung zwischen der Chance auf positive Errungenschaften auf der einen und unabsehbaren Risiken der Schädigung auf der anderen Seite nicht durch Wahrscheinlichkeitsberechnungen gelöst werden.

Keine noch so große Wahrscheinlichkeit für technischen Fort-
schritt kann das geringste Risiko eines verheerenden Schadens
rechtfertigen, kein noch so wünschenswerter medizinischer
Fortschritt kann die Mißachtung der Integrität und der Würde
des Menschen begründen. Wenn dagegen eingewandt wird, der
zivilisatorische Fortschritt sei von jeher mit Risiken verbunden
gewesen, so antwortet Jonas mit dem Argument der nie dagewesenen globalen Zerstörungsmacht der Wissenschaft und ihrer Folgen sowie einmal mehr mit dem Argument des Zeitfak-
tors: Die ständige Beschleunigung des technologischen Fortschritts lasse der Wissenschaft zu Selbstkorrekturen gar keine
Zeit, so daß, wenn die ersten Schritte einer neuen Entwicklung
einmal getan sind, die weiteren unaufhaltsam folgen.

Wie das Hazardspiel mit Wahrscheinlichkeitsrechnungen so
weist Jonas auch die Prozedur der sogenannten „Güterabwägung" zurück, wenn es um nicht relativierbare und darum
auch gar nicht wägbare Güter geht.[20] Wieder nimmt hier die
Orientierung ihren Ausgang vom „Urgegenstand der Verantwortung", vom Neugeborenen. Der Säugling ist durch sein
bloßes Dasein – nicht durch besondere Qualitäten – Gegenstand elterlicher Sorge und Verantwortung. Gerade die moderne pränatale Diagnostik und Embryonenforschung zeigt
hier eine gefährliche Tendenz zur Eugenik und zur neuerlichen
Tilgung „unwerten Lebens" bzw. zur Instrumentalisierung
werdenden Lebens zu Forschungszwecken. Diesen Gefahren
widmete Jonas in einem eigenen Band zur Praxis des Prinzips
Verantwortung eine detaillierte Untersuchung, auf die im
letzten Kapitel des Buches noch zurückzukommen sein wird.
Zunächst ist die Rede von ganz prinzipiellen ethischen Grund-
sätzen. Und hier spricht Jonas, wenn es um den Menschen als
Zweck an sich selbst geht, vom „Heiligen", ohne damit eine
bestimmte religiöse bzw. theologische Vorstellung zu verbinden. „Sakrosankt" bedeutet hier etwas ganz ursprüngliches, einen „Respekt oder eine Ehrfurcht vor dem Leben, welche die
Geschichte der Menschheit von ihren Uranfängen bis heute
begleitet hat, und die erst die vom realen Leben abgeschirmte
Laborwissenschaft schrittweise abzubauen sich anschickt".[21]

In diesem Zusammenhang steht natürlich die *Freiheit der Wissenschaft* zur Debatte, auf die sich Naturwissenschaftler und alle jene, denen der Technologiefortschritt materiellen Gewinn verspricht, als auf ein Grundrecht berufen. Diesem Einspruch begegnet Jonas mit einer ganz klaren und unanfechtbaren Argumentation: Wissenschaft sei solange „wertfrei", als sie reine Theorie ist, reine kontemplative Erkenntnissuche. Sobald sie aber mit praktischen Eingriffen in die Natur verbunden ist – und es gibt heute kaum einen Zweig der Naturwissenschaft, der dies nicht wäre –, unterliege sie ethischen Erwägungen, wie dies für jede Form menschlichen Handelns gilt. Dabei kann sich das ethische Urteil, dem sich die mit der Technik verschwisterte Wissenschaft zu unterwerfen hat, nicht nur auf den Mißbrauch der Macht beziehen, die mit ihrem Wissen gegeben ist. „… selbst wenn sie (die Technik) für ihre eigentlichen und höchst legitimen Mittel eingesetzt wird, hat sie eine bedrohliche Seite an sich, die langfristig das letzte Wort haben könnte … Daher trägt hier bereits die Aneignung neuer Fähigkeiten, jede Hinzufügung zum Arsenal der Mittel … eine ethische Bürde."[22] Deshalb spricht sich Jonas für ein Moratorium innerhalb bestimmter Forschungsrichtungen aus, damit zuerst Klarheit darüber gewonnen werden kann, was wir da überhaupt tun und zu welchen Zwecken: *„Um der menschlichen Autonomie willen, der Würde, die verlangt, daß wir uns selbst besitzen und uns nicht von unserer Maschine besitzen lassen, müssen wir den technischen Galopp unter außertechnologische Kontrolle bringen."*[23]

Es konnte nicht ausbleiben, daß die Mahnung zur teilweisen Begrenzung der Wissenschaft heftige Reaktionen hervorrief und man Jonas Wissenschaftsfeindlichkeit und, von seiten Poppers, sogar Demokratiefeindlichkeit vorwarf.[24] Läßt sich der erste Vorwurf aus der Perspektive eines einseitigen Wissenschaftsverständnisses nachvollziehen, so ist der zweite einfach absurd. Es gibt kaum einen Denker, der so offen und vorurteilslos zwischen den politischen Fronten stand wie Jonas, der die Schwächen des Marxismus ebenso scharfsichtig analysierte wie die Gefahren einer reinen Wettbewerbs- und Konsumideologie. Auch weist Jonas selbst das Etikett des Pessimismus zurück, das man ihm wegen seiner Parteinahme für die „Unheilsprognose" anheftete. Er erwiderte darauf, „daß der größere Pessimismus auf seiten derer ist, die das Gegebene für schlecht oder für unwert genug halten, um jedes Wagnis möglicher Verbesserung auf sich zu nehmen".[25] Und im Gegensatz zu Popper, der dafür plädiert, daß sich die Menschen auch gegen ihre Natur den technologischen Zukunftsszenarien anpassen sollten, meint Jonas, daß es zwar möglich sei, daß sich Menschen an alles gewöhnen könnten. Die ethische Frage dabei sei aber, „woran *darf* (Hervorhebung im Original) sich der Mensch gewöhnen? und woran zu gewöhnen darf man ihn nötigen?"[26]

Festzuhalten bleibt, daß Jonas (der in Deutschland bei Heidegger studiert und sich nach seiner Emigration nach Amerika vor allem mit Judaistik und Gnostik befaßt hatte) zu den wenigen zeitgenössischen Philosophen gehört, die ganz konkret zu den brennendsten Gegenwartsproblemen Stellung nahmen.[27]

2.2. Agnes Hellers Theorie der Gefühle

Als Schülerin von *Georg Lukács* von der marxistischen Theorie ausgehend und als eine der prominentesten Dissidentinnen der ehemaligen Ostblockstaaten[28] setzt Heller neue Akzente sowohl für eine sozialistische Gesellschaftstheorie als auch für die Moralphilosophie. Dabei steht die *conditio humana (human condition)* im Zentrum ihrer Untersuchungen, die sie von ihrer „Theorie der Bedürfnisse" (1976) über die „Theorie der Gefühle" (1980) zur Moralphilosophie führen und von da zu ihrer Vision von einer „Welt, in der die Menschlichkeit zuhause ist".[29]

In ihrer Theorie der Bedürfnisse distanziert sich Heller von der asketischen und letztlich unmenschlichen Moral des Kommunismus ebenso wie von der Manipulation der Bedürfnisse durch den Kapitalismus, wenn dieser menschliche Grundbedürfnisse in maßlose und miteinander konkurrierende Partikularinteressen verwandelt.

Für das Problem der Verträglichkeit oder Unverträglichkeit verschiedener Wertsetzungen ist Hellers Unterscheidung zwischen „*Bedürfnissen*" und „*Interessen*" grundlegend. Echte Bedürfnisse nennt sie „qualitativ" in dem Sinne, daß sie prinzipiell stillbar sind, wenn sie auch im praktischen Zusammenleben durch gegenseitige Rücksichtnahme zum Teil einer Einschränkung unterliegen. Dagegen definiert sie Interessen, zu denen sie Besitzstreben, Machtansprüche und Prestigeehrgeiz zählt, als „quantitative Bedürfnisse", die ihrer Natur nach grenzenlos sind. Dies erinnert an Fromms Definition der Süchte als „irrationale", weil unerfüllbare Wünsche.[30]

Die maßlosen *Partikularinteressen* sind nach Heller aber nicht zwangsläufig mit der *conditio humana* verbunden, sondern konstituieren sich erst mit der Herausbildung von Herrschaftsformen, die sich ständigen Machtzuwachs zum Ziel setzen und die Bedürfnisse nach Gemeinschaft und Solidarität mißachten. Dagegen nennt Heller das Streben nach Gleichheit und Gerechtigkeit „*radikale Bedürfnisse*", die auch unter dem Vorzeichen von Unterdrückung und Subordination nicht zum Schweigen zu bringen sind.[31]

Wie sehr alle Wertsetzungen mit kulturell erworbenen Gefühlen zusammenhängen, ist Gegenstand von Hellers phänomenologischer und soziologischer Untersuchung zur Theorie der Gefühle.[32] Dabei beabsichtigt sie weder eine vollständige Bestandsaufnahme noch eine detaillierte Beschreibung einzelner Gefühle, sondern thematisiert die Funktionen einzelner Gefühlsklassen für die Struktur der menschlichen Person sowie *die Rolle des Gefühls für die Entwicklung der Moral.*

Heller geht davon aus, daß nur ein kleiner Teil menschlicher Gefühlsbereitschaft angeboren ist, während die meisten Gefühlsreaktionen soziokulturell erworben werden. Zur genetischen Ausstattung rechnet sie nur die Triebgefühle *(drive)* und Affekte, die wir zum Teil mit den höheren Tieren gemeinsam haben. Sowohl die Triebgefühle (Hunger, Schlafbedürfnis, Sexualität) als auch die Affekte (Furcht, Wut, Lust-Unlust, Schmerz) sind mit den dazugehörigen Ausdrucksphänomenen spontane Gefühlsreaktionen.

Die *eigentlich menschlichen* oder „höheren" Gefühle nennt Heller *Emotionen* und charakterisiert sie dadurch, daß sie immer auf die Mit- und Umwelt bezogen sind: *„Fühlen heißt, in etwas involviert sein."*[33] Aus dem großen Bereich der Emotionen, die in akuter, dauerhafter (Stimmungen) oder übersteigerter (Leidenschaft) Form auftreten können, hebt sie zunächst die von ihr so genannten *„Orientierungsgefühle"* hervor. Sie nehmen die Stelle der Instinkte ein, die der Mensch nahezu völlig verloren hat, und als solche haben sie die Funktion des Abtastens der Umwelt auf geeignete Qualitäten hin.[34] Schon an den einfachsten Orientierungsgefühlen, die sich an unsere sinnlichen Wahrnehmungen anschließen, wird deutlich, daß sie immer ein Werturteil beinhalten, indem sie die Empfindungen mit einem positiven oder negativen Vorzeichen versehen.[35] Mit ihrer Hilfe erleben wir die Wertkategorien des Angenehmen und Unangenehmen, die sich zum Teil auf rein physiologische Zuträglichkeiten (warm-kalt, süß-bitter, schrill, grell usw.) beziehen, zum Teil auf ganz individuelle Vorlieben und zu einem nicht geringen Teil bereits auf soziale Bewertungen, die aus dem kulturellen Kontext übernommen sind. Auf dieser dritten Ebene überlagern die kulturellen „Geschmacksurteile" die physiologischen im Bereich des Ästhetischen und der „Sitte". Aufgrund solcher „Vorurteile" werden bestimmte Form-, Farb- oder Tonkombinationen und ganz bestimmte äußere Verhaltensweisen des „Anstands" als angenehm oder unangenehm erlebt. Auch ein Teil der mitmenschlichen Kontaktgefühle ist den Orientierungsgefühlen zuzurechnen wie Sympathie und Antipathie und ein gewisses Maß an Menschenkenntnis.[36]

Diejenigen Orientierungsgefühle, von denen wir uns im praktischen Handeln leiten lassen, sind der Wertkategorie des Nützlichen bzw. Schädlichen zugeordnet. Dabei tasten wir die Umwelt nach dem richtigen Weg oder dem richtigen Mittel für unsere Ziele ab, und was wir „Intuition" nennen, setzt sich aus früher gespeicherten Wahrnehmungen und Erfahrungen plus der Einschätzung der neuen Situation zusammen.

Entscheidend für Hellers Argumentation ist, daß sämtliche Orientierungsgefühle und deren Wertkriterien immer schon im Zusammenhang mit dem verarbeitenden Denken und mit Handlungsabläufen stehen. Sie seien immer schon die „Resultante der Reintegration der Kognition und Handlung ins Gefühl".[37]

Die gleiche Verflochtenheit gilt nach Heller für alle Emotionen und für sämtliche psychischen Vermögen des Menschen überhaupt: *„Es gibt kein Erkennen ohne Gefühl, keine Handlung ohne Gefühl, keine Wahrnehmung ohne Gefühl, keine Erinnerung ohne Gefühl – doch jedes menschliche Gefühl beinhaltet entweder* schon als Gefühl *das Moment der Kognition oder es ist zumindest mit der Kognition, mit den Zielen und Situationen* verbunden; *nur in Wechselwirkung mit ihnen wird es als Gefühl relevant."* (Hervorhebungen im Original)[38]

Im Vergleich zu den *eigentlichen Emotionen* sind die Orientierungsgefühle relativ oberflächlich in dem Sinne, daß wir nicht als Gesamtperson in sie involviert sind, sondern nur partiell. Zudem haben ihre Wertkategorien mit moralischen Werturteilen noch nichts zu tun. Eigentliche Gefühlstiefe – die von Gefühlsintensität zu unterscheiden ist – erreichen nur jene Emotionen, die an Personwerte, an die Sinnhaftigkeit des eigenen Daseins und an geistig-kulturelle Werte bzw. an den Verlust dieser Werte gebunden sind. Gefühle der Freundschaft und Liebe, der Freude und Trauer, Begeisterung und Verzweiflung involvieren unsere ganze Persönlichkeit und stehen von daher auch mit moralischen Qualitäten im Zusammenhang.[39] Liebe und Haß, Mitfreude oder Neid, Güte oder Hartherzigkeit, aber auch die Wahrhaftigkeit unserer geäußerten Freude und Trauer unterliegen der moralischen Bewertung von „gut/böse", „echt/unecht".[40]

Im Unterschied zu den Orientierungsgefühlen *setzt das moralische Urteilsvermögen die Fähigkeit zur Reflexion voraus,* und zwar nicht nur die einfache reflektive Wahrnehmung unserer Denk-, Fühl- und Handlungsvorgänge, sondern *eine doppelte Selbstreflexion (double-quality self-reflection).*[41] Hier erinnert Hellers Charakterisierung der moralischen Selbstbeurteilung ganz an Shaftesburys Definition des „moral sense", wenn er sagt, unser moralisches Gefühl mache unsere Gefühle noch einmal zum Gegenstand der Reflexion im Sinne einer Bewertung der bereits erlebten Gefühle (vgl. S. 46 ff.). Wie für Shaftesbury und für Kant steht auch für Heller außer jedem Zweifel, daß die moralische Wertkategorie an der Spitze aller übrigen Wertkategorien steht, was im Falle einer Kollision bedeutet, daß die Kriterien des Angenehmen, des Nützlichen oder des Erfolgreichen dem Kriterium des Moralischen unterzuordnen sind. Allerdings betont Heller sehr viel stärker als Shaftesbury, *daß die moralischen Gefühle,* wie alle typisch menschlichen Gefühle, *erlernt sind,* und diesem Lernvorgang gilt ihre Hauptaufmerksamkeit.

Auf der Ebene der individuellen Entwicklung stellt nach Heller das Lächeln des Kindes die erste, noch undifferenzierte Emotion dar, die seine erste, positive Kontaktaufnahme zur Mitwelt anzeigt. Obwohl für das Lächeln eine genetische Disposition existiert, wird es doch erst durch die aktive Begegnung mit dem „Du" evoziert. Schon beim Kleinkind stehen Orientierungsgefühle mit emotionaler Kommunikation in engstem Zusammenhang, wie sich auch die Entwicklung des Gefühls und der Sprache gegenseitig bedingen. Auf der einen Seite initiiert das emotionale Involviertsein des Kindes in seine Umwelt den Erwerb der Sprache, auf der anderen Seite erfahren seine Bedürfnisse und Gefühle erst durch deren Benennung ihr Profil und ihre Differenzierung. *„Das Erlernen des Gefühls ist immer zugleich der Koordinierungsprozeß des emotionalen Begriffs und des Gefühls."*[42]

Dieser Lernprozeß dauert über Kindheit und Jugend bis ins Erwachsenenalter an, indem wir einerseits unsere dunkel erlebten Gefühle immer präziser benennen und uns andererseits die *Sprache* eine große Palette von Gefühlsbegriffen zur Verfügung stellt, die wir erst allmählich mit den entsprechenden Gefühlserfahrungen füllen. Dabei kommt nach Heller der *Kunst* eine bedeutende Rolle als Lehrmeisterin zu, denn besonders die Dichtung lehrt uns Gefühle verstehen, die wir noch niemals empfanden oder die sogar immer jenseits unserer individuellen Gefühlswelt bleiben.[43]

Sehr bald erlernt das Kind aber auch die moralische Bewertung seiner Gefühle, d.h. es lernt unterscheiden, welche Gefühle die Umgebung von ihm erwartet und welche sie mißbilligt. Die moralische Anpassung an die jeweiligen Standards wird erst beim jungen Erwachsenen von seiner individuellen Selbstreflexion und der persönlichen Auseinandersetzung mit den gegebenen Werten abgelöst, und auch dies nur in Gesellschaften, die eine derart individuelle Prägung der Persönlichkeit zulassen. Mit der Entwicklung und Wandlung von Wertkategorien bei verschiedenen Gesellschaftstypen befaßt sich Heller in ihrem Abschnitt über *„Soziologie der Gefühle"*. Jede Kultur und jedes Zeitalter kultiviert bestimmte Gefühle und damit auch bestimmte Tugenden in besonderem Maße. Und in allen geschichteten Gesellschaften sind diese Tugenden je nach sozialem Status und der geschlechtsspezifischen Arbeitsteilung anders akzentuiert.

Die bürgerliche Epoche Europas, auf die sich Hellers Untersuchungen konzentrieren, schuf erstmalig die Möglichkeiten zur individuellen Lebensgestaltung und damit auch zur *Individualisierung der Gefühlswelt*. Gleichzeitig aber spaltete das kapitalistische Wirtschaftssystem, dem das Bürgertum seinen Aufstieg verdankt, das Leben des Einzelnen in zwei Welten: in die Welt der beruflich-öffentlichen Aufgaben und in die Welt des Privaten, die im Zuge der Industrialisierung auch eine räumliche Trennung in Arbeits- und Wohnort erfuhren. Dadurch wurde nicht nur die Arbeitsteilung zwischen den Geschlechtern verschärft (jedenfalls in den bürgerlichen Familien), sondern auch die damit verbundene Aufspaltung menschlicher Kompetenzen.

Dem bürgerlichen Mann obliegt der Kampf ums Dasein, der sich im ökonomischen Wettbewerb buchstäblich als Kampf aller gegen alle (Hobbes) abspielt, und der neben unternehmerischem Wagemut strategische Vorausschau und zweckrationales Denken erfordert. Im Gegensatz zu diesen nüchternen „Tugenden" werden an die Frauen als den Gestalterinnen des bürgerlichen Heims alle menschlichen Gefühlswerte delegiert, die in der kühlen Geschäftswelt keinen Platz finden. Erst durch diese personelle Spaltung zwischen Zweckrationalität und Wertrationalität (M. Weber) wird der Antagonismus zwischen Gefühl und Vernunft perfekt, wie er sich im patriarchalen Denken seit der Antike vorbereitet hatte.

Auf der Seite der Zweckrationalität avancieren Nützlichkeit und Erfolg zu den obersten Werten und werden die Partikularinteressen des Besitz-, Macht- und Geltungsstrebens zu allgemeinmenschlichen Grundbedürfnissen umgedeutet. Daraus ergibt sich die Ideologie vom durchgängigen „natürlichen" Egoismus,[44] zu der freilich die Idee von weiblich-altruistischen Tugenden in seltsamem Widerspruch steht.

So ist es kein Zufall, daß die bürgerliche Gefühlskultur ein inselhaftes Dasein im Raum des häuslich Privaten oder im elitären Kreis vor allem von Künstler/innen führt, während die Masse derjenigen, deren Arbeit im Industrialisierungsprozeß entfremdet wurde und für die es keine romantischen Inseln gab, ihre Gefühlsbedürfnisse in einer mehr oder weniger rohen Genußwelt befriedigte. Als schließlich die zunehmende Mechanisierung der Arbeit die „Freizeit" für alle schuf, trat an die Stelle der rohen Genüsse jene „raffinierte Gefühlsbarbarei",[45] wie sie die Unterhaltungsindustrie hervorbringt.

Für Heller gehören alle diese Phänomene des bürgerlichen Seelenhaushalts zusammen, weil sie nur die verschiedenen Seiten ein und desselben Entfremdungsprozesses anzeigen: *die Entfremdung des zweckrationalen Denkens von der Ganzheit der Vernunft, die Entfremdung der mechanisierten Arbeit von der kreativen Produktion und die Entfremdung des Gefühls von seiner Beziehung zur Gemeinschaft.* Auf diese Weise „abstrahieren die ‚verdorbene' Vernunft und das sich vor der Welt sperrende, in seine eigene Innerlichkeit verbergende Gefühl gleichermaßen von der Moral"; und dabei „koexistieren das entfremdete ‚emotionale' Verhalten und das entfremdete ‚rationale' Verhalten immer sehr friedlich miteinander".[46]

Dieser Dissoziation von Verstand, Gefühl und Moral stellt Heller ihre Vision von der Re-Integration der menschlichen Kompetenzen entgegen, womit eine Welt zu schaffen wäre, in der „die Menschlichkeit zuhause ist". Das größte Hindernis auf dem Weg zu dieser „rationalen Utopie"[47] sieht sie in allen Formen von Dominanzstrukturen (superordination/subordination), zu denen auch die „natürliche" Arbeitsteilung zwischen den Geschlechtern gehört. Hierarchische Strukturen bedeuten immer, daß eine Minderheit die Definitionsmacht über die Wertsetzungen für die ganze Gesellschaft besitzt, was nicht nur die individuelle Selbstbestimmung, sondern auch die Verwirklichung von Gemeinschaftsbedürfnissen verunmöglicht.

Freilich könnte heute eine von Grund auf demokratische Gesellschaft nur eine nicht homogene Gemeinschaft sein, die sehr verschiedene Bedürfnisse und Lebensformen akzeptiert. Auch Heller schwebt eine herrschaftsfreie Diskursethik im Sinne von Apel und Habermas vor, wobei sie überzeugt ist, daß die nötige Toleranz gegenüber verschiedenen Lebensformen nicht zum Wertrelativismus führen müsse. Dafür bringt sie gewichtige Gründe vor.

Nach Heller schließen sich die verschiedenen Wertideale, die im Laufe der Menschheitsgeschichte entstanden – wie Gerechtigkeit, Aufrichtigkeit oder Freiheit –, gegenseitig nicht aus, wenn auch jeweils andere Tugenden an der Spitze standen. Den Beweis dafür sieht sie in der Tatsache, daß niemals die Negation eines Wertideals zum Ideal erhoben wurde: nie galten Ungerechtigkeit, Unwahrhaftigkeit oder Unfreiheit als Werte.[48] Was jeweils differiert, sind die Interpretationen der geltenden Wertideale. Nur kann auch bei solchen Interpretationen nach Heller immer *nur das als „wahrer Wert" gelten, was ohne Widerspruch mit einem universell gültigen Wertideal vereinbar ist.* Wenn etwa, wie in der Antike, die Sklaverei im Namen der Freiheit gefordert wird, so kann es sich dabei nicht um einen wahren Wert handeln, weil er im Selbstwiderspruch zur Idee der Freiheit steht. Diese Forderung spiegelt nur den Widerspruch einer elitären Gesellschaft, die ihre Freiheit mit der Knechtschaft anderer erkauft.[49]

Darüber hinaus stellt Heller die These auf, daß wahre Werte prinzipiell miteinander vereinbar und realisierbar seien. Wenn Wertideale ihrem Wesen nach in Opposition zueinander stehen, wie etwa der Wert des Individuums und der Wert der

Gemeinschaft, so sei es die Aufgabe der philosophischen Ethik, die in sich gültigen Werte auf eine Weise zu interpretieren, die sie vereinbar macht. So könne die scheinbare Unvereinbarkeit zwischen der Idee des freien Individuums und dem Ideal einer solidarischen Gemeinschaft durch die Idee einer Gemeinschaft freier Individuen als ein konstruktives Spannungsverhältnis verstanden werden.[50]

Dabei begreift Heller die philosophische Ethik nicht nur als Diskurs unter Experten; vielmehr spricht sie sich für die Schulung möglichst breiter Kreise aus, die diese befähigen, eine Ethikdiskussion auf philosophischer Ebene zu führen. Das Kriterium dafür sieht sie in der Bereitschaft, subjektive Erfahrungen und übernommene Ideologien zu transzendieren und die Sache der Menschheit als Ganzer im Auge zu behalten.[51]

Trotz der Betonung rationaler Kompetenzen für die faire Argumentation geht Hellers Konzeption über diejenige von Habermas und Apel hinaus. Für ebenso wichtig wie die Schulung des rationalen Diskurses hält sie *die Kultivierung des Fühlens,* weil nur das differenzierte und reflektierende Gefühl zwischen künstlich manipulierten Bedürfnissen oder Meinungen und authentischen Bedürfnissen und Wertqualifikationen unterscheiden kann.

Auch bleibt Heller nicht bei einer reinen Pflichtethik stehen, sondern gibt den unmittelbar menschlichen Bezügen Raum: Freundschaft, Liebe, Großzügigkeit, Güte und Dankbarkeit sind für sie ethische Orientierungen, die weit über eine rational auszutragende „Billigkeit" der gegenseitigen Ansprüche hinausgehen.[52] Dies setzt freilich ein anderes Menschenbild voraus als dasjenige, von dem die bürgerliche Moral und auch Kant ausgingen; nämlich vom Hobbesschen Menschenbild des isolierten, egoistischen Individuums. Vorbilder für ein anderes, gemeinschaftsbezogenes Menschenbild findet Heller sowohl in der Antike als auch in sozialistischen Entwürfen und nicht zuletzt in der eigenen, praktischen Lebenserfahrung. Daß es gute Menschen gibt („good people exist"), ist für sie ein Erfahrungswert, der jeder Letztbegründung der Ethik vorausgeht. Damit kehrt sie die Beweislast um und fragt nicht: Wie ist die

Idee des Sollens möglich? Sondern: *Gute Menschen existieren. Wie ist dies möglich?* Das heißt, unter welchen äußeren und inneren Bedingungen ist die humane Sollensidee realisierbar?[53]

In bezug auf die inhaltliche Bestimmung des guten Menschen verweist Heller auf die Tatsache, daß es immer Menschen gab und auch heute gibt, denen die Bedürfnisse anderer so viel bedeuten, daß sie diesen mehr Beachtung schenken als den eigenen; Menschen also von überdurchschnittlicher Empathie und Liebeskraft. Aus dieser Tatsache läßt sich aber – jedenfalls jenseits religiöser Bindungen – kein allgemeines moralisches Gesetz ableiten. Dennoch fügt Heller dem Kantschen Imperativ, Menschen als Zweck an sich zu achten und niemals nur als Mittel zu gebrauchen, noch einen zweiten Grundsatz hinzu, der allgemeine Geltung beanspruchen kann. Es ist der von Platon übernommene Leitsatz: „Es ist besser, Unrecht zu leiden als Unrecht zu tun." Diese Grundregel interpretiert sie aber nicht im Sinne altruistischer Selbstaufopferung, sondern nur als konsequenten Respekt gegenüber den Mitmenschen und den Werten der Gemeinschaft: Nur wenn die Erfüllung eigener Bedürfnisse bzw. die Durchsetzung eigener Ziele den Preis fordert, damit anderen Unrecht zu tun, ist der Verzicht geboten. Diese Regel ist für Heller der Inbegriff der „Anständigkeit" *(honesty)* und kann und soll für alle Menschen gelten.[54]

Konsequenterweise vertritt Heller den gleichen Grundsatz auch auf der politischen Ebene. Für sie heiligt der Zweck niemals die Mittel, weshalb sie im besonderen jede Form von Terrorismus ablehnt.

Ebenso negativ wie einer rücksichtslosen Selbstdurchsetzung steht Heller aber auch einer rigorosen Asketik gegenüber, welche die menschlichen Bedürfnisse mißachtet. Deshalb kritisiert sie in aller Schärfe einen revolutionären Enthusiasmus, der sich nur an der Idee orientiert und von daher zum Fanatismus neigt. An den Vertretern eines solchermaßen *„abstrakten Enthusiasmus"* kann Heller exemplifizieren, daß die Rechnung einer Ethik, die Bedürfnisse und Gefühle ausklammert, nicht aufgeht. Der von ihr so benannte „Champion der Tugend", der sich und anderen das Äußerste abfordert, werde nur zu oft von seinen verdrängten Bedürfnissen und Gefühlen eingeholt, ohne wahrzunehmen, daß es auch sein Ehrgeiz oder seine persönlichen Enttäuschungen und Rachegefühle sind, die seinen Eifer beflügeln.[55]

Im Gegensatz dazu plädiert Heller für einen *„konkreten Enthusiasmus"*, der vom menschlichen Alltag und von der Liebe zum Leben ausgeht.[56] Das konkrete Engagement für eine menschlichere Welt erhebt keinerlei elitären Anspruch und läßt sich viel weniger leicht von Ideologien vereinnahmen. Gerade weil diese Haltung die menschlichen Bedürfnisse respektiert und auch die eigenen Bedürfnisse und Gefühle reflektiert, leitet sie zu bewußterem und rationalerem Handeln an als ein heroischer Idealismus, der die abstrakte Idee zum Maßstab nimmt. In den Augen Hellers ist *Irrationalität nur die Kehrseite der (einseitigen) Rationalität,* was sie zu der Bemerkung veranlaßte, daß in unserer Kultur Männer für irrationales Handeln anfälliger seien als Frauen.[57]

In diesem Zusammenhang steht auch ihre Analyse der politischen *Demagogie*.[58] Entgegen der herrschenden Meinung, daß betonte Verstandesmenschen gegen ihre Wirkungen gefeit seien, macht Heller klar, daß diejenigen, die ihre Gefühle verdrängen, über das Unbewußte sehr wohl manipulierbar sind. Eigentlichen Schutz biete nur die Verbindung von emotionaler und rationaler Orientierung. Je nuancierter unsere Gefühlserfahrungen sind, desto besser können wir unterscheiden, auf welcher Klaviatur der Demagoge spielt, und je kritischer unser Denkvermögen, desto eher werden wir die Täuschung durchschauen, wenn im Namen hoher Ideale an die partikularen Interessen einer Klasse oder einer nationalen Gruppe appelliert wird.

Die Quintessenz ihrer Theorie der Gefühle faßt Heller in dem Satz zusammen: *„Nicht die Kognition steht der Emotion gegenüber, sondern die höheren Formen der Emotion und der Kognition bedingen einander gegenseitig."*[59] Angewandt auf die Moralphilosophie wird damit der Antagonismus von Pflicht und Neigung ebenso überbrückt wie die Alternative zwischen der formalen Pflichtethik und einer materialen Wertethik.[60]

2.3. Emotionalität als neuer Schwerpunkt für Philosophie und Geisteswissenschaften

Während Heller vor dem Hintergrund ihrer europäisch geprägten wissenschaftlichen Sozialisation den Behaviorismus für indiskutabel hielt, kam in Amerika die grundsätzliche Kritik an der reinen Verhaltensforschung erst Ende der 60er, Anfang der 70er Jahre in Gang. Von diesem Zeitpunkt an nahm die Literatur, die sich mit der Subjektseite des menschlichen Verhaltens beschäftigt, exponentiell zu, und zwar in den verschiedensten geisteswissenschaftlichen Disziplinen: in der Psychologie, Sozialpsychologie, Pädagogik, Anthropologie und nicht zuletzt in der „Philosophischen Psychologie" *(philosophical psychology)*.

Hier seien nur einige der wichtigsten Philosophinnen und Philosophen genannt, deren zentrales Thema die phänomenologische und erkenntnistheoretische Erforschung der Emotionen ist, nämlich *Magda B. Arnold, Amélie Oksenberg Rorty, Robert C. Solomon, Patricia S. Greenspan und Ronald De Sousa.* Sie alle gehen davon aus, daß Emotionen nicht einfach irrationale Empfindungen oder Beunruhigungen sind, sondern daß sie in unserem Leben eine wichtige Rolle als Quelle der Information und der Wertfindung spielen. Rorty spricht von einer *„Rehabilitation" der Emotionen* und davon, daß die Trennung zwischen Emotionen und den anderen Arten von kognitiven und interpretativen Einstellungen *(attidudes)* überwunden werden müßte.[61]

Unter dieser Voraussetzung lehnen die genannten Forscher/ innen die bisher verbreiteten funktionalen und kognitiven Emotionstheorien ab, wonach Gefühle als Erregungszustände auf physiologische Reize bzw. als deren intellektuelle Interpretationen gelten. So bestehen Solomon und De Sousa darauf, daß die Emotionen einen eigenen psychischen Bereich darstellen und weder den Sinnesempfindungen *(perceptions),* noch den Bedürfnissen *(wants)* oder Meinungen *(beliefs)* zuzuordnen sind.[62] Beide betonen die Intentionalität der Emotionen, d.h. ihre Bezogenheit auf bestimmte Gegenstände oder Sachverhalte, und in dieser Eigenschaft seien *Emotionen als rational zu bezeichnen,* weil sie durch Aufklärung eines Sachverhalts korrigierbar sind: Wenn ich mich über jemanden ärgere, weil er mir Unannehmlichkeiten bereitete, und diese Annahme stellt sich als Irrtum heraus, so verfliegt mein Ärger. Selbst die Leidenschaften als die heftigsten Emotionen seien nicht irrational zu nennen, sondern können helfen, eine Situation durchaus adäquat zu erfassen, nur neigen sie dazu, uns zu überstürztem Handeln zu verleiten. Aber dann sei die ganze Person in ihrer Handlungsweise als irrational zu bezeichnen und nicht das leidenschaftliche Gefühl als solches.[63] Intentionalität bedeutet ja gerade, daß Emotionen nicht nur als subjektive Erlebnisse artikuliert werden, sondern daß mit ihrer Hilfe ein Stück der Welt erfaßt wird, die unabhängig von uns existiert, und zwar auf eine qualitative Weise, die immer auch wertgetönt ist: *„Eine Emotion zu haben, heißt ein Werturteil (normative judgement) abgeben über die Situation, in der man sich befindet.“*[64] Damit wird zugleich die Frage nach der „Subjektivität“ oder „Objektivität“ unserer Emotionen aufgeworfen, d.h. nach der Angemessenheit *(adequacy)* unserer emotionalen Reaktionen. Eine zweite Frage zielt auf die Aufrichtigkeit und richtige Selbsteinschätzung *(authenticity)* unserer Emotionen, die auch durch unbewußte Ursachen ausgelöst werden können.[65] Im Hinblick auf mögliche Selbsttäuschung bezieht De Sousa ideologiekritische Überlegungen mit ein, weil nicht nur unsere Meinungen, sondern auch unsere Emotionen von ideologischen Vorurteilen – unter anderem sexistischer oder rassistischer Art – beeinflußt sein können.[66]

Es ist an dieser Stelle nicht möglich, den ganzen Reichtum der neueren amerikanischen Emotionsforschung zu skizzieren, in der phänomenologische, psychoanalytische und existenzphilosophische Aspekte zusammenfließen und zu der auch eine Reihe von Einzeluntersuchungen über moralisch relevante Emotionen wie Reue, Stolz, Scham, Eifersucht und Mitleid gehören.[67] Ich will nur versuchen, die wichtigsten philosophischen Konsequenzen zusammenzufassen, die sich aus ihnen ergeben.

1. Im Gegensatz zum cartesianischen Personbegriff, der das „Ich denke" zur Basis menschlicher Identifikationsfindung erklärt, *werden hier die Emotionen zum eigentlichen Charakteristikum der Persönlichkeit.* Nur unsere emotionale Haltung zur Welt, zum Du und zu uns selbst macht unsere Identität und Einmaligkeit gegenüber anderen Personen aus, zumal der rationale Personbegriff als Teil eines universellen Vernunftbegriffs individuelle Differenzierungen gar nicht zuläßt.[68]

2. *Emotionen sind nicht nur sinnstiftend auf der individuellen, sondern auch auf der kollektiven Ebene.* Emotionen als ein „komplexes System von Urteilen über die Welt, über Menschen und unsere Stellung in der Welt" (Solomon)[69] finden, kulturgeschichtlich gesehen, ihren Niederschlag in den Mythologien. Das revolutioniert unsere kulturhistorischen Vorstellungen, wonach am Beginn der Menschheitsgeschichte die rohen Triebe und der Aberglaube (Mythos) stehen, die beide im Verlauf des Fortschritts von der Vernunft verdrängt werden. Vielmehr bestehen Mythos und Logos seit jeher nebeneinander, wobei der Logos auf objektive Wahrheit zielt und der Mythos einen „Kosmos der Bedeutung" und der Überzeugungen vermittelt: „Mythologie ist die lebendige Struktur der Emotionen selbst", die sich in Religion, Sitte und Kunst niederschlägt.[70]

3. Im Unterschied zur Moralbegründung Kants und seiner Antinomie zwischen Pflicht und Neigung werden *moralisch relevante Emotionen* nicht als zufällige und daher unzuverlässige Neigungen interpretiert. Wie Lawrence Blum überzeugend darlegt, sind etwa Mitgefühl und Mitleid von sentimentalen Anwandlungen sehr wohl zu unterscheiden und nicht weniger verläßlich als die moralische Gesetzestreue. Der aus Mitgefühl Handelnde stelle meist seine momentanen Neigungen gerade zurück, um einem Menschen in Not zu helfen, wobei diese Hilfe selbst durchaus von rationalen Überlegungen geleitet sei.[71] Andererseits verwischen sich im Falle freundschaftlicher oder liebender Verbundenheit die Grenzen zwischen Eigenliebe und Altruismus. Patricia Greenspan spricht von Gefühlen der Identifikation *(identificatory love),* bei denen

sich altruistische und selbstbezogene Impulse sogar gegenseitig verstärken.[72] Im übrigen will De Sousa den Tugendbegriff nicht nur den altruistischen Haltungen vorbehalten wissen, sondern auch der Treue zu sich selbst und dem eigenen, authentischen Lebensentwurf.[73]

4. Es ergibt sich ein sehr differenzierter Beitrag zu *Fragen der Wertvalidität, der Universalisierbarkeit von Werten und des Wertrelativismus*. Obwohl jedes Individuum aufgrund seiner ganz persönlichen Biographie einen eigenen Werthorizont entwickelt und wir deshalb einen Pluralismus unterschiedlicher Werthorizonte zu akzeptieren haben, hält De Sousa dies für keinen Grund, an der Objektivität der Werte zu zweifeln. Bei aller Differenz emotionaler Erfahrungen gäbe es immer noch einen genügend großen Bereich eines gemeinsamen Repertoires von Emotionen, mit Hilfe derer wir uns sinnvoll aufeinander beziehen und sinnvoll miteinander umgehen können; wenn auch die Spannung zwischen individuellen Wertprioritäten und allgemeingültigen Konventionen einer Gesellschaft nie ganz aufhebbar sei.[74] Jedenfalls grenzt sich De Sousa mit aller Schärfe gegen den sogenannten „Emotivismus" ab, der Werturteile lediglich für den Ausdruck subjektiver Vorlieben bzw. Abneigungen hält (Ayer, Stevenson). Nach seiner Meinung stellt diese Theorie eine Art „metaethischen Masochismus" dar, der sich in die Arme des Subjektivismus wirft, weil es keinen „eisernen Schutz" gegen den Wertrelativismus gibt bzw. keine endgültige Lösung zwischen allgemeiner Gültigkeit und subjektiver Entscheidung. Dies sei nur der entgegengesetzte Pol zum Wertdogmatismus als die andere Möglichkeit einer Radikallösung.[75]

Die Schwierigkeit einer emotional begründeten Ethik bestehe darin, daß Emotionen prinzipiell nicht im gleich strengen Sinn universalisierbar seien wie formal-rationale Prinzipien. Im Gegensatz zu Scheler glaubt De Sousa nicht an ein „emotionales Apriori", weil für ihn die axiologische Ebene der Emotionen das Ergebnis eines komplexen Lernvorgangs ist. Dennoch gibt es für ihn eine Möglichkeit, die *Validität einer moralischen Haltung* zu überprüfen, wenn auch nur im Sinne eines psychologischen „Tests". Gegenstand eines solchen Tests wären Vertrauenswürdigkeit und Verläßlichkeit *(consistency)*, die erwarten lassen, daß die emotionale Haltung bei uns selbst oder bei Anderen nicht nur einer augenblicklichen Stimmung entspringt, sondern in einer ähnlichen Situation sich wiederholen wird. Einen weiteren Prüfstein stellt die Authentizität einer moralischen Wertung dar, die sowohl die Echtheit der Emotion als auch die Eigenständigkeit des Werturteils beinhaltet. Selbsttäuschung und ideologische Vorurteile auszuschalten, sei freilich eine nie ganz abgeschlossene Aufgabe mit vielen Fallgruben, die nur mit skeptischer Selbstreflexion und Offenheit für kritische Argumente zu meistern ist. Bei aller Schwierigkeit liege in der Bereitschaft, sich solchen Prüfungen zu unterziehen, die Möglichkeit der Unterscheidung zwischen subjektiven Stimmungen und übernommenen Urteilen einerseits und Emotionen, die versprechen, objektive Wertantworten *(objektive axiological responses)* zu sein. Und diese Möglichkeit nennt De Sousa „*diagnostical universalization*" im Sinne von psychologisch erfahrbarer Unparteilichkeit, die eine gewisse Verallgemeinerung erlaubt.[76]

Parallel zur amerikanischen und der früher erwähnten englischen Emotionsforschung (Strawson, siehe S. 130), findet seit den 80er Jahren auch *in der deutschsprachigen Ethikdiskussion* eine Thematisierung der emotionalen Bedingungen von Moral statt. Das Symposium an der Freien Universität Berlin vom Oktober 1990, das unter dem Rahmenthema „Affektivität und Person" stattfand, stellt ein vorläufiges Resümee dieser Entwicklung dar. Für deutsche Verhältnisse ein Novum, versammelten sich dort Vertreter/innen aus Philosophie, Sozialpsychologie und Psychiatrie zu einem interdisziplinären Gespräch, das unter dem Titel „*Philosophie der Gefühle*" als Buch erschien.

In seiner Einleitung geht der Mitherausgeber *H. Fink-Eitel* davon aus, daß die Gefühle im Prinzipiengefüge der traditionellen Philosophie lange keinen oder nur einen wenig rühmlichen Platz hatten. In der Antike verweise der Ausdruck „pathos" auf Leiden und Krankheit, die im „niederen", leibgebundenen Teil der Seele entstehen und den höheren Seelenanteil beeinträchtigen, so daß man schließen könne, Gefühle seien etwas, was man besser gar nicht hätte. Weiter stellt Fink-Eitel – in (nicht ausgesprochener) Anlehnung an die feministische Kulturkritik – fest: „Der positiv bewerteten Gleichsetzung von Vernunft, Aktivität, Männlichkeit und Herrschaft steht die negativ bewertete Gleichsetzung von Affektivität, Passivität, Weiblichkeit und Unterlegenheit gegenüber. Gefühle und Lüste sind gleichsam die Weiber in der menschlichen Seele."[77] Dieser herrschaftliche Zugang zu den Gefühlen habe den verstehenden Zugang erschwert, der nur von vereinzelten Denkern und später von der Romantik, der Lebensphilosophie und der Existenzphilosophie intensiv versucht wurde.

Interessanterweise stimmt Fink-Eitels Definition der Affekte, ungeachtet der anderen Wortwahl, ziemlich genau mit der Definition von Emotionen, wie sie die amerikanischen Forscher geben, überein. Bei ihm heißt es: „Affekte sind leiblich fundierte, lebensgeschichtlich-psychisch vermittelte und propositional-kognitiv geprägte, innere Zustände, die zudem den überindividuellen Verhältnissen sozialer und kultureller Determinanten unterstehen."[78]

Als Ziel der Berliner Gesprächsrunde wird zweierlei genannt: erstens, ein Gegengewicht zur bisherigen Ethikdebatte herzustellen, die, in der Nachfolge Kants, die Gefühle mehr oder weniger vernachlässigte, was durch eine Verbindung von sprachanalytischen, sozialpsychologischen und phänomenologisch-existenzphilosophischen Ansätzen versucht werde. Zweitens, die vorliegenden Einzeluntersuchungen über identitätsbildende und moralisch relevante Gefühle in einen allgemeinphilosophischen Zusammenhang zu bringen, was die *Frage nach der Letztbegründung der Ethik* einschließe.

Alle Referenten, die bestimmte moralische Gefühle thematisierten – wie Mitleid und Empathie *(H. Köhl, A. Leist)*, Empörung und Zorn *(A. Wildt)*, Achtung und Verachtung, Scham und Schuld (A. Wildt, *S. Neckel)* –, waren sich in zwei grundsätzlichen Ergebnissen einig: Erstens beinhalten moralisch relevante Affekte/Emotionen immer Evaluationen von Situationen und den in diesen Situationen handelnden Personen einschließlich der eigenen Person. Zweitens reicht keines der beschriebenen Gefühle für sich allein genommen aus, um eine generalisierbare Ethik zu begründen. *Erst das Zusammenspiel von Empathie und Achtung, Scham, Schuld und Reue, Empörung, Verachtung und Verzeihung bildet ein emotionales Evaluationsgeflecht, das der Komplexität ethischer Fragen angemessen ist.*

Dennoch bleibt eine Angriffsfläche bestehen, die jede emotionale Werttheorie bietet, nämlich die Frage nach ihrer Universalisierbarkeit. Letzten Endes kann sich eine materiale Wertethik nur auf den „moral sense" berufen, d.h. auf das Erlebnis von Wertqualitäten, und muß dabei voraussetzen, daß auch andere, wenn nicht alle Menschen, solche Erlebnisse teilen. Für diese Frage scheint es mir wesentlich, die Gedankengänge *E. Tugendhats* heranzuziehen, der auf der genannten Berliner Tagung zwar nicht unter den Referenten war, auf dessen Werk aber wiederholt Bezug genommen wurde.

Tugendhat geht davon aus, daß sich die moderne Ethik in bezug auf die Begründungsproblematik in einer Sackgasse befindet. Kant habe zwar versucht, eine allgemeingültige Moral rational zu begründen, d.h. sich weder auf eine religiöse Autorität noch auf die subjektive Erfahrung zu verlassen, aber sein reines Vernunft-a priori setze ein transzendentales Subjekt voraus und dies sei so etwas wie eine naturalisierte Gottesidee.[79] Auch in der Diskursethik von Habermas sieht Tugendhat noch zu sehr den rationalen Zirkelschluß Kants am Werk, der immer schon die eigentliche moralische Qualität voraussetze.

In dieser Situation sieht Tugendhat die zeitgenössische Ethik vor das Dilemma gestellt, sich mit einer bloßen „Kontraktualismus-Moral" zu begnügen oder für eine positiv formulierte Wert-Moral auf eine absolut gültige Letztbegründung ganz zu verzichten. Da für ihn der Sozialvertrag, wie ihn schon Hobbes entworfen hatte, zu keiner Ethik im eigentlichen Sinn, sondern nur zu einer Rechtsnorm führen kann, bleibt nur der zweite Weg, der aber für Tugendhat nicht Resignation bedeutet. Was ihm vorschwebt, ist ein Konzept des moralisch Guten, das allgemein anerkannt werden *könnte*, auch wenn es nicht zwingend anerkannt werden muß. Im Grunde widerspreche sogar die Idee einer absoluten Moralbegründung der Idee der individuellen Freiheit, und deshalb genüge es, ein moralisches Konzept plausibel zu machen. Deshalb geht es ihm darum, durch sorgfältige Analyse der moralischen „Affekte" eine solche Plausibilität transparent werden zu lassen.[80]

Zunächst stellt Tugendhat fest, daß *„das moralische Urteilen ein unvermeidliches Ingrediens unseres Lebens"* sei, nicht nur im privaten Leben, sondern auch für die gesellschaftlichen Machtträger, die der Moral zumindest als Mantel ihrer Zielsetzungen bedürfen. Wenn sich auch nicht ausschließen lasse, daß sich der Skeptiker auf den Standpunkt stellt, ihm fehle jedes moralische Gefühl, so können wir ihm doch die Konsequenzen entgegenhalten, die ein solcher „lack of moral sense" nach sich zieht. In diesem Zusammenhang spielen zwei Begriffe Tugendhats eine zentrale Rolle: der Begriff der „internen Sanktion" im Gegensatz zur „externen Sanktion" und der Begriff der „sozialen Identität" als „Mitglied einer moralischen Gemeinschaft".[81]

Die Einhaltung gesellschaftlicher Übereinkünfte im Sinne von Rechtsnormen kann durch Strafgesetze, d.h. durch externe Sanktionen garantiert werden, doch sind sie nur dazu geeignet, „richtiges" Verhalten im Sinne einer klugen Schadensvermeidung zu manipulieren. Niemals aber können solche Sanktionen eigentliche moralische Einstellungen fundieren, wie sie uns in den Phänomenen des Gewissens, der moralischen Schuld und Scham oder der Empörung gegeben sind.[82] Diese Phänomene spiegeln *interne Sanktionen,* d.h. affektiv besetze Selbstvorwürfe aufgrund der Übertretung eines aus innerer Überzeugung anerkannten Sollens. Dabei entsprechen Schuld und Scham einem Verlust an Selbstachtung, Empörung einem Verlust an Achtung gegenüber der moralischen Integrität anderer, und beides setzt voraus, daß ich mich *als Mitglied einer moralischen Gemeinschaft* empfinde und daraus meine moralische Identität beziehe. Wer sich aber bewußt einer solchen Gemeinschaft entzieht, kann, so Tugendhat, sich selbst und andere als Person nicht ernst nehmen und Mitmenschlichkeit nur als ein gegenseitiges Sich-Instrumentalisieren verstehen.[83]

In diesem Zusammenhang sagt Tugendhat zu Recht, daß Kant mit der einzigen inhaltlichen Bestimmung seines kategorischen Imperativs, Menschen niemals nur als Mittel, sondern als Zwecke an sich zu behandeln, über ein rein apriorisches Begründungskonzept hinausgeht. Ohne metaphysischen Rückgriff ist der Personwert des Menschen nur als ein Faktum gelebter Mitmenschlichkeit und als Folge von Sozialisation zu erklären: Indem das Kind Liebe und Wertschätzung durch seine nächsten Bezugspersonen erfährt und durch Billigung und Tadel seiner Handlungen auch den Wert anderer als Personen respektieren lernt, bildet sich seine moralische Identität und seine Gemeinschaftsfähigkeit heraus.[84]

Klar wird damit aber auch, daß die empirische Genese des Personwerts und dessen Anerkennung zunächst an eine gewachsene Gemeinschaft gebunden ist, und es einer besonderen Anstrengung bedarf, um sie auf einen größeren Personenkreis, auf andere Kulturen und letztlich auf die ganze Menschheit auszudehnen.

Sowohl die Rolle moralischer Emotionen für die Sozialisation, besonders die Rede von der „internen Sanktion", als auch die Frage der transkulturellen Generalisierbarkeit wurde auf dem Berliner Kongreß zum Teil kontrovers zu Tugendhats Position diskutiert. Verschiedene Teilnehmer wiesen darauf hin, daß sich im Gegensatz zur Schuld die Scham nicht notwendig auf moralische Inhalte beziehe und es von den moralischen „Selbstaffekten" her keine scharfe Trennung zwischen Sitte/Konvention und Moral gebe.[85] An diesen Einwänden zeigt sich, wie sorgfältig die sprachlichen Bezeichnungen, die in der Umgangssprache oft doppeldeutig sind, analysiert werden müssen.

Grundsätzlicher sind die Einwände *Ursula Wolfs.* Bei der moralischen Erziehung legt sie das Gewicht stärker auf die liebende Bezogenheit und das daraus erwachsende Solidaritätsgefühl, während Tugendhat darauf besteht, daß Liebe ohne

Achtung – nicht nur im Sinne von Respekt vor der Selbstbestimmung des Du, sondern auch im Sinn von moralischer Achtung und den mit ihr verbundenen moralischen Forderungen – nicht möglich sei.[86]

Was die Erweiterung der Solidarität auf einen Kreis von Menschen betrifft, dem wir affektiv nicht verbunden sind, so reicht dafür nach Wolf eine bloße Pflicht- und Tugendmoral grundsätzlich nicht aus. Dazu bedürfe es vielmehr *einer gemeinsamen Vorstellung vom „guten Leben"*. Zwar stehe unter den Bedingungen der Moderne kein in jeder Hinsicht gemeinsames Leben mehr zur Verfügung, doch behalte die Universalisierung der moralischen Einstellung dann ihre inhaltliche und motivationale Grundlage, wenn wir in der Lage sind, Gemeinsamkeiten zwischen allen Menschen oder empfindungsfähigen Wesen (womit Wolf die Tiere einschließt) zu sehen. Heute bestehe diese Gemeinsamkeit vor allem in der globalen Bedrohung, die uns alle betrifft und die zur Solidarisierung führen könnte.[87]

Um zu einer Einschätzung des „guten Lebens" zu kommen, genügen nach Wolf sachliche Bewertungskriterien allerdings nicht: „Wie man das Leben in der Welt letztlich bewertet, zeigt sich in der affektiven Grundstimmung, die in der Beziehung zwischen beiden liegt."[88] Mit den *Stimmungen als „dauerhafte Bewertungszustände unserer Gesamtbeziehung zu Leben und Welt"* schlägt sie ein Thema an, das seit Kierkegaard Gegenstand der Existenzphilosophie ist und das *Georg Lohmann* in seinem Beitrag über Zeitdiagnosen aufnahm.[89] Danach erlauben Grundstimmungen nicht nur Rückschlüsse auf die allgemeinmenschliche Grundsituation, sondern auch eine Diagnose der individuellen oder kollektiven Befindlichkeit unter konkreten Lebensbedingungen. Gefühle der Entfremdung, der Angst und Ausweglosigkeit spielen deshalb auch eine Rolle für die Konzeption von sozialer Identität, wie sie in der gegenwärtigen Sozialphilosophie reflektiert wird.[90]

Ursula Wolf geht in ihrem Referat aber nicht nur auf „Gefühle im Leben" ein, sondern auch auf *die Rolle der Gefühle für die Philosophie als solche*. Zum Ausgangspunkt des Philosophierens, das traditionsgemäß im „Staunen" gesehen wird, präzisiert sie, daß es nicht irgendwelche Fragen seien, die uns zum Philosophieren veranlassen, sondern solche, die uns beunruhigen, nämlich „Verwirrungen, Spannungen, Aporien".[91] (Ich selbst habe an anderer Stelle vorgeschlagenen, nicht das neugierige Staunen, sondern die Trauer um die Toten als ursprünglichste Quelle der Philosophie zu betrachten).[92]

Schon von ihrem Ausgangspunkt her läßt sich also keine strikte Grenze zwischen Philosophie und Psychologie ziehen, und von daher erscheint der Einbezug von Erkenntnissen aus Psychologie und Psychopathologie in den philosophischen Diskurs als folgerichtig. Dem entsprachen in Berlin die Beiträge von psychiatrischer Seite zu den Themen Angst, Hoffnung und Melancholie.[93]

Ein bemerkenswerter Wandel vollzieht sich gegenwärtig aber auch innerhalb der *Psychologie,* die jahrzehntelang von funktionalistischen, behavioristischen und rein kognitivistischen Theorieansätzen beherrscht war. Als Vertreter einer *eigenständigen Emotionsforschung* in Deutschland sind vor allem *Dieter Ulich, Norbert Groeben* und *Brigitte Scheele* zu nennen.[94] Scheele, die diesen Ansatz am weitesten vorangetrieben hat, definiert Emotionen als „*bedürfnisrelevante Bewertungszustände*", womit den Gefühlen eine ausgesprochen aktive Rolle in der Interpretation der Objektwelt und bei der Interaktion mit dieser zugesprochen wird. Menschliche Emotionen stellen aus dieser Sicht einen wertgetönten, reflexiven Selbstzug dar, der als Motivationsgrundlage zugleich unser Handeln aktiviert.

Scheele betont die Verflochtenheit von Kognition und Emotion, indem sie die adäquate Artikulation eines Gefühls an dessen sprachliche Formulierbarkeit gebunden sieht und dies die „*Semiotizität der Gefühle*" nennt.[95] Das erinnert ganz an Agnes Hellers Theorie der Gefühle, auf die sich Scheele zwar nirgends bezieht, aber deren Grundintention sie offenbar teilt, wenn sie sagt, daß ihr die „Überwindung der Trennung von Kognition und Emotion in Richtung auf eine differenzierte reflexive Gefühlskultur als positive Entwicklungsmöglichkeit des

Menschen" am meisten am Herzen liege.[96] Scheeles „episte-mologische Emotionstheorie" ist auch deshalb bemerkenswert, weil sie ihren Theorieentwurf anhand empirischer „Szenario-Strukturanalysen" überprüft.[97]

Zuletzt sei noch auf eine Auseinandersetzung hingewiesen, die im gleichen Jahr wie der Philosophenkongreß in Berlin (1990) in Form eines Symposiums in Saarbrücken stattfand, wo deutsch-sprachige Ethiker und Ethikerinnen mit dem bedeutenden engli-schen Moralphilosophen *Richard M. Hare* diskutierten.

Hare nennt seine Position „Präskriptivismus", womit er eine an Kant angelehnte, *universelle Pflichtethik* vertritt, deren for-male Prinzipien er aber *durch utilitaristische Zielvorstellungen ergänzt*. Ausgehend von sprachanalytischen Untersuchungen von Sollenssätzen entwickelt er eine Logik des moralischen Denkens, das von jedem individuellen Standpunkt aus als all-gemeinverbindlich anerkannt werden kann und das zugleich auf eine Maximierung des Wohlbefindens (Glücks) einer mög-lichst großen Zahl von Menschen ausgerichtet ist.

Dabei vermeidet Hare bewußt alle Fragen der Moralpsycho-logie und bezieht sich ausschließlich auf das intellektuelle Vorstellungsvermögen, mit dem wir uns bei gegebenen Inter-essenkonflikten in die jeweilige Situation aller am Konflikt Beteiligten versetzen können. Sich in die Situation anderer hineinversetzen heißt für Hare aber gerade nicht, sich mit an-deren Personen zu identifizieren und mit ihnen zu fühlen, sondern sich vorzustellen, welche Bedürfnisse (Präferenzen) ich selbst in eben dieser Situation hätte, und zwar ohne diese Bedürfnisse als solche moralisch zu bewerten. Ihm schwebt ei-ne neutrale Haltung vor, welche dem wertneutralen Vorgang der Wahrnehmung nahesteht. Das Werten selbst ist für ihn ei-ne Entscheidung: „*Die moralische Wahl, die dann von uns verlangt wird, ist die, die unparteilich und der klugen Ein-schätzung zufolge die Befriedigung der Präferenzen aller ma-ximiert.*" Darin eingeschlossen ist die goldene Regel, daß die Wünsche (Präferenzen) anderer im gleichen Maße berücksich-tigt werden sollen, wie ich die eigenen Wünsche berücksichtigt haben möchte.[98]

Neben formallogischen Einwänden, die hier weniger interessieren, konzentrierte sich die Kritik der deutschsprachigen Gesprächsteilnehmer/innen vor allem auf die folgenden Punkte:

Erstens: Die Annahme von wertneutralen Wahrnehmungen und Vorstellungen sei eine Illusion, weil es keine „reine" Tatsachenfeststellung gibt. Vielmehr erfassen wir die Dinge immer auch qualitativ, und das heißt wertgetönt. Deshalb sei die Trennung zwischen der Vorstellung reiner Tatsachen und moralischer Entscheidung künstlich *(Jean-Claude Wolf)*.[99]

Zweitens: Eine korrekte und unparteiliche Vorstellung von Bedürfnissen werde dadurch kompliziert, daß es auch unbewußte Bedürfnisse und vorgeschobene Interessen gibt. Zudem sei auch die Bildung von Präferenzen ein zum Teil unbewußter Prozeß, welcher der rationalen Kontrolle nicht ohne weiteres zugänglich ist *(Wilfried Hinsch)*.[100]

Drittens: Zwischen der Erkenntnis der Bedürfnisse anderer und der tatsächlichen Berücksichtigung dieser Bedürfnisse klaffe eine Lücke, nämlich eine Motivationslücke, die nur durch emotionale Anteilnahme an den Bedürfnissen anderer geschlossen werden könne *(Christoph Lumer, Anton Leist)*.[101]

Mit diesen grundsätzlichen Einwänden stellen sich genau die moralpsychologischen Fragen, die Hare ausklammern will, darunter vor allem die Beteiligung der Emotion bei moralischen Urteilen. Dazu kommt ein nicht weniger prinzipieller Vorbehalt gegenüber einer wertneutralen Bedürfnisabwägung und der angestrebten Maximierung im Hinblick auf die Befriedigung der Bedürfnisse aller Beteiligten. *Anna Kusser* greift ein Problem auf, das Hare am Beispiel der römischen Zirkusspiele selbst beschreibt, nämlich die Tatsache, daß es auch „böswillige" Vorlieben wie sadistische Bedürfnisse gibt. Wenn es um die Bedürfnisabwägung zwischen Tausenden von Schaulustigen geht, die sich an den Qualen der bei den Tierspielen Geopferten weiden, und dem Lebensinteresse dieser wenigen Opfer, so versagt offenbar die wertneutrale Interessenabwägung.

Hare versucht dieses Dilemma dadurch zu lösen, daß er vorschlägt, die Bedürfnisse der Zuschauer umzustimmen, indem man ihnen andere spannende Belustigungen anbietet. Dies aber hält Kusser für einen wenig überzeugenden Kunstgriff. Es wäre ehrlicher, gewisse Bedürfnisse von vornherein als unmoralisch auszuschließen, was freilich eine Parteinahme im Sinne eines evidenten und unbedingten Werturteils bedeutet.[102]

2.4. Der Beitrag der Neurophysiologie zum Funktionsverständnis der Gefühle

Völlig unabhängig von der neuen Einschätzung der menschlichen Gefühle durch Philosophie und Psychologie kam es in der jüngsten neurophysiologischen Hirnforschung zu bahnbrechenden Entdeckungen, die zu erstaunlich ähnlichen Auffassungen führen. Um zu verstehen, welcher Wandel sich gegenwärtig auf diesem Gebiet vollzieht, müssen wir uns zunächst über die bisherige Sicht, wie sie seit Jahrzehnten von der medizinischen und biologischen Forschung vertreten wurde, eine Vorstellung bilden.

Vorherrschend war bisher das sogenannte *„Dreifaltigkeitsmodell" (triune brain)*, das der Neurologe *P. D. MacLean* entwickelte (1958 ff.) und das von der Evolutionsbiologie aufgegriffen wurde. Nach dieser Theorie – die im übrigen nie empirisch belegt wurde – besitzen wir relativ unabhängig voneinander arbeitende Gehirne, die sich im Laufe der Evolution übereinander stapelten: Das Stammhirn oder „Reptilienhirn", das unsere lebenswichtigsten Instinkte und Reflexe steuert, das limbische System als mittlere Schicht, das MacLean das „Säugetierhirn" nennt und das für unsere Triebe und Gefühle zuständig ist, und als oberste Schicht das Großhirn *(Neocortex)* oder „Primatenhirn", mit dem wir unsere rationalen Entscheidungen treffen.

Besonders zwischen den beiden stammesgeschichtlich älteren Gehirnschichten und dem menschlichen Großhirn gibt es nach MacLean nur unzureichende Verbindungen, weil der Neocortex unverhältnismäßig rasch gewachsen („gewuchert wie ein Tumor") und den viel älteren Systemen aufgestülpt worden sei.[103]

Das m. E. Wesentliche dieses Modells ist, daß es weit über eine wissenschaftliche Hypothese hinausgeht und eine philosophisch-anthropologische Theorie zu begründen sucht: die Theorie, daß der Mensch ein von Natur aus schizoides Wesen sei, weil er gemäß seiner „Schizophysiologie" (MacLean) uneinheitlich und inkonsequent funktioniert. Seine bewußt gesetzten Ziele würden dauernd von tieferliegenden Motivationen durchkreuzt,[104] und daraus wird der Schluß gezogen, daß die tragischen Menschheitsprobleme, vor allem die menschliche Destruktivität, nicht rational zu lösen seien, *weil „wir nicht können, wie wir wollen".*[105]

Eine völlig andere Sicht ergibt sich aus den Resultaten der jüngsten Hirnforschung, zu deren kompetentesten Vertretern *Antonio R. Damasio* gehört. Zusammen mit seiner Frau Dr. Hanna Damasio und einem Mitarbeiterstab untersucht er seit zwei Jahrzehnten Hirngeschädigte, deren Ausfälle mit der bisherigen Topographie des Gehirns nicht erklärbar waren. Die wichtigsten Ergebnisse, die Damasio in seinem Buch „Descartes' Irrtum" (1995) veröffentlichte, sind folgende:

Erstens gibt es *keine Abgrenzungen älterer und jüngerer Gehirnteile, sondern eine enge Vernetzung zwischen ihnen.*

Zweitens arbeitet das Gehirn intensiv mit dem ganzen Körper zusammen, und zwar nicht nur dadurch, daß das periphere Nervensystem durch sensorische und motorische Reizleitungen mit dem Zentralnervensystem verbunden ist, sondern auch in dem Sinn, daß sich die menschliche Identität, das Selbstbewußtsein und das Lebensgefühl aus dem Zusammenwirken von Gehirn und der gesamten „Körperlandschaft" ergibt. *Descartes' Irrtum war die Trennung zwischen Geist und Körper.*

Drittens gibt es keine prinzipielle Trennung zwischen Kognition und Emotion. Auf der einen Seite sind unsere Gefühle auf die intellektuelle Informationsverarbeitung angewiesen (jedenfalls die sekundären, erlernten Gefühle), auf der anderen Seite gibt es *kein lebenstüchtiges Denken und keine rationalen Entscheidungen ohne Gefühl.*

Diese Ergebnisse beinhalten eine Revision hirnphysiologischer Grundannahmen. Hielt man bisher allein das limbische System (das den *Gyrus cinguli* im *Neocortex* und die subkortikalen Kerngebiete der *Amygdala* und des basalen Vorderhirns umfaßt) für Gefühlsabläufe zuständig, so entdeckte Damasio, daß auch präfrontale Rindenfelder und bestimmte Rindenfelder in der rechten Hirnhälfte (beide im *Neocortex*) für gefühlsmäßige Wertungen verantwortlich sind. Hier finden offensichtlich wichtige Überschneidungen zwischen Denken und Fühlen statt, was er an Beispielen präfrontaler und rechtsseitiger Hirnschädigungen illustriert. Patienten, die nur in diesen Partien verletzt sind, zeigen völlig normales Sprachverhalten, intaktes Gedächtnis und gute Leistungen in den üblichen Intelligenztests, sind aber emotionell verarmt und gleichzeitig unfähig, lebenspraktische Entscheidungen zu treffen. Sie werden berufsunfähig, verhalten sich sozial unangemessen und verlieren ihre persönlichen Gefühle, ohne daß sie diese Mängel selbst wahrnehmen können. Anhand solcher tragischer Schicksale wurde Damasio klar, daß reine Verstandestätigkeit im Sinne von Informationsverarbeitung für vernünftige Lebensleistungen keineswegs ausreicht. Ohne gefühlsmäßige Wertungen kommen wir weder zu einer vernünftigen Tageseinteilung noch zu lebenspraktischen und zukunftsbezogenen Entscheidungen. Besonders eindrucksvoll sind seine Schilderungen eines hochintelligenten Patienten, der nicht mehr imstande ist, ein Rendezvous mit ihm zu verabreden, weil er keine Auswahl zwischen möglichen Terminen treffen kann, oder die eines ehemaligen Richters, der nach einem Schlaganfall an den Rollstuhl gebunden ist, aber keinerlei Einsicht in seinen Zustand zeigt und völlig unrealistische Pläne schmiedet.[106]

Offenbar dienen unsere Gefühle unter anderem dazu, bei Entscheidungen eine günstig erscheinende Vorauswahl zu treffen bzw. den Vorteil oder Nachteil zukünftiger Ereignisse abzuschätzen und sie mit unserem persönlichen Zustand und dem unserer Mitmenschen in Verbindung zu bringen.

Bei den Gefühlen selbst unterscheidet Damasio die primären Gefühlsdispositionen wie Schmerz und Lust, mit denen wir geboren werden, von den sekundären Gefühlen, die durch Erziehung und kulturelle Umwelt erlernt sind. Diese Gefühlserfahrungen lassen – zusammen mit den Sinneswahrnehmungen und den im Gedächtnis gespeicherten Vorstellungen – die individuelle Ausprägung des Gehirns erst entstehen. So etwa bilden sich die sogenannten Synapsen (Verbindungsstellen zwischen Nervenzellen) stärker oder schwächer aus je nach der Gefühlsintensität, mit der Erlebnisse registriert wurden.

Vollzieht sich nach Damasio das Denken weitgehend in Vorstellungsbildern und können gespeicherte Vorstellungen nur über die sensorischen Rindenfelder abgerufen werden,[107] so treten Gefühle als bewußte Empfindungen dadurch auf, daß das Gehirn „Körperbilder" empfängt, die ihm Qualitäten der Lust/Unlust, des Gutseins/Schlechtseins vermitteln. Solche *Körperbilder* nennt er *„somatische Marker",*[108] die im Körperinneren oder an der Körperoberfläche durch Muskelspannungen und andere somatische Zustände entstehen. Solche „Marker" als somatische Abbilder soziokulturell erworbener Gefühle spielen auch im Hinblick auf moralische Gefühle eine bedeutende Rolle. Bei Soziopathen, die in keiner sozial geordneten Umgebung aufwachsen konnten, fehlen die sozialen Erfahrungen und die entsprechenden Marker, weshalb solche Menschen weder Reue noch Mitleid empfinden und „kaltblütig" soziale Normen überschreiten oder sogar Verbrechen begehen.[109]

Für Damasio besitzen Gefühlsempfindungen für den Aufbau der Persönlichkeit schon deshalb ein Privileg, weil sie in der kindlichen Entwicklung den übrigen Wahrnehmungen (Kognitionen) vorausgehen. *Es sind die Gefühlsempfindungen, die alle Objekte, die wir über die Sinneskanäle aufnehmen, mit Wertqualitäten imprägnieren. Weil diese Empfindungen unauflöslich mit dem Körper verbunden sind, könnten wir ebenso von einer Somatisierung unserer Gefühle wie von der „Vergeistigung des Körpers" sprechen:* „Die Seele atmet durch den Körper, und Leiden findet im Fleisch statt, egal, ob es in der Haut oder in der Vorstellung beginnt." Und wenn, wie Damasio sagt, „unsere erhabensten Gedanken, ... unsere höchsten Freuden und tiefsten Verzweiflungen den Körper als Maßstab nehmen",[110] so wird dies durch die Metaphern aller Dichter und Mystiker bestätigt. Das wußte auch Pascal, auf den sich Damasio mehrmals bezieht und von dem wir im 1. Kapitel den Gedanken kennenlernten, daß das Gefühl verläßlicher sei als der Verstand, weil es den Körperwahrnehmungen näherstehe (vgl. oben S. 42).

Von da aus gesehen wird die Utopie mancher Kybernetiker, das Wesentliche des Menschen im Computer zu erfassen und den Rest als „Gelee" abzutun, geradezu absurd (vgl. S. 143).

Im übrigen gibt es parallel zur neurophysiologischen Forschung in Amerika auch Untersuchungen in Europa, welche die Bedeutung der Emotionen für den Gesamtverlauf geistiger Vorgänge bestätigen. Der Leiter des Bremer Hirnforschungsinstituts, *Gerhard Roth,* distanziert sich ganz entschieden vom Drei-Hirne-Modell und geht von der engen Verwobenheit zwischen Denken und Fühlen aus.[111] Der Neuropsychologe *Ernst Pöppel* vom Max-Planck-Institut spricht davon, daß die Gefühle „der Leim des Bewußtseins" seien; dies im Zusammenhang mit seiner Entdeckung der Diskontinuität unserer Wahrnehmungs- und Denkvorgänge, wobei die Kontinuität des Bewußtseins nur durch den emotionalen Bewertungsgrundton des Gefühls gegeben sei.[112] Ähnlich äußert sich der Berner Schizophrenieforscher *Luc Ciompi,* für den die Integration bzw. Desintegration von Fühlen und Denken ausschlaggebend für die gesunde oder kranke Persönlichkeit sind.[113]

Fokus 3.
Die feministische Kulturkritik und Ansätze
einer nicht-androzentrischen Ethik

Die Publikationen der feministischen Kultur- und Wissenschaftskritik haben während der vergangenen 25 Jahre einen solchen Umfang erreicht, daß ein umfassender Überblick nur noch bedingt möglich ist. Im Gegensatz zu Amerika, wo schon eine zweite Generation von Wissenschaftlerinnen eine feministische Position vertritt, nahm der akademische Betrieb in

Europa diese Arbeiten bis jetzt kaum oder nur zögernd zur Kenntnis. Was will diese Kritik, und wo liegen ihre Schwerpunkte?

Ausgehend von der Frauenbewegung der 60er Jahre in Amerika und der 70er Jahre in Europa, die eine Gleichstellungsbewegung war und sich auf Theoretikerinnen wie Simone de Beauvoir, Betty Friedan und Shulamith Firestone stützte, stellt sie einen zweiten Schritt in der theoretischen Grundlegung des Feminismus dar. Als radikale Kulturkritik geht sie über den Nachweis von Unterdrückung und Unterprivilegierung der Frau und über die entsprechende Forderung nach voller Mitwirkung von Frauen in allen Bereichen des geistigen, wirtschaftlichen und politischen Lebens hinaus. Ihr geht es um *eine kritische Distanz zu den geistigen Grundlagen des Patriarchats überhaupt und um eine Ideologiekritik, welche die Verflechtungen zwischen den Herrschaftsstrukturen in der Gesellschaft und dem patriarchalen Symbol- und Denksystem aufdeckt.* Diese Verflechtungen durchziehen alle Lebensbereiche von den ökonomischen und familiären Strukturen über die Staats- und Kriegspolitik bis zur Mythologie, Theologie, Philosophie und Wissenschaft.

Der amerikanische Ausdruck „Gender-Studies" (*gender* = Geschlechterrolle), der den der „Women's studies" ablöst, beruht auf der Erkenntnis, daß die männliche Philosophie und Wissenschaft, die im Namen einer allgemeingültigen menschlichen Vernunft spricht, zu einem nicht unwesentlichen Teil von androzentrischen Vorurteilen geprägt ist. Das heißt, feministische Wissenschaftskritik zweifelt an der Objektivität eines Teils bisheriger Denkprämissen, Methoden und Zielsetzungen der offiziellen Wissenschaft und macht die „male bias", wörtlich die „schiefe" Perspektive der androzentrischen Sichtweise bewußt.

3.1. Die „male bias" in der Wissenschaft und die „Metaphysik der männlichen Identität"

Der springende Punkt dabei ist, daß die androzentrische Brille nicht nur die Wahrnehmung des weiblichen Lebens verzerrt, sondern auch die männliche Eigenwahrnehmung und den Blick auf die Realität insgesamt. Gefordert ist also ein *Perspektivenwechsel,* der mit der Revision des geozentrischen Weltbilds oder mit der immer noch unvollständigen Revision der eurozentrischen Weltsicht vergleichbar ist. Die neue Sichtweise zu gewinnen, wird jedoch dadurch erschwert, daß die älteste unserer „gefärbten Brillen" am schwierigsten abzulegen ist, weil alle Menschen in sämtlichen patriarchalen Kulturen sie tragen – die Frauen inbegriffen.

So bedurfte es bei den Pionierinnen dieses Perspektivenwechsels eines tiefgreifenden Bewußtseinsprozesses, um ihre Position als „Jüngerinnen" einer männlich geprägten Wissenschaft teilweise aufzugeben und ihren eigenen Augen mehr zu trauen als dem, was zu sehen man sie gelehrt hatte.[1]

Am frühesten gelang dieser Prozeß in Bereichen, die mit konkreten Lebenszusammenhängen unmittelbar verbunden sind wie die Ethnologie und Soziologie, Medizin und Psychoanalyse. Bald aber folgten ideologiekritische Auseinandersetzungen mit der herkömmlichen Theologie, Philosophie und Kulturgeschichte und die grundstürzende epistemologische Kritik an den polaren Denkstrukturen und der Subjekt-Objektspaltung in den Naturwissenschaften.

Ein markanter Schritt auf dem Weg zu diesem Perspektivenwechsel war *Sally Slocums* berühmter Aufsatz „Woman the Gatherer: Male Bias in Anthropology" von 1971. Er war die direkte Antwort auf das Konzept „Man, the Hunter" (Sherwood Washburn/C. Lancaster 1968), ein *anthropologisches Evolutionskonzept,* das im männlichen Jäger den Kulturbringer schlechthin sieht. Im Akt des bewußten Tötens habe er sich über das animalische Dasein erhoben, mit der Herstellung der Waffen das Handwerk und sogar die Kunst begründet und durch kollektive Zusammenarbeit bei der Jagd die Sprache als mitmenschliches Kommunikationsmittel kreiert. Ausgeschlossen aus diesem Prozeß der Menschwerdung sind offensichtlich die Frauen, die sich angeblich ausschließlich der Kinderaufzucht widmeten und darauf warteten, daß ihre männlichen Ernährer sie mit ihrer Beute versorgten.

Dem hält S. Slocum empirische Fakten und eigene, viel naheliegendere Annahmen entgegen, so etwa die Tatsache, daß die heute noch lebenden Wildbeutervölker zu 80% und mehr vom Sammelergebnis der Frauen und Kinder leben, während die Jagdbeute nur eine willkommene Ergänzung darstellt. Ferner sei anzunehmen, daß sich Sprache und primitives Handwerk sehr viel früher entwickelten als die relativ spät anzusetzende Großwildjagd, und an beiden Entwicklungen dürften Frauen wesentlich beteiligt gewesen sein. Nachdem aus dem Primatenverhalten bekannt ist, daß sich die sozialen Kommunikationsformen an der Mutter-Kind-Beziehung herausbilden (Eibl-Eibesfeld), liege es nahe, diese auch als Basis der Sprachentwicklung zu betrachten. Auch eine Reihe früher Kulturtechniken und Gebrauchsgegenstände – wie Tragtaschen für Kleinkinder, Sammel- und Vorratsbehälter, Rinden- und Fellbekleidung – einschließlich der Herstellung der dazugehörenden Werkzeuge seien vermutlich weibliche Innovationen.[2]

Dies sind Argumente, die von der Forschung mehrfach bestätigt wurden,[3] wie auch vieles für Slocums Annahme spricht, daß die früheste gesellschaftliche Organisation matrizentrisch war, d.h. sich aus den Mutter-Kindgruppen herausbildete, während die unsichere Vaterschaft wahrscheinlich lange von untergeordneter Bedeutung blieb. So erweist sich das Bild vom Jäger als Schöpfer der menschlichen Kultur als männliche Ideologie und als Rückprojektion des heutigen Familienmodells in die Urzeit. Ähnliche Korrekturen drängen sich in der *Ethologie,* insbesondere in der Primatenforschung auf, in der sich männliche Forscher offenbar so stark mit den „Alpha"-Männchen identifizierten, daß sie die Rolle der weiblichen Tiere, besonders der älteren Muttertiere völlig unterschätzten.[4]

Ebenso deutlich wird die „male bias" in der *Evolutionsbiologie,* in der sich Forscher häufig eines Kriegsvokabulars bedienen, um die Überlebensstrategien von Arten und Individuen zu beschreiben. So führe der Kampf ums Dasein zur Aufrüstung mit immer stärkeren biologischen Waffen und zum Konkurrenzkampf zwischen Individuen, die sich die Ressourcen mit äußerster Brutalität gegenseitig streitig machen.

Demgegenüber bleibt die soziale Kooperation in Tiergesellschaften ausgeblendet, wie sie zwischen Muttertieren und Nachkommen, beim Paarungs- und gemeinsamen Brutverhalten oder bei gemeinsam jagenden Gruppen stattfindet.[5]

Noch stärker akzentuiert die *Soziobiologie* das individualisierte Wettbewerbsverhalten, wobei in der Argumentation nicht nur der Wirtschaftsjargon auffällt, wenn von „Investitionen" die Rede ist, die sich im Hinblick auf die zu vermehrenden Gene lohnen oder nicht lohnen, sondern auch der sexistische Jargon: Das Männchen sei mit seinen kleinen, beweglichen Gameten imstande, seine Gene mit denen beliebig vieler Weibchen zu multiplizieren, während die Weibchen mit ihren plumpen Eizellen sexuell zurückhaltender und weniger an Fortpflanzung interessiert seien.[6] Dies suggeriert neben der angeblich größeren sexuellen Appetenz auch den generell größeren Fortpflanzungserfolg der Männchen (in Wirklichkeit beschränkt sich dieser auf einzelne, aus dem männlichen Wettkampf hervorgegangene Sieger), und das weckt den Verdacht auf ein Kompensationsmotiv: Während sich der Mann auf individueller Ebene seiner Vaterschaft nie sicher sein kann, macht ihn die Verlegung der Generativität auf die Ebene der Gene der Frau scheinbar überlegen.

Noch deutlicher tritt dieses kompensatorische Motiv als (unbewußter) „Uterusneid" in der Reproduktionstechnologie hervor, wenn der weibliche „Fötalbehälter" durch das Reagenzglas des Wissenschaftlers ersetzt werden soll. So preist der französische Forscher Laurence Gavarini das Retortenbaby mit der Begründung an, es sei wissenschaftlich kontrolliert und daher perfekter als das „enfant banale" der natürlichen Geburt.[7] Zugleich ist darin der Höhepunkt eines Kontrollbedürfnisses über die weiblichen Reproduktionskräfte zu erkennen, das die gesamte Geschichte der *Gynäkologie* durchzieht.[8]

Daß es der *Mikrobiologie* um das ursprünglich den Frauen vorbehaltene „Geheimnis des Lebens" geht, verrät sich auch in der Wortwahl der Grundlagenforschung. Die Entdecker der DNA, Crick und Watson, beschreiben ihr Forschungsunternehmen wörtlich als „vorsätzlichen Angriff auf das Geheimnis des Lebens", wobei im englischen Ausdruck „calculated assault" die Bedeutung von „beleidigendem Zugriff" und von Vergewaltigung mitschwingt.[9]

Diese Metaphorik ist allerdings nicht neu, sondern geht, wie *Evelyn Fox Keller* und *Carolyn Merchant* anhand ihrer wissenschaftshistorischen Studien zeigten, bis in die Anfänge der modernen Naturwissenschaften zurück. Bacon als der Begründer der experimentellen Methode wollte mit deren Hilfe in die „innersten Kammern" der Natur eindringen und ihr notfalls mit Gewalt ihre Geheimnisse entreißen. Dabei imaginiert er die Natur stets in weiblichen Bildern und vergleicht die mechanischen Hilfsmittel mit der Hexenfolter, auf die der Forscher die Natur spannen müsse. Bacon war es auch, der ein „männliches Zeitalter" von Wissenschafts-Heroen *(heroes and supermen)* ankündigte, die mit ihren Erfindungen die Werke der Natur übertrumpfen würden.[10]

Ganz in dieser Tradition scheinen die zeitgenössischen *Kybernetiker* zu stehen, wenn sie ihre Intelligenzmaschinen und die geplanten mechanischen Menschen euphorisch als ihre „Geist-Kinder" *(mind children)* bezeichnen. Darin verrät sich eine Ambition, die sich der – feministisch unbelastete – Josef Weizenbaum als Fachspezialist und Kritiker der künstlichen Intelligenz nur mit dem männlichen Gebärneid erklären kann.[11]

Bei allen diesen Beispielen – vom kreativen Jäger bis zum gottähnlichen Genetiker und Kybernetiker – sind männliche Wünsche und Phantasien im Spiel, die Evelyn Fox Keller zur „*emotionalen Substruktur" der Wissenschaft* zählt. In dieser aus dem Bewußtsein verdrängten Substruktur sind mehrere Grundmuster zu unterscheiden, die aber oft miteinander vernetzt sind und sich alle auf den mehrmals genannten „*Autonomiekomplex*" des Mannes beziehen.[12]

Auffallend an den genannten Beispielen ist die starke Betonung der männlichen Aggressivität, wobei im ersten Beispiel das Töten selbst als kreativer Akt gesehen wird. Gleichzeitig tritt ein Antagonismus zum Weiblichen hervor, sei es, indem man die weiblichen Kulturleistungen ignoriert, sei es, daß man zur weiblichen „Natur" in Konkurrenz tritt und sie auf aggressive Weise übertrumpfen will. Daran ist eine Tendenz zur Selbstarmierung und zur Selbsterhöhung des Männlichen bzw. zur Abwertung des Weiblichen abzulesen, die psychologisch nur durch eine *unsichere Basis der männlichen Identität* plausibel zu machen ist.

Wie schon geschildert, halten feministische Psychoanalytikerinnen die Selbstfindung des Mannes aufgrund unserer modernen Familienkonstellation tatsächlich für prekär, weil die Mutterdominanz während der frühkindlichen Sozialisation beim Knaben zu einem „Identitäts-Knick" führt. Der Zwang, die emotionale Identität mit der Mutter aufzugeben, um eine männliche Identität aufzubauen, forciert seine Selbstdefinition über die rationale, harte Welt der Väter. Aber untergründig bleibt die Sehnsucht nach der Verschmelzung mit dem Weiblichen bestehen, was als Bedrohung der männlichen Autonomie abgewehrt und verdrängt wird. Gleichzeitig übernimmt der Heranwachsende die Höherbewertung des Männlichen und die Minderbewertung des Weiblichen durch die Gesellschaft, was ihm die Unterdrückung seiner eigenen, emotionalen Anteile erleichtert. Daraus entwickelt sich *das Grundmuster der Angst vor der Nähe und die Kultivierung jener kühlen Sachlichkeit, die unser öffentliches Leben prägt.* Evelyn Fox Keller sieht einen Höhepunkt dieser Entwicklung in der modernen Naturwissenschaft, deren strikte Subjekt-Objekt-Trennung dem Distanzbedürfnis des Mannes entgegenkommt. Schaltet sich zwischen Forscher und zu Erforschendem die Apparatur des Experiments, so wird nicht nur der emotionale Kontakt zum „Gegenstand" unterbrochen und in *eine Art rationale Anästhesie* verwandelt, sondern der lebendige Gegenstand selbst segmentiert und mechanisiert. Nicht von ungefähr spricht die Mikrobiologie nicht mehr von Tieren – mit denen wir mitfühlen – sondern nur noch von „animalen Systemen", die den beliebigen Eingriffen der Forscher offenstehen.

Die *„Metaphysik der männlichen Identität"*, wie *Jane Flax* sie nennt,[13] ist aber auch in unsere Gesellschaftswissenschaften und in die gesamte abendländische Philosophie eingeschrieben. Aus meiner Sicht greifen wir jedoch zu kurz, wenn wir das

Grundmuster des polaren Denkens ausschließlich aus der Familienkonstellation ableiten. Zwar liegt in fast allen uns bekannten Kulturen die Hauptverantwortung für die Kleinkindbetreuung bei den Müttern, doch lassen sich die vielschichtigen Beziehungen in der Sippe mit dem Kleinfamilienmodell nicht vergleichen. Um die Entstehungsbedingungen der androzentrischen Sichtweise in ihren Ursprüngen zu begreifen, müssen wir historisch weit zurück in die Frühgeschichte gehen.

Die griechische Philosophie wurzelt mit ihren Denkstrukturen tief im Mythos, wenn sie diesen auch ablöst und seine Bilder in rationale Prinzipien übersetzt. *Pythagoras'* Gleichsetzung des Weiblichen mit dem Bösen, *Platons* Bild vom Leib als dem Kerker der Seele und *Aristoteles'* sexistische Deutung der ontologischen Prinzipien von Form und Stoff schöpfen alle aus der mythischen Vergangenheit. Dieser Mythos seinerseits ist aber nicht einfach archaisch zu nennen. Was uns *Homer, Hesiod, Aischylos* und andere bruchstückhaft überlieferten, spiegelt *den gewaltigen Kulturumbruch,* der sich *im ausgehenden Neolithikum* im gesamten mediterranen Raum einschließlich Ägyptens, im Vorderen Orient, in Indien und China vollzog: *eine systematische Ablösung ursprünglich matrizentrischer Mythologie durch patriarchale Theologie bei gleichzeitiger Umwandlung der Gesellschaft von matrilinealen in patriarchale Strukturen* und der Errichtung patriarchaler Staatssysteme.

3.2. Zur Ursprungsgeschichte des Patriarchats und zur Transformation des Symbolsystems

Nicht zuletzt durch die intensiven Forschungen von Wissenschaftlerinnen sind wir heute in der Lage, diesen Prozeß auf drei Ebenen nachzuvollziehen: am lückenlosesten auf der Ebene *mythologischer Transformationen,* auf breiter Basis anhand *archäologischer Zeugnisse* und, räumlich beschränkt, auf historischer Ebene anhand *schriftlicher Quellen.*

Im Hinblick auf die frühen Hochkulturen des Vorderen Orients und Südosteuropas zeigt sich auf allen drei Ebenen, daß sich dieser Kulturumbruch mit Gewalt vollzog. Archäologisch zeichnet sich der Einbruch von Hirtenkriegern in mehreren Wellen ab, die aus den Steppen Südrußlands nach Süden und Westen in die alten, matrizentrisch geprägten Kulturen einfielen.

Zuerst waren es die Kurganvölker (benannt nach ihren Häuptlingsgräbern), die große Teile der alteuropäischen Kulturen in Südosteuropa (6500–3500 v. Chr.) zerstörten: hochentwickelte, stadtähnliche Siedlungen, wie *Marija Gimbutas* mit einer Fülle spektakulärer Funde belegte. Ähnlich wie in der neolithischen Stadt Çatal Hüyük in Südanatolien aus dem 7./6. Jahrtausend, die *J. Mellaart* in den 60er Jahren ausgrub, fanden sich auch im alten Europa unter den Kultgegenständen in überwältigender Mehrheit weibliche Figuren: Göttinnen, Priesterinnen und eine sakrale Symbolik, die als „Sprache der Göttin" (Gimbutas) die weibliche Lebensmacht thematisiert. Wie schon in Çatal Hüyük und im vorgriechischen Kreta fehlen Befestigungen und Waffen (mit Ausnahme von Zeremonialdolchen) sowie Anzeichen für eine herrschaftliche Schichtung.[14]

Später folgten die Indoeuropäer, die nach Nordindien, Mesopotamien, Kleinasien und in den Balkan vorstießen und als zahlenmäßig relativ kleine Kriegerscharen die viel höherstehenden Grundkulturen unterwarfen, wie die Achäer und Dorer das alte Kreta.

Sind wir für diese Vorgänge auf archäologische Zeugnisse angewiesen, weil die vorindoeuropäischen Schriften bis heute nicht entziffert sind, so konnte die bekannte Historikerin *Gerda Lerner* anhand schriftlicher (sumerischer, babylonischer und hethitischer) Quellen für den mesopotamischen Raum zeigen, daß sich dort die patriarchale Herrschaft erst zwischen 3100 und 1200 v. Chr. etablierte und in anderen Regionen diese Entwicklung erst um 500 v. Chr. abgeschlossen war. Dabei geht es um die Ablösung der matrilinearen Sippenstruktur durch ein patriarchales Familienregiment, wodurch die Rechte der Frau sukzessive geschmälert wurden bis zur völligen Kontrolle über ihre Existenz, ihre Sexualität und, wenn sie nicht zur Herrenschicht gehörte, auch über ihre Arbeitskraft. Lerner hebt die Verquickung des patriarchalen Staatsaufbaus mit der Gründung der patriarchalen Familie und mit der Versklavung eines Großteils der Bevölkerung, besonders der Frauen, hervor.

Mit am wichtigsten scheint mir ihr Nachweis, *daß sich die gesellschaftliche Umwälzung parallel zur mythisch-symbolischen Transformation vom matrizentrischen Schöpfungs- und Kosmosbild zum patriarchalen Gottesbegriff vollzog.* Lerner vermeidet (wie ich selbst) den Ausdruck „Matriarchat" für die vorpatriarchalen Kulturen, weil es sich dabei nicht um Frauen-Herrschaft handelt, sondern um weitgehend egalitäre Strukturen, die aber die Frauen insofern hervorheben, als ihr Geschlecht sie als Mittlerinnen zur weiblich gedachten Gottheit prädestiniert.[15]

Die Umwandlung der religiösen und zugleich staatlichen Struktur wird in Mesopotamien an der Ersetzung des sakralen Königtums durch die patriarchale Monarchie greifbar. Während ursprünglich der König erst mit der „Heiligen Hochzeit" als inthronisiert galt, bei der die Hohepriesterin als Stellvertreterin der Göttin den Einweihungsakt vollzog, schaffte *Hammurapi (1793–1750* v.Chr.) das Amt der Hohenpriesterin ab und erhob den Sonnengott Marduk zum Staatsgott. Im Mythos tötet der junge Gott Marduk (d.h. Sonnenkind) die alte Göttin Tiamat in Gestalt eines Drachens. Ursprünglich war Tiamat die große babylonische Schöpfer- und Muttergöttin, die Himmel und Erde hervorbrachte, während ihr Sohn und Mörder behauptet, aus dem gespaltenen Drachenleib Himmel und Erde geschaffen zu haben (B. Walker).

Die babylonische Mythentransformation steht exemplarisch für sämtliche alten Hochkulturen, in denen der patriarchale Wandel stets nach dem gleichen Muster erfolgt: Eine der vielen Erscheinungsformen der Großen Göttin wird dämonisiert und als Ungeheuer getötet – wie die große Medusa von Perseus im griechischen Mythos –, andere werden zu Gattinnen oder Töchtern des neuen Hochgotts erklärt. Inanna/Ischtar wird zur Tochter des Himmelsgottes An, Hathor/Isis zur Tochter des Re, Hera zur Gattin und Athene zur Tochter des Zeus.

Dabei wurden Hera und Athene schon Jahrhunderte vor Zeus verehrt: Es sind vorgriechische Göttinnen, die die Eroberer usurpierten. So ist der Heratempel in Olympia wesentlich älter als der Zeustempel, und die nach der Göttin benannte Stadt Athen bestand bereits vor der griechischen Eroberung.

Die gewaltsame Aneignung der alten Kulturen spiegelt sich drastisch in den Mythenmotiven von Mord, Raub und Vergewaltigung, mit denen die neuen Götter die Schöpferkraft und Weisheit ihrer Vorgängerinnen und deren heilige Stätten an sich reißen. Zeus verschlingt die Weisheitsgöttin Metis, als sie angeblich mit Athene schwanger ging, um die einstige kosmische Göttin und Herrin über Leben und Tod als patriarchale Kriegsgöttin aus seinem Haupt zu gebären.

An die Entwirrung solcher Mythentransformationen hatte sich als erster *J. J. Bachofen (1815–1887)* in seinem Werk „Das Mutterrecht" gewagt. Später führten *K. Kerényi, J. Frazer* und *R. v. Ranke-Graves* seine umstrittene Pionierarbeit fort und, auf sie aufbauend, feministische Forscherinnen wie *Mary Daly, Barbara Walker, Heide Göttner-Abendroth* und andere. Letzteren verdanken wir wesentlich erweiterte Kenntnisse vorpatriarchaler Mythen und deren Umwandlungen.[16]

Am folgenschwersten für die Begründung der abendländischen Philosophie war aber nicht die Umbesetzung der Rollen im Mythenspiel, sondern *die gleichzeitige Strukturveränderung der kosmischen Symbolik.* War die Große Göttin als Schöpfergottheit immer Herrin über Himmel, Erde und Unterwelt und spiegelte ihre Dreigestaltigkeit die zyklische Wiedergeburt der Jahreszeiten und des Lebens, so reißen patriarchale Götter (wie Marduk oder der ägyptische Himmelsgott Schu) Himmel und Erde auseinander und verbannen das alte Göttergeschlecht in die Unterwelt. In Griechenland leben sie als „chthonische" Gottheiten weiter und garantieren wie Demeter/Kore die irdische Fruchtbarkeit. Dadurch entsteht ein Oben und Unten und zugleich die Herrschaft der Oberen über die Unteren mit der Konnotation „oben ist männlich", „unten ist weiblich".

Im Gegensatz dazu kannte *die matrizentrische Symbolik weder die Polarisierung der kosmischen Bezirke noch die Fixierung dieser Bezirke an ein Geschlecht.* Das Prinzip der matrizentrischen Metaphorik ist die „Filialisierung": Töchter und Söhne der Großen Göttin bevölkern als Sonne, Mond und Sterne den Himmel und als Berge, Flüsse und Meere die Erde. Auch die Tier- und Pflanzensymbolik folgt nicht einer geschlechtsspezifischen Typisierung. Erst die patriarchale Symbolik behält die Vögel als Geisttiere den männlichen Göttern vor und macht alle starken Tiere des Landes zu Begleittieren von Göttern, während die uralten Vogelgöttinnen zu den ältesten matrizentrischen Symbolen gehören und die großen Raubkatzen einst die Göttin als Herrin über Leben und Tod repräsentierten.[17]

Wenn heutige Symbolforscher (M. Lurker 1990) die polare Geschlechterordnung noch immer mit der Berufung auf „uralte" Symbole rechtfertigen, so ignorieren sie die vorpatriarchale Symbolik. Sonst könnten sie nicht behaupten, Pflanzen und Blumen symbolisierten seit jeher das zentripetale, ortsgebundene Wesen der Frau, während das Tier mit seiner aggressiven Beweglichkeit dem männlichen Wesen entspräche.[18] Dem stehen die vielen Blumen- und Baumgötter der Frühzeit, zu denen auch Dionysos zählt, entgegen, aber auch die großartigen Bilder des Hohenliedes in der hebräischen Bibel (das ein kanaanitisches Kultlied war), die beide Geschlechter mit den mächtigsten Tieren und den zartesten Blumen vergleichen.

Auch die sexuelle Symbolik im engeren Sinn ging ursprünglich von der Gleichwertigkeit der Geschlechter aus und zeichnet die Rolle der Frau als mindestens ebenso aktiv wie die des Mannes, sowie sie umgekehrt auch männliche Zärtlichkeit und Hingabe zum Ausdruck bringt. Matrizentrische Kulturen kennen das Phänomen der Vergewaltigung nicht. Erst die patriarchale Symbolik macht den Phallus zur Waffe, mit der der Mann die Frau niederwirft.[19]

Vor diesem mythologischen Hintergrund erscheint die berühmte Tafel der 10 Gegensätze von *Pythagoras (ca. 580–500 v. Chr.)* in einem neuen, verständlicheren Licht. Seine Gleichsetzung von Chaos, Finsternis, Linkem und Bösem mit der weiblichen Seite entspricht ganz der Dämonisierung des Weiblichen im patriarchalen Mythos, während die Gleichsetzung der männlichen Seite mit dem Kosmos, dem Licht, dem Guten und Rechten die ideologische Täuschung reflektiert, es habe vor der patriarchalen Machtergreifung keine Ordnung im Himmel und auf Erden gegeben.

Die Verleugnung der Ursprünge, die wesentlich zu jeder patriarchalen Ideologie gehört, war offenbar so erfolgreich, daß sie in weiten Teilen des männlichen Denkens bis heute fortbesteht. Wenn sich Kulturforscher wie R. Girard ausschließlich auf die gewalttätigen Kulturheroen des patriarchalen Mythos berufen, die mit einem „Gründungsmord" angeblich die menschliche Zivilisation ins Werk setzten, so besteht auch hier die Gleichung „Kultur ist gleich Mann".[20]

Aber sehen wir zu, wie sich *das polare Denken in der griechischen Philosophie* weiter entwickelt. Während Platon, wie schon Pythagoras, an die orphische Tradition anknüpft, wonach sich die Geistseele aus dem irdischen Körper befreien muß, baut *Aristoteles* die polare Mythenstruktur in eine begriffliche Ontologie um. Auch er behält die sexistische Diskriminierung bei und *zwingt mit seinen Seinsprinzipien von Geist und Materie bzw. Form und Stoff die Geschlechter in ein metaphysisch begründetes Herrschaftsverhältnis:* Wie der Geist den Stoff formt, so steht der aktiv-kreative Mann über den passiv-reproduktiven Kräften der Frau. Bei der Zeugung liegt nach Aristoteles die volle Schöpferkraft beim Mann, indem er die Seele *(Entelechie)* des Fötus mit seinem Samen erschafft, während der weibliche Körper nur das passive Gefäß darstellt, dessen Stoff die männliche Prägung empfängt und den Fötus nährt.

Merkwürdigerweise hat sich dieses falsche Bild bis heute erhalten, wenn wir die männlichen Gameten noch immer als „Samen" bezeichnen, als trügen sie den ganzen Menschenkeim in sich, oder wenn die Reproduktionstechnologie neuerdings vom weiblichen „Fötalbehälter" spricht.

Dabei ist Aristoteles' Auffassung nicht einfach auf mangelnde physiologische Kenntnisse zurückzuführen, nachdem seine Zeitgenossen von einem weiblichen „Samen" bereits wußten.[21] Er selbst hielt sich offenbar lieber an die mythische Tradition, wie sie uns Aischylos in den Eumeniden überlieferte. Wenn es dort heißt: „Es ist die Mutter dessen, den ihr Kind sie nennt, nicht Zeugerin, nur Pflegerin eingesäten Keims", so wird diese These mit dem Hinweis bewiesen, daß die Göttin Athene aus dem Haupt des Zeus entsprang, er also ihr alleiniger Erzeuger war.

Zudem greift Aristoteles zu den abenteuerlichsten Spekulationen, um die Entstehung der Geschlechtsunterschiede zu erklären: Jenseits jeder empirischen Erfahrung behauptet er, der männliche Körper besitze mehr Wärme als der weibliche, und der männliche Wärmehaushalt bei der Zeugung bestimme das Entstehen von Mädchen oder Knaben. Bei mangelnder Wärme entsteht ein in jeder Hinsicht schwächer ausgebildetes, weibliches Wesen, ein gleichsam mißratener Mann. Wenn sich dann doch noch der Empiriker in Aristoteles zu Wort meldet, dem bekannt ist, daß mehr mißgebildete Knaben als Mädchen zur Welt kommen, dann findet er auch dafür eine gewundene Erklärung: Knaben bewegen sich stärker im Mutterleib und verletzen sich dabei.[22]

Hier stoßen wir auf ein Phänomen, das die gesamte Philosophiegeschichte durchzieht, nämlich das offensichtliche Aussetzen der männlichen Vernunft, sobald das Thema „Frau" angeschnitten wird. Bei aller grundlegenden Verschiedenheit der metaphysischen Systeme bleibt das Stereotyp von der weiblichen Minderwertigkeit über Jahrhunderte hinweg erhalten, und *um diese Minderwertigkeit der Frau bzw. die Höherwertigkeit des Mannes zu beweisen, wird ein so großer Energieaufwand betrieben, daß wir dahinter einen psychischen Komplex vermuten müssen.* Für die Psychoanalyse war dieser männliche Komplex freilich nicht nur kein Thema, sondern sie selbst war in ihm gefangen, indem auch Freud in der Frau ein anatomisches Mängelwesen sah.

Daß diesem Komplex ein männliches Identitätsproblem zugrunde liegt, können wir aus den Mythen und Riten der

Stammeskulturen erraten, in denen die psychischen Beweggründe offener hervortreten als in der klassischen Mythologie oder in gelehrten Konstruktionen.

So besteht *das zentrale Motiv aller Initiationsriten* in der Ablösung von den Müttern und in einer rituellen zweiten Geburt, um den Ursprung aus dem mütterlichen Schoß zu vergessen. Der Beweis der gewonnenen Männlichkeit ist dann in einem Raub- und Tötungsritual zu erbringen, mit dem der Initiant in den Männer- und Kriegerbund aufgenommen wird.

Dazu kommen Rituale wie das Männerkindbett *(Couvade)* oder die symbolischen (Menstruations-)Wunden, die sich Männer zufügen, um an den Mysterien des Lebens teilzuhaben. Nicht zuletzt lehren uns gewisse Kopfjägermythen, daß die Männer ihr gegenseitiges Töten und ihr Sterben im Kampf als Äquivalent für die Lebensspendung der Frau auffaßten. In einer dieser Mythen aus Neuguinea werden die von den verschwägerten Gruppen wechselseitig erbeuteten Köpfe mit der Kokosnuß verglichen, aus der der neue Kokosbaum hervorbricht.[23]

Meine These ist, daß wir den weltweit festzustellenden Umbruch von matrizentrischen Gesellschaften zu patriarchalen Herrschaftsformen als eine Reaktion oder Rebellion der Männergruppen gegen ihre ursprüngliche Zweitrangigkeit bzw. ihre schmalere Identitätsbasis zu verstehen haben. Frauen besaßen von den Uranfängen an ihre eindeutige Identität in den Mütter-Kindgruppen, und ihre Fähigkeit, Leben hervorzubringen und mit dem eigenen Körper zu ernähren, umgab sie mit dem Mysterium der Lebenskraft, das zur mythischen Überhöhung des Weiblichen führte. Demzufolge lagen auch die ursprüngliche Sippenordnung und die sakralen Funktionen in ihren Händen. Im Gegensatz dazu mußten sich die Männer in ihren Jagd-, Krieger- und Sakralbünden einen äquivalenten sozialen Stellenwert erst schaffen und Göttermythen ausbilden, in denen sie sich nicht nur als Söhne der Großen Mutter verstehen, sondern sich mit einem männlichen Hochgott identifizieren konnten.

Dabei scheint es *verschiedene Wandlungsmuster für den kulturellen Umbruch* gegeben zu haben. Wenn wir von den großen Völkerwanderungen einmal absehen, bei denen kriegerische Männerbünde die Oberhand gewannen, so sind in den Stammeskulturen sowohl plötzliche Übergänge – wenn wir den vielen Legenden vom Mord an den Priesterinnen Glauben schenken – als auch allmähliche Übergänge denkbar. In jedem Fall aber mußten die Männer ihre Vorrangstellung immer mit Gewalt verteidigen, wie die vielen Restriktionen gegenüber den Frauen beweisen. So war es in vielen Stammeskulturen den Frauen unter Androhung der Todesstrafe verboten, das Männerhaus zu betreten, in welchem nebst Waffen bis heute sakrale Gegenstände aufbewahrt werden – während Legenden davon berichten, daß ursprünglich Frauen die sakralen Gegenstände verwalteten, bevor sie ihnen von den Männern gestohlen wurden.[24]

Dazu kommt der Wandlungsverlauf innerhalb des Verwandtschaftssystems, von dem wir leider zu wenig Details kennen. Fest steht nur, daß er immer in einer Richtung verlief, vom matrilinealen zum patrilinealen System und nie umgekehrt.

In den matrilokalen Sippen der Ackerbaukulturen vom Typus der Irokesen befanden sich die Männer im eigenen Clan in der Position abhängiger (wenn auch keinesfalls unterdrückter!) Söhne, und im Clan, in den sie einheirateten, in der Außenseiterposition des Fremden. Nur als Brüder der verheirateten Frauen spielten sie im angestammten Matriclan eine bedeutende Rolle als Vertreter der Sippe nach außen und als soziale Väter der Schwesterkinder.

Hingegen hat der Mann in matrilinealen Verhältnissen kein Anrecht auf die eigenen Kinder, woraus, wie vor allem Malinowski schildert, interne Spannungen entstehen. Mit fortschreitender Individualisierung bildete dies eine Sprengkraft, die zur Herausbildung der Kernfamilie innerhalb des Sippenverbands führte und der Umwandlung in die patrilineale Verwandtschaftsrechnung Vorschub leistete.[25]

Wir müssen allerdings sehen, daß sich auch in patriarchalen Familienverhältnissen an der emotionalen Basis für den Mann nicht viel verändert. Auch wenn der Vater den Kindern seinen

Namen gibt und als Haushaltsvorstand regiert, bleiben die Kinder unter sechs Jahren weiterhin in der Obhut der Mutter.[26] Indem sie den Kindern beiderlei Geschlechts in den prägendsten Jahren Schutz und Nahrung gibt, repräsentiert die Mutter im erwachenden Bewußtsein der Kinder noch immer die allmächtig-mythische Figur, die das Zentrum der vorpatriarchalen Religionen bildete. Für den Knaben wiederholt sich hier auf der individuellen Ebene der Identitätskonflikt, dem ursprünglich die Männergruppe als Ganze gegenüberstand.

In der offiziellen Wissenschaft hat es allerdings lange gedauert, bis man die Existenz matrizentrischer Kulturen zur Kenntnis nahm. Noch immer werden bahnbrechende archäologische Entdeckungen wie die J. Mellaarts oder M. Gimbutas' wie auch die feministische Mythenforschung weitgehend ignoriert. Heute sind es vor allem Ethnologinnen, die sich mit den noch existierenden rund 100 matrilineal lebenden Völkerschaften und deren zum Teil noch matrizentrisch geprägten Weltbildern beschäftigen.[27]

Feministische Ethnologinnen waren es auch, die den sogenannten *„Strukturalismus"* als die vorherrschende Theorie ihres Faches kritisierten. *Lévi-Strauss* als ihr Begründer stand ganz in der Tradition des polaren Denkens und hielt antithetische Begriffspaare wie Oben/Unten, Tag/Nacht, Positiv/Negativ für *die* Kategorien des menschlichen Denkens schlechthin. Als Ethnologe zählte er dazu die angeblich überall anzutreffenden Gegensätze von Natur/Kultur und männlich/weiblich und sah sie in der Aufgabenteilung zwischen den Geschlechtern und in den Heiratsregeln zwischen je zwei Stammeshälften verwirklicht. Dabei erwies sich seine bekannte Theorie vom „Frauentausch" wiederum als männliche „bias", weil sie sich , wenn überhaupt, nur auf virilokale Verhältnisse beziehen läßt, bei denen die Braut dem Bräutigam in dessen Clan folgt. In uxorilokalen bzw. matrilokalen Verhältnissen könnte man ebensogut vom „Männertausch" sprechen, wenn der junge Mann in die Sippe der Frau einheiratet und für ihn ein „Bräutigamspreis" bezahlt wird. Auch beim Brautpreis, von dem in der Ethnologie fast ausschließlich die Rede ist, handelt es sich ursprünglich nicht um einen Kauf, sondern um eine Ausgleichszahlung an die Sippe, die eines ihrer Mitglieder verliert. (Wobei der höhere Brautpreis den größeren Verlust bzw. Gewinn spiegelt, den die Frau als Garantin der Nachkommenschaft darstellt.)[28]

Aus meiner Sicht gibt es vor allem *drei wichtige Gründe für die Beschäftigung mit vorpatriarchalen Kulturmustern.* Ein schon genannter Grund ist die anders geartete Symbolstruktur, die keine prinzipiellen Gegensätze zwischen weiblich und männlich, Körper und Geist und auch nicht zwischen Leben und Tod konstruiert. Davon können Impulse zur Auflösung alter Denkschablonen und zum Wiedererwerb eines ökologischen Denkens ausgehen.[29]

Der wichtigste Grund liegt in der Chance, unsere patriarchalen Verhältnisse zu relativieren und weder ihre familiären noch ihre ökonomischen und gesellschaftlichen Herrschaftsstrukturen für die einzig möglichen zu halten. Alle bisherigen Befunde zeigen, daß vorpatriarchalische Gesellschaften weitgehend egalitär funktionieren und statt auf Besitz- und Gewinnmaximierung auf Gemeinschaftsinteressen und Ausgleich basieren.

Drittens – und dem wird im Folgenden ein eigener Abschnitt gewidmet – kann uns die Ursprungsgeschichte des Patriarchats Hinweise zur Entstehung des Krieges liefern. Auch unsere Kriegstheorien greifen zu kurz, wenn sie behaupten, Kriege habe es immer gegeben, entweder als Erbe einer aggressiven Primatennatur oder als Ausdruck des menschlichen Todestriebs (Freud).

Was die biologistische Argumentation betrifft, so ist ihr entgegenzuhalten, daß es ausgesprochen friedliche Primaten wie die Bonobos (Schimpansenart) gibt und daß der Mensch, wenn er Gewalt übt, alle anderen Arten um ein Vielfaches übertrifft. Auch der vielzitierte Kampf um die Ressourcen durch Bevölkerungswachstum ist nicht generell stichhaltig. Bereits bei einigen Tierarten ist die Einschränkung der Fortpflanzung bei knappem Nahrungsangebot zu beobachten, und sämtliche vorpatriarchalen Ethnien regeln die Balance zwischen Gruppengröße und natürlichen Ressourcen durch bewußte Geburtenbeschränkung. Ungebremstes Bevölkerungswachstum ist erst die Folge der patriarchalen Ideologie, die den Frauen die Abtreibung bei Todesstrafe verbietet.[30]

3.3. Die Umwandlung des Opfergedankens zur Kriegsidee

Sicher ist es kein Zufall, daß die matrizentrischen Kulturen der Frühgeschichte offenbar unkriegerisch waren und daß es noch heute matrilineale Völkerschaften gibt wie die Hopi-Indianer in Amerika oder Volksgruppen in Nepal, die nie Kriege führten.

Auf der anderen Seite steht die Tatsache, daß es in den uns bekannten matrizentrischen Kulturen Menschen- und Tieropfer gab und daß archäologische Zeugnisse diese blutige Opferpraxis bis zurück in die paläolithische Zeit belegen.[31] Neuere Theorien wie diejenige *René Girards* sehen in solchen Praktiken rein destruktive Akte bzw. den regelmäßigen, rituellen Ersatz für Gewaltentladungen, die sonst zwischen den Gruppenmitgliedern ausbrechen würden.[32] Aus dieser Sicht verwischen sich die Grenzen zwischen Menschenopfer, Blutrache und Krieg, weil sie alle nur als Ausdruck eines übermächtigen Aggressionspotentials des Menschen (Mannes?) gelten.

Nun dienten aber die bekannten Opferrituale in Indien zu Ehren der Göttin Kali oder in Mexiko zu Ehren des Sonnengottes der Abwehr von Naturkatastrophen und der Aufrechterhaltung der kosmischen Ordnung oder, bei der rituellen Tötung des Jahreskönigs, wie sie Frazer beschrieb, der Fruchtbarkeit des Stammes.

Wenn wir bedenken, in welchem Ausmaß die frühen Menschen den Naturgewalten ausgesetzt und für ihre Ernährung von ihnen abhängig waren, so macht *das stellvertretende Opfer* durchaus Sinn, nämlich durch einen vorweggenommenen Tribut an den Tod die kosmischen Mächte zu besänftigen. Dabei fällt auf, daß unter den Menschen- und Tieropfern Männer als sich Opfernde und männliche Tiere als die Geopferten sehr viel häufiger auftreten als Frauen und weibliche Tiere, obwohl in vielen Kulturen beides bezeugt ist.[33]

Der Unterschied scheint mir darin zu bestehen, daß die Männergruppen eine besondere Identität aus ihrem Opferstatus beziehen, wie dies an Vorgängen zum Ausdruck kommt, die ich als „*sakrale Fehden*" bezeichne. Dazu gehören gewisse, bereits genannte, Kopfjäger-Fehden ebenso wie die „Blumenkriege" der Azteken, die nur den einen Zweck hatten, gegenseitig Gefangene für das Sonnenopfer zu machen. In ihrer Weltabgewandtheit unterscheiden sich solche „Kriege" prinzipiell von Eroberungs- und Unterwerfungskriegen, wie sie die Azteken daneben auch geführt haben. Den Männern, die sich dem Martyrium auf dem Opfertisch weihten, winkte nicht die Kriegerehre, sondern die Unsterblichkeit; ein Privileg, das sie interessanterweise nur mit den im Kindbett sterbenden Müttern teilten.[34] Hier treffen wir wieder auf *die Parallele zwischen dem weiblichen Mysterium der Lebensgabe und dem männlichen Opferkult der Tod-Leben-Wandlung.*[35]

Ist bei solchen sakralen Fehden ein masochistischer Zug unverkennbar, so zeigen uns die patriarchalen Eroberungs- und Unterwerfungskriege ein ganz anderes Gesicht. Archäologisch greifbar werden sie erstmals mit den schon genannten Kurganeinfällen im 5. und 4. Jahrtausend v. Chr., nachdem, wie man annimmt, diese Völkerschaften durch Klimaverschlechterung und Versteppung der Böden ihrer Lebensgrundlagen beraubt waren. Ein kurdisches Kampflied aus dem 8. Jahrhundert v. Chr. gibt die ganze Verzweiflung und Empörung wieder, mit der sich Männer in einer ähnlichen Situation gegen die Grausamkeit der Natur auflehnen und zum Kampf aufrufen.[36] Dabei ist nicht zu übersehen, daß mit dem Aufstand gegen eine Natur, die ihre Kinder im Stich gelassen hat, auch das matrizentrische Weltbild ins Wanken geriet.

Die sumerischen und griechischen Heldenepen, die sich noch dunkel an *das „heroische" Zeitalter der Kriegszüge* erinnern, machen aus der Not eine Tugend, indem sie den Ruhm der Kriegshelden besingen und gleichzeitig die friedliche Gesinnung der Unterworfenen verachten. Was zählt, sind nur noch Mannestugenden – auch die des Feindes –, während man die unterworfenen Frauen erniedrigt und versklavt. Einmal herausgebildet, scheint sich der Kriegeradel nie mehr mit einem normalen Leben abgefunden zu haben. Schon zwischen den Stadtstaaten Sumers und später in Griechenland wurden jedenfalls mehr Kriege vom Zaun gebrochen als aus Sachzwängen geführt.[37]

Wenn es auch keine monokausale Erklärung für die Entstehung von Kriegen gibt, so spielt doch bei allen kriegführenden Völkern bis heute die „Metaphysik der männlichen Identität" eine große, wenn nicht die Hauptrolle. Perikles' berühmte Rede an die Gefallenen Athens (431 v. Chr.) ist dafür beredtes Zeugnis, wenn es darin heißt: „... denn berühmter Männer Grab ist die ganze Erde". *Viele der berühmten Männer von Alexander dem Großen bis Napoleon folgten nicht in erster Linie der Staatsraison, sondern der heldischen Selbstbestätigung* und schritten bedenkenlos über die Leiden ihrer Truppen und das Elend der Zivilbevölkerung hinweg. Und immer schwang dabei auch eine profunde Frauenverachtung mit.[38]

Freilich bewegt sich die Kriegspsychologie schon seit langem auf mehreren Ebenen. Auf der obersten stehen der Ehrgeiz der Kriegsherren und der Machtwille der Politiker, darunter die Abenteuerlust von Haudegen und Söldnern und zuunterst die Pflicht des gemeinen Mannes, sein Leben auf dem „Altar des Vaterlands" zu opfern. Mit dieser letzten Wendung aus dem Sprachschatz der Nationalstaaten, mit der man die allgemeine Wehrpflicht rechtfertigte, klingt das uralte Motiv der Selbstopferung an. Wieviel Mißbrauch auch immer mit diesem Motiv getrieben wurde, Tatsache ist, daß im Ersten und Zweiten Weltkrieg Tausende begeisterter Kriegsfreiwilliger dem „Ruf des Vaterlandes" folgten.

So zeigt uns die Kriegsmentalität einen sado-masochistischen Januskopf mit einer destruktiven und einer tragischen Seite, die beide tief in der psychischen Struktur des patriarchalen Männerbilds verankert sind.

In der Gegenwart gibt es allerdings noch eine vierte Ebene der Kriegsmentalität, nämlich diejenige der Militär- bzw. Waffenforschung. Der Kernphysiker *Brian Easlea* beleuchtete als erster die verräterischen Sprachbilder, welche die „Väter der Vernichtung" im Zusammenhang mit der Entwicklung der Atombombe benutzten. Bekanntlich nannten sie ihre erste Atombombe liebevoll „little boy" und sprachen bei geglückten Zündungen von der Geburt eines „boy babies", während sie die Fehlzündungen verächtlich als „girl babies" bezeichneten.[39]

Dies deutet *E. Fox Keller* zu Recht *als männliche Obsession, die weibliche Lebenspotenz mit einer Virilität zu übertrumpfen, die an der Potenz zu töten gemessen wird.* Hier verbinden sich auf makabre Weise der verdrängte Gebärneid mit der phallischen Symbolik der Bombe und der ihr unterliegenden Vergewaltigungsphantasie.[40]

Wenn so etwas auf höchster, wissenschaftlicher Ebene möglich ist, kann es nicht erstaunen, daß bis heute Kriegshandwerk und Frauenvergewaltigung in der Praxis zusammengehören. Sie haben seit jeher in allen patriarchalen Kriegen zusammengespielt, weil die destruktive Aggressivität des Mannes und die Niederwerfung des Weiblichen ein und dieselbe archaische Wurzel besitzen.

3.4. Die Transformation des Arbeitsbegriffs

Für die ältesten Stammesgesellschaften und die vorpatriarchalen Phasen der frühen Hochkulturen können wir von zwei Voraussetzungen ausgehen:

Erstens waren *Boden und Produktionsmittel gemeinsames Eigentum der Sippe* (in matrilinealen und zum Teil in patrilinealen Verhältnissen) bzw. zentral verwaltetes Eigentum des Tempels.

Zweitens gab es *keine ausschließende Arbeitsteilung zwischen den Geschlechtern.* Neuere Forschungen weisen die Vorstellung einer „naturwüchsigen" Arbeitsteilung zurück, nachdem es keine Arbeit gibt, die nicht in irgendeinem Teil der Welt von dem einen oder dem anderen Geschlecht geleistet wurde (in Australien gingen Frauen sogar auf die Jagd).[41] Dem widerspricht nicht, daß es häufig strikt getrennte Arbeitsbereiche zwischen Frauen und Männern gab, wie immer sie festgelegt wurden. Aufschlußreich ist auch, daß die Tempelbezirke des

frühen Sumer und des Alten Reiches in Ägypten Handwerke-
rinnen aller Art sowie Schreiberinnen und Tempelverwalterin-
nen beschäftigten.

Im Gegensatz dazu kennen alle geschichteten patriarchalen
Kulturen den Privatbesitz für privilegierte Gruppen und eine
strikt hierarchische Arbeitsteilung, auf deren unterster Stufe
Sklaven und vor allem Sklavinnen stehen. Das letztere hängt
mit einer offen ausgesprochenen *Verachtung der Arbeit von
seiten des Mannes* zusammen, wie sie uns am pointiertesten bei
kriegerischen Stammesvölkern und in den antiken Hochkulturen begegnet. Bei vielen ging die Ablehnung der täglichen, le-
bensnotwendigen Arbeit so weit, daß sie an nichts anderes
Hand anlegten als an ihre Waffe.

Auch diese Verachtung der Arbeit ist keineswegs „natur-
wüchsig", nachdem in den nicht geschichteten Gesellschaften
für alle Sippenmitglieder die Teilnahme an der Subsistenzwirtschaft selbstverständlich ist. Zudem haben in den vorpatriarchalen Kulturen alle Arbeiten einen mythischen Kontext und
sind in einen religiösen Zyklus eingebunden.[42]

Schon bei patriarchal organisierten Stammeskulturen zeigt
sich aber, daß *Männergruppen ganz bestimmte Arbeiten bevorzugen, die mit Prestigegewinn verbunden sind* wie bei den
Abelam (Neuguinea) das Pflanzen von Zeremonialyams oder
bei den Hirtenvölkern der Besitz und die Pflege von Großtier-
herden. Dabei stehen diese Arbeiten, wie schon die Jagd, im
umgekehrten Verhältnis zur notwendigen Substituierung des
täglichen Lebens, die man weitgehend den Frauen überläßt.[43]

Aristoteles definiert als die einzigen des freien Mannes würdigen Beschäftigungen die politische Tätigkeit für die Polis,
den unbeschwerten körperlichen Lebensgenuß und das Philosophieren.[44] Jede bäuerliche, handwerkliche oder Hausarbeit
wird an Frauen und Sklaven delegiert, die Aristoteles immer in
einem Atemzug nennt. Er begründet dies mit der vernünftigen,
zum Herrschen geborenen Natur des Mannes respektive mit
dem stofflich-passiven Wesen der Frau, wobei sich das ideo-
logisch-manipulative Moment dieser Argumentation darin verrät, daß sie auch auf männliche Sklaven angewandt wird. Auch

ist leicht zu sehen, daß *die Verachtung der alltäglichen Arbeit das Kriegswesen staatsnotwendig* machte, weil sich die Sklaven in den Städten zum großen Teil aus Kriegsgefangenen rekrutierten.

Mit seiner philosophischen Definition besiegelt Aristoteles die Arbeitsteilung zwischen den Geschlechtern, die im Ausschluß der Frauen von allen öffentlichen Angelegenheiten und in der Übertragung der untergeordneten Arbeiten an sie besteht. Dieser Aufteilung entspricht ein unterschiedlicher Tugendkatalog, der die moralischen Pflichten für die Geschlechter festlegt. Die Kardinaltugenden der Klugheit, Tapferkeit, Besonnenheit und Gerechtigkeit behält Aristoteles den freien Männern vor, während er im Hinblick auf Frauen und Sklaven von der „Tapferkeit des Dienens" spricht und der Klugheit des Mannes das ehrsame Schweigen der Frau zur Seite stellt.[45]

Diese Konzeption macht es verständlich, weshalb es in verschiedenen europäischen Sprachen nur ein Wort für Mann und Mensch gibt, wie ja auch das lateinische Wort für Tugend, „virtus", ein Synonym für Mannhaftigkeit ist.

Später wandelte sich die aristokratische Gesellschaft Athens in eine Bürgerschaft von Unternehmern und Kaufleuten, was eine Geldaristokratie und gleichzeitig einen neuen Leistungsbegriff entstehen ließ. Nun wurden auch gewinnträchtige Leistungen und Erfindergeist hoch geschätzt. Galt ehedem nur der edle Wettstreit in der Sportarena als ehrenvoll, so nun auch der rücksichtslose berufliche und wirtschaftliche Wettbewerb der neuen Klasse.

In der Neuzeit kam ein ähnlicher *Leistungsbegriff* erst mit dem bürgerlichen Puritanismus auf, der sich mit den Ambitionen der neu entstandenen Naturwissenschaft und der Industrialisierung verband und die Gesellschaft in kurzer Zeit von Grund auf veränderte. Nun wurde die Kluft zwischen erfinderischer und unternehmerischer Leistung, die höchstes Sozialprestige genoß, und der unterbezahlten, ausführenden Arbeit immer größer; wodurch in Europa das Proletariat und seit der Eroberung der Kolonien ein nie dagewesenes Heer von neuen Sklaven entstand.

Wenn *Marx* mit Recht vom „*Mehrwert*" *der Arbeit* sprach, dem die Unternehmer ihren Profit verdankten, so wird nach den sozialen Verbesserungen der vergangenen 100 Jahre und vor allem durch die fortschreitende Mechanisierung der Arbeit das Verhältnis von Leistung und „schierer" Arbeit (H. Arendt) noch einmal grundlegend verändert: Heute ist unqualifizierte Arbeit nicht mehr gefragt, weil Maschinen sie billiger erledigen, wodurch immer mehr Menschen ins soziale Abseits der Arbeitslosigkeit geraten.

Umso aktueller ist die *feministische Marxismuskritik,* welche die Unterscheidung zwischen „produktiver" (Lohn-)Arbeit und sogenannter naturwüchsiger „reproduktiver" Arbeit (das Gebären von Kindern und deren Betreuung, Haus- und Beziehungsarbeit) zurückweist, weil sie die Leistung der Frau nicht nur entwertet, sondern volkswirtschaftlich unsichtbar macht. Dadurch verzerrt sich bis heute die Wahrnehmung der vorhandenen und zu verteilenden Arbeit ebenso wie die Berechnung des Bruttosozialprodukts.[46]

Aber auch innerhalb der noch verbleibenden Lohnarbeit bestehen für Frauen keine großen Chancen auf interessante und einflußreiche Stellungen, weil es ein ungeschriebenes Gesetz des männlichen Leistungsbegriffs ist, daß dem Mann das „Besondere" gehört: das Interessante, das Aufregende, das Selbstprofilierung erlaubt und Prestigegewinn verspricht, kurz das, was ich den *„psychischen Mehrwert" der Arbeit* nenne.[47] Dagegen überläßt man den Frauen mit Selbstverständlichkeit das „Gewöhnliche", d.h. Arbeiten, die zwar wichtig und verantwortungsvoll sind, aber ohne Entscheidungskompetenz, Aufstiegsmöglichkeiten und Sozialprestige.

Dieser typisch männliche Leistungsbegriff hat aber noch einen anderen, sehr bedenklichen Aspekt: Die im *Konkurrenzkampf* stehenden Männer müssen einander ständig übertreffen, Neues erfinden, Neues produzieren und den Gewinn maximieren – eine Steigerungskurve, die genau jenen Energieverschleiß und jene Entsorgungs- und Umweltprobleme schafft, die wir alle beklagen. *So könnte der männliche Pofilierungs- und Leistungszwang nicht nur einen Wirtschaftskrieg aller gegen alle entfesseln, in dem wir uns bereits befinden, sondern in einem wahrhaft tödlichen Wettbewerb enden.*[48]

Schon melden sich Philosophen zu Wort, die die Apokalypse für unausweichlich halten, weil die „grandiose Schöpferspezies" Mensch (Gregory Fuller) gar nicht anders kann, als an ihrem Geist unterzugehen. Offenbar ist es einfacher, „heldenhaft" – und lebensverachtend – zu resignieren, als den eigenen Größenphantasien auf den Grund zu gehen.[49]

3.5. Ansätze zu einer nicht-androzentrischen Ethik

Erst vor dem Hintergrund einer umfassenden Patriarchatskritik, die hier nur andeutungsweise vorgestellt werden konnte, lassen sich Ansätze eines konstruktiven Kulturentwurfs formulieren, die ich unter dem Stichwort einer „nicht-androzentrischen Ethik" zu skizzieren versuche. Wenn ich diese etwas umständliche Formulierung dem gebräuchlicheren Ausdruck „feministische Ethik" vorziehe, so soll dies dem möglichen Mißverständnis entgegenwirken, es handle sich dabei in erster Linie um eine Ethik von Frauen für Frauen. Es geht viel mehr – jedenfalls als Fernziel – um eine Revision von Wertvorstellungen, bei der die Einseitigkeit einer geschlechtsspezifischen Sicht gerade vermieden werden soll.

Das macht aber die Einteilung einer feministischen Ethik in drei unterscheidbare Schritte, wie *Annemarie Pieper* sie vorschlug, nicht überflüssig. Die „nicht-androzentrische Ethik" wäre nach dieser Einteilung bereits der letzte Schritt, dem als erster das Aufzeigen der androzentrischen Einseitigkeiten der bisherigen Moral und als zweiter „das Selbstverständnis einer ‚weiblichen' Moral ..., die den bisher unterdrückten Erkenntnisinteressen und normativen Ansprüchen von Frauen gerecht wird", vorausgehen müssen.[50] Die ersten beiden Schritte zu überspringen, um möglichst rasch eine „humane" Ethik ohne *gender*-Vorzeichen zu formulieren, ist solange problematisch, als im allgemeinen Bewußtsein die „male bias" der herrschenden Moral noch nicht durchschaut und die aus ihr folgende Benachteiligung der Frau noch Realität ist. Deshalb plädiert *Alison Jaggar* für eine „transitorische" feministische Moral, die zwar als Vision ihre eigene Aufhebung intendiert, aber auch weiß, daß bis dahin noch ein langer, auch politischer, Weg zurückzulegen ist.[51]

Die Dekonstruktion des komplementären Tugendmodells als erster Schritt

Während in der Antike und in der Scholastik die Frau als reines Mängelwesen erschien, das von sich aus zur Tugend gar nicht befähigt ist, sondern sich nur durch gehorsame Unterwerfung unter das männliche Gesetz angemessen verhalten kann, erstellt die moderne Philosophie seit Mitte des 18. Jahrhunderts einen eigenen, weiblichen Tugendkatalog.

In aller Ausführlichkeit begegnet uns ein solches Weiblichkeitsideal erstmals bei *J.-J. Rousseau* in seinem Erziehungsroman „Emile" (1762). Sophie, die Angetraute Emils, erhält als Mädchen eine in allen Punkten konträre Erziehung zu der des Knaben. Formuliert Rousseau für den heranwachsenden Mann als Erziehungsziel die volle Entfaltung seiner natürlichen Anlagen und den Aufbau einer autonomen, vom Urteil der Mitwelt unabhängigen Persönlichkeit, so ist es die Aufgabe der heranwachsenden Frau, ihrer Umgebung, vor allem dem Mann, zu gefallen und eine aufopfernde Hausfrau und Mutter zu sein.

Der große Unterschied zum antiken oder feudalen Frauenbild liegt aber darin, daß die bürgerliche Frau sämtliche Bedürfnisse des Mannes zu erfüllen hat, die sich früher auf Ehefrau, Mätresse, Hausklavin und platonische Freundin verteilten. Weil eine solche Aufteilung dem Rousseauschen Ideal einer klassenlosen Gesellschaft zuwiderläuft, ist das für Sophie entworfene Erziehungsziel höchst vielseitig. Sie soll ihre Intelligenz schulen, um dem Mann eine angenehme Gesprächspartnerin zu sein, ihre sinnlichen Reize kultivieren, um eine anregende Geliebte zu verkörpern, und selbstverständlich soll sie alle seine physischen und psychischen Bedürfnisse befriedigen. Ihre eigentliche Tugend besteht aber darin, ihre Vorzüge zur rechten Zeit (für den Mann) und in der richtigen Dosierung einzusetzen: Nie darf sich ihre Bildung zu selbständigem Denken, ihre Sinnlichkeit zur Leidenschaft oder ihr Gefühl zur entscheidenden Kraft steigern, kurz: Sie erscheint als eine Art Chamäleon, das sich je nach den auf sie projizierten Bedürfnissen des Mannes anders einfärbt.[52]

Dieses Weiblichkeitsideal, das in Rousseaus naivem Satz gipfelt, Gott habe die Frau speziell dazu geschaffen, dem Manne angenehm zu sein,[53] geht nicht nur an den realen Bedürfnissen der Frau völlig vorbei, sondern birgt auch einen prinzipiellen Widerspruch in sich, wie er für alle nachfolgenden *komplementären Geschlechtermodelle* typisch bleibt: Die Frau soll einerseits die mütterlich schützende Rolle übernehmen und durch ihre Tugendhaftigkeit den Mann vor Torheiten bewahren – was voraussetzt, daß sie die Stärkere ist – und andererseits soll sie durch mangelhafte Ausbildung auf allen Gebieten des Geistes und des Talents dem Mann beweisen, daß er der Überlegene sei. Ich habe dieses Zwitterwesen die „*Muttersklavin*" genannt – eine Konstruktion, die es erlaubt, der Frau alle seelischen Lasten aufzubürden und ihr als inferiores Wesen die untergeordneten Tätigkeiten zuzuweisen; ein Modell, das die exakte Komplementierung zur widersprüchlichen Seelenverfassung des Mannes darstellt, nämlich zu seiner Überschätzung und Überentwicklung rationaler Fähigkeiten bei gleichzeitiger Vernachlässigung der emotionalen Reife.[54]

Wie wir bereits sahen, baute *Georg Simmel* 100 Jahre später das komplementäre Geschlechtermodell zu einer ontologisch-metaphysischen Theorie aus, in der das mütterliche Wesen der Frau noch stärker hervortritt. Hier wird die Frau zum Urgrund des Seins, in dem der nach den Sternen greifende Mann Halt und Geborgenheit findet. Demnach gehört allein dem Mann das Streben nach Transzendenz mit allen Chancen und Gefahren, während die Frau im Reich der „Immanenz" im Sinn einer romantisch verklärten, ewig gleichbleibenden Natur verharrt.[55]

Damit wird noch einmal die weibliche Tugend obsolet, weil die Frau nur ihrer angeblichen Natur gehorchen muß, um ihrer

Rolle gerecht zu werden. Daran schließt sich vollkommen logisch die Unsichtbarkeit der weiblichen Leistung für die Gesellschaft an, was konkret die Ausklammerung der weiblichen Betreuungs- und Beziehungsarbeit aus dem nationalökonomischen Diskurs bedeutet.

An dieser Einseitigkeit des männlichen Tugendbegriffs entzündete sich denn auch die erste große Debatte um eine feministische Ethik, deren Auftakt Carol Gilligans Werk „Die andere Stimme" (1982) gab.

Die „care-justice"-Debatte als zweiter Schritt

Als Schülerin des Psychologen *L. Kohlberg* beteiligte sich *Carol Gilligan* an Testuntersuchungen mit dem *moralischen Entwicklungsmodell von J. Piaget.* Dieses von Kohlberg erweiterte und ausschließlich an männlichen Testpersonen entwickelte Modell besteht aus drei Niveaus bzw. sechs Stufen. Orientiert sich das Kind in den ersten beiden Stufen an der äußeren Autorität, um Bestrafung zu vermeiden (vorkonventionelles Niveau), so entwickelt es in den folgenden beiden Stufen (konventionelles Niveau) gegenseitige Verbindlichkeiten aus emotionalen Beziehungen und unterwirft sich den Regeln der Gruppe. Erst die beiden letzten Stufen (postkonventionelles Niveau) führen zur bewußten Orientierung am akzeptierten Gesellschaftsvertrag und zur autonomen Moralentscheidung unter Anwendung universeller Prinzipien.

Die Ergebnisse der Testuntersuchungen erwiesen sich insofern als problematisch, als weibliche Testpersonen durchschnittlich schlechter abschnitten als männliche, obwohl das von ihrem vergleichbaren Persönlichkeitsprofil her nicht zu erwarten gewesen wäre. Gilligan sah die Ursache dieser Diskrepanz in der Anlage des Tests selbst, der die abstrakte Einschätzung der Gerechtigkeit am höchsten bewertet, während er den Einbezug konkreter Umstände und persönlicher Beziehungen in die moralische Entscheidung wenig honoriert. Dies erschien ihr als blinder Fleck in Kohlbergs Evaluationen, die offenbar die höchste moralische Reife mit persönlicher Autonomie gleichsetzen. Demgegenüber plädiert Gilligan für *die Gleichrangigkeit von Beziehungstugenden* (care) *und Gerechtigkeit* (justice), die in ein und derselben Situation als zwei verschiedene Moralaspekte erscheinen, nicht aber in ein hierarchisches Verhältnis zueinander gebracht werden können.

Dabei wurde Gilligan mißverstanden, wenn man ihr von feministischer Seite vorwarf, sie etabliere erneut ein komplementäres Modell von weiblichen und männlichen Tugenden. Die „andere Stimme", die sich im ethischen Diskurs gegenüber der abstrakten Gerechtigkeit zu Wort meldet, beruht für sie nicht auf dem biologisch definierten „Wesen" der Frau, sondern ist Ausdruck mitmenschlicher Erfahrungen und Lebenszusammenhänge, in die Frauen – bis jetzt – stärker eingebunden sind als die sich distanzierenden Männer.[56]

Später präzisiert sie ihren Standpunkt, indem sie eine traditionell weibliche Fürsorgehaltung *(feminine ethic of care)* von einer bewußt feministischen Einschätzung der Fürsorgeleistung *(feministic ethic of care)* unterscheidet. Die erste Version geht von der patriarchalen Rollenzuweisung aus und fordert von der Frau den Verzicht auf Selbstverwirklichung zugunsten der Fürsorge für andere. Dies stellt die sich emanzipierende Frau vor das Dilemma, entweder auf die Entfaltung ihrer Talente zu verzichten und sich als tugendhaft und selbstlos bewundern zu lassen, oder ihren Befreiungsweg um den Preis des Egoismus-Vorwurfs zu wagen.

Im Unterschied dazu deckt die feministische Sicht dieses Dilemma auf und macht sich zur Stimme des Widerstands. Außerdem weist sie *die männliche Idee des autonomen Ego* als *illusionär* zurück, weil jedes Selbst erst durch Beziehungsarbeit in seine Existenz kommt. So gilt es nach Gilligan, zwischen der anerzogenen Stimme der Selbstlosigkeit und der Stimme einer echten, mitmenschlichen Bezogenheit zu unterscheiden, die Männer bisher weitgehend verdrängen und an die Frauen delegieren. Wenn sich aber Frauen und Männer diese Zusammenhänge bewußt machen und beide gleichermaßen mitmenschliche Verantwortung *(care)* übernehmen, so werden sie rückblickend das Konzept eines vereinzelten, autonomen

Selbst nur noch als ein artifizielles Konstrukt wahrnehmen können.[57]

Von Gilligan ausgehend, setzt sich die Philosophin und Linguistin *Eva Feder Kittay* mit der bekannten Gerechtigkeitstheorie von *John Rawls* auseinander. Rawls vertritt die klassische Vorstellung eines Gesellschaftsvertrags, der die Aufgaben- und Güterverteilung zwischen Sozialpartnern fair regelt. Dabei definiert er diese Sozialpartner als voll funktionstüchtige Erwachsene, deren gegenseitige Ansprüche und Pflichten symmetrisch sind, und zwar auf Lebenszeit („normal capacities to be a cooperating member of society over the course of lifetime"). Sonderregelungen sieht er nur für vorübergehend kranke Personen vor.

Kittay macht diesem Konzept den Vorwurf, auf gravierende Art einseitig zu sein, weil es die Tatsache ignoriert, daß der Zustand eines „nicht voll funktionsfähigen Erwachsenen" nicht die Ausnahme, sondern für eine beachtliche Zeit unseres Lebens die Regel sei. Als Kinder, eventuell als Invalide und als Menschen im hohen Alter brauchen wir alle die nicht reziproke Zuwendung unserer Mitmenschen. Erst wenn wir Abhängigkeit *(dependency)* und die entsprechende Leistung für Abhängige *(dependency work)* als fundamental für unser menschliches Dasein und für unsere menschlichen Beziehungen betrachten, gewinnen wir ein realistisches Bild von der Gesellschaft. Und erst von da aus können wir überhaupt das System einer wohlgeordneten *(rational and reasonable)* Gemeinschaft entwerfen.

Sobald wir aber erkennen, daß Menschen, die in irgendeiner Form Betreuungsarbeit leisten, einen grundlegenden und unverzichtbaren Beitrag zur Kontinuität und Stabilität der Gesellschaft leisten, müssen wir auch anerkennen, daß die Gesellschaft als Ganze verpflichtet ist, Kinderbetreuung nicht länger als einen privaten Luxus zu betrachten und Sozialarbeit angemessen zu bezahlen. Für eine demokratische Gesellschaft, so schließt Kittay, genüge die Vorstellung von der Gleichheit ihrer Mitglieder nicht. Um Gerechtigkeit *(justice)* herzustellen, muß sie auch von Verantwortung *(care)* sprechen.[58]

Die Philosophin *Seyla Benhabib* nimmt die feministische *justice-care*-Debatte in ihre Auseinandersetzung mit *Habermas* auf. Nach ihrer Meinung unterliegen dem Projekt seiner Konsensethik zwei verschiedene Versionen von Gemeinschaft: eine Rechts- und Anspruchsgemeinschaft, die nach dem Prinzip der Gerechtigkeit *(Fairness)* entscheidet, und eine Bedürfnis- und Solidargemeinschaft, die in kulturellen Traditionen wurzelt und den Gegenstand der Diskurse über Bedürfnisinterpretationen und Wertorientierungen beeinflußt. Dennoch trage Habermas der zweiten Ebene des moralischen Diskurses zu wenig Rechnung, weil er den „verallgemeinerten anderen" zum Ausgangspunkt nimmt und nicht den „konkreten anderen".

Das Prinzip formaler Fairness grenze zudem die eigenen emotionalen Bedürfnisse und Reaktionen aus der Moraltheorie aus. In Anlehnung an Gilligan formuliert Benhabib: *„Die universalistische Ethik der Gerechtigkeit wurde um den Preis erkauft, daß die innere Natur ihrer Stimme beraubt worden ist."* Nur aus diesem Grund sei es möglich, in der Wahrnehmung von Fairness eine höhere Moralentwicklung zu sehen als in der Wahrnehmung von interpersonaler Verantwortlichkeit, Fürsorge und Solidarität.[59]

Demgegenüber entwirft Benhabib das Projekt eines „moralisch-praktischen Diskurses", der den Beteiligten vor allem zwei Fähigkeiten abverlangt: die Fähigkeit, den eigenen traditionellen Bezugsrahmen nachdenklich zu betrachten und dabei die „gleichsam eingefrorenen Bilder des Guten und des Glücks aufzutauen"; und als zweite, nicht minder wichtige Fähigkeit, die menschlichen Bedürfnisse und moralischen Motive, die hinter diesen kulturellen Mustern stehen, sprachlich so zu artikulieren, daß sie mit Menschen aus einer anderen Kulturtradition kommunizierbar sind. In einem solchen Diskurs ginge es nicht nur um die Einschätzung des eigenen Rechtsanspruchs im Rahmen einer als allgemeingültig befundenen Norm, sondern gleichzeitig um die Fähigkeit, sich in den Standpunkt des konkreten anderen zu versetzen.

Benhabibs Argumentation gegenüber Habermas verläuft ähnlich wie diejenige deutscher Ethiker gegenüber Hare (siehe oben S. 180), wenn sie betont, daß *der konkrete andere nur über den inneren Zugang zu seiner emotionalen Situation zu erfassen* sei, und daß wir nur dann in eine fruchtbare Auseinandersetzung eintreten können, wenn wir uns über die eigene emotionale Verfassung einigermaßen im klaren sind.

Erst auf der Basis eines praktisch-moralischen Diskurses wären nach Benhabib die Zielvorstellungen von Gerechtigkeit und gutem Leben (Glück) vereinbar, während *Gerechtigkeit ohne Solidarität blind* und *Freiheit ohne Bezug auf das gute Leben leer* sei.[60]

Damit stimmt sie von der Intention her mit Hares erklärtem Ziel, Kants Pflichtmoral mit utilitaristischen Zielen zu verbinden, überein, jedoch mit einem entscheidenden Unterschied: Hare, der von der Prüfung der emotionalen Motive absieht und bei einem Interessenkonflikt zu Recht auf einen unreflektierten Mehrheitsbeschluß verzichtet, gelangt nolens volens in die Position einer einsamen Entscheidungsfindung. Diese kann nur von einem „Experten" getroffen werden, d.h. von einer Person, die in der Lage ist, die Konfliktsituation so allgemein (abstrakt) wie möglich zu erfassen. Dem unterliegt die doppelte Illusion, daß weder die Einfühlung in die Motive anderer noch die – oft unbewußten – Motive des Experten eine Rolle spielen würden.

Benhabib dagegen setzt auf den Dialog, und, wie schon Agnes Heller, auf die sprachliche Kultivierung des Dialogs. Das bedeutet, sich selbst und die konkreten anderen zu ermutigen, die eigenen Bedürfnisse und Werturteile zu artikulieren und sich gegenseitig zuzuhören. In einer Zeit, in der die Experten-Ethik Hochkonjunktur hat, ist dies ein brisantes politisches Votum.

Einen ganz anderen Aspekt des Zusammenhangs von *care* und *justice* beleuchtet die Inderin *Uma Narayan* anhand der *Kolonialgeschichte* und der Mentalität der Kolonialherren. Um die Unterdrückung der Kolonialvölker zu rechtfertigen, benutzten die Europäer eine Definition von fürsorglicher Verantwortung, die nur ein Deckname für Entmündigung und Enteignung war. Den von Europa abhängigen „Eingeborenen", die um 1914 rund 85% der Weltbevölkerung ausmachten, wurde der Status kindlicher Bedürftigkeit zugeschrieben, welche die paternalistische Führung durch fortgeschrittene Industrienationen als menschlich notwendig erscheinen ließen: so im Hinblick auf religiöse Unterweisung, Sexualmoral und Arbeitserziehung, aber auch im Hinblick auf die Segnungen des technischen Fortschritts.

In dieser Ideologie waren auch die weißen Frauen befangen, die das koloniale Unterdrückungsregime mittrugen, ohne zu bemerken, daß sich in der paternalistischen Attitüde gegenüber den Kolonialvölkern die ganze Künstlichkeit und Verlogenheit des patriarchalen Geschlechtermodells wiederholte. Rechtfertigte die patriarchale Philosophie die Unterdrückung der Frauen mit dem Argument, das „schwache" Geschlecht bedürfe der männlichen Führung, so bemäntelte die europäische Kolonialpolitik ihre Ausbeutung mit der Missionstätigkeit und ihrer (rudimentären) medizinischen und technischen Hilfe.

Für die care-justice-Diskussion zieht Nayaran die Konsequenz, daß es wesentlich darauf ankommt, wer die Definitionsmacht für beide Begriffe besitzt. Deshalb schlägt sie vor, daß sowohl im Hinblick auf soziale Verantwortung als auch im Hinblick auf Gerechtigkeit und Gleichheit politische Bedingungen zu schaffen seien, die beide Aufgaben in einem moralisch adäquaten Sinn erst ermöglichen („enabling conditions"). Das bedeutet, daß in gewissen Verhältnissen erst der Kampf um gleiche Rechte die Möglichkeit für angemessene Fürsorge schafft (wie gegenüber weiblichen Kindern in Indien), und umgekehrt, daß volle politische Gleichheit erst möglich wird, wenn die zentrale Bedeutung der Betreuungsarbeit erkannt und fair geregelt ist.[61]

Im übrigen machen Ökofeministinnen seit vielen Jahren die Zusammenhänge zwischen der Diskriminierung der Frau, der Ausbeutung der Natur und der Ausbeutung der Dritten Welt bewußt und kritisieren die widersprüchlichen Praktiken der offiziellen Entwicklungshilfe. So vor allem Maria Mies in ihrem Werk „Patriarchat und Kapital. Frauen in der internationalen Arbeitsteilung" (1988) und in ihren gemeinsamen Publikationen mit der indischen Ökonomin Vandana Shiva.[62]

In den außereuropäischen Ländern ist *die Asymmetrie der geschlechtlichen Arbeitsteilung* noch weit deutlicher, nachdem laut Unostatistik 2/3 der weltweiten Arbeit von Frauen geleistet wird. Allerdings sind dort auch die Unterschiede zwischen den sozialen Schichten enorm groß, weshalb feministische Soziologinnen zu Recht darauf bestehen, historische und gegenwärtige Frauenfragen immer im jeweiligen sozioökonomischen Gesamtkontext zu behandeln.[63]

Das Konzept einer reziproken Arbeitsteilung und die Neudefinition von Transzendenz und Immanenz als dritter Schritt

Die Forderung nach Neuverteilung der Arbeit wird bisher noch immer einseitig im Namen der Chancengleichheit für die Frau erhoben. So können die an sich bitter nötigen Entlastungsprojekte wie Kinderkrippen, Tageskindergärten und Tagesschulen vom Kern des Problems ablenken, nämlich von der *Auflösung der Rollenklischees beider Geschlechter, auch desjenigen des Mannes.* Tatsächlich wäre der volle Einbezug der Männer in die Haus- und Betreuungsarbeit, der auch die „gleichgewichtige Elternschaft" herstellen würde, ebensosehr eine Chance zu ihren Gunsten und darüber hinaus zugunsten der Kinder und der gesamten Gesellschaft.[64]

Freilich ist unser traditionelles Männerbild noch so sehr auf das Helden-Image fixiert, welches Kampf und Triumph über äußere Schwierigkeiten zum eigentlichen Daseinszweck erhebt, daß es schwer fällt, in der Übernahme wenig spektakulärer häuslicher Aufgaben einen Gewinn für den Mann zu sehen. Dennoch ergeben sich aus der reziproken Arbeitsteilung, wie sie von einer kleinen Minderheit bereits praktiziert wird, zumindest zwei höchst positive Aspekte auch für das Leben des Mannes.

Einer davon ist die „*emotionale Chancengleichheit" für den Mann* und zwar aus der Perspektive des heranwachsenden Knaben ebenso wie aus der Perspektive des Vaters bzw. des männlichen Elternteils. „Gleichgewichtige Elternschaft" bedeutet, daß Mütter und Väter im gleichen Maß physisch und psychisch schon für das Kleinkind präsent sind und daß sich Mädchen und Knaben emotional mit beiden Elternteilen identifizieren können. Damit gäbe es weder den schon beschriebenen Identitäts- bzw. Autonomiekonflikt für den Knaben noch das einseitige Rollenvorbild für das heranwachsende Mädchen.

Mit anderen Worten, gleichwertige Elternschaft ermöglicht *eine symmetrische Identitätsfindung für beide Geschlechter* mit einer gleichermaßen ungebrochenen emotionalen Basis und einem uneingeschränkten Horizont für den theoretischen und praktischen Bezug zur Welt. Erst dann könnten Frauen und Männer ohne inneren Widerspruch sowohl auf der Beziehungsebene als auch auf der Sachebene fühlen, denken und handeln, was intellektuelle Chancengleichheit für die Frau und emotionale Chancengleichheit für den Mann bedeutet.

Beginnen müßte dieser Prozeß freilich von der Erwachsenenseite aus, und zwar indem Väter oder Männer, die diese Stelle einnehmen, sich vom ersten Lebenstag des Kindes an intensiv um das Wohl des Kindes kümmern und dabei die ganze Skala nonverbaler Beziehungen erfahren: die Wahrnehmung von Bedürfnissen, Schmerzen, Ängsten; das Erlernen von Gesten der Beruhigung und des Trostes und nicht zuletzt die beglückende Erfahrung gegenseitigen emotionalen Vertrauens und der Potenzierung gemeinsam erlebter Erleichterung, Zufriedenheit und freudiger Erregung.

Damit wäre die Außenseiter-Position des Mannes gegenüber der bisher so viel engeren Mutter-Kind-Beziehung zum erstenmal aufgehoben und damit auch seine uneingestandenen Gefühle der Eifersucht und des Neides. Gerade die lange Zeit der Hilflosigkeit des Menschenkindes, das im Vergleich zu allen anderen Säugetieren ein zu früh geborener Embryo ist, *bietet für den Mann die Chance, sich zum Mitträger der „extra-uterinen Schwangerschaft"* zu machen, wie ich das erste Lebensjahr des Kindes in Anlehnung an A. Portmann nennen möchte, der bekanntlich von der „extra-uterinen Embryonalzeit" des Kindes sprach. Tatsächlich muß das Menschenkind noch rund

12 Monate nach der Geburt außerhalb des Mutterleibes getragen werden, und dies kann Aufgabe beider Elternteile sein.

Diese Perspektive ist jedenfalls realistischer als die utopische Vorstellung von einer künstlich eingepflanzten männlichen Schwangerschaft, wie sie von verschiedenen Seiten diskutiert wurde.[65] Meines Erachtens wäre es gleichermaßen wichtig, die biologischen Gegebenheiten zu akzeptieren wie eine biologisch fixierte Auffassung der Geschlechterrollen zu vermeiden; was der Tatsache entspricht, daß die soziale Mutter(-Vater)-schaft im menschlichen Leben einen so viel höheren Stellenwert einnimmt als die rein biologische Mutterschaft.

Gleichgewichtige Identitätsfindung würde aber auch die Partnerschaft zwischen Mann und Frau grundlegend verändern. Während das komplementäre Geschlechtermodell beide Teile symbiotisch aneinander fesselt und die Frau auf intellektueller Ebene zur Tochter des Mannes und den Mann auf emotionaler Ebene zum Sohn der Frau macht, ist Ebenbürtigkeit erst dann gegeben, wenn beide Partner sowohl materielle als auch emotionale und geistige Eigenständigkeit in die Beziehung einbringen.

Der zweite positive Aspekt, der sich für den Mann aus der reziproken Arbeitsteilung ergibt, betrifft sein Verhältnis zum eigenen Körper und zur Leiblichkeit und Sinnlichkeit überhaupt. *Als Folge des Geist-Körper-Dualismus projizierte das androzentrische Denken die Leiblichkeit einseitig auf die Frau:* Sie hat nicht nur einen Körper, sondern sie *ist* Körper, während der Mann zwar weiß, daß er einen Körper besitzt, aber glaubt, ihn ignorieren oder instrumentalisieren und damit transzendieren zu können.

Diese Spaltung hat für beide Geschlechter fatale Konsequenzen, doch wurden sie bisher vor allem im Hinblick auf die Frau thematisiert. *Simone de Beauvoir* beschrieb den weiblichen Körper als das „Andere", von dem sich das männliche Subjekt abgrenzt und auf das es alle Hoffnungen und Ängste des vergänglichen Lebens projiziert, um sich selbst als geistiges Subjekt zu konstituieren. Daran knüpften eine Vielzahl weiblicher und männlicher Autoren an, indem sie die Frau als

Lustobjekt und Projektionsfläche männlicher Phantasien beschreiben, unter anderen Kunstwissenschaftlerinnen, die dem Motiv des weiblichen „Aktes" in der Kunst und in der Literatur auf den Grund gehen.[66]

Erst in jüngster Zeit kommen die Konsequenzen der Leib-Geistspaltung auch für den Mann in den Blick. Der Mann instrumentalisiert ja nicht nur den Körper der Frau, sondern auch den eigenen, wenn auch auf andere Weise. Im sexuellen Akt kann ihm sein Körper als Werkzeug zum Beweis der Männlichkeit dienen, im äußersten Fall als Waffe zur Demütigung der Frau. Aber nicht nur sie wird zum Objekt oder zum Opfer, sondern auch die Sinnlichkeit des Mannes bleibt auf der Strecke, denn Leistungsbeweis und Sinnlichkeit vertragen sich schlecht. Daß dies auch für den Ehrgeiz des perfekten Liebhabers zutrifft, thematisierte S. de Beauvoir in einem ihrer letzten Gespräche mit Sartre, worin sie von der „Frigidität" des Mannes spricht als von seiner Unfähigkeit, sich selbst zu vergessen und ganz an die Lust hinzugeben.[67]

Bei aller Widersprüchlichkeit scheint *den Inszenierungen der androzentrischen Sexualität eines gemeinsam* zu sein, nämlich *die Verhinderung einer echten, gegenseitigen Körpererfahrung und eines sinnlich-emotionalen Austauschs:* Macht die pornographische Phantasie die Frau letztlich zum toten Objekt und schafft das idealisierende Bild des Künstlers Distanz zur konkreten Leiblichkeit der Frau, so verwandelt die perfekte Liebestechnik ihren Körper in einen Spiegel des Narziß.

Angesichts der patriarchalen Hypotheken, welche die Heterosexualität belasten, scheint es nur konsequent, wenn ein Teil der feministischen Bewegung die Erfahrungen der lesbischen Liebe wiederbelebt, sofern diese ein egalitäres nicht-hierarchisches Beziehungsmuster darstellt.[68] Zusammen mit homosexuellen Erfahrungen von Männern, wenn sie nicht das sadomasochistische Unterwerfungsritual des Machismo kopieren, sondern authentische Wahrnehmungen männlicher Sinnlichkeit und Zärtlichkeit spiegeln, könnten sie auch für die Suche nach neuen (im Grunde uralten) Formen partnerschaftlicher Heterosexualität bereichernd sein.

Neben der sexuellen Instrumentalisierung des Körpers ist auf männlicher Seite die rücksichtslose Ausbeutung des eigenen Körpers als Arbeitsinstrument nicht zu vergessen, wie sie sich in der Gesundheitsstatistik niederschlägt. Männer nehmen die Warnsignale ihres Körpers offenbar weniger wahr als Frauen, was zur Häufung von Herzinfarkten und Kreislaufzusammenbrüchen führt und einen der Gründe für ihre durchschnittlich geringere Lebenserwartung darstellt. Dem könnte eine Neuverteilung der Arbeit zwischen den Geschlechtern auf zweifache Weise entgegenwirken.

Zum einen bringt die unmittelbare Sorge für das körperliche Wohl anderer ein viel selbstverständlicheres und liebevolleres Verhältnis zur leiblichen Existenz mit sich; zum andern würde das nur noch teilzeitliche Engagement im öffentlichen Beruf die ehrgeizige Selbstausbeutung dämpfen, wenn diese nicht mehr den alleinigen Lebensinhalt darstellt. Mit der gleichgewichtigen Verteilung der gesellschaftlichen Arbeit würde nicht zuletzt der typisch männliche Leistungsbegriff revidiert, der seinerseits mit der philosophischen Unterscheidung von Immanenz und Transzendenz zusammenhängt.

Wie schon die Antike, so begriffen *Hegel* und, ihm folgend, Marx, den Menschen als *homo faber,* d.h. als ein Wesen, das durch seine Arbeit in die natürliche Umwelt eingreift und als „Werkmeister" (Hegel) das bloße Dasein transzendiert. Mit dem Ausbrechen aus dem Kreislauf des instinktiven Lebens entsteht die Subjekt-Objekt-Spaltung, in welcher der Mensch sein Subjekt dem Objekt gegenüberstellt und es gleichzeitig transzendiert, indem er sich das Objekt dienstbar macht.[69] Das Subjekt konstituiert sich aber auch als Wille, der sich seine eigenen Ziele setzt und das eigene, endliche Dasein diesen Zielen unterordnet. Von da aus erhält für Hegel der Einsatz des eigenen Lebens unter anderem im Krieg seinen Bezug zur Transzendenz.

Simon de Beauvoir hat die sexistischen Implikationen, die der Hegelschen Konzeption unterliegen, klar benannt: Aus patriarchaler Sicht bleibt das Leben der Frau der Immanenz verhaftet, weil es sich angeblich seit jeher in der Wiederholung der ewig gleichen, schieren Lebenserhaltung erschöpft, während der Mann als Handwerker, Erfinder, Künstler oder Politiker das naturhafte Dasein transzendiert und sich seine eigene Zukunft entwirft.[70] Trotz ihrer leidenschaftlichen Forderung, beide Geschlechter am Streben nach Transzendenz teilnehmen zu lassen, blieb Simone de Beauvoir in verschiedener Hinsicht den männlichen Fehleinschätzungen verhaftet. So in der Interpretation der weiblichen Gebärfähigkeit als eines prinzipiellen *handicaps* für Tätigkeiten, die das Leben transzendieren, oder in der völligen Unterschätzung der Agrargesellschaften und deren kultureller Innovationskraft. Das veranlaßte sie bekanntlich zu der Schlußfolgerung, Frauen hätten niemals eigene kulturelle und spirituelle Werte geschaffen.[71]

Vom heutigen Stand der feministischen Philosophie- und Wissenschaftskritik aus ist *eine völlig neue Definition der Begriffe von Immanenz und Transzendenz* zu fordern. Das muß schon bei der selektiven Wahrnehmung der männlichen und weiblichen Anatomie beginnen, wie wir sie unter anderem bei Erik Erikson kennenlernten (siehe S. 87ff.) und die der französische Psychoanalytiker *J. Lacan* mit seiner Definition des Phallus als „transzendentalem Signifikant" am pointiertesten zum Ausdruck brachte.[72]

Für die vorurteilslose Betrachtung ist es in keiner Weise plausibel, weshalb das männliche Organ aufgrund seiner aus dem Körper hervortretenden Lage und seiner Fähigkeit zur Ejakulation zum Aufbruch in die Transzendenz prädestinieren soll, während der viel dramatischere Ausstoß des Kindes bei der Geburt oder die nach außen abgegebene Muttermilch die Frau angeblich in der Immanenz gefangenhalten.

Eine ähnliche Willkür der Definition findet sich auf dem Gebiet des Handwerks wieder. Warum sollen wir annehmen, daß nur der (Waffen-)Schmied, der Holzschnitzer oder der Bildhauer sein Material transzendiert und nicht auch die Töpferin, die Schöpferin des Textilhandwerks und die Köchin? Oder – ganz unabhängig vom Geschlecht – warum gehört nicht auch der philippinische Reisbauer zu den Kulturbringern, wenn er seinen steilen Boden kunstvoll terrassiert und eine Vielzahl von Reissorten züchtet, die der jeweiligen Höhe angepaßt sind?

Was ist das für ein Kulturbegriff, der nur den gewaltsamen Eingriff in die Natur oder Krieg und Unterwerfung verherrlicht, während er die profundesten Schöpfungen einer friedlichen Kultur weitgehend ignoriert? Wenn die Rede vom Transzendieren des kreatürlichen Lebens einen nicht androzentrischen, allgemeingültigen Sinn haben soll, so nicht als Überschreiten bzw. Hinwegschreiten über ein Objekt. Als humane Subjekte erfahren wir uns vielmehr darin, daß wir Abstand zu uns selbst gewinnen und über die eigene Bedürfnisbefriedigung hinaus Um- und Rücksicht nehmen können.

Die erste Ebene dieser Erfahrung stellt unser Reflexionsvermögen dar. Mit der Fähigkeit, im Strom des Lebens und des Erlebens innezuhalten, um zu wissen, was wir tun, und zu wissen, was wir fühlen, transzendieren wir das schiere animalische Dasein.

Auf einer zweiten Ebene übersteigt unser Fühlen, Denken und Handeln die unmittelbaren Bedürfnisse des eigenen Lebens. So in der mitmenschlichen Hilfe, im Engagement zur Linderung von Leiden und zur Verbesserung der allgemeinen Lebensbedingungen. Mitmenschlichkeit ist aber auch diejenige Ebene, auf der Transzendenz in der Begegnung von Person zu Person unmittelbar erfahren wird. Hegel war sich bewußt, daß die geistige Selbstfindung des Menschen der Bestätigung und Anerkennung durch andere geistige Subjekte bedarf. Allerdings geht er dabei von einer merkwürdigen Konkurrenzidee aus, die er mit seiner Metapher von Herr und Knecht umschreibt: Das Subjekt, das sich seiner Freiheit bewußt ist und damit ein von außen nicht festlegbares „Für-sich-Sein" bewahrt, fühlt sich von anderen Subjekten bedroht, weil diese die Macht besitzen, es als Objekt zu betrachten und es damit seiner Souveränität als Subjekt zu berauben. Aber während Hegel versucht, dieses Dilemma in der echten Freundschaft aufzulösen und die Ansprüche der Subjekte zu versöhnen,[73] treibt *Sartre* mit seiner *Analyse des menschlichen Blicks* die Gegensätze auf die Spitze.[74]

In der Auffassung Sartres gefährdet der Blick des anderen die eigene Freiheit (Transzendenz), indem er mir seine Überlegenheit demonstriert und mich zum Objekt (Immanenz) degradiert. Umgekehrt gefährdet auch mein Blick den anderen in seiner Freiheit, weshalb beide das Erblicktwerden mit Unbehagen, ja mit Scham erleben. So versuchen beide, sich vom Zugriff des anderen zu befreien, indem sie danach streben, den anderen zu unterwerfen. Eigentlich unlösbar wird dieser gegenseitige Unabhängigkeitskampf nach Sartre in der Liebe, weil wir einerseits den geliebten Menschen ganz besitzen und von ihm ganz geliebt werden wollen, aber gleichzeitig fürchten, ihn zum Gegenstand zu machen oder uns selbst als Gegenstand an ihn zu verlieren, und dies würde die lebendige Beziehung zunichte machen.

Bei aller psychologischen Scharfsicht spiegeln diese Schilderungen einmal mehr den typisch männlichen Autonomiekomplex, wie er auch in Sartres Ausführungen zum Phänomen der „Klebrigkeit" zum Ausdruck kommt.[75]

Dem ist von der weiblichen Lebenserfahrung her ein ganz anderes Bild entgegenzusetzen: die Erfahrung des gegenseitigen, liebenden Blicks im ersten Lächeln des Kindes, das als archetypisches Begegnungsmuster zwischen menschlichen Personen gelten kann. Hier ist es das erwachende Subjekt des Säuglings, das mit seinem Blick die Augen der nächsten Bezugspersonen sucht, sie anlächelt und in deren erwidernden Blick eintaucht. Für die Erwachsenen, die solche Augenblicke bewußt erleben, bleiben sie unvergeßliche und beglückende Ereignisse, eine Art Urbild menschlicher Bezogenheit und gegenseitigen Vertrauens.

Zwar läßt sich einwenden, daß es sich dabei gerade nicht um ein reziprokes Verhältnis handelt, weil der Erwachsene vom unschuldigen Blick des Kindes nicht bedroht ist. Dennoch sind das angeborene Lächeln des Kindes und seine intensive Blicksuche ein Unterpfand dafür, daß Menschen auf Kommunikation hin angelegt sind. Diese Tatsache allein wäre Grund genug für alle Väter, es nicht nur den Müttern zu überlassen, die Geburt des menschlichen Subjekts während der ersten Lebenswochen hautnah zu erleben. Keimhaft erscheint hier die gegenseitige Anerkennung und Bestätigung zweier „Transzendenzen", wie sie in jeder tieferen Beziehung potentiell gegeben ist.

Eine dritte Ebene des Transzendierens bilden die symbolischen Artikulationen der Sprache und die ästhetischen und moralischen Wertsetzungen, die dem eigenen Leben Sinn und der Gesellschaft verbindliche Strukturen geben. Ihr entsprechen die Kulturleistungen in den Bereichen der Religion, Philosophie und Kunst, die in allen nicht-patriarchalen Gesellschaften keineswegs den Männern vorbehalten waren, sondern sich mindestens ebenso weiblicher Kreativität verdankten.

Die Neudefinition von Tanszendenz und Immanenz erfährt gegenwärtig einen wesentlichen Anstoß von unerwarteter Seite, nämlich von der Theologie, genauer von der feministischen Theologie. War die orthodoxe Theologie von jeher ein Garant für den strikten Dualismus von Transzendenz und Immanenz und hat sie diesen Dualismus gegenüber der Mystik immer verteidigt, so geht die feministische Kritik ganz von der praktischen Theologie aus.

Als erste machte *Mary Daly* darauf aufmerksam, daß die Spaltung zwischen Jenseits und Diesseits, unsterblicher Seele und Körper die Grundidee der christlichen Liebe desavouiert. Die Nächstenliebe der Evangelien meint Mitmenschlichkeit im Hier und Jetzt und nicht eine überweltliche, „theologische" Tugend, als die sie im Dreigestirn von Glaube, Liebe und Hoffnung figuriert. In letzter Konsequenz macht Daly den revolutionären Vorschlag, Gott nicht länger als das absolute, transzendente Sein zu begreifen und ihn statt als Substantivum als Verbum zu definieren: als Inbegriff des Tätigseins der liebenden Beziehung und mitmenschlichen Vernetzung.[76]

Feministische Befreiungstheologinnen wie *Dorothee Sölle* und *Beverly Harrison* verbinden die Auflösung des theistischen Transzendenzbegriffs mit dem Kampf für menschenwürdige Lebensbedingungen auch in der Dritten Welt. Für sie ist Gott „konkret" (Sölle), und dies bedeutet eine Absage an jede romantische Idealisierung des „Übersinnlichen", die vor der realen Welt der Unterdrückung die Augen verschließt. Feministische Theologie nimmt die Menschen in ihrer ganzen körperlichen Bedürftigkeit wahr und macht die konkret-sinnliche Beziehung zum Fundament der christlichen Ethik: *„Feministische Ethik“*, so Harrison, *„ist zutiefst weltlich, sie ist eine Spiritualität der Sinnlichkeit.“*[77]

Von da aus ist es nicht mehr ganz so überraschend, daß sich feministische Theologinnen in der Begründung einer neuen Sexualmoral mit den Ansätzen von Philosophinnen und Psychoanalytikerinnen treffen.[78] Nachdem die christliche Sexualmoral seit Jahrhunderten eine Abwehr- und Verbotsmoral war, werden hier zum erstenmal sexuelle Tugenden benannt, deren oberste die Gleichrangigkeit der Liebenden ist. Spiritualität der Sinnlichkeit befreit Sexualität aber auch von jeder Zweckgebundenheit; vom heterosexuellen Zwang ebenso wie vom Zwang zur Fortpflanzung oder vom Zwang lebenslanger Fixierung.[79]

Wenn die feministischen Ansätze zu einer nicht-androzentrischen Ethik die patriarchalen Dualismen dekonstruieren und sich an konkreten Lebensbezügen orientieren, so bedeutet dies jedoch nicht den Verzicht auf allgemeinverbindliche Normen. Das unterscheidet sie von einem postmodernen Diskurs, der glaubt, auf jeden verbindlichen Standpunkt verzichten zu müssen, um dogmatische Unterstellungen zu vermeiden. Auch die feministische Patriarchatskritik verabschiedet sich von *dem* Subjekt der Geschichte und von der einen Großen Erzählung, die die Emanzipation des Menschen (des Mannes) von der Natur zum Gegenstand hat. Aber das bedeutet nicht, den Gedanken eines Bewußtseins- und Emanzipationsprozesses überhaupt aufzugeben. Die Decouvrierung der Herrschaft in allen ihren Schattierungen bedarf nach wie vor großräumiger historischer Betrachtungen, auch die Geschichte von der Unterdrückung der Frau.[80]

Kapitel III

Die Bilanz: Gibt es universelle Kategorien der emotionalen Vernunft?

1. Zu den bisherigen Kriterien für die Allgemeingültigkeit moralischer Urteile

Historisch gesehen wurde die Frage nach der Universalisierbarkeit ethischer Normen erst von dem Augenblick an akut, als sich die Philosophie endgültig aus der religiösen Tradition gelöst hatte, zugleich aber beanspruchte, verbindliche Maßstäbe für die praktische Lebensführung rational begründen zu können. Im monumentalen Werk Kants laufen alle Gedankenstränge auf diesen Punkt zusammen: Wie ist es möglich, nach der Absage an Theologie und Metaphysik nicht der moralischen Skepsis und dem Relativismus zu verfallen? *Gibt es einen archimedischen Punkt, der nicht außerhalb, sondern innerhalb des Menschen liegt, von dem aus wir das Sittengesetz aufrichten können?*

Kant glaubte, diesen Punkt im „moralischen Gesetz in uns" gefunden zu haben und zeigen zu können, daß das Selbstverständnis der praktischen Vernunft als sittlicher Vernunft vor jeder Erfahrung *a priori* gegeben sei. Und nicht nur dies: Weil er die apriorische Erkenntnis aus dem Modell der Mathematik ableitete, hielt er auch die Gültigkeit des kategorischen Imperativs für unabhängig vom empirischen Subjekt und für eine notwendige Erkenntnis aller denkbaren vernünftigen Wesen. Damit verbunden ist bei Kant der Formalismus der Aussagen, weil jede materiale Wertbestimmung Elemente der äußeren oder inneren Erfahrung enthält.

Als strikte Gegenposition dazu bietet der *englische Empirismus* in seinen verschiedensten Ausprägungen den Vorteil, inhaltliche Bestimmungen zuzulassen und moralische Gefühle und Neigungen ernstzunehmen, jedoch um den Preis, sie nicht als objektiv gültig einstufen zu können. Dabei führte der *Sensualismus David Humes* oder der psychologische Ansatz von *Adam Smith* noch nicht zum Wertrelativismus im heutigen Sinn, weil beide überzeugt waren, daß die subjektiven Moralgefühle auf die Allgemeinheit ausgerichtet und dieser von Nutzen seien. Erst der viel spätere *„Emotivismus"* erklärt in seiner radikalen Version alle Werturteile zum Ausdruck ganz persönlicher Gefühlsäußerungen, die weder wahr noch falsch sein können.

Diesem Dilemma zwischen formaler, apriorischer Ethik einerseits und materialer, aber relativer Ethik andererseits versuchte *Max Scheler* dadurch zu entgehen, daß er vom *„emotionalen Apriori" im Sinne einer evidenten Wertwahrnehmung* sprach. Doch hält aus heutiger erkenntnistheoretischer Sicht weder Kants noch Schelers „Apriori" einer kritischen Überprüfung stand.

1.1. Das Scheitern des rationalen und des emotionalen Apriori in der Ethik

Im Hinblick auf *Kants kategorischen Imperativ* zeigte unter anderen *Tugendhat*, daß dieser auf eine *logische Tautologie* hinausläuft (siehe S. 174): Die Aufforderung, so zu handeln, daß die Maxime unseres Handelns zum allgemeinen Gesetz erhoben werden könnte, setzt das Interesse an Allgemeinheit und Gerechtigkeit bereits voraus, genauso wie das Gebot, den Menschen niemals nur als Mittel zu gebrauchen, die Einsicht in die Würde des Menschen als „Zweck an sich selbst" zur Vorbedingung hat.

Anders als in der Kritik der theoretischen Vernunft, in welcher Kant die Möglichkeit synthetischer Urteile apriori untersucht und diese offensichtliche Möglichkeit in der Mathematik auf zwei Komponenten zurückführt – auf das reine Denkvermögen (Zusammenhänge zu knüpfen) und die reinen Anschauungsformen von Raum und Zeit –, fehlt in der praktischen Vernunft diese zweite Komponente. Für die praktische Vernunft schließt Kant jedes sinnlich-anschauliche Moment, wie es in einem „reinen" Wertfühlen gegeben sein könnte, von vornherein aus, weil er den sinnlichen Neigungen des Menschen, als vom Egoismus verdorben, grundsätzlich mißtraut. Statt der Anschauung legt er der praktischen Vernunft das Prinzip der Freiheit zugrunde, das seinerseits jeder sinnlichen Erfahrung entzogen bleibt.

Wenn aber, wie Kant selbst definiert, Begriffe ohne Anschauung leer sind, so können aus ihnen nur analytische Urteile abgeleitet werden, was er auch zugesteht, wenn er von der Deduktion der Grundsätze der reinen praktischen Vernunft spricht: *„Das moralische Gesetz (ist) gleichsam ein Faktum der reinen Vernunft, dessen wir uns apriori bewußt sind und welches apodiktisch gewiß ist."*[1] Letzten Endes kann sich Kant nur auf das Erlebnis des unbedingten Sollens berufen, worin er den Ausweis unserer „intelligiblen" Natur begreift.

Ein derart unvermittelter, direkter Zugang zu einem „Ding an sich" in Gestalt unseres intelligiblen Seins – wie ihn Kant sonst nirgends zuläßt – wäre besser mit „Erleuchtung", denn als Erkenntnis zu beschreiben; weshalb Tugendhat Kants intelligibles Subjekt eine *„naturalisierte Gottesidee"* nannte. (siehe S. 174) Unter dieser Voraussetzung freilich entfällt eine moralische Urteilskraft in eigener Kompetenz (moral sense), so daß von ihr nur das theoretische Vermögen übrigbleibt, „das Besondere als enthalten unter dem Allgemeinen zu denken". Das heißt, die Maximen des eigenen Handels sind dahingehend zu prüfen, ob sie mit dem allgemeinen (apodiktisch gegebenen) Gesetz als übereinstimmend gedacht werden können. (Im Gegensatz dazu behält die ästhetische Urteilskraft bei Kant zwar ihre eigene Kompetenz, aber sie kann nicht als erkennende, sondern nur als „reflektierende" Urteilskraft gelten, weil ihre Vorstellung von Zweckmäßigkeit mit subjektiver Lust verbunden ist, und sei es auch die Lust des „interessenlosen Wohlgefallens".)[2]

Ganz anders liegen die Dinge bei *Scheler,* und zwar schon deshalb, weil er unter Apriorität etwas völlig anderes versteht als Kant. *Apriorische Erkenntnis* ist für ihn nicht gleichbedeutend mit allgemeingültiger, notwendiger und von jeder Erfahrung unabhängiger Erkenntnis, sondern *Erfahrung eigener Art, nämlich die der Evidenz.* Wie es logische oder mathematische Evidenzen gibt, so beruhen nach Scheler unsere Qualitäts- und Werterfahrungen auf der unmittelbaren Evidenz unseres sinnlichen und emotionalen Fühlens (siehe S. 97f.).

Für den Bereich sinnlich wahrnehmbarer Qualitäten wie Farben, Töne, Tast-, Geruchs- und Geschmacksqualitäten sind solche Evidenzen unbestritten, und wir könnten sie geradezu als „apriorische Fühlformen" bezeichnen, die unser Begehrungsvermögen lenken und das uns Zuträgliche bzw. Angenehme und Unangenehme auswählen. Nur beruft sich Scheler gerade nicht auf die genetische Abkunft apriorischer Evidenzen, weder auf die angeborene Lust-Unlust-Unterscheidung als biologisches Faktum noch auf soziogenetische Bedingungen für die höheren Wertgefühle. Er begreift das Wertfühlen vielmehr als eine apriorische Erkenntnismodalität, die mit dem geistigen Leben und dessen Weltbezug *a priori* gegeben sei.

Fragwürdig ist dabei schon seine Subsumierung aller Wertkriterien unter die Generalformel „bejahende Liebe" und „verwerfender Haß", unter deren Vorzeichen unser lebendiger Verkehr mit der Welt angeblich stattfindet.[3] Was Scheler zweifellos zu Recht betont, ist die *Intentionalität der Gefühle,* d.h. ihre Gegenstandsbezogenheit, und von daher läßt sich sagen, daß jedes positive Wertfühlen eine warme Anteilnahme am Gegenstand enthält, die auch unser spontanes Engagement bei der Verletzung eines solchen Gegenstandes auslöst. Das Negativum zur bejahenden Anteilnahme ist aber nicht „Haß", der immer eine individual- oder kollektiv-psychologische Wurzel hat, sondern Gleichgültigkeit bzw. Wertblindheit.

Noch problematischer ist Schelers Behauptung, das Wertfühlen sei zugleich ein Vorziehen des höheren Wertes, und diese *Wertrangordnung* sei ebenfalls evident gegeben. Hier wird der Begriff der Evidenz überdehnt, was nur mit Hilfe ontologischer Vorannahmen möglich ist: mit der Vorstellung von „Wertantennen", die gewissermaßen auf ein fest installiertes Reich der Werte ausgerichtet sind.

Dieser „*Ontologismus*", wie wir ihn auch bei *Nicolai Hartmann* finden, ist aber kein zwingender Bestandteil einer phänomenologischen „Wesensschau". Nach der klassischen Definition von *Adolf Reinach* ist Phänomenologie keine Seinslehre, die Aussagen über die Existenz ihrer Gegenstände macht, sondern eine Methode des Herangehens an die Gegenstände. Sie will die *Bedeutung der Sachen selbst, vor jeder Vereinnahmung durch ein Theoriekonzept* erforschen, und grenzt sich deshalb nach zwei Seiten hin ab: gegen einen (pseudo-)naturwissenschaftlichen Reduktionismus, der geistig-kulturelle Phänomene kurzschlüssig auf biologische Vorgänge zurückführt, und ebenso gegen eine transzendente Fixierung von Werten bzw. einer Wertehierarchie im Sinne platonischer Ideen.

Bei Scheler und Hartmann verwischen sich die Grenzen gegenüber dieser zweiten Vereinnahmung, wenn sie von einem „Reich der objektiven Werte" oder von einem „idealen An-sich-Seienden" sprechen.[4]

Umso wichtiger ist eine von metaphysischen Vorannahmen unabhängige Bedeutungsklärung moralisch relevanter Begriffe, die tatsächlich ein „unvermeidliches Ingrediens" (Tugendhat, siehe S. 175) des humanen Lebens darstellen. Bei einem solchen Verfahren steht aber, wie Reinach betont, die Evidenz nicht am Beginn, sondern bildet das Ziel der phänomenologischen Forschung. Sie ist ein langwieriger Prozeß, der uns Klarheit über unsere Wertbegriffe und die Bedeutung unserer sprachlich formulierten Wertgefühle verschaffen soll, und er unterliegt, wie jeder Erkenntnisprozeß, auch Täuschungen und Unvollkommenheiten.[5] Ein in diesem Sinne revidierter Evidenzbegriff ist allerdings unentbehrlich, weil auch die sorgfältigste Analyse den Tatbestand nicht aufzuheben vermag, daß über moralische Qualitäten nur sprechen kann, wer nicht blind für sie ist.

1.2. „Konstruktivistische" oder „konziliationistische" Moralbegründung?

Nachdem sich die Bemühungen um eine apriorische Moralbegründung als Illusion erwiesen und selbst Vertreter der zeitgenössischen Logik nicht mehr am Antagonismus zwischen apriorischer und aposteriorischer Erkenntnis festhalten,[6] hat sich die Diskussion um die Allgemeingültigkeit moralischer Urteile auf eine andere Ebene verlagert.

Universalisierung der Ethik bedeutet nun deren möglichst allgemeine Anerkennung und *ein systematisches Streben nach „Transsubjektivität"*. Das heißt, wir können nicht mehr von einem allgemeinen, apodiktisch gegebenen Gesetz oder von einer festen Wertordnung ausgehen, sondern müssen versuchen, durch gemeinsame Argumentation eine allgemein anerkannte Gültigkeit von Normen erst herzustellen.[7]

Nach wie vor aber stehen sich zwei Argumentationsansätze gegenüber, von denen der eine das Moralverständnis ausschließlich mit Hilfe rationaler Kriterien zu entscheiden sucht, während der zweite Ansatz die emotionale Basis moralischer Urteile als gleichberechtigtes Kriterium in den Diskurs einbezieht.

Vertreter des ersten Ansatzes, den ich mit Kohlberg als „konstruktivistisch" bezeichne,[8] konzentrieren ihre Aufmerksamkeit auf die Regeln der Fairneß bei Interessenkonflikten, bzw. auf eine Gerechtigkeitsethik reziproker gegenseitiger Verpflichtung. Zu ihnen gehören u. a. *J. Rawls, R. M. Hare, L. Kohlberg, K. O. Apel und J. Habermas.*

Die zweite Gruppe widmet sich stärker der Verantwortungsethik und nimmt dabei in Kauf, daß sich deren emotionale Voraussetzungen weniger strikt systematisieren lassen. Zu ihnen zähle ich *E. Tugendhat, U. Wolf, De Sousa, A. Heller, C. Gilligan, S. Benhabib* und, als Sonderfall, *H. Jonas.* In Ermangelung einer geläufigen gemeinsamen Bezeichnung nenne ich ihren Ansatz *„konziliationistisch"* (verbindend, gemeinschaftsstiftend) aus Gründen, die noch darzulegen sind.

Zunächst möchte ich *Kohlbergs Theorie der Moralentwick-lung* näher beleuchten, weil sie einerseits auf die Diskursethik von Apel und Habermas einwirkte, und andererseits, wie wir oben sahen, die feministische Ethikdebatte auslöste (siehe S. 213 ff.). Kohlbergs Stufenmodell der moralischen Entwicklung lehnt sich eng an *J. Piagets* Theorie der Intelligenzent-wicklung an und geht wie diese davon aus, daß „geistige Strukturen weder zur angeborenen, biologischen Ausstattung gehören und von apriorischer Natur sind, noch aufgrund von Sinneserfahrungen passiv abgeleitete Dispositionen darstellen, sondern vielmehr aktive Konstruktionsleistungen sind".[9] Kohl-berg beschränkt sich ganz bewußt auf den moralischen Stand-punkt der Gerechtigkeit, weil er in ihm den kognitiven Faktor sieht, der einer strukturellen Entwicklungsanalyse am zugäng-lichsten ist. Dabei mißt er den Entwicklungsfortschritt an der immer konsequenteren und umfassenderen Anwendung rezi-proker Fairneßregeln, die er in seinem Testverfahren anhand von Dilemmata-Fragen überprüft.[10]

Gemessen an seinem eigenen *„harten" Stufenmodell*, be-zeichnet Kohlberg alle Moralkonzepte als „weich", die sich mit „subjektivem, persönlichem Engagement für Ziele und Personen" befassen, und läßt sie nur als Zusatz gelten, die im engen Kreis eine Rolle spielen oder als eine höhere Stufe über die verpflichtenden Normen der Fairneß hinausgehen.[11] Zu-dem läßt er die Anteilnahme (Mitgefühl und gegenseitige Rücksichtnahme), soweit er sie für eine Verpflichtung hält, in der *sozialkognitiven Kompetenz der Rollenübernahme* aufge-hen, d. h. in der Fähigkeit, die Perspektive des oder der anderen einzunehmen.[12]

Dies führt zu seiner Behauptung einer *„eingleisigen" Moral-entwicklung, die parallel zur zunehmenden intellektuellen Kompetenz verläuft,* eine These, die er durch empirisches Test-material gestützt sieht, wonach sich „so gut wie niemand auf einer höheren moralischen als logischen Stufe" befindet.[13]

Kohlberg räumt zwar ein, daß die kognitive Kompetenz noch keine hinreichende Voraussetzung für tatsächliches mo-ralisches Handeln sei, doch führt er als zusätzliche Voraussetzungen außermoralische Faktoren an, wie das zu moralischen Urteilen anregende Milieu oder die auf Ich-Stärke beruhende persönliche Willenskraft.[14] Dessenungeachtet habe sich aber die Höhe der von ihm gemessenen Moralstufe als geeignete Größe zur Vorhersage entsprechenden moralischen Handelns erwiesen: „Die Übereinstimmung zwischen Urteilen und Handeln steigt monoton mit der Moralstufe."[15]

Ich möchte hier die berechtigten Einwände Carol Gilligans sowie die feministische *care-justice*-Debatte nicht wiederholen, jedoch weiter unten auf einige ihrer Gesichtspunkte zurückkommen.

Vorgängig drängt sich *die Konfrontation des Kohlbergschen Modells mit den Ergebnissen der jüngsten Hirnforschung* auf, und dies speziell anhand eines von Damasio ausführlich beschriebenen Falls von präfrontaler Hirnschädigung. Wie schon geschildert (siehe S. 183), bleiben solche Personen im Vollbesitz ihrer Sprache, ihres Gedächtnisses und ihrer theoretischen Intelligenz, sind aber zu keinen Gefühlsreaktionen mehr fähig und zeigen demzufolge gravierende Persönlichkeitsstörungen. Den unter dem Decknamen Elliot vorgestellten Patienten unterzog Damasio neben anderen Intelligenzprüfungen auch dem Kohlbergschen Dilemma-Test zur Bewertung seiner sozialen Kompetenz. Erstaunlicherweise löste er ihn überdurchschnittlich gut, während er in seinem effektiven Sozialverhalten so weitgehend gestört war, daß er seinen Beruf und seine Familie verlor.[16]

Damasio konnte sich diese Inkongruenz zwischen theoretischem Urteilsvermögen und praktischem Handeln nur durch den Ausfall von Elliots Gefühlsleben erklären, der nach seinen eigenen Aussagen keinerlei Gefühlsregungen mehr empfand. Offenbar entsteht ohne eine emotional unterstützte Handlungsmotivation zwischen Theorie und Praxis eine unüberbrückbare Lücke, und diese grundlegende Erkenntnis steht in *offensichtlichem Widerspruch zu Kohlbergs theoretischem Modell.*

Interessanterweise gaben Kohlbergs eigene Probanden – und nicht nur Frauen – auch emotionale Entscheidungsbegründungen zu Protokoll, doch blieben diese als störende Faktoren unberücksichtigt.[17] Hier seien die Aussagen eines 30jährigen zitiert, der das sogenannte „Heinz-Dilemma" im Sinne Kohlbergs ausgezeichnet löste. Die Testfrage, ob ein Mann, dessen Frau schwer krank ist, ein lebensrettendes, aber für ihn unerschwingliches Medikament stehlen soll, wenn ihm der Apotheker die Herausgabe verweigert, beantwortet er bejahend. Der rationalen Begründung, daß das Recht auf Leben höher stehe als das Recht auf Eigentum, fügt er aber noch eine zweite hinzu, indem er auf die enge Beziehung zwischen Ehepartnern und die damit verbundene Verantwortung hinweist. Und in einem nächsten Argumentationsschritt verallgemeinert er diese Verantwortung anhand eines Bibelzitats: „Jesus erzählt von dem Typ am Straßenrand und dem Fremden, der ihm half. Er empfand menschlich, und das genügte für die Bindung zwischen ihnen."[18] Was dabei noch fehlt, ist die eigentliche Pointe des Gleichnisses: Vor dem barmherzigen Samariter, als Angehörigem einer verachteten Schicht, ging ein jüdischer Priester ungerührt an dem Verletzten vorüber, was zeigen soll, daß es weniger auf die Kenntnis des Gesetzes als auf das tätige Mitleid ankommt.

Daß die *Trennung zwischen rationaler und emotionaler Kompetenz künstlich* ist und sich moralisches Verhalten nicht auf das Kriterium von „richtig" und „falsch" reduzieren läßt, wurde mir vollends evident an den Befragungen zum Massaker von My Lai und zum Holocaust an der jüdischen Bevölkerung, die Kohlberg kommentiert.[19] Die Frage-Formulierung, ob diese Greueltaten richtig oder falsch gewesen seien, ist m. E. nicht nur inadäquat, sondern empörend.

Es gibt jedoch noch einen anderen, grundsätzlichen Einwand gegen Kohlbergs Stufenmodell der moralischen Reife, der mir erst anhand Apelscher Gedankengänge klar wurde. Anknüpfend an Kohlbergs Testanwendungen bei anderen Kulturen, nimmt *Apel* die menschheitsgeschichtliche Perspektive ein und zieht die Parallele zwischen individueller (ontogenetischer) und kulturgeschichtlicher (phylogenetischer) Entwicklung. Seiner Ansicht nach können erst Menschen mit einer staatlichen Verfassung und Rechtsordnung bis zur Moralstufe 4 vorrücken, während er den Stammeskulturen mit ihrer verwandtschaftlichen Ordnung höchstens die Stufe 3 zuordnet. (Letztere entspricht der individuellen Reifestufe von Neunjährigen und einem Selbst, dem die sozialen Normen äußerlich bleiben.)[20]

Noch bedenklicher wird die Sache, wenn Apel auf die Geschichtsphilosophie von Karl Jaspers und dessen These von der „Achsenzeit" anspielt. Danach vollzog sich der große geistige Aufbruch der Menschheit zwischen dem 8. und 2. Jahrhundert v. Chr. durch die griechischen Philosophen, die jüdischen Propheten, Buddha in Indien und Konfuzius in China – während die Kulturen Afrikas und beider Amerika bis zur Begegnung mit dem europäischen Geist in einem angeblich dumpfen, bewußtseinsfernen Zustand lebten.[21]

Hier zeigt sich, wie hartnäckig sich *eurozentrisches Denken* bzw. die Maßstäbe der sogenannten Hochkulturen halten bei völliger Ignoranz im Blick auf indigene Kulturen und deren zum Teil hochentwickeltes, wenn auch ungeschriebenes Rechtssystem.[22] Es ist der gleiche Suprematieanspruch, in dessen Namen die furchtbarsten Verbrechen an den „Kolonialvölkern" begangen wurden, und mit dem heute noch die sogenannten Entwicklungsländer unter Anwendung westlicher Maßstäbe gegängelt und ausgebeutet werden. *Damit wird die Einengung der Ethik auf bestimmte rationale Denkstrukturen bei gleichzeitigem Universalisierungsanspruch zur politischen Gewissensfrage, der wir uns stellen müssen.*

Trotz dieser Kritik liegt es mir fern, Kohlbergs oder Apels Verdienste um die Grundlegung eines moralischen Standpunkts in einer Welt rein zweckrationalen und gewinnorientierten Denkens zu schmälern. Nur sollte Kohlbergs Stufenmodell nicht als eine Entwicklungstheorie moralischer Reife schlechthin, sondern bescheidener als Entwicklung von Gerechtigkeitsperspektiven deklariert werden, was er in der Spätphase seiner Laufbahn selbst zugestand.[23]

Apel versucht mit seiner „*Transzendentalpragmatik*" noch einmal in einer Art Geniestreich eine apriorische Letztbegründung für die Diskursethik, und tatsächlich ist sein Gedanke vom *„Apriori der Kommunikationsgemeinschaft"* bestechend. Darin reflektiert Apel die Grundtatsache, daß es weder ein einsames verantwortliches Handeln noch ein einsames individuelles Denken gibt, weil jedes Denken und Planen immer schon an Sprache gebunden ist, und das heißt an eine kommunikative Sinnvermittlung. Deshalb setze auch die Diskursethik immer schon eine „Argumentationsgemeinschaft" voraus, wenn unter Umständen auch nur eine virtuelle: Nach Apel übernimmt jede Person, die ein Problem aufwirft, bereits ein Stück Verantwortung für dessen Lösung und ist zugleich offen für andere Lösungsvorschläge.[24]

Dagegen meldet *Tugendhat* als ein Vertreter unserer zweiten Gruppe allerdings Vorbehalte an. Er verabschiedet sich endgültig von der Illusion, ein moralischer Standpunkt sei rational zwingend begründbar: auch Apels Argumentationsgemeinschaft setze den Willen zu einem redlichen, moralbezogenen Argumentieren bereits voraus. Wer sich außerhalb dieses Grundkonsenses der Gemeinschaft bewegen will, könne dies, und zwar auch ohne mit den Gesetzen in Konflikt zu geraten. Als reine Kontraktualisten können wir uns im größtmöglichen Eigeninteresse mit den Gesetzen arrangieren. Demjenigen, der den „moral sense" leugnet, ist nur vor Augen zu führen, daß er damit seine soziale Identität als Mitglied einer moralischen Gemeinschaft verliert, und das heißt jeden Anspruch auf eigene (negative) oder ihm entgegenzubringende (positive) moralische Reaktionen (siehe S. 175 f.).

Wie aber wird eine solche Mitgliedschaft hergestellt? Wenn wir mit Tugendhat von jeder transzendenten (religiösen) und transzendentalen (apriorischen) Moralbegründung absehen und auch die empirisch-utilitaristische Herleitung von Normen für inadäquat halten, weil die Vorstellungen vom guten Leben uns zwar wünschbare Ziele, aber keine inneren Verpflichtungen vorgeben, dann können wir nur von der gelebten, sich bereits auf Normen berufenden Gemeinschaft ausgehen.

Die Meinungen darüber, auf welche Weise sich eine solche Gemeinschaft konstituiert – durch welche Art von Erziehung und gegenseitiger Vertrauensbildung bzw. moralischer Kontrolle –, variieren zwar in ihren Akzentsetzungen, jedenfalls aber handelt es sich dabei um Vorgänge, bei denen auch emotionale Faktoren eine bedeutende Rolle spielen. Dies veranlaßt mich, von *„gestifteten" moralischen Gemeinschaften* zu sprechen bzw. von einer *Moralbegründung „a conciliatione"*, abgeleitet vom lateinischen „conciliare" im Sinne von verbinden, Freundschaft, Frieden stiften, geneigt machen; im Unterschied zum rational-konstruktivistischen Ansatz „a constructione".[25]

Wenn wir die von frühester Kindheit an im sozialen Umfeld erworbenen „höheren Gefühle" (Agnes Heller) als gestiftete Erwerbungen auffassen, so unterscheiden wir sie damit auch von Erwerbungen des „Lernens" im Sinne der modernen Lerntheorie. Moralische Empfindungen sind mehr als nur das Resultat des „Lernens am Erfolg" (trial and error) oder von „Konditionierung" durch „Verstärkung" von Reaktionstendenzen. Sie setzen vielmehr den *emotionalen Austausch* zwischen „Sendern" und „Empfängern" als *aktiv kooperierende Subjekte* voraus, was Gegenseitigkeit, aber nicht immer Reziprozität bedeuten muß. Denn während der Kindheit sind es eindeutig die Erwachsenen, die durch liebende Zuwendung, durch eigenes Vorbild und durch entwicklungsgemäße moralische Forderungen an das Kind dessen „moral sense" stiften. Erst die Jugendlichen reifen zu reziproken Mitgliedern der moralischen Gemeinschaft heran, um ihrerseits Verantwortung für sich und andere zu übernehmen.

Was wir „Gewissen" oder mit Tugendhat „innere Sanktionen" nennen können, nämlich die moralischen Affekte von Scham und Schuld bei Mißachtung akzeptierter moralischer Normen, bringt *Damasio* mit neurophysiologischen Vorgängen in Verbindung. Sein Begriff der *„Somatischen Marker"* (Wegmarken) veranschaulicht m. E. hervorragend, wie diese Affekte gestiftet und wie sie ausgelöst werden. Damasio versteht sie als eine Art dauerhafter Eindrücke, die während der kindlichen Sozialisation entstehen und sich als *„körperliches Gedächtnis"* niederschlagen: Jeder Emotion, auch der moralischen, entspreche ein „Körperbild" d.h. eine nervliche Reaktionsbereitschaft, wie sie sich bei starken Emotionen als Zittern, Blässe, Muskelspannungen etc., zeigt (siehe S. 184).

Während bei Soziopathen solche „Gewissens-Bisse" mehr oder weniger fehlen, sind sie bei durchschnittlicher Sozialisation aber auch nicht in dem Maße „eingerammt" (Tugendhat),[26] daß sie einen eigentlichen Zwang darstellen (wie der Tendenz nach bei stark autoritärer Erziehung). Wir können immer noch wählen, unseren inneren Sanktionen gemäß zu handeln oder nicht, was unsere moralische Freiheit ausmacht. Von da aus ist auch die einfache Gleichsetzung von Gewissen mit dem psychoanalytischen Begriff des „Über-Ich" als einer verinnerlichten Elternautorität abzulehnen. Die heranreifenden Jugendlichen können anhand anderer Vorbilder die elterlichen Maßstäbe korrigieren und eigene, autonome Maßstäbe entwickeln.[27]

1.3. Gegensätze innerhalb des konziliationistischen Ansatzes und die mögliche Überwindung falscher Alternativen

Was die Gewichtung einzelner moralischer Gefühle für die Konstituierung einer moralischen Gemeinschaft anbelangt, gehen allerdings die Meinungen zwischen den Vertreter/innen des konziliationistischen Ansatzes auseinander. So kommt es zwischen *Tugendhat,* der den Akzent auf die Achtungsgefühle legt, und *Ursula Wolf,* die Empathie und Mitleid für die grundlegenden Moralgefühle hält, zu einer ähnlichen Diskussion wie zwischen Kohlberg und Gilligan.

Mit Kant mißtraut Tugendhat dem Gefühl des Mitleids als einer „natürlichen" und damit zufälligen Neigung und kritisiert von daher sowohl *Schopenhauers Mitleidsethik* als auch Wolfs darauf aufbauende Theorie des „generalisierten Mitleids". Für Tugendhat stellt die Achtung vor der Würde des Menschen einen Affekt dar, der sich anderen mitteilt, indem sie sich ernstgenommen und ebenbürtig behandelt fühlen. Dem ist durchaus zuzustimmen, kaum aber seiner weiteren Annahme, daß dieses Achtungsgefühl sui generis Hilfsbereitschaft und Güte impliziere.[28]

Umgekehrt versucht auch Wolf, aus dem Mitgefühl alle anderen moralischen Haltungen abzuleiten, indem sie im generalisierten Mitleid eine Verpflichtung sieht, die jedem leidensfähigen Wesen zusteht.[29] Von da aus kann sie auch Tiere in den Moralkodex einbeziehen, was Tugendhat nicht möglich ist, weil er die moralische Achtungs-Verpflichtung für ein ihrem Wesen nach reziprokes Prinzip hält, das sich auf „kooperationsfähige Wesen" beschränken muß.[30]

Hierin zeigt sich die Wiederholung der Kontroverse zwischen Kohlbergs reziproker Gerechtigkeit und Gilligans betonter Fürsorgehaltung, und dies läßt Tugendhat in einer Zwischenposition zwischen Konstruktivisten und „Konziliationisten" erscheinen. Jedenfalls wirkt sein unparteiliches Achtungsgefühl emotional eher blaß. *Hinter dieser Kontroverse steht noch immer die alte Spaltung zwischen Geist und Natur, Vernunft und Gefühl, Pflicht und Neigung;* und diese Spaltung ist weder dadurch zu überwinden, daß man der einen oder anderen Seite verschiedene Tugenden zuordnet, noch dadurch, daß man den moralischen Standpunkt in einer einzigen Tugend aufgehen läßt und damit die Reichweite einer moralischen Orientierung überdehnt. Ich sehe nur eine Möglichkeit, diesem Dilemma zu entrinnen: verschiedene „Kardinaltugenden" nebeneinander bestehen zu lassen, sie aber nicht als Gegensätze, sondern als konstruktive Teilelemente zu begreifen, die einander befördern oder, bei Pflichtenkollisionen, in konstruktiver Spannung zueinander stehen und sich gegenseitig korrigieren. Allerdings wird mit dem Gedanken von einander ergänzenden Moralorientierungen sogleich das alte, komplementäre Tugendmodell heraufbeschworen mit seiner Spaltung in eine männliche und eine weibliche Moral, die es gerade zu überwinden gilt.

Es geht vielmehr um die *Anerkennung der Äquivalenz unterschiedlicher moralischer Orientierungen ohne Ansehung des Geschlechts.* Die theoretischen Voraussetzungen für diesen Standpunkt finden wir am pointiertesten bei Agnes Heller, aber auch in den reifsten Formulierungen von *Carol Gilligan.* Letztere benutzt das Bild der sogenannten „Kippfiguren" aus der Wahrnehmungspsychologie, um die *Äquivalenz von Gerechtigkeits- und Fürsorgeorientierung* zu illustrieren. Dabei handelt es sich um Figur-Hintergrunds-Ambivalenzen – wie bei der bekannten Rubinschen Becherfigur Vase/zwei Gesichter im Profil –, bei denen entweder die Konturen der Figur im Vordergrund oder diejenigen der Hintergrundfigur ins Auge springen können. Welche der beiden Figuren man zuerst sieht, ist eine Frage der Wahrnehmungseinstellung und variiert von Person zu Person.

Ganz ähnlich, so Gilligan, können wir an ein moralisches Problem mit verschiedenen Blickweisen herangehen, ohne daß man die eine oder die andere Perspektive als richtiger oder besser bezeichnen kann. Wichtig dabei wäre, nicht die eine Perspektive auf Kosten der anderen auszuschalten, was Gilligan Kohlbergs einseitiger Gerechtigkeitsperspektive zum Vorwurf macht. Dagegen zeigt sie anhand von Arbeiten mit einer Gruppe von weiblichen und männlichen Jugendlichen, daß es sehr wohl möglich ist und bewußt geübt werden kann, die Perspektive zu verändern und diejenige Orientierung, die aufgrund von Veranlagung, Erziehung oder Lebenserfahrung zunächst näherliegend scheint, durch die jeweils andere zu ergänzen.[31]

Daß zwischen beiden Perspektiven nicht nur eine Spannung, sondern auch eine Wechselwirkung besteht, zeigte sich schon am oben zitierten Testprotokoll eines 30jährigen Mannes (siehe S. 237). Auch in *L. Blums* bekannten Ausführungen über Mitleid finden wir einen Hinweis in diese Richtung, wenn er sagt, daß engagiertes Mitleid einen Sinn für das Gemeinsam-Menschliche einschließe und damit die gesellschaftlich gegebenen Ungleichheiten transzendiere.[32] Die Förderung des Gerechtigkeitsgedankens durch Mitgefühl wäre in gewisser Weise ein Pendant zur Vorstellung Tugendhats, daß das unparteiliche Achtungsgefühl die Aufmerksamkeit auf die Befindlichkeit des anderen lenkt.

Darüber hinaus erklärt Gilligan zu Recht, daß die perspektivische Unterscheidung zwischen Gerechtigkeit und Fürsorge quer zu den geläufigen und ebenfalls künstlichen Dichotomien zwischen Denken und Fühlen bzw. Egoismus und Altruismus verläuft.[33] So stelle Einfühlung und soziale Kompetenz auch eine Form des Wissens dar, eine Auffassung, die *A. Leist* mit ihr teilt, wenn er von „umsichtiger" Empathie spricht.[34] Hinsichtlich der Zurückweisung *der falschen Alternative von Altruismus und Egoismus* deckt sich Gilligans Standpunkt mit dem De Sousas und P. Greenspans (siehe S. 170f.): Einerseits schließt moralische Rücksicht und Hinwendung zu anderen die Treue zu sich selbst nicht aus, andererseits kann in den Akten der identifikatorischen Liebe beides zusammenfallen.

Den grundsätzlichsten Schritt zur Überwindung falscher Alternativen macht *Agnes Heller* mit ihrer Theorie der Gefühle, in der sie darlegt, daß es überhaupt keine getrennte Entwicklung von Emotionalität und Rationalität gibt. Zwei ihrer Kernaussagen seien hier wiederholt:

„Es gibt kein Erkennen ohne Gefühl, keine Handlung ohne Gefühl, keine Wahrnehmung ohne Gefühl, keine Erinnerung ohne Gefühl – doch jedes menschliche Gefühl beinhaltet entweder schon als Gefühl das Moment der Kognition oder es ist zumindest mit der Kognition, mit den Zielen und Situationen verbunden." Und als Quintessenz: *„Nicht die Kognition steht der Emotion gegenüber, sondern die höheren Formen der Emotion und der Kognition bedingen einander gegenseitig."* (siehe oben S. 167).

Die untrennbare Verflechtung zwischen rationalen und emotionalen Leistungen, wie sie die jüngste neurologische Forschung bestätigt, hat sowohl für die Grundlagen von Anthropologie und Ethik als auch für das Selbstverständnis der Wissenschaft einschneidende Konsequenzen. Die Auswirkungen auf die Wissenschaftstheorie sowie auf eine neue Grenzziehung zwischen Rationalität und Irrationalität wird uns am Ende dieses Kapitels beschäftigen.

Für die Ethik ergibt sich als erste Konsequenz, *daß wir uns von der Illusion verabschieden müssen, es gäbe eine eindimensionale, dem logischen Denken parallel laufende moralische Entwicklung und dafür meßbare, allgemeingültige Kriterien.* Dies ist aber nicht nur ein Verlust, sondern führt zu einer differenzierteren Betrachtung der eigenen, aber auch anderer kultureller Voraussetzungen.

Eine zweite Konsequenz bezieht sich auf den abstrakten Begriff des „beliebigen" oder „verallgemeinerten anderen". Für das reine Rechtsurteil ist das „Absehen von der Person" ein Gebot der fairen Gleichbehandlung, doch *für die Achtung vor der Würde anderer Menschen und Menschengruppen genügt die formale Gleichheitsidee nicht.* Deshalb fordert *Benhabib* die Rücksicht auf den „*konkreten anderen*", der mit *seinen* Bedürfnissen und Wertvorstellungen mit uns ins Gespräch kommen muß, bevor daraus eine beidseitig anerkannte Verallgemeinerung werden kann (siehe S. 216). Von daher ist der in der Diskursethik erarbeitete Konsens prinzipiell zu unterscheiden vom politischen Kompromiß, der durch einen Mehrheitsbeschluß erreicht wird.[35]

Eine echte Verträglichkeit zwischen verschiedenen Überzeugungen läßt sich nur durch „Konziliation", d.h. durch Versöhnung der Standpunkte herstellen, was auch Habermas zugesteht, wenn er sagt, Gerechtigkeit sei „ohne wenigstens ein Element von Versöhnung undenkbar".[36] *Das bedeutet, daß auch kollektive und interkulturelle moralische Normen gegenseitig „gestiftete" Normen sind,* nicht rational zwingende oder ausgehandelte Richtlinien, die von außen „verhängt" werden. Was keineswegs gegen die Formulierung absoluter Menschenrechte spricht, aber die Grenzen ihrer Durchsetzbarkeit zeigt, wenn äußere Sanktionen nicht auf innere Sanktionen auftreffen.

1.4. Die Sonderstellung von Hans Jonas in der Frage nach „objektiven" Werten

Jonas ist einer der wenigen zeitgenössischen Ethiker, der es wagte, die Moralbegründung nicht nur in den von Menschen geprägten Wertvorstellungen zu suchen, sondern auch in der *Werthaftigkeit der Dinge selbst.*[37] Damit ist die Frage nach objektiven Werten gestellt, die vom „moral sense" als solchem nicht beantwortet werden kann. Dieser richtet sich nur auf die eigenen Begehrens-, Gefühls- und Handlungsakte sowie auf die Intentionen, Reaktionen und Handlungen von anderen. Der Wert der Dinge wird damit nicht berührt, strenggenommen auch nicht der Wert des Menschen als Lebewesen. Insofern ist U. Wolf konsequent, wenn sie sich nur auf Empathie und Mitleid beruft und vorschlägt, „die Werthypothese ganz zu streichen", was bedeutet: „Nichts hat einen Wert, auch der Mensch nicht."[38] Was für sie zählt, ist ausschließlich die Leidensfähigkeit, die wir mit anderen Lebewesen teilen.

Bei völliger metaphysisch-ontologischer Abstinenz kann weder von der Würde des Menschen noch von der Würde des Tiers oder dem Eigenwert der Natur die Rede sein, es sei denn, man leite wie Kant die Würde des Menschen ausschließlich aus seiner Fähigkeit zur moralischen Verantwortlichkeit und Freiheit ab.

Wie oben dargelegt (S. 148f.), versucht Jonas, eine objektive Moralbegründung ohne Rückgriff auf religiöse oder metaphysische Aussagen zu leisten, indem er die teleologische Frage nach Sinn und Ziel der Natur als Ganze ausklammert. Dennoch glaubt er, einen ontologischen Angelpunkt in der immanenten Zweckmäßigkeit organischer Wesen gefunden zu haben, d.h. in ihrem Angelegtsein auf Entfaltung, Erhaltung und Fortpflanzung, was er als ein den Dingen selbst immanentes Ja zum Leben interpretiert.

Zumindest im menschlichen Bereich begegnet uns das werdende Leben aber zugleich als in hohem Maße hilfsbedürftig, und dies erleben wir als Anruf an unsere Verantwortung für dieses Lebendige, das einen Zweck in sich selbst und damit einen Wert verkörpert. Wenn Jonas sagt, *daß wir mit unserem Verantwortungsgefühl gleichsam einen Bund mit der Sache eingehen,*[39] so entspricht dies Schelers Begriffspaar von „Wertanruf" und „Wertantwort", und es entspricht auch der Vorstellung von De Sousa und Solomon, daß unsere wertgetönten Emotionen ein Stück Welt erfassen helfen, das unabhängig von uns existiert (S. 169). Dazu muß weder unterstellt werden, daß wir die „Dinge an sich" erfassen, noch daß hinter den Dingen eine zweckvolle Gesamtplanung am Werk sei. Es genügt, wenn wir die uns gegebenen Erscheinungen des Lebendigen als Wesen wahrnehmen, die mit ihrer hochdifferenzierten Organisation und ihrem Lebensdrang auf die Erfüllung immanenter Ziele hinstreben.

Aus der phänomenologischen Tatsache einer *subjektunabhängigen Wertevidenz* ergibt sich für Jonas die Möglichkeit, die Verantwortungsethik auch auf Zwecke an sich selbst außerhalb des menschlichen Lebens auszudehnen, das heißt auf eine *treuhänderische Verpflichtung gegenüber der Natur.* Das ist nicht nur mehr als die Rettung der ökologischen Grundlagen aus zweckrationalen Erwägungen, sondern überschreitet den anthropozentrischen Standpunkt als solchen. Verarmte Natur bedeutet nach Jonas nicht nur verarmtes menschliches Leben, vielmehr Verletzung ihres Eigenwerts. „Die erweiterte Sicht verbündet das menschliche Gute mit der Sache des Lebens im ganzen."[40] Eine solche Erweiterung muß nicht religiös fundiert sein im Sinne der „Bewahrung der Schöpfung", sie ergibt sich für Jonas aus der Verantwortung des Menschen für die Dinge, über die er Macht gewonnen hat.

Gerade im Hinblick auf die Ökologiebewegung macht es einen großen Unterschied, ob wir die Natur nur als Ressource für den Menschen und seine Zwecke für schützenswert halten oder ihr in der Vielfalt der Arten und in der Ausprägung geschlossener Landschaften einen Eigenwert zuerkennen.[41] Auch kann Jonas von der *„Würde" des Tieres* bzw. von seiner „Erniedrigung" sprechen,[42] weil er es in seinem Eigenwert und nicht nur in bezug auf seine Leidensfähigkeit ernst nimmt; ein Gesichtspunkt, der besonders im Zusammenhang mit der Gentechnologie praktische Aktualität gewinnt (siehe Kapitel IV, S. 336 ff.).

In der philosophisch heiklen Frage nach der Verknüpfung von Sein und Sollen, die so schnell zum Vorwurf des „naturalistischen Fehlschlusses" führt, lohnt es sich, Kants Meinung zu hören, den dieser Vorwurf am wenigsten treffen kann. Bekanntlich fällt bei ihm die Zweckmäßigkeit in der Natur unter das Verdikt des Unerkennbaren und verdient eine theoretische Berücksichtigung nur als „regulative Idee". Wenn wir uns aber in *Kants „Kritik der Urteilskraft"* vertiefen, so finden wir Hinweise auf ein Naturverständnis, das nicht nur in Verbindung mit ästhetischen Werten steht, sondern auch mit objektiven Seinswerten und dem dazugehörigen „moralischen Gefühl". Hier ein Ausschnitt:

„Der, welcher ... die schöne Gestalt einer wilden Blume, eines Vogels, eines Insekts usw. betrachtet, um sie zu bewundern, zu lieben und sie nicht gerne in der Natur überhaupt vermissen zu wollen, ... nimmt ein unmittelbares ... Interesse an der Natur. D. i. nicht allein ihr Produkt der Form nach, sondern auch das Dasein gefällt ihm, ohne daß ... er auch irgendeinen Zweck damit verbände."

„Es ist aber hiebei merkwürdig, daß, wenn man diesen Liebhaber des Schönen insgeheim hintergangen und künstliche Blumen in die Erde gesteckt, oder künstlich geschnitzte Vögel auf Zweige von Bäumen gesetzt hätte, und er darauf den Betrug entdeckte, das unmittelbare Interesse, das er vorher daran nahm, alsbald verschwinden würde. Daß die Natur jene Schönheit hervorgebracht hat, ... auf diesem (Gedanken) gründet sich allein das unmittelbare Interesse, das man daran hat."[43]

Während Kant dem Sinn für die schöne Form in der Kunst das Geschmacksurteil zuordnet, so befindet er, daß der Sinn für die Schönheit in der Natur eine „Anzeige auf moralisch-gute Denkungsart abgibt". Er begründet dies freilich eher psychologisch als ontologisch und leitet aus der Verbindung zwischen Naturbewunderung und „moralischem Gefühl" keine Verpflichtung gegenüber der Natur ab. Er konnte allerdings noch nicht ahnen, in welchem Ausmaß das moralisch/ästhetische Interesse an der Natur einmal im Namen des Fortschritts zurückgedrängt und durch die Vernutzung und Zerstörung der Natur ersetzt werden sollte.

Um aber noch einmal auf *Jonas* zurückzukommen, so nimmt er nicht nur eine Sonderstellung hinsichtlich des Objektbezugs der moralischen Orientierung ein. Aus seinem Bund mit den Dingen folgt auch eine *Verpflichtung zur emotionalen Anteilnahme*, was der oft vertretenen Vorstellung widerspricht, Gefühle entzögen sich jeder Verbindlichkeit, weil sie nicht willkürlich herstellbar seien.[44]

Dieser Einwand entspringt freilich einer einseitigen Auffassung von Gefühl als einer nur passiv-reaktiven Erlebnisform, die schon Fromm kritisierte.[45] Fühlen bedeutet aber ebenso ein aktives „anfühlen" (linguistisch kommt es von „betasten") und Anteil nehmen, was durchaus willentlich unterstützt werden kann. Daß eine solche innere Bereitschaft auch einer moralischen Beurteilung untersteht, geht schon aus ihrem Negativum, der Teilnahmslosigkeit oder Gefühllosigkeit hervor.

Zusammenfassung

Folgende Ergebnisse lassen sich festhalten:

Erstens: Rein rationale Kriterien sind weder für moralische Beurteilungs- und Entscheidungsprozesse noch für moralische Handlungsmotivationen ausreichend.

Zweitens: Der systematische Einbezug emotionaler Kriterien in den moralischen Diskurs unterscheidet sich grundsätzlich von einem rein subjektiven „emotivistischen" Ansatz. Es geht vielmehr um die Formulierung transsubjektiver Orientierungen, die kommunikationsfähig sind und den Konsens der bestehenden oder zu konstituierenden moralischen Gemeinschaft finden.

Drittens: Die Verbindung von rationaler und emotionaler Urteilskraft erweitert den Vernunftbegriff und rechtfertigt dessen Neudefinition. Ob man mit De Sousa von „rationaler Emotionalität" oder, wie ich es vorschlage, von *„emotionaler Vernunft"* sprechen will, ist dabei zweitrangig. Wichtig ist, einen umfassenden Begriff der Vernunft zu formulieren, der gleichermaßen rationale wie emotionale Anteile enthält. Hingegen scheint mir die Rede von der „emotionalen Intelligenz" (D. Goleman 1996) die Sache zu eng zu fassen und die Gefühle letztlich in den Dienst rationaler Erfolgsziele zu stellen.[46]

Sprachgeschichtlich gesehen ist der Umstand nicht uninteressant, daß der lateinische Begriff *„ratio"*, von dem sich in den meisten europäischen Sprachen der Begriff „Rationalität" ableitet, ursprünglich nicht so einseitig definiert war, wie wir ihn heute verwenden. Die Wortbedeutung des lateinischen „ratio" ist außergewöhnlich komplex und umfaßt zwei ganz verschiedene Bedeutungsfelder. Auf der einen Seite steht es für Berechnung, geschäftlichen Verkehr, planmäßiges Verfahren, systematisches Denken, Beweisführung, wissenschaftliche Erkenntnis etc., auf der anderen Seite für Motiv, Beweggrund, Erwägung, Berücksichtigung und Sorge für etwas oder für jemanden. Die zweite Bedeutungsebene spiegelt sich in den Redewendungen „rationem habere" für „Rücksicht nehmen" und „nihil curare" für „keine Rücksicht nehmen", wobei „ratio" und „cura" im Sinne von Sorge offensichtlich synonym gebraucht werden.

Im Deutschen findet sich eine Entsprechung dazu in den Ausdrücken „Verstand" und „Verständnis", wobei im zweiten Begriff deutlich die Einfühlung mitschwingt.

Mit Hilfe der oben angeführten Punkte läßt sich aber noch nicht die Frage beantworten, die über diesem Kapitel steht: *Gibt es universelle Kategorien der emotionalen Vernunft?*

Wohl stimmen alle Ethiker/innen, die ich behelfsmäßig als „Konziliationisten" bezeichnete, darin überein, daß es ein „*gemeinsames Repertoire von Emotionen*" (De Sousa) gibt, mit deren Hilfe wir unsere Beziehungen sinnvoll regeln können (S. 171); deshalb sollte es auch möglich sein, mit Hilfe eines interkulturellen Ethikdiskurses die moralischen Gemeinschaften zu erweitern und einander anzunähern. Doch sind sich alle, die dafür plädieren, auch der enormen Schwierigkeiten bewußt, die einem solchen Projekt entgegenstehen.

Ich werde in den folgenden Abschnitten versuchen, die theoretisch-methodischen Schwierigkeiten zu bündeln, die mit der Universalisierung moralischer Werturteile verknüpft sind, und dabei grundsätzlich zwei Arten von Hindernissen unterscheiden: zum einen die Hindernisse von *Herrschaftsideologien, die das allgemeinmenschliche Empfinden korrumpieren* und der Idee der Gleichheit Widerstände entgegensetzen; zum andern Schwierigkeiten, die in der Sache selbst liegen, nämlich im

Problem der sprachlichen Artikulierung emotionaler Inhalte und Wertvorstellungen und deren Kommunizierbarkeit.

Mein Versuch einer Annäherung an die Möglichkeiten „exakter" Beschreibung von emotionalen Inhalten steht der äußeren Abfolge nach an zweiter Stelle. Vorher sollen die verschiedenen Ideologien dekonstruiert werden, die einer solchen Beschreibung im Wege stehen und auf unterschiedliche, aber immer systematische Weise den Anschein von der Relativität oder gar Unvereinbarkeit von Werten aufrechterhalten.

2. Die künstliche Relativierung moralischer Normen durch Herrschaft

2.1. Die Zerstörung moralischer Gemeinschaften durch politische Herrschaft

Es gehört zu den *notorischen Irrtümern unserer europäischen Geschichtsauffassung, daß Recht und Ordnung erst mit der Staatsgründung beginnen,* während vor der Konstituierung einer Zentralgewalt Willkür und der Kampf aller gegen alle geherrscht haben. Diese von Hobbes entwickelte und in der Politologie bis heute nachwirkende Vorstellung ist aus zwei Gründen ungeeignet, eine Ursprungsgeschichte des Staates zu begründen:

Erstens erwiesen weltweite ethnologische Forschungen, daß Wildbeutergesellschaften und sogenannte „segmentäre" Gesellschaften keine Zentralgewalt besitzen und dennoch in ihrer Sippenordnung und auf der Ebene der Dorfgemeinschaft mehrerer Sippen gut funktionierende Regeln des Zusammenlebens entwickeln.[1] Nimmt man hinzu, daß bis zum 17. Jahrhundert, d.h. vor der großen Kolonialisierungswelle von seiten europäischer Staaten, mehr als 2/3 der Weltbevölkerung in solchen nicht staatlich organisierten Gesellschaften lebten, so wirkt die Behauptung absurd, die Welt hätte sich vor der Institution von Staatsmacht im Zustand des Chaos befunden.

Das heißt nicht, die Zustände vorstaatlicher Sozietäten zu idealisieren. Unter ihnen gab und gibt es eine Fülle von Varianten, bessere und schlechtere, Stammesgemeinschaften, die sich friedlich mit ihren Nachbarstämmen arrangieren und andere, die ihre Identität gerade aus ihren kriegerischen Aktivitäten ableiten. (Was allerdings die Kriegsbereitschaft anbelangt, so hat sie sich seit den Staatsgründungen um ein vielfaches potenziert und nicht, wie nach Hobbes' Theorie zu erwarten wäre, zurückgebildet.) Es soll hier nur festgehalten werden, daß es nicht nur möglich ist, sondern wahrscheinlich über Zehntausende von Jahren der Menschheitsgeschichte hinweg die Regel war, daß sich menschliche Gemeinschaften durch Sitte, Kult und natürliche Autorität ihrer kompetentesten und lebenserfahrensten Mitglieder ohne die Zwangsmaßnahmen einer Zentralgewalt auf stabile Weise organisierten. Eine ganze Reihe heute noch existierender Stammesgesellschaften kennt nicht einmal ein Wort für „befehlen", und auch dort, wo sich ein sogenanntes Häuptlingswesen oder ein (sakrales) Königtum herausbildete, sind diese Ämter in ihrer Machtbefugnis beschränkt und von der Gefolgschaft der Stammesmitglieder abhängig.[2]

Zweitens: Soweit wir Staatsbildungen in ihrer gesellschaftlichen Entstehung zurückverfolgen können, vollzogen sie sich immer als Gewaltakte von außen: als Eroberung und Unterwerfung durch landsuchende Wandervölker oder durch den Anspruch schon bestehender Staaten, ihre Staatshoheit zu erweitern. Die gewaltsame Einverleibung anderer, bis dahin unabhängiger Stammesgemeinschaften oder Staaten, figuriert in der Geschichtsschreibung allerdings euphemistisch als „Einigung" unzusammenhängender Regionen bzw. als „Kolonisierung" angeblich unzivilisierter Völker.

Jakob Burckhardt bringt es auf den Punkt, wenn er in seinen „weltgeschichtlichen Betrachtungen" feststellt, daß es nicht das Rechtsbedürfnis der Völker gewesen sei, das den Staat geschaffen habe, sondern primär die Gewalt. Wenn er durch Eroberung entstand, *„so ist der früheste Inhalt des Staates, seine Haltung, seine Aufgabe, ja sein Pathos wesentlich die Knechtung* *der Unterworfenen*".[3] Burckhardt war es auch, der die als Wiege der Demokratie gefeierte griechische Polis mit ernüchternder Vorurteilslosigkeit beschrieb. Sie sei in erster Linie eine erbarmungslose Zwangsherrschaft der Eroberer über den zehnfachen Anteil der zu Unfreien Degradierten und durch Raub oder Kauf erworbenen Sklaven gewesen. Aber selbst die dünne Oberschicht der freien Bürger (Männer), deren Privileg in der Entlastung von jeder Arbeit bestand, waren nicht so frei, wie es den Anschein hat. Sie waren auf Gedeih und Verderben mit ihrer Polis verbunden, die ständig mit anderen Poleis rivalisierte und den Kriegseinsatz ihrer Bürger forderte.[4]

Die eigentliche Bruchstelle zwischen Stammesgesellschaft und Staat läßt sich an den Entstehungsbedingungen der Polis ablesen, die sich auf den sogenannten „Synoikismus" (Zusammensiedlung) gründet. Dies ist der euphemistische Ausdruck für die Zerschlagung der ursprünglichen Sippengemeinschaften und deren Zwangsumsiedlung in die neugegründeten Städte bzw. für die Vertreibung oder Versklavung der Bevölkerung schon bestehender Städte. Dieser Vorgang scheint sich nach dem gewaltsamen Einbruch der Dorer im 12. vorchristlichen Jahrhundert vollzogen zu haben, während die griechischen Stämme bis dahin in Dorfgemeinschaften lebten.[5] Damit erübrigt sich auch die lang vertretene Vorstellung, *der Staat* sei aus der Keimzelle der Familie erwachsen, und macht der Erkenntnis Platz, daß er *nicht aus der Familie, sondern aus der Männergesellschaft hervorging*.[6]

Auch die Rede von der gesetzgeberischen Kraft des Staates, deren Ziel es ist, Gerechtigkeit herzustellen, ist mit Vorsicht aufzunehmen. Was die Pax Hammurapi, die Pax Romana oder die Pax Britannica festhielten, war die sekundäre Neuordnung chaotischer Zustände, welche die erobernden Herrscher selbst geschaffen hatten. Dies spricht nicht gegen die Notwendigkeit und die fundamentalen Verdienste solcher Rechtsnormen, die im besten Fall auch das Los der Untertanen erleichterten oder zumindest die ärgste Willkür verhinderten. Aber sie begünstigten noch lange die Klassenherrschaft und stellten Rechtsgleichheit nur innerhalb der verschiedenen Schichten her, bis

Aufklärung und Französische Revolution den Demokratisierungsprozeß einleiteten. Dabei ist nicht zu vergessen, daß selbst in demokratischen Staaten die Gesetzgebung an politische Entscheidungen und damit an Mehrheitsbeschlüsse gebunden ist, wobei die Minderheiten immer in Gefahr stehen, übergangen zu werden. Genau dieses Problem hatten (und haben) kleine, egalitäre Gesellschaften nicht, weil sie nicht vom Mehrheits-, sondern vom Konsensprinzip ausgehen.[7]

Es läßt sich also sagen: *Erst mit der Entstehung von Herrschaft gibt es staatliche Einrichtungen und beide zerschlagen bzw. ersetzen die „Selbstregulierung" und Solidarität egalitärer, „akephaler" Gesellschaften.*[8] Erst mit der Herrschaft und der mit ihr entstandenen Unterdrückung wird Gerechtigkeit als abstrakter Begriff zum Thema.

Herrschaft spaltet aber nicht nur die Rechtsgleichheit, sondern auch das Menschenbild und damit die Moral: Die Herren sind gleichzeitig die Edlen, welche mit ihren Tugenden ihre Vorherrschaft rechtfertigen, während die Beherrschten als minderwertig bzw. primitiv eingestuft werden, deren Tugend darin besteht, zu gehorchen, zu dienen und sich belehren zu lassen. Diese Lebensform brachte zwar großartige Einzelleistungen hervor, aber auch die Selbstüberschätzung der eigenen Kultur. Alle Fremden, Nicht-Dazugehörigen gelten als „Barbaren", deren Sitten und Moralvorstellungen höchstens als Kuriosum zur Kenntnis, jedoch nicht ernst genommen werden. Herrschaft entbindet von der Einfühlung in die Beherrschten, während die Beherrschten selbst in hohem Maß der Einfühlung in ihre Herren bedürfen und deshalb in der Regel die besseren Psychologen sind.

Auf krasse Weise zeigt sich die *Wertblindheit gegenüber unterworfenen Kulturen* in der europäischen Kolonialgeschichte, in deren Verlauf den „Eingeborenen" nicht nur ihr Land und ihre Lebensgrundlagen geraubt, sondern auch ihre gewachsenen Gemeinschaften und ihre religiösen Bindungen zerschlagen wurden. Einzelne Missionare – wie Bernardino de Sahagun (1500–1590) in Mexiko oder J. F. Lafitau (1681–1740) in Nordamerika – brachten der indigenen Bevölkerung schon früh ethnologisches Interesse entgegen; meist aber entstand es erst Jahrhunderte nach den Eroberungen. Doch noch lange nach der Begründung der Ethnologie als Wissenschaft vermochten die wenigsten Forscher ihre eurozentrische Sichtweise zu überwinden, und seit ein vorurteilsloseres Forschen stattfindet, verschwinden die indigenen Völker unter dem Druck der kapitalistischen Weltwirtschaft rapide von der Bildfläche.

Ein wesentlicher Teil der mangelnden Wertschätzung fremder Kulturen beruht auf der Sprachbarriere, denn von jeher wurde die Sprache der Beherrschten gering geachtet oder sogar unterdrückt und das eigene Idiom zur einzig wahren Kultursprache erhoben. Dieser schwerwiegenden Ungerechtigkeit, ja Menschenverachtung, machten sich alle uns bekannten Hochkulturen schuldig. Hand in Hand mit der *Sprachunterdrükkung* ging die *Vernichtung von Literaturen,* beginnend mit der ersten Bücherverbrennung des chinesischen Kaisers Shi-Huang-ti 313 v. Chr. über die Vernichtung heidnischer Überlieferungen durch Karl den Großen bis zur Zerstörung der mesoamerikanischen Codices durch die spanischen Eroberer. Erst in allerjüngster Zeit werden sich die Völker der „Dritten Welt" ihrer eigenen Sprachkultur bewußt und erhalten durch ihre Dichter/innen wieder eine Stimme – solange sie nicht von den Herrschenden verfolgt und ermordet werden.

Das Recht auf kulturelle Selbstbestimmung gehört wesentlich zum Gerechtigkeitsbegriff, wenn dieser nicht zu einem bloß formalrechtlichen Gleichheitsbegriff verkümmern soll. Diese formalistische Tendenz nahm ihren Anfang bereits mit der Anwendung des römischen Rechts im damaligen Kolonialreich und setzte sich in den europäischen Zivilgesetzgebungen fort, die sich im wesentlichen auf das römische Recht gründen. Sie sind kulturunabhängig und gleichzeitig rein individualistisch konzipiert: Der Einzelne kann tun und lassen, was er will, und vor allem über sein Einkommen beliebig verfügen, solange er die gleichen Rechte eines anderen Individuums nicht verletzt.

Was dabei auf der Strecke blieb, sind die solidarischen Bindungen gewachsener Gemeinschaften, ein Prozeß, der sich heute durch die Globalisierung der vom Kapital diktierten Märkte noch zunehmend verschärft. *Dem aufgeklärten Denken ist es zwar gelungen, die Rechtsungleichheit der alten Herrschaftsverhältnisse in einen demokratischen Rechtsvertrag freier Individuen zu verwandeln, doch blieb der erste Gewaltakt der Herrschaft,* die „Entsegmentarisierung" (Wesel), das heißt *die Entwurzelung der Individuen aus ihrer gewachsenen moralischen Gemeinschaft, unrevidiert.*[9]

Die europäische Geistesgeschichte zeigt nur wenige Ansätze, diesem Versäumnis entgegenzuwirken – als ersten die *urchristliche Liebes- und Gemeinschaftsidee,* die nur allzuschnell vom hierarchisch-dogmatischen Denken abgelöst wurde und nur im mehr oder weniger ketzerischen Untergrund weiterlebte.[10] Erst im 19. Jahrhundert entstanden mit dem *Nationalismus* und dem *Kommunismus* zwei ganz neue soziale und pseudoreligiöse Bewegungen: Appellierte das „Nationalgefühl" an die längst verlorene ethnisch-kulturelle Zusammengehörigkeit, so schwebte dem Kommunismus eine egalitäre Gemeinschaft im Weltformat vor. Wenn wir heute auch zur Genüge wissen, daß es in beiden Bewegungen zu katastrophalen Entwicklungen kam, so sind weder die psychologischen Ursachen für ihre Entstehung noch die für ihr Scheitern hinlänglich analysiert. Jedenfalls ist die Tatsache, daß der Nationalismus weltweit wie eine vielköpfige Hydra wieder aufersteht, als Zeichen für noch längst nicht aufgearbeitete, psychische Probleme zu verstehen.

Mit Sicherheit gehört dazu die emotionale Verunsicherung der Menschen in einer rein zweckrationalen Welt und in einem Gesellschaftssystem, das nur auf das Individuum bzw. auf miteinander rivalisierende Individuen zugeschnitten ist. Genau diese Problematik griff die sogenannte *„Kommunitarismus"-Bewegung* vor allem in Amerika auf, die allerdings immer in Gefahr steht, von rechtskonservativen, nationalistischen Tendenzen unterwandert zu werden.[11] Um der Skylla des falschen Patriotismus und gleichzeitig der Charybdis der anonymen Unverbindlichkeit zu entgehen, wäre m. E. eine doppelte Anstrengung vonnöten: nämlich *im kleinen und im großen Maß-*

stab einen neuen Boden für multikulturelle Gemeinschaften zu finden. Im kleinen könnte dies durch die Förderung von Wohn- und Nachbarschaftsgemeinschaften geschehen, welche die Funktion der alten Sippenverbände in gewisser Weise ersetzen würden, im großen durch den Aufbau eines internationalen Bezugsrahmens, der nicht nur formale Menschenrechte, sondern auch gemeinsame inhaltliche Überzeugungen enthielte.

Auf internationaler Ebene sehe ich in den regierungsunabhängigen Umwelt- und Menschenrechtsgruppen (NGOs) erste Ansätze zu einer weltweiten moralischen Gemeinschaft, die unabhängig von Nationalität und Konfession verbindliche Vorstellungen zur Erhaltung unserer Lebensgrundlagen und der kulturellen Vielfalt entwickeln. Denn im Gegensatz zu den Regierungen vertreten sie nicht die Interessen der jeweils herrschenden Schichten oder einer Wirtschaftslobby, sondern treten für die Bedürfnisse der breiten Bevölkerungsschichten ein (vgl. Kapitel IV S. 387).

2.2. Die sexistische Doppelmoral der Herrschaft

Wie wir gesehen haben, dekonstruiert jede patriarchale Herrschaft das egalitäre Menschenbild und ersetzt es durch den Dualismus von Siegern und Besiegten. Die erste patriarchale Machtergreifung findet aber nicht erst durch Unterwerfung anderer Völker statt, sondern bereits innerhalb von Stammesgesellschaften durch die Unterwerfung der Frauen. Dabei wird die ursprünglich egalitäre Arbeitsteilung zwischen den Geschlechtern zugunsten der Männer verschoben, indem diese die sakralen und organisatorischen Schlüsselstellungen monopolisieren und damit die Führung auf familiärer, kultischer und politischer Ebene beanspruchen.

Die Tatsache, daß es patriarchale Herrschaft auch bei nicht hierarchisch geschichteten Ethnien gibt, bestätigt die schon von Engels vertretene Theorie, wonach die Subordination der Frau den ersten Unterdrückungsprozeß darstellt, welcher der Klassengesellschaft vorangeht. Daß aber die Zuordnung von Prestige, Macht und Besitz an die Männer und die der mühseligen Arbeiten an die Frauen[12] nicht einer „naturwüchsigen" Form des menschlichen Zusammenlebens entspricht, geht bereits daraus hervor, daß *diese Ordnung überall mit systematischer Gewalt aufrechterhalten* werden muß. Patriarchale Stammesgesellschaften verbieten den Frauen unter Androhung der Todesstrafe oder der kollektiven Vergewaltigung, das Männerhaus zu betreten, jenen Ort, an dem die Männer neben den magischen Kultgegenständen auch die Waffen aufbewahren, die ihre Herrschaft sichern.[13]

Dabei geht der Patriarchalisierungsprozeß immer mit einer ideologischen Rechtfertigung Hand in Hand, welche die Höherwertigkeit des Mannes beweisen soll. *Jede patriarchale Gesellschaft wertet das Menschenbild der Frau ideologisch ab,* was bei Stammesgesellschaften daran abzulesen ist, daß alle Vorgänge, die mit der weiblichen Fruchtbarkeit zusammenhängen, negativ stigmatisiert sind. Menstruation und Geburt werden als „unrein" qualifiziert und Frauen, die mit einem solchen Makel der Unreinheit behaftet sind, aus der Gemeinschaft ausgeschlossen. Darin liegt die diametrale Verkehrung der ursprünglichen Hochachtung vor den generativen Fähigkeiten der Frau.

Auf der anderen Seite orientiert sich die ideologische Aufwertung des Mannes in erster Linie an den Tugenden der Kampfesfreude und der Tapferkeit, was seinen Höhepunkt bei den Eroberervölkern und dem sich in ihnen herausbildenden Kriegeradel findet.

Während aber bei jungen Kriegervölkern, wie den Kelten, auch die Beteiligung von Frauen am Kampf bezeugt ist,[14] halten dies Kulturen mit langer patriarchaler Tradition für widernatürlich. Ihre Ideologie lebt geradezu von der Polarisierung zwischen der Stärke des Mannes und der Schwäche der Frau. Von den antiken Heldenliedern bis zu ihrem exaltierten Widerhall in der deutschen Romantik *gründet sich die höhere Weihe des Mannes auf seine heldische Todesbereitschaft* im Gegensatz zur (schwächlichen) Lebensliebe der Frau. Wie konstant dieses Motiv die europäische Geistesgeschichte durchzieht, belegen zwei Heldengedichte, zwischen denen eine Zeitspanne von mehr als tausend Jahren liegt.

Im folgenden zitiere ich zuerst einen Ausschnitt aus einem kurdischen Heldengesang des 6. Jahrhunderts und darunter den nahezu sinngleichen Abschnitt in Theodor Körners Aufruf zum Befreiungskrieg von 1813:

Heult nicht ihr Weiber:
Klagegeschrei bietet dem Tod
keine besseren Leichen.
Stirbt doch der Held
mordenden Armes
lachend mit Spottgesang
im Wall der erschlagenen Leiber.
Freude, ihr Kämpfer!
Laßt noch im Tod
den Tapferen verklären.[15]

Was weint ihr, Mädchen, warum klagt ihr Weiber,
Für die der Herr die Schwerter nicht gestählt,
Wenn wir entzückt die jugendlichen Leiber
Hinwerfen in die Scharen eurer Räuber,
Daß euch des Kampfes kühne
Wollust fehlt?[16]

In beiden Liedern wird *die Libidoverschiebung von der Lebenslust zur Todesliebe* deutlich genug, wird aber im bekannten „Schwertlied" von Theodor Körner noch übertroffen, wenn darin das Schwert mit der Braut, der Kampf mit der Brautnacht und das Leichenfeld mit dem Liebesgarten verglichen werden.[17] Bis vor kurzem hätten wir solche Elaborate als Anachronismen abschreiben können, wenn nicht die intellektuellen Kriegstreiber im noch höchst gegenwärtigen Ex-Jugoslawienkrieg den patriarchalen Kampfgeist und das nationale Pathos des 19. Jahrhunderts erneut heraufbeschworen hätten.[18] Zudem liefern die 90er Jahre unseres Jahrhunderts besonders abstoßende Beispiele für die Verschwisterung von Kriegsverherrlichung und Frauenverachtung.

Vom Tugendideal des heldischen Lebens nicht wegzudenken ist der männliche Ehrbegriff, dem seit jeher eine Ambivalenz anhaftet: Er wird nicht nur mit moralischer Standhaftigkeit, Glaubwürdigkeit und Lauterkeit assoziiert, sondern mehr noch mit persönlichem Ansehen, mit Ruhm und dem Image des Siegers, auf dessen Verletzung Rache steht. Die ins Kollektive erhobene Mannesehre führt dann zu jenen fatalen Kriegsbegründungen, die über historische Abgründe hinweg die Erinnerung an die angeblich verlorene Ehre eines Volkes wiedererwecken.

Der sexistische Anteil der männlichen Ehre enthüllt sich in der Sitte des Duells, die noch im aufgeklärten 19. Jahrhundert seltsam irrationale Blüten trieb. Offensichtlich geht es beim Zweikampf um die Liebe einer Frau um das patriarchale Besitzrecht und das Image der Männlichkeit. Demgegenüber können Frauen durch nicht konformes Verhalten zwar die Männer- oder Familienehre verletzen, aber sie selbst besitzen keine Ehre. Sie haben nur ihren guten Ruf zu verlieren.

Auch das „Ehrenwort" ist eine rein männliche Angelegenheit („Ein Mann, ein Wort"), während das Wort einer Frau solange keinen Selbstwert beanspruchen kann, als ihr Subjekt nicht unabhängig vom Mann gedacht wird. Ganz abgesehen davon, daß Wankelmut, Suggestibilität und Geschwätzigkeit einseitig auf das weibliche Geschlecht projiziert wurden.

In engem Zusammenhang mit männlichen Tugenden steht *der patriarchale Geist der Askese,* speziell der sexuellen Askese. Schon die Männerbünde der Jäger und Pflanzer gebieten sexuelle Enthaltsamkeit vor oder während wichtiger Unternehmungen, weil sie davon überzeugt sind, der Umgang mit Frauen schwäche ihre Manneskraft nicht nur in körperlicher, sondern auch in geistig-kreativer Hinsicht.[19] Von ähnlichen Vorstellungen scheinen die Philosophen der pythagoräischen Schule ausgegangen zu sein, wenn sie Enthaltsamkeit zur Voraussetzung für geistige Erkenntnis erklärten, und später die Kirche, die das Gebot des Zölibats zur Vorbedingung der Priesterweihe machte.

Auch bei der Askese handelt es sich um Libido-Verschiebung, hier allerdings im Sinne der Sublimierung zugunsten höherer Leistungen, was *Freud* bekanntlich für den Preis jeder hochkulturellen Entwicklung hielt. Gegen diese Theorie haben sowohl *W. Reich* als auch *E. Fromm* Vorbehalte angemeldet, weil beide die patriarchale Askese als Weg zu einer höchst einseitigen Kulturentwicklung im Dienst des Machtstrebens sehen. In diesen Zusammenhang gehören Reichs Ausführungen zur sexuellen Zwangsmoral im Anschluß an Malinowskis berühmte Beschreibung der Trobriand-Insulaner. Deren Gesellschaftsform stellt einen typischen Übergang von der matrilinealen Verwandtschaftsordnung zur patriarchalen Machtergreifung dar, wozu die Veränderung der Heiratsregeln zugunsten der Häuptlinge diente. Diesen wurde erlaubt, mehrere Frauen gleichzeitig zu heiraten, um sich dadurch die Unterhaltsleistungen anzueignen, zu denen die Brüder der Ehefrauen verpflichtet sind. Dem materiellen Vorteil des Häuptlings dienen auch die Ehen, die er für seine Söhne arrangiert, nämlich ausschließlich sogenannte „Kreuzcousinen"-Heiraten, d.h. die Verbindung mit einer Tochter seiner Schwester. Nach matrilinealem Erbrecht fällt damit über die Schwiegertochter ein Teil des Clanguts an seine Söhne, was zu einem Einschwenken auf die patrilineale Erblinie führt.

Zu dieser Instrumentalisierung der Ehen zum Zweck von Reichtum und Macht kommt die Einschränkung der sexuellen Freiheit für die jungen Paare. Während in vorpatriarchalen Verhältnissen beide Geschlechter völlig frei in ihren vorehelichen Beziehungen sind, werden die Brautleute der patriarchal arrangierten Ehen schon früh einander versprochen und müssen sich jeder anderen Beziehung enthalten, um die Reinheit der Patrilinie zu garantieren.[20]

Bekanntlich spielt auch in allen patriarchalen Hochkulturen das voreheliche Keuschheitsgebot eine große Rolle und bezieht sich dort fast ausschließlich auf die Frauen, weil sie nur „rechtmäßige" Erben gebären sollen. Dabei ist nicht zu vergessen, daß mit der vorehelichen Zwangsmoral meist auch die Zwangsehe verbunden ist und sich die herrschenden Väter über die erotischen Neigungen ihrer Söhne und Töchter hinwegsetzen, um sie den eigenen Machtinteressen zu opfern.

Auch vorpatriarchale Gemeinschaften arrangieren Ehen und schränken die Partnerwahl durch das Exogamiegebot ein, aber sie zwingen keine Verbindung auf und respektieren die Neigungen bzw. Abneigungen der jungen Leute. Dieser Respekt wiederholt sich im Scheidungsrecht, das besonders in matrizentrischen Gesellschaften für beide Ehepartner gilt und sehr tolerant gehandhabt wird. Hingegen gehört Monogamie im Sinne lebenslanger Bindung zur *patriarchalen Zwangsmoral* und benachteiligt immer das weibliche Geschlecht. Sei es, daß nur die Frau daran gebunden ist, während der Mann die Ehe jederzeit auflösen kann, sei es, daß der Mann zwar offiziell die Ehe aufrechterhalten muß, aber inoffiziell andere Verhältnisse eingehen kann. Beide Versionen führen zwangsläufig zur doppelten Moral und zur Heuchelei.

Wie ein solches Leben zwischen Sein und Schein schon bei Naturvolkgruppen in Erscheinung tritt, schildert Malinowski anhand von Trauerzeremonien bei den Trobriandern. Dort sind die Frauen gezwungen, beim Verlust ihrer oft ungeliebten Männer übermäßige Trauer zur Schau zu stellen, um nachträglich ein Liebesbündnis vorzutäuschen, das in Wahrheit nur ein politisch arrangiertes Zweckbündnis war.[21]

Es gibt keine Herrschaft ohne Lüge. Wie die antiken Philosophen mit unlogischen und unlauteren Argumenten die Sklaverei zu rechtfertigen suchten, so die patriarchalen Sittenrichter *die doppelte Sexualmoral* mit der angeblich monogamen Veranlagung der Frau bzw. der polygamen Veranlagung des Mannes. Gerade am Beispiel der Sexualmoral läßt sich zeigen, wie Herrschaft die ursprünglichen Wertvorstellungen korrumpiert. Das immer wieder vorgebrachte Argument, die großen Unterschiede in den sexuellen Sitten der Völker bewiesen die Relativität aller Moralvorstellungen, ist nicht stichhaltig, wenn wir uns unter vorpatriarchalen Gesellschaften umsehen. Bei aller Verschiedenheit ihrer Eheformen, die von der Besuchsehe bis zur Polyandrie, Polygynie oder beidseitigen Mehrfachehe führt, gleichen sie sich doch in einem entscheidenden Punkt: Sie alle schätzen die körperliche Liebe als Lebenswert an sich, der nicht zu erzwingen ist. Dennoch ist die sexuelle Freiheit der Frühkulturen keineswegs mit Regellosigkeit oder gar chaotischer Promiskuität gleichzusetzen, wie dies die patriarchale Legendenbildung suggeriert.[22] Vergewaltigung ist vorpatriarchalen Kulturen fremd, und für Werbung, Abbruch der Partnerschaft oder Seitenbeziehungen in der Ehe finden wir überall formelle und transparente Regeln.[23] Dagegen spiegelt die doppelte Moral des Patriarchats nach außen Tugendhaftigkeit vor und läßt insgeheim ebenso unaufrichtige wie beleidigende Verhältnisse zu.

Undurchsichtigkeit und doppelte Buchführung gilt aber nicht nur für die patriarchale Sexualmoral. Auch dem *komplementären Tugendmodell* des bürgerlichen Zeitalters ist, wie wir oben (S. 212f.) gesehen haben, die Inkonsequenz inhärent. Hier wird die offiziell geleugnete Stärke der Frau auf mystisch-undurchsichtige Weise gleichzeitig beschworen, was die sexistischen Wesenszuschreibungen ad absurdum führt.

Nun könnte man meinen, als moderne, emanzipierte Menschen hätten wir solche Verlogenheiten hinter uns gelassen, doch unterschätzt dieser Optimismus die *lebensfeindliche Grundtendenz der Herrschaft.* Sie stiftet nicht nur Ungerechtigkeit zwischen den Geschlechtern, sondern *opfert die Leidenschaft und die Liebe zum Leben immer ausschließlicher dem Willen zur Macht.* Die Elemente des Rauschhaften gehören nun dem Erlebnis des Erfolgs auf allen Rennstrecken des Wettkampfes, während „Sex" immer mehr zur Sache wird, die mit allen technischen Raffinements und der virtuellen Realität der Medien nicht einmal mehr der leibhaftigen Partner bedarf.

Die „Entzauberung" des modernen Lebens, von der Max Weber sprach, verdankt sich nur zum Teil dem Verlust der Gottesidee. Wie Webers Analyse des Calvinismus zeigt, vertrugen sich religiöse Haltung und puritanisch-lebensfeindlicher Kapitalismus recht gut. Die eigentliche Entzauberung beruht auf dem Verlust von Lebendigkeit, von Leidenschaft, Beziehungs- und Liebesfähigkeit. Den Wurzeln dieser Verluste nachzugehen, bildet den Inhalt von Fromms Lebenswerk, dessen Analyse der „Marktorientierung" uns im nächsten Abschnitt beschäftigen wird.

2.3. Die Tyrannei des Geldes und die Relativierung aller Werte durch die Marktideologie

Seit dem Schwinden des Feudalismus und seines aristokratischen Tugendideals zugunsten des bürgerlich-kapitalistischen Erfolgsideals löst sich der Begriff der Herrschaft immer mehr in Anonymität auf, was sowohl die Träger als auch die Motive der Herrschaft verdunkelt.

Die nationalökonomische Theorie von *Adam Smith (1723– 1790)* und ihr zentraler Gedanke von der „unsichtbaren Hand" des Marktes, die wie ein vernunftbegabter Genius das ökonomische Zusammenleben der Menschen regelt, machte Hobbes' Staatsidee obsolet. Das eigentliche Ordnungsprinzip liegt nun im mechanischen Prozeß von Angebot und Nachfrage, der wie ein Naturgesetz Produktion und Preise reguliert. Schon Smith forderte, was man heute „Deregulierung" nennt, nämlich die Nichteinmischung des Staates in *das sich selbst regulierende Gleichgewicht des Marktes* und seine Beschränkung auf die Herstellung rechtlicher und, wie wir heute sagen würden, infrastruktureller Rahmenbedingungen.

Sah Smith im Bestreben der Menschen nach Verbesserung ihrer materiellen Lebensbedingungen den Motor für jede Kulturentwicklung, so in der Arbeitsteilung und der durch sie bewirkten Steigerung der Produktivität die Eigendynamik dieses Prozesses, eine Dynamik, die sich seit der technischen Revolution sprunghaft beschleunigte. Gleichzeitig setzte er auf die Erweiterung der Märkte, den unbehinderten Freihandel und die aufblühende Geldwirtschaft als fortschrittliche Kräfte, welche die stagnierende Feudalwirtschaft ablösen und den Wohlstand aller befördern sollten.[24] Wenn Smith sich dabei der Illusion hingab, die Summe des Gewinnstrebens aller einzelnen Wirtschaftsteilnehmer führe zum „größtmöglichen Glück der größtmöglichen Zahl",[25] so lag ihr unter anderem die *Fehleinschätzung der sozialen Ausgangssituation* zugrunde. Diese war für die gewerbetreibende Stadtbevölkerung eine völlig andere als für die Masse der Landbewohner, die als Kleinbauern und Kleinpächter vom landbesitzenden Adel abhingen.

Erst *Marx* brachte ans Licht, daß sich die englischen Fabrikarbeiter zum größten Teil aus den verelendeten Bauern rekrutierten, die von den Gutsbesitzern um der lukrativen Schafwollzucht willen aus der Pacht entlassen oder vom Gemeindeland vertrieben wurden.[26] Sie verkauften ihre Arbeitskraft als ihren einzigen Tauschwert nicht freiwillig an die schlecht zahlenden Fabrikherren, sondern aus purer Existenznot. Ähnliches gilt für die verarmte Landbevölkerung in Europa, die den zwanghaften Arbeitsrhythmus in der Industrie als entwürdigend empfand.[27] Es war also nicht das breite Volk, das nach Gewinn strebte, sondern nur die kleine Schicht der bereits Begüterten oder die aufsteigende Bürgerschaft, die als Unternehmer von den niederen Löhnen profitierten.

Wie schmal die Basis für *das Dogma von der angeborenen menschlichen Habsucht* eigentlich ist, zeigen alle ethnologischen Untersuchungen, die sich mit der Ökonomie sogenannter Primitivkulturen beschäftigen. Den herrschaftsfreien, „akephalen" Ethnien ist das Motiv der persönlichen Bereicherung durchaus fremd, weil sich ihre Arbeitsmotivation auf die Versorgung der Gruppe richtet und sie ihre soziale Identifikation in der gemeinsamen Gruppenkultur finden.[28]

Die zweite Generation von Nationalökonomen wie *David Ricardo* (1722–1823) oder *Robert Malthus* (1788-1834), die schon Zeugen des neuen Massenelends waren, hatten den Optimismus der ersten Stunde längst verloren. Nun war nicht mehr vom größtmöglichen Wohlstand aller die Rede, vielmehr von der Armut als einem unabänderlichen Naturfaktum, das Ricardo und andere mit der angeblich natürlichen Trägheit des Menschen und Malthus mit dem Bevölkerungswachstum erklärte.[29] Das sind Argumente, die uns seit ihrer Wiederbelebung durch den Neoliberalismus nur allzu bekannt vorkommen.

Das Wesentliche im jetzigen Zusammenhang sind die psychologischen Konsequenzen, die das neue Wirtschaftssystem und sein Menschenbild hervorbrachten. Schon Smith sprach im Unterschied zum Gebrauchswert vom Tauschwert(Preis) aller Güter einschließlich der menschlichen Arbeitskraft, der den Pendelbewegungen des freien Marktes folgt.[30] Marx knüpfte an dessen Theorie an, wenn er den Warencharakter der menschlichen Arbeit hervorhob und ihn mit dem Begriff der *Selbstentfremdung des Menschen* verband.[31] Und in Ergänzung zu Marx, der vor allem die Arbeiterklasse von dieser Entfremdung betroffen sah, weil ihre Tätigkeit nicht nur fremdbestimmt, sondern in ihrer Monotonie auch geisttötend war, diagnostizierte *Fromm* die Selbstentfremdung in allen Schichten der kapitalistischen Gesellschaft.

Was er den „*Marktcharakter*" nannte, drückt sich in der Relativierung aller Werte und im Verlust der tieferen Beziehungsfähigkeit aus. Wenn alle Schätze der Natur und alle menschlichen Produktionen an ihrem Geldwert gemessen werden, verlieren die Dinge ihren Eigenwert und die Menschen ihre lebendige Beziehung zu ihnen. Auch in die zwischenmenschlichen Beziehungen schaltet sich die Kosten-Nutzen-Rechnung ein, und zwar nicht nur zwischen Arbeitnehmer und Arbeitgeber, sondern auch in die Beziehung zu Geschäftskollegen, die immer zugleich Konkurrenten sind, und in alle Kontakte mit Menschen, die sich auf der Erfolgsleiter begegnen. Dabei ist das Erfolgs- und Profitstreben selbst marktorientiert, d. h. außengelenkt und verhindert auch das Zu-sich-selbst-Kommen.[32]

Von der männlichen Psychologie her gesehen gewann das aufstrebende Besitzbürgertum seine Durchschlagskraft wieder aus einer Energieverschiebung. Männlicher Ehrgeiz, der ehemals der heldischen Bewährung auf dem Schlachtfeld galt, wurde nun in den *wirtschaftlichen Konkurrenzkampf* investiert. Nicht umsonst benutzen die modernen Markt-„Strategen" das alte Feldherrnvokabular, wenn sie die nötigen Schachzüge an der Werbe- und Verkaufs„front" beschreiben, neue Märkte „erobern" und Konkurrenten „aus dem Feld schlagen" oder sie ihrem Markt-„imperium" einverleiben: *Wirtschaft als Krieg mit anderen Mitteln.* Daß auch nach der Veränderung des Kampfziels ein nekrophiler Zug im Charakter der Kämpfenden mitschwingt, wird am neuen Lorbeer deutlich, der dem Sieger winkt. Geld ist von allen materiellen Werten der abstrakteste und am wenigsten lebendige, weshalb Fromm die Anhäufung von Geld der Liebe zum Toten zuordnet.[33]

Seit die Dienstleistungsbetriebe die industrielle Produktion in den Hintergrund drängen, *erfaßt das Gesetz von Angebot und Nachfrage auch die geistigen und psychischen Potenzen der Menschen.* Neben Intelligenz und Fachkenntnis gehören zum „Humankapital" auch die äußere Erscheinung und die psychische Ausstrahlung, die für das Image eines Betriebes wünschenswert sind. Wenn heute eine „Persönlichkeit" für das Management gesucht wird, so heißt das nicht, daß ein Mensch gefragt ist, der seinen eigenen Schwerpunkt und eine fundierte moralische Überzeugung gefunden hat, sondern einer, der die Interessen der Firma eindrucksvoll vertreten und seine Mitarbeiter motivieren kann. Dazu braucht es keine festen Grundsätze, vielmehr eine Art „Witterung" für die erwünschte Haltung und die Fähigkeit, sich gut zu verkaufen.[34]

Die Folge ist eine bewußte oder unbewußte Anpassung des eigenen Charakters an die marktgängigen Eigenschaften, was dazu führen kann, daß die eigenen Wesenszüge und Bedürfnisse gar nicht mehr wahrgenommen werden. Hatte aber bisher jede Branche ihr spezifisches Image entwickelt, so verflachen sich diese Unterschiede je länger je mehr. Heute ist vor allem „Flexibilität" gefragt, bei der die Person zunehmend ihre Identität verliert. Je unbestimmter ihre Charakterprägung und je stärker ihr Ehrgeiz, den „Job" erfolgreich auszuführen – gleichgültig in welchem Umfeld und zu welchem Zweck –, desto besser stehen ihre Chancen auf dem Personalmarkt.

Bereits 1947 formulierte Fromm hellsichtig den Satz: „Voraussetzung für die Marketing-Orientierung ist innere Leere, das Fehlen jeder spezifischen Qualität, die unauswechselbar wäre, denn jeder bestimmte Charakterzug könnte eines Tages mit den Anforderungen des Marktes in Widerspruch geraten."[35]

Mit dem Siegeszug der Elektronik stellte sich ein neues Anpassungsproblem, nämlich die einseitige Ausbildung rationaler Fähigkeiten im Umgang mit „intelligenten" Maschinen. Fromm sah in dieser Entwicklung, die auf Kosten von emotionalen Bedürfnissen und Kompetenzen geht, die Züchtung eines *„kyber-*

netischen Menschen".[36] Die Lebensweise gewisser Spitzenmanager scheint sich dieser Prophezeiung anzunähern, wenn ein Top-Banker das Anforderungsprofil an einen tüchtigen Derivat-Händler unter anderem damit beschreibt, daß er bereit sein müsse, ein Drittel seiner Zeit im Flugzeug zu verbringen und 24 Stunden am Tag und 365 Tage im Jahr zur Verfügung zu stehen, notfalls auch unter Absage des eigenen Hochzeitstermins.[37]

Auf solche Weise entfernen sich Menschen immer weiter von ihren psychischen Bedürfnissen und denen ihrer Mitmenschen. Selbst das tote Geld, um das sich scheinbar alles dreht, hat sich in seiner Stofflichkeit verflüchtigt und manifestiert sich nur noch im Jonglieren mit imaginären Zahlen. Der Derivathändler, der die Marktteilnehmer gegen die Risiken von Zins- und Wechselkursschwankungen versichert, stellt mit seinen hochspezialisierten mathematischen Kenntnissen eine Art Lotse im Finanzdschungel dar. Dabei vergleicht der eben Zitierte seine Tätigkeit mit der eines Formel 1-Rennfahrers: „In der richtigen Hundertstelsekunde zu bremsen, entscheidet über Sieg oder Niederlage."[38] Dieser Vergleich spricht allerdings dafür, daß Gewinnstreben allein als Motiv nicht ausreicht. Es braucht dazu auch die letztlich irrationale Faszination von der Idee, selbst in der abenteuerlichsten Situation Herr der Lage zu sein und das Unberechenbare berechenbar zu machen.

Wenn wir vom „kybernetischen" Menschen ausgehen, der höchste rationale Konzentration mit dem Rausch der Machbarkeit verbindet, so ist die Tatsache nicht so erstaunlich, daß viele der Verantwortlichen in technologischen und wirtschaftlichen Schlüsselpositionen kein genuines Interesse für ökologische und soziale Zusammenhänge aufbringen. Sie können sich etwas anderes als technische Lösungen gar nicht mehr vorstellen. Im Grunde benimmt sich der hochgezüchtete Intellektuelle am Ende unseres Jahrtausends ganz ähnlich wie Damasios Patienten mit präfrontaler Hirnschädigung: Ihre Rationalität funktioniert reibungslos und theoretisch erfassen sie auch die Schwächen des Systems, nur fühlen sie sich dadurch nicht zum Handeln motiviert und zeigen weder Furcht noch Kummer im Hinblick auf künftige Katastrophen.

2.4. Das Wiedergewinnen universeller menschlicher Werte durch radikales Philosophieren

Radikales Philosophieren heißt an die Wurzeln gehen, und das bedeutet im Blick auf menschliche Wertvorstellungen zweierlei: den Versuch, die kulturhistorischen Wurzeln für bestimmte Wertsysteme freizulegen und die psychische Grundsituation der menschlichen Existenz zu erfassen, die von diesen Systemen zum Teil überdeckt oder verschleiert wird. Insofern ist radikales Philosophieren immer zugleich Ideologiekritik.[39] Waren diesem Aspekt die beiden vorangegangenen Abschnitte gewidmet, so fasse ich im folgenden zusammen, welche moralischen Normen sich auf der Basis des herrschaftsfreien Denkens ergeben.

Wie wir gesehen haben, gehen alle nicht-autoritären Moralbegründungen vom Menschen selbst aus, von seinen individuellen und sozialen Grundbedürfnissen und den gegenseitigen Übereinkünften, diesen Bedürfnissen gerecht zu werden. Allerdings weichen die Vorstellungen davon, welche „Triebe" oder Bedürfnisse der menschlichen „Natur" notwendig zukommen, immer dann erheblich voneinander ab, wenn der Versuch unternommen wird, sie auf einen Nenner zu bringen bzw. auf einen Hauptantrieb zurückzuführen. Wenn wir aber die reduktionistische Sicht ablehnen und sowohl die biologischen als auch die psychologisch-geistigen Faktoren der menschlichen Existenz ernst nehmen, lassen sich allgemeinmenschliche Grundbedürfnisse formulieren, die weitgehend unbestritten sind.

In Anlehnung an Erich Fromm, Agnes Heller, Hans Jonas, Carol Gilligan und andere führe ich im folgenden *vier psychische „Kardinal"-Bedürfnisse* auf, denen die entsprechenden Verhaltensnormen bzw. positiv und negativ zu bewertende Reaktionsmuster zuzuordnen sind. (Siehe nächste Seite.)

Das erste psychische Grundbedürfnis ist eine Folge der langen Abhängigkeit der menschlichen Existenz, nämlich *das Bedürfnis nach Zuwendung und Fürsorge,* dem das moralische Gebot der Verantwortung entspricht.

Grundbedürfnis	positiv zu bewertende Reaktionen	negativ zu bewertende Reaktionen	psychische Folgeerscheinungen bei Deprivation
nach *Zuwendung* und Fürsorge	*Mitgefühl*, Verantwortung, Solidarität, liebende Zuwendung	Härte, Gleichgültigkeit, Vernachlässigung, Verantwortungslosigkeit, Lieblosigkeit	retardierte Entwicklung, Vertrauensverlust, Depression, „Verzweiflungsaggression", Suchtverhalten
nach Autonomie, Integrität, Bewahrung von *Würde*	*Achtung*, Vertrauen, egalitäre Kommunikationsbereitschaft	Bevormundung, Mißtrauen, Zwang, Erniedrigung, Ausbeutung, Vergewaltigung	Lähmung von Antrieb, Kreativität und Lebensfreude, Angst, Verbitterung, Empörung und Aggression
nach *Anerkennung*	*Wertschätzung*, Wohlwollen, Mitfreude	Nichtbeachtung, Geringschätzung, Hochmut, Mißgunst	Unsicherheit, Selbstzweifel, Identitätsverlust, Sinnverlust, Anfälligkeit für Suchtverhalten, Feindbilder, Neid und Destruktivität
nach *Gerechtigkeit*	Fairneß, *Verantwortung für die ganze Gemeinschaft*, Aufrichtigkeit, Transparenz	rücksichtsloses Verfolgen eigener Interessen, mangelnde Transparenz, Unaufrichtigkeit	Ohnmacht, verbitterte Resignation, kompensatorische Aggression gegen Schwächere

Das zweite Grundbedürfnis resultiert aus der relativen Instinktentbundenheit, das heißt aus der Freiheit des Menschen, und manifestiert sich als *Autonomiebedürfnis.* Das bedeutet zumindest ein Minimum an Selbstbestimmung und, mit fortschreitender Individualisierung, ein Optimum an selbstbestimmter Lebensführung. Völlige Fremdbestimmtheit, d. h. eine mit Gewalt erzwungene Lebensart, wird von allen Menschen als Erniedrigung empfunden. Brutale Unterdrückung über Generationen hinweg kann zwar das *Gefühl für die eigene Würde* weitgehend ersticken, aber niemals auslöschen. Aufgrund der Bedürfnisse nach Zuwendung und nach Autonomie stellen Verlassenheit und Erniedrigung neben körperlichem Mangel und Schmerz das größte Elend im menschlichen Dasein dar.[40]

Ein drittes, nicht zu eliminierendes *Grundbedürfnis* ist das *nach Anerkennung.* Schon das Kind bedarf der Anerkennung seiner Person als individuelles Sosein und die Beachtung seiner Fähigkeiten und Leistungen *(individuelle Identität).* Ebenso dringend braucht der Erwachsene einen Platz in der Gemeinschaft, an dem er etwas Sinnvolles nicht nur für sich tun kann, sondern etwas, das von der Gemeinschaft als wertvoller Beitrag geschätzt wird *(soziale Identität).* Beides ist die unausweichliche Folge des Reflexivbewußtseins, das den Menschen mit dem Tod konfrontiert und die Frage nach dem Sinn der eigenen Lebensspanne aufwirft. Mit dieser Sinnsuche ist immer auch die potentielle Gefahr von Sinnverlust, Einsamkeit und Verzweiflung gegeben.

Erst an vierter Stelle steht das *Bedürfnis nach Gerechtigkeit,* weil es sich von der individuellen und soziokulturellen Genese her erst nach den schon genannten Grundbedürfnissen entwickelt. Um so größere Bedeutung gewinnt es allerdings mit zunehmender Komplexität der Gesellschaft und mit der Differenzierung individueller Ansprüche. Im Grunde setzt das Streben nach Gerechtigkeit die Ungerechtigkeit voraus, und ist deshalb in überschaubaren Solidargemeinschaften von eher untergeordneter Bedeutung. Dennoch spielen sich in jeder Gemeinschaft gewisse Regeln zur gerechten Verteilung von Gütern und Aufgaben ein; und auch ontogenetisch taucht das

Gerechtigkeitsproblem relativ früh in der Geschwisterreihe auf, wenn es dabei anfänglich auch mehr um gleichverteilte Zuwendung als um funktionale Fairneß geht.

Anhand der tabellarischen Übersicht ist leicht zu sehen, daß es sich bei der Rubrik der positiv zu bewertenden Reaktionen um moralische Verpflichtungen bzw. um „Tugenden" handelt, bei den negativen Reaktionen um moralisches Versagen bzw. um Unterlassungen. Dabei sind die Übergänge zwischen unbedingter Verpflichtung und moralisch wünschbarem Verhalten ebenso fließend wie die zwischen unbedingter Verwerflichkeit und einem Verhalten, das zu wünschen übrig läßt. Das bedeutet aber keine Relativierung des moralischen Urteils, sondern spiegelt einerseits die Grade persönlicher Verantwortung in engen oder weniger engen Beziehungen (bzw. den Grad der Unterstützungsbedürftigkeit) und andererseits den Spielraum für eine Verfeinerung des moralischen Empfindens.

Am plausibelsten wird dies bei den Bedürfnissen nach Zuwendung und Anerkennung. Während liebevolle Zuwendung, persönliche Förderung und Mitfreude nicht allen Menschen gegenüber gleichermaßen möglich sind, gehört ein gewisses Maß an *Mitgefühl und Wohlwollen* zu den allgemeinmenschlichen Verpflichtungen. Dagegen scheint gegenwärtig ein Bewußtseinsdefizit hinsichtlich der Notwendigkeit gegenseitiger Wertschätzung zu bestehen. *Anerkennung und Wertschätzung* sind mehr als *Achtung und Respekt.* Schützt die Achtung andere vor Übergriffen und stellt sie insofern eine respektvolle Zurückhaltung dar, so fordert Wertschätzung eine positive Bestätigung. Wie profund dieses Bedürfnis ist, beweisen die universelle Sitte des gegenseitigen Sichgrüßens unter allen Mitgliedern einer Gemeinschaft sowie die Rituale der Gastfreundschaft gegenüber Fremden.

Ähnliches gilt für die kollektive Anerkennung, die heute weitgehend an die berufliche Arbeit gebunden ist. Deshalb sind die immer größer werdenden Probleme der Arbeitslosigkeit durch materielle Unterstützung allein nicht lösbar. Unverschuldet Entlassene fühlen sich gesellschaftlich ebenso abgeschrieben wie Menschen, die man nicht mehr grüßt, und deshalb ist der Entzug der sozialen Identität ein Verstoß gegen ein menschliches Grundbedürfnis. Hier klafft in unserer Wirtschafts- und Gesellschaftsmoral eine erhebliche Lücke.

Am striktesten sind *Gerechtigkeit* und *Achtung* als unbedingte moralische Forderungen anerkannt. Doch wenn wir Fairneß und Nichtverletzung menschlicher Integrität nur als Minimalforderungen im Auge haben, gehen wesentliche Aspekte beider Haltungen verloren: nämlich gegenseitige Vertrauensbildung und egalitäre Kommunikationsbereitschaft, die ihrerseits Offenheit und Transparenz voraussetzen.

Die letzte Spalte der Tabelle verzeichnet die psychischen Folgen im Falle langfristiger Nichterfüllung von Grundbedürfnissen. Interessanterweise tauchen dort eine Reihe von Reaktionen auf, die in der bürgerlichen Ideologie häufig zu den angeborenen menschlichen Eigenschaften zählen: Aggression, Trägheit oder Suchtverhalten. Von der psychoreaktiven Destruktivität war schon wiederholt die Rede (siehe S. 47, S. 81 f.), die hier in Form der Verzweiflungsaggression als Folge von Vernachlässigung[41] und als Kompensation von Ohnmacht und Identitätsverlust erscheinen. Dazu kommen die angeblich angeborene Trägheit als Teil eines depressiven Lähmungssyndroms und die Suchtbereitschaft als Flucht aus Depression, Über- oder Unterforderung.

Positiv gewendet zeigen alle diese Deprivationserscheinungen, wie stark die individuelle Entwicklung, die Entfaltung der menschlichen Kreativität und die moralische Kompetenz von tragfähigen Bindungen und gegenseitigen Verbindlichkeiten abhängig sind. Wenn wir von diesen grundsätzlichen anthropologischen Einsichten ausgehen, so sollten sich daraus universelle moralische Übereinkünfte ableiten lassen, doch kann dies m. E. nicht deduktiv, sondern nur induktiv geschehen. Deshalb schwebt mir eine *Annäherung an ein potentielles „Weltethos"* vor, die sich von den bekannten Bemühungen Hans Küngs unterscheidet. Küng versucht einen ökumenischen Ansatz zwischen den Weltreligionen herzustellen,[42] ein Versuch, der für sich genommen große Bedeutung hat, der sich aber im wesentlichen auf religiöse Überzeugungen bezieht und sich ausschließlich an den „Hochreligionen" bzw. den „Hochkulturen" orientiert.

Im Unterschied dazu schlage ich *einen Weg über die Sprach- und Literaturforschung* vor. Ohne uns auf explizite Moraltheorien stützen zu müssen, stellt die menschliche Sprache als solche ein schier unermeßliches Reservoir für wertgetönte und moralisch imprägnierte Vorstellungen dar, die sich über Jahrtausende kollektiven Zusammenlebens herausbildeten. Dabei wäre es ein großer Verlust, auf die sprachlichen Manifestationen indigener Völker zu verzichten, deren Sprachbilder sehr viel weniger von herrschaftlich-aggressiven Vorstellungen durchsetzt sind, wie wir sie bei allen patriarchalen Hochkulturen und deren Hochsprachen finden. *Erst die Zusammenschau einer Vielzahl repräsentativer Sprachgruppen aus allen Regionen der Welt könnte Gewähr dafür bieten, das Unterpfand für universelle moralische Wertvorstellungen in Händen zu haben.* Selbstverständlich würde dies eine internationale Zusammenarbeit großen Ausmaßes voraussetzen und dürfte sich nicht auf die Beteiligung von Wissenschaftler/innen beschränken. Es müßte vielmehr ein lebendiger Austausch zwischen Männern und Frauen aus dem Alltag, aus dem politischen Leben, der Dichtung und der Sprachforschung stattfinden, eine Vision, auf die ich am Schluß des Buches zurückkommen möchte.

Bis jetzt gibt es erst sehr bescheidene Ansätze in dieser Richtung,[43] doch ist immerhin bemerkenswert, daß sich die Mehrzahl der philosophischen Schulen während der letzten Jahrzehnte intensiv mit dem Sprachproblem beschäftigt. Widmet sich die analytische Philosophie angelsächsischer Prägung der Strukturanalyse der Sprache, zu der auch die Struktur imperativer Sollenssätze gehört, so wenden sich die Vertreter/innen der phänomenologischen Tradition erneut der inhaltlichen Analyse von Gefühls-, Charakter- und Tugendbegriffen zu. Dabei ist daran zu erinnern, daß schon *O. F. Bollnow* die phänomenologische Erhellung der Sprache für ein vielschichtiges Unternehmen hielt, das nicht nur die Wandlungen der Wortbedeutungen im Laufe der eigenen Kulturgeschichte einbeziehen müßte, sondern, um den Anspruch auf Allgemeingültigkeit erheben zu können, auch andere Sprachen und deren kulturelle Hintergründe.[44]

3. Annäherung an eine exakte Qualitätsbeschreibung

Das Stichwort „Qualitätsbeschreibung" liefert auf zweifache Weise erkenntnistheoretischen Zündstoff. Erstens ist es seit *Descartes* eine ausgemachte Sache, daß die meisten Eigenschaften der Dinge *„sekundäre Qualitäten"* sind – also solche, die wir durch den Filter unserer Sinnesorgane wahrnehmen und den Dingen zuschreiben. Als primäre, den Dingen objektiv zukommende Eigenschaften ließ Descartes immerhin noch Ausdehnung, Form, Größe und Anzahl gelten, während *Kant* auch diese als reine Anschauungsformen von Raum und Zeit zum Subjekt der Erkenntnis und nicht zu den Eigenschaften der „Dinge an sich" rechnete. Auch *Bacon* warnt in seinem „Novum organum" vor den Trugbildern *(idola),* die unsere Sinne uns vorgaukeln, und empfiehlt als Grundlage für naturwissenschaftliche Erkenntnis nur quantifizierbare, d.h. meßbare Fakten. Bezeichnenderweise ist für ihn die Sprache, jedenfalls die Umgangssprache, eine der Hauptquellen für unsere Vorurteile, die er „Trugbilder des Marktes" *(idola fori)* nennt. Folgerichtig zu Ende gedacht wurde dieses erkenntnistheoretische Mißtrauen gegenüber der Sprache in der mathematischen Logik bzw. in der Formelsprache der modernen Naturwissenschaft.

Vom heutigen Stand erkenntnistheoretischer Forschung aus geht die Relativierung beobachtbarer Daten sogar noch einen Schritt weiter: Jeder Beobachtungsvorgang ist an unsere spezifischen Gehirnfunktionen gebunden,[1] und sogar dem Erfassen von Mengen geht ein subjektives Gestaltprinzip voraus, das darüber entscheidet, was als zählbare Einheit zu gelten hat.[2] Dazu kommt, daß es sich als Illusion erweist, die Sprache aus der Naturwissenschaft auszuklammern. Sie fließt immer in die Zielsetzungen der Forschung ein und ebenso in die Interpretation von Experimenten. Das heißt, Natur- und Geisteswissenschaften sind gar nicht so scharf voneinander zu trennen, wie dies dem Ehrgeiz der modernen Naturwissenschaft entspricht. (Siehe S. 309)

Zweitens stellt neben dem Begriff der Qualität auch derjenige der Beschreibung eine Art Reizwort für die exakte Wissenschaft dar. Bloße „Deskription" wurde im besten Fall zum Synonym für „vorwissenschaftliche" Erkenntnis, die es so schnell wie möglich durch „harte", quantifizierbare Fakten zu ersetzen gilt. Ein Naturforscher wie *Adolf Portmann* (1897-1982), der mit seinem Künstlerauge als Maler die sichtbare Oberfläche der Lebewesen wie auch die morphologischen Zusammenhänge zwischen den Gestaltungen der Natur detailliert erfaßte, wurde von seinen jüngeren Kollegen als Träumer belächelt. Sie meinen, mit dem genetischen Code den ganzen Organismus zu kennen, dessen äußere Erscheinung als bloße „Hülle" dem Diktat der genetischen Steuerung gehorcht.

Freilich hat gerade die „blinde", von den Erscheinungen abstrahierende Wissenschaft zu den Erkenntnislücken beigetragen, welche die fortschreitenden Naturzerstörungen solange unbemerkt ließen, bis sie zu nicht mehr ignorierbaren Störungen anwuchsen. Die Berücksichtigung ökologischer Zusammenhänge zwingt uns, morphologische Veränderungen und damit die Beschreibung von Naturphänomenen erneut ernst zu nehmen, auch wenn viele Vertreter der harten Naturwissenschaften immer noch behaupten, Ökologie sei keine Wissenschaft.

Wenn aber schon die Beschreibung physischer Gegebenheiten einer solchen Skepsis begegnet, so kann es nicht verwundern, wenn viele die Beschreibung psychischer Qualitäten für aussichtslos halten. Gefühlsqualitäten und Werte wurden denn auch als „*tertiäre*" *Qualitäten* bezeichnet, was sie von „wahren" Urteilen bzw. „wahren" Sachverhalten noch weiter entfernt als die sekundären Sinnesqualitäten.

Dem ist grundsätzlich entgegenzuhalten, daß die Frage nach der Universalisierbarkeit von Gefühlsurteilen gar nicht auf Objektivität in dem Sinne abzielt, daß sie sich als fixe Eigenschaften von Dingen oder Personen erweisen sollten. *Univer-*

salisierung von Werten heißt vielmehr Intersubjektivität im Sinne eindeutiger Verständigungsmöglichkeiten über solche Urteile.

Wenn Vertreter des sogenannten Emotivismus darauf beharren, Gefühle seien rein subjektive Daten, die keinerlei Verallgemeinerung zuließen, so müßte dies strenggenommen schon für alle Sinnesempfindungen gelten, weil auch sie nur individuelle Erfahrungen darstellen und als solche nicht übertragbar sind. Allerdings mit dem Unterschied, daß es für Sinnesempfindungen vorführbare Objekte gibt, die für alle mit fünf Sinnen Begabten sichtbar, hörbar, tastbar usw. sind. Dennoch ist schon hier die gegenseitige Verständigung auf die Sprache als ein intersubjektives Medium angewiesen, die unseren Sinneswahrnehmungen ihre Namen gibt.

Daß sich über Gefühle (noch) weniger leicht sprechen läßt als über Sinneseindrücke, ist eine banale Erfahrung, die *Wittgenstein* zu seinem berühmten Satz veranlaßte: „Wovon man nicht sprechen kann, darüber muß man schweigen" (und darunter verstand er unter anderem auch ethische Gefühle und Überzeugungen).[3] Dennoch haben die Menschen seit dem Beginn kultureller Überlieferungen über ihre Gefühle nicht geschwiegen, schon gar nicht die Dichterinnen und Dichter, deren Zeugnisse eine Zeitspanne von mehr als 4000 Jahren umfassen. Selbst schriftlose Kulturen stellen in ihrer höchst differenzierten, mündlich überlieferten Liedkultur ein öffentliches Ausdrucksfeld für existentielle Erfahrungen, Stimmungen und Wertvorstellungen her.

Es kann also gar nicht in Abrede gestellt werden, daß es möglich ist, Gefühle zu benennen und zu beschreiben, die Frage ist nur, mit welchen Mitteln dies gelingt.

3.1. Sprache und Wortbild als Brückenschlag zwischen emotionaler und rationaler Dimension

Wie *Susanne Langer* hervorhebt, sind *Analogie und Metapher die Mittel der Sprache schlechthin, um emotionale Inhalte in einer kommunizierbaren Form zum Ausdruck zu bringen.* Gewissermaßen als ihre Bausteine setzen sie sinnliche Vorstellungen voraus, sehr oft visuelle, aber auch akustische, taktile, geschmackliche oder kinästethische Vorstellungen.

Doch beginnt das Spiel mit den Analogien nicht erst mit der Beschreibung immer schon sehr komplexer Gefühlszustände, sondern bereits bei der Artikulation von Sinnesqualitäten. Wir können uns zwar darauf einigen, gewisse Farbeindrücke mit bestimmten Namen zu benennen oder Töne im System von Notenintervallen zu bezeichnen, doch sobald es um die Schilderung von Qualitätsnuancen geht, ziehen wir Eindrücke aus anderen Sinnesbereichen heran, um ein Qualitätsempfinden metaphorisch auszudrücken. Wir sprechen von hellen oder dunklen Farben oder hellen und dunklen Tönen, obwohl die Wahrnehmungsskala hell-dunkel zunächst weder mit Farben noch mit Tönen etwas zu tun hat. Ebenso bezeichnen wir gewisse Farbeindrücke mit den taktilen Vorstellungsbildern von warm und kalt oder Töne als weich bzw. hart. Die Schilderung eines „süßlichen" Rosa oder eines „faden" Blau nimmt Geschmacksurteile zu Hilfe, die Rede von einem „schreienden" Rot oder einem „dumpfen" Braun zieht akustische Vorstellungen heran. Das heißt, *wir pendeln zwischen den Erlebnisqualitäten unserer fünf Sinne hin und her, um die Art (das Wesen) einer Qualitätsempfindung von verschiedenen Seiten her gewissermaßen einzukreisen und dadurch genauer zu fassen.*

Noch komplexer wird das analogische Sprechen bei der Schilderung körperlichen Schmerzes, dem eine Mittelstellung zwischen Sinneseindruck und Gefühl zukommt. Wenn wir von brennenden, bohrenden, stechenden, reißenden, klopfenden oder hämmernden Schmerzen sprechen, so sind es Bilder aus der Oberflächensensibilität, aber auch Bilder handwerklicher Tätigkeiten, die dem spezifischen Schmerzgefühl Ausdruck verleihen sollen.

Je höher wir uns auf der Skala menschlicher Emotionen bewegen, desto vielschichtiger werden die Metaphern, und oft sind sie so eng mit dem alltäglichen Sprachgebrauch verbunden, daß wir ihre ursprüngliche Bildhaftigkeit gar nicht mehr bemerken. Wir nennen eine traurige Gestimmtheit „Trübsinn" oder „Betrübnis", ohne an den wolkenverhangenen Himmel zu denken, oder „Depression" bzw. „Niedergeschlagenheit", ohne daß die kinästhetischen Vorstellungen des körperlichen Zusammensinkens und der Bewegungsunlust aufzutauchen brauchen. Ebenso selbstverständlich sind uns die Redensarten von der bitteren Enttäuschung, dem verzehrenden Neid oder der flammenden Empörung. Solche Metaphern sind „abgegriffen" wie wir sagen. Wirklich erhellend und „treffend" erscheinen uns nur die neu geschaffenen Wortbilder, wie sie uns Dichter/innen und Schriftsteller/innen schenken, indem sie weit auseinanderliegende Sinnesqualitäten, Beobachtungen und Gefühlserfahrungen zu einer einzigen bildhaften Wortbrücke zusammenfassen.

Als Beispiel sei eines der Gedichte von Marie Luise v. Kaschnitz aufgeführt, das sie nach langer Trauer um den Tod ihres Mannes schrieb.

Meine Neugier

Meine Neugier, die ausgewanderte, ist zurückgekehrt.
Mit blanken Augen spaziert sie wieder
Auf der Seite des Lebens.
. . .
Wie sehne ich mich nach der Zeit,
Als sie nichts zu bestimmen hatte,
Als ich hintrieb ruhig im Kielwasser des Todes,
In den milchigen Strudeln der Träume.
Vergeblich jag ich sie fort, meine Peinigerin.
Da ist sie wieder, trottet und hüpft,
Streift mich mit ihrem heißen Hündinnenatem.
. . .

Marie Luise v. Kaschnitz (Ausschnitt) [4]

Hier finden wir in wenigen Zeilen alles versammelt, was Susanne Langer als das Wesen der Poesie schildert: *Dichtung komponiert die dynamische Morphologie der Gefühle mit ihren Ambivalenzen und bringt sie anhand von Metaphern zur un-*

mittelbaren Anschauung.[5] Die Bilder, mit denen die Dichterin ihre Gefühle ausspricht, lassen uns ihre Ambivalenz zwischen Todessehnsucht und erneuter Lebensverführung geradezu körperlich nachempfinden, die „milchigen Strudel der Träume" ebenso wie den „heißen Hündinnenatem". Solche Bilder gewinnen Macht über unser Empfindungsvermögen, weil sie ganz nahe am Puls des akuten Lebensgefühls sind und dessen Ausschläge so präzis nachzeichnen, wie es ein diskursives Sprechen niemals vermöchte.

Auch in der äußerst verhaltenen Poesie der japanischen Dichtung, die sich scheinbar auf schlichte Naturbeschreibungen beschränkt und die Parallelen zum menschlichen Gefühlsleben selten explizit zieht, teilen sich uns die Schwingungen, ja der Aufruhr der Gefühle mit. Dazu zwei Beispiele aus der Feder kaiserlicher Hofdichterinnen des 13. Jahrhunderts.

> Soll sich der Tau nicht
> nur auf der Schattenseite
> der Gräser sammeln?
> Doch auch meine Ärmel sind
> naß. Der Herbst ist gekommen.

> Ben no naishi

> Zirpt nicht so schmerzlich,
> zirpt nicht so voller Kraft,
> ihr Grillen im Herbst,
> jammert nicht so lärmend in
> den Schlummer der alten Frau.

> Cotoba-in no Shimotsuke[6]

Kommt im ersten Fünfzeiler der schmerzliche Gleichklang mit den Vorgängen der Natur zum Ausdruck, so im zweiten der irritierende Widerspruch zwischen äußerem und innerem Geschehen; hier zwischen dem aufreizenden Ruf der Grillen und der Einsamkeit einer alten Frau, der dieser Ruf nicht mehr gilt.

Auch die sogenannte „Gedankenlyrik", die philosophische Gedanken oder moralische Überzeugungen ausdrückt, ist nicht mit argumentativ gewonnenen Sentenzen zu verwechseln, sondern als *eine symbolische Transformation tief empfundener Lebenserfahrung*. So schildert Karoline von Günderode (1780–1806) lange vor der philosophischen Rede vom Tod Gottes oder von der Entzauberung der Welt das profan-banale Lebensgefühl der aufgeklärten Gesellschaft:

Vorzeit, und neue Zeit.

Ein schmaler rauher Pfad schien sonst die Erde.
Und auf den Bergen glänzt' der Himmel über ihr,
Ein Abgrund ihr zur Seite war die Hölle,
Und Pfade führten in den Himmel und zur Hölle.

Doch alles ist ganz anders nun geworden,
Der Himmel ist gestürzt, der Abgrund ausgefüllt,
Und mit Vernunft bedeckt, und sehr bequem zum Gehen.

Des Glaubens Höhen sind nun demoliert.
Und auf der flachen Erde schreitet der Verstand
Und misset alles aus, nach Klaftern und nach Schuhen.

Karoline von Günderode[7]

Als zweites Beispiel das Bekenntnis Ingeborg Bachmanns:

Wahrlich
(Für Anna Achmatova)

Wem es ein Wort nie verschlagen hat,
und ich sage es euch,
wer bloß sich zu helfen weiß
und mit den Worten –

dem ist nicht zu helfen.
Über den kurzen Weg nicht
und nicht über den langen.

Einen einzigen Satz haltbar zu machen,
auszuhalten in dem Bimbam von Worten.

Es schreibt diesen Satz keiner,
der nicht unterschreibt.

Ingeborg Bachmann[8]

Wie Susanne Langer zu Recht bemerkt, ist die herkömmliche
Unterscheidung zwischen Erlebnislyrik und Gedankenlyrik
künstlich,[9] aus dem einfachen Grund, weil es keine strikte
Trennung zwischen Gedanken und Gefühlen gibt. Dichtung
und Geisteswissenschaft unterscheiden sich nicht in erster Linie durch ihre Themenwahl, sondern in der Art ihrer Reflexion
und in der Art, sich der Sprache zu bedienen. Drückt die phänomenologische Psychologie ihre Reflexionen über Gefühle in
einem strikt diskursiven Sprachstil aus, so besteht die dichteri-
sche Reflexion in einem „Nachsinnen" ganz anderer Art: sie
artikuliert sich durch einen *„präsentativen" Symbolgebrauch
der Sprache* (vgl. S. 110ff.). In der Dichtung sind Gefühle, Erinnerungen und Gedanken gleichzeitig präsent, und sie formt
ihre Sprache nach dem Gesetz der Verdichtung und des
Rhythmus: Vorstellungen werden zusammengezogen, miteinander gekreuzt, durch Auslassungen verkürzt, während der
Rhythmus den Fluß des virtuell komponierten Erlebnisablau-
fes beschreibt.[10]
   Weniger präzis gelingt die Abgrenzung zwischen Dichtung
und Philosophie, und dies nicht nur deshalb, weil Dichter und
Philosophen so oft in Personalunion verbunden waren. Im
Unterschied zum wissenschaftlichen Verstand, sagt *Hannah
Arendt,* sei die philosophische Vernunft nicht auf der Suche
nach der Wahrheit (im Sinne der Tatsächlichkeit), sondern auf
der Suche nach dem Sinn, und dies rückt sie in die Nähe der
künstlerischen Kontemplation.[11] Aber während Dichtung, wie
jede Kunst, nur Zeugnis ablegen will für die Höhen und Tiefen
der *conditio humana,* versucht die philosophische Anthropologie allgemeine Aussagen über das immer neu zu fassende
Menschenbild zu machen und Maßstäbe für das praktische
Handeln zu gewinnen. *Jedenfalls aber muß eine Philosophie,
die sich nicht nur als Propädeutik für die Wissenschaft versteht,*

die Kunst als Quelle der Erkenntnis ebenso ernst nehmen wie die Einzelwissenschaften.[12]

Um rationale und emotionale Anteile in der Sprache geht es auch in der *feministischen Sprachkritik.* Dabei liegt der Schwerpunkt bei den französischen Analytikerinnen des Lacankreises (*Julia Kristeva, Luce Irigaray* und andere) auf dem Nachweis, wie weitgehend unsere Hochsprachen vom patriarchalen Polaritätsdenken geprägt und von herrschaftlich-kriegerischen Sprachbildern durchsetzt sind; eine Kritik, die in Deutschland *Luise Pusch* und *Senta Tröml-Plötz* aufnahmen. Allerdings scheint mir die Terminologie der Französinnen irreführend, wenn sie verallgemeinernd vom „phallokratischen" Aufbau der Sprache reden, die als „Vatersprache" den Spracherwerb des Kindes beherrsche, während die mütterliche Sprache eine „semiotische" Kommunikation auf nonverbaler, leiblicher Ebene darstelle.

Dagegen sind Einwände aus phylogenetischer wie auch aus ontogenetischer Sicht zu erheben. Menschheitsgeschichtlich gesehen ist die Sprache mit Sicherheit älter als die patriarchale Herrschaftsform. Richard Fester trug eine Reihe von „Urworten" zusammen, die sich in den Wortstämmen vieler Sprachen wiederholen, und die vor allem die Mutter-Kindbeziehung reflektieren.[13] Und entwicklungspsychologisch betrachtet erwirbt das Kind einen Großteil seines Sprachschatzes im engen Kontakt zur Mutter längst vor der ödipalen Phase und deren Vaterdominanz.

So gibt es neben den fraglos bestehenden Einseitigkeiten der „Männersprache", die auch Mütter unreflektiert tradieren, ein *uraltes Reservoir vorpatriarchaler Sprachwurzeln.* „Muttersprache" bezieht sich keineswegs nur auf Sprachrhythmen und Tonmalerei, wie es der Begriff von der nonverbalen Semiotik suggeriert: Schon das einfachste Wiegenlied ist mehr als ein unmittelbarer Gefühlsaustausch, weil es, sobald es Sprachbilder enthält, den Vorgang der symbolischen Transformation voraussetzt. Die französischen Sprachkritikerinnen scheinen immer noch von der cartesianischen Geist-Leibspaltung geleitet zu sein, während Susanne Langers Kunst- und Sprachanalyse gerade den Zwischenbereich deutlich macht, in welchem sich Sinnesempfindungen, Gefühlsbewegungen und das reflektierende Moment der symbolischen Formgebung begegnen.

3.2. Die Parallelen zwischen Wortbild und Traumbild

Wie eng und ursprünglich emotionale und sprachlich-rational gefaßte Bilder miteinander verwoben sind, beweisen unsere Träume. In einem Zustand, bei dem das neokorticale Bewußtsein ausgeschaltet ist, tauchen nicht nur Abbilder der bewußt erlebten Wahrnehmungen auf, sondern werden Gefühlsempfindungen in Bilder übersetzt, die an poetische Metaphern erinnern und zum Teil mit unseren geläufigen Sprachbildern identisch sind. Die große Entdeckung *Freuds, daß der Traum* neben seiner Funktion als Erlebnisverarbeitung auch *Träger von symbolischen Botschaften* ist, kann viel direkter verstanden werden als es Freud selbst auffaßte. Traumbotschaften sind nicht, wie er annahm, vom Bewußtsein bzw. vom Über-Ich „zensuriert" und maskiert, sondern können, wie alle Gefühlsinhalte, nur bildhaft vermittelt werden.

Anhand einer Vielzahl von Traumanalysen wurde mir klar, daß wir es beim unbewußten „Material" mit symbolischen Verdichtungen zu tun haben, die lyrischen Stimmungsbildern oder hochdramatischen Szenen gleichen, nur daß der bewußt ordnende Regisseur für diese Szenen fehlt. Daher erscheinen uns Träume wirr und stehen sie oft konträr zur Logik des Wachbewußtseins, indem sie sich über die Gesetze des Widerspruchs, des Raums und der Zeit hinwegsetzen. Dennoch können wir im nachhinein *die emotionale Logik der Traumbilder* bewußt nachvollziehen: Sie knüpfen oft an „Tagesreste" an, um wie in einer Kettenreaktion von einer Gefühlsassoziation zur anderen zu springen, wobei sich die augenblickliche Gefühlssituation der Träumenden mit emotional bedeutsamen Erinnerungen aus der Vergangenheit verbindet. Wenn wir den aktuellen und biographischen Hintergrund kennen, ergeben die Zickzacklinien des Traumes durchaus Sinn, und einzelne

Sequenzen lassen sich mit Wortbildern beschreiben, die den Traumbildern unmittelbar adäquat sind. Dazu ein paar Beispiele.

Zustände von Depression oder Isolation drücken sich häufig in Träumen von kahlen Winterlandschaften aus, was unserer Rede von einer „kalten" menschlichen Atmosphäre oder von „eingefrorenen" Beziehungen entspricht. In psychischen Krisensituationen erscheinen oft Bilder des Ertrinkens, bei dem einem das Wasser buchstäblich „bis an den Hals" steht, oder Bilder plötzlicher Abgründe oder fehlender Treppenstufen, die einem „den Boden unter den Füßen wegziehen". Eines der häufigsten Traumbilder ist die Reise, sei es per Auto, Zug, Flugzeug, Schiff, Aufzug etc. Dabei „fahren wir uns fest", „verpassen den Anschluß", springen in letzter Minute auf oder „stürzen ab". Manchmal tragen die Träumenden schweres Gepäck, das ihre psychische Belastung darstellt, oder werfen Gewicht von einem Fesselballon ab, wenn ihnen „ein Stein vom Herzen fällt". Nach einem Streit mit ihrer erwachsenen Tochter träumte eine Mutter von einem schönen Spaziergang, auf dem ihr plötzlich jemand von oben nasse Schneebälle „an den Kopf warf." Nach dieser „kalten Dusche" versuchte sie auf einem großen, leeren Parkplatz ihr Auto abzustellen. Doch obwohl viel Platz vorhanden war, gab es am Ticketschalter ein wildes Verhandeln um Gebühren und Platz – um den „gebührenden Platz". Aus Fallbeispielen, die sich beliebig vermehren ließen, noch der „Finaltraum" eines Mannes nach einer *midlife-crisis.* Gegen Ende der Therapie, bei der es um den Abschied von illusionären Berufserwartungen ging, sieht sich der Träumer auf einer hohen Leiter stehen, die an ein mächtiges Bauernhaus angelehnt ist und bedrohlich schwankt. Dann aber kann er sich relativ mühelos die Sprossen entlang hinabgleiten lassen und landet wohlbehalten am Boden. Er ist aus seiner „Verstiegenheit" in die Realität zurückgekehrt.

An all diesen Beispielen zeigt sich, daß viele, wenn nicht die meisten *Traumbilder aus dem gleichen Stoff gemacht sind* wie *unsere Wortbilder.* Daneben gibt es aber auch *Parallelen zu mythischen Motiven,* was C. G. Jung zu seiner Hypothese vom „kollektiven Unbewußten" veranlaßte. Sehr häufig treten „handelnde" Tiere auf, wie sie uns aus Mythen und Märchen vertraut sind und die im Traum die Instinktseite vertreten. Es erscheinen aber auch kosmische Bilder wie Gestirne, Berge und Höhlen oder uralte mythische Symbole wie das Labyrinth oder Mandala-Figurationen. Doch auch hier sind die Grenzen fließend zwischen den überlieferten Symbolen, die zum Erfahrungsschatz jeder Kultur gehören, den individuell gefärbten Traumbildern und den bewußt geformten Metaphern in der Poesie oder der bildenden Kunst.

3.3. Die emotionalen Sinngehalte in Ritus, Mythos und Kunst und die systematische Erforschung der Symbolsprachen

Rituale gehören zu den ursprünglichsten Kennzeichen menschlicher Kultur überhaupt. Schon für den Menschentypus der Neandertaler sind rituelle Bestattungen und symbolische Grabbeigaben belegt, und sämtliche schriftlosen Stammeskulturen kennen rituelle Tänze, Fruchtbarkeitsrituale und Speisetabus, Reifezeremonien und Trauerrituale. Sie gleichen sich weltweit in ihren Motiven, weil sie die menschlichen Grunderfahrungen der Abhängigkeit von der Natur, von Sexualität und Fruchtbarkeit, Vergänglichkeit, Tod und (Wieder)Geburt artikulieren.

Ähnliches gilt für die Mythologie, die sich aus dem Ritual und parallel zu ihm entwickelte. Treten die Menschen im Ritual als Mithandelnde des kosmischen Geschehens auf, um positive Mächte zu beschwören und negative zu bannen, so formen sich die gleichen Grunderfahrungen im Mythos zu bildhaften Erzählungen: zu Weltentstehungsmythen, mythischen Deutungen der Gestirne, von Licht und Finsternis, zum Wechsel der Jahreszeiten und immer wieder zu mythischen Bildern um das Rätsel von Leben, Tod und Neugeburt.

Dies alles stellt ein *faszinierendes Gewebe symbolischer Transformationen* dar, *dessen Grundgesetz die morphologische Ähnlichkeit* ist. Die Logik der Analogie vernetzt so weit auseinanderliegende Bilder wie Mondhorn und Stierhorn, Sonne und Rad, Sternbild und Wagen, Mondzyklen und weibliche Fruchtbarkeit, und die mythische Phantasie läßt die Naturkräfte als göttliche und dämonische Figuren wie auf einem Welttheater ihre bedeutungsvollen Rollen spielen. Daß sich die Texte zu diesem Drama bei aller skurrilen Vielfalt doch immer wiederholen, haben alle großen Mythenforscher erkannt, von denen für unser Jahrhundert vor allem *Karl Kerényi, J. G. Frazer, Robert v. Ranke-Grave, Mircea Eliade* und *Joseph Campbell* zu nennen sind.

Dazu kommen die Gestaltungen der archaischen Kunst, die immer im Zusammenhang mit mythisch-sakralen Vorstellungen stehen. Daß die Kunst so alt ist wie die Menschheit, demonstriert eindrücklich das tief verankerte Bedürfnis nach dem Ausdruck emotionaler Sinngehalte, die in den Frühkulturen kollektiv verstanden wurden. Erst die fortschreitende Individualisierung und die gesellschaftliche Trennung zwischen Religion und Kunst, zwischen sakralen, ästhetischen und profanen Lebensbereichen „privatisiert" die Kunst und macht sie schließlich nur noch einer Elite zugänglich.

Um die *Universalität mythischer Symbole* zu erklären, ist C. G. Jungs Hypothese vom kollektiven Unbewußten m.E. nicht zwingend. Es genügt anzunehmen, daß es „emotionale Tiefenstrukturen" gibt, welche die existentielle Grundsituation des Menschen spiegeln[14] und die, um sich Ausdruck zu verleihen, auf Naturerscheinungen projiziert werden. Nachdem sich auch die Natur in ihren Formen überall auf der Erde wiederholt, ist es nicht erstaunlich, wenn die symbolischen Transformationen, die aus einer ähnlichen Quelle schöpfen und sich ähnlicher Ausdrucksmittel bedienen, gleichsam nur *verschiedene Dialekte ein und derselben Sprache* darstellen.

Fromm, der sich wie Jung mit den Parallelen zwischen Mythos und Traum beschäftigte, hält die Symbolsprache für die einzige Sprache, die nicht nur intersubjektiv, sondern auch interkulturell verstanden werden kann. Deshalb fordert er, daß ihre Kenntnis an allen Schulen und Universitäten vermittelt werden sollte.[15]

Die *vergleichende Symbolforschung* steht freilich immer noch am Beginn. Das riesige Material, das sie anhäufte, bedürfte nicht nur einer horizontalen, sondern auch einer vertikalen Systematisierung. Wie die Wortsprache besteht auch die Symbolsprache aus verschiedenen „Schichten", die sich im Laufe der Kulturgeschichte übereinanderlagerten. Um Kulturumbrüche – wie den zwischen matrizentrischem und patriarchalem Weltbild – in ihrem symbolischen Niederschlag zu erkennen und zu dokumentieren, bedarf es der „Symbolarchäologie", die nur durch fakultätsübergreifende Forschung zu leisten ist. *Marija Gimbutas* nannte deshalb ihre Pionierarbeit „Archäomythologie", in der sie ihre profunden Kenntnisse auf dem Gebiet der Mythologie und Folklore mit ihrer archäologischen Forschungsarbeit verband.[16] Das interdisziplinäre Modell müßte aber auch Ethnologie, Religionswissenschaft, Märchenforschung und Frühgeschichte umfassen.

3.4. Die systematische Analyse der Emotionswörter

Jede Sprache verfügt über eine Fülle von Emotionswörtern, die das ganze Spektrum der Affekte, Stimmungen und einzelner „gerichteter" intentionaler Gefühle beschreiben, von den einfachsten „Anmutungserlebnissen", die unsere Wahrnehmungen begleiten, über Selbstwertgefühle und zwischenmenschliche Gefühle bis hin zu den ästhetischen, moralischen oder kosmisch-religiösen Wertgefühlen.

Meines Wissens existiert aber bis heute kein spezielles Lexikon für die Emotionswörter der deutschen Sprache – und wohl auch nicht für andere Sprachen –, obwohl dies für eine systematische Beschreibung von Gefühlsqualitäten unverzichtbar wäre. Dazu kommt, daß, wie alle Wörter, auch Gefühlsbezeichnungen ihre Wortgeschichte haben und ihre Bedeutung im Laufe der Jahrhunderte verändern. Immerhin geben darüber die bekannten etymologischen Wörterbücher Auskunft, wenn sie auch längst nicht alle Emotionswörter verzeichnen.

Aber selbst unter der idealen Voraussetzung eines vollständigen Inventars, das herzustellen nicht allzu schwierig wäre, gibt es eine prinzipielle Schwierigkeit für die Analyse von Emotionswörtern: Wie alle Qualitätsbeschreibungen lassen sie sich nicht strikt voneinander abgrenzen im Gegensatz zu Quantitätsangaben, die absolut eindeutig von anderen Angaben unterscheidbar sind. *Qualitative Empfindungen und Gefühle fließen ineinander über,* und deshalb sind auch ihre Beschreibungen „überlappend", wie es sich schon am Farbkreis zeigen läßt. Wir können zwar sogenannte „Hauptfarben" festlegen, aber bei allen Zwischentönen sind die Übergänge diffus, und wir können kaum sagen, wo das Orange aufhört und das Rot beginnt oder wann das Blau ins Violett übergeht.

Bei den Gefühlen kommt das *Phänomen der Ambivalenz* hinzu, so daß wir von „gemischten" Gefühlen sprechen, wenn ein und dasselbe Erlebnis sowohl positive als auch negative Gefühle auslöst.

Immerhin gehen alle bisherigen Untersuchungen zumindest von zwei Grobeinteilungen aus, von denen sich die eine an der *Dauer der Gefühle* orientiert. Ihre Skala reicht von kurzen, momentanen Gefühlserlebnissen über länger anhaltende Gefühlszustände bis zu dauerhaften „Grundstimmungen", wobei es auch hier Übergänge und Wechselwirkungen gibt. Wiederholte Gefühlsregungen einer bestimmten Qualität wirken auf die Grundtönung des Lebensgefühls ein, wie auch umgekehrt die psychische Grundgestimmtheit auf die Art der momentanen Gefühlseindrücke „abfärbt".

Die zweite Grobeinteilung bezieht sich auf die *positive oder negative Färbung* von Erlebnissen bzw. auf die Höhe oder Tiefe von Gefühlslagen. Dabei gibt es für beide Pole eine Menge von Bezeichnungen, die aber, wie sich schon an wenigen Beispielen zeigen läßt, nicht nur gleichsam eine Tonleiter darstellen, sondern auch ganz *verschiedene Tonarten.*

So etwa bewegen sich die Gefühle von Lust, von Angeregtheit, Lustigkeit, Vergnügen, Leichtsinn, Übermut, Zufriedenheit, Erfolg, Triumph, Freude, Heiterkeit, Begeisterung, Entzückung, alle auf der Seite der frohen, „stimmungsaufhellenden" Gefühle. Dennoch unterscheiden sie sich nicht nur graduell, sondern ihrem Wesen nach, wobei einige einander

nahestehen und andere ganz unvergleichbare Qualitäten ausdrücken.

Dasselbe gilt für die Skala der Unfrohheit: Angst, Ekel, Abscheu, Ärger, Eifersucht, Neid, Überdruß, Wut, Empörung,
Trauer, Verzweiflung, Scham, Schuld und Reue sind alles Gefühle mit negativem Akzent, von denen einige miteinander
verwandt sind und andere gar nichts miteinander zu tun haben.

Um die Gefühlsmodalitäten näher zu bestimmen, brachte sie
der Psychologe *Philipp Lersch* mit den entsprechenden Bedürfnissen in Zusammenhang, so daß die Affekte wie Angst,
Ekel, Wut, in ihrer spezifischen Wucht mit den vitalen Bedürfnissen korrelieren, die schwingenden mitmenschlichen
Gefühle wie Sympathie, Mitleid, Liebe mit den sozialen Strebungen, selbstbezogene Gefühle des Ärgers, der Zufriedenheit
oder des Neides mit dem Streben nach Selbstverwirklichung,
und die geistig-moralischen Gefühle mit dem Bedürfnis nach
Sinn und geistiger Eingebundenheit.[17]

Diese Systematik hat viel für sich, weil sie davon ausgeht,
daß Gefühle nicht nur positive und negative Reaktionen auf
Außenreize darstellen, sondern sich auch auf vorgegebene in-
nerpsychische Themen beziehen, von denen sie ihre bestimmte
„Tonart" empfangen. Von da aus gesehen können sich Gefühle
unabhängig von ihrem positiven oder negativen Akzent von
der Thematik her näherstehen als andere mit dem gleichen Akzent, wie etwa Trauer und Freude verwandter sind als Trauer
und Ärger.

Hinsichtlich des methodischen Vorgehens beschreitet die
phänomenologische Psychologie *verschiedene hermeneutische
Wege.* Den nicht wegzudenkenden Ausgangspunkt bildet die
Introspektion, mit der wir uns an eigene Gefühlsregungen in
typischen Situationen erinnern. Dazu kommen alle mitmenschlichen Beobachtungen und Mitteilungen und nicht zuletzt die Auswertung literarischer Schilderungen. Das Problem
dabei ist, daß alle diese Wege in gewissem Sinn uferlos sind,
weshalb den phänomenologischen Untersuchungen über einzelne Gefühle oder Gefühlsgruppen immer etwas nur Aus-
schnitthaftes, wenn nicht sogar Willkürliches anhaftet. Es mag

sein, daß dieser Umstand für eine gewisse Resignation gegenüber der Emotionsforschung verantwortlich ist, doch sobald wir erkennen, welchen entscheidenden Stellenwert Emotionen für unsere Wertkriterien, für unsere willentlichen Entschlüsse und Handlungsmotivationen besitzen, sollte keine Anstrengung zu groß sein, um sie als erstrangige wissenschaftliche Disziplin zu etablieren. Als Instrumentarium wären dazu eine umfassende bibliographische Dokumentation mit den entsprechenden Stichworten zu schaffen und empirische Untersuchungen mit ausgewählten Testpersonen zu unterstützen, wofür die oben genannten „Szenario-Strukturanalysen" nur ein Beispiel unter vielen Möglichkeiten sind (vgl. Anm. 97, S. 414).

Um aber bei der *phänomenologischen Qualitätsanalyse von Emotionswörtern* zu bleiben, so ginge es um die Systematisierung von häufig angewandten Strategien: So beispielsweise darum, feststehende Redensarten und Sprichwörter, die im Kontext mit bestimmten Gefühlswörtern stehen, möglichst vollständig zu dokumentieren, um das ganze Umfeld des Wortgebrauchs abzustecken. Dazu kommt die *kulturhistorische Längsschnittbetrachtung* mit den entsprechenden literarischen Belegen, die nicht nur der Geschichte einzelner Wörter und deren Bedeutungswandel nachzugehen hätte, sondern auch der Frage, in welchen Epochen welche Gefühle bevorzugt thematisiert werden und vor welchem soziokulturellen Hintergrund.

Beispielsweise läßt sich etymologisch belegen, daß „Freude" und „Trauer" sehr alte Gefühlsbezeichnungen sind, die ihre Bedeutung bis heute bewahrten, während „Vergnügen" und „Ärger" jüngere Wortbildungen darstellen. Dabei stand das Vergnügen noch im 17. und zu Beginn des 18. Jahrhunderts der Freude sehr nahe und erhielt erst von da an seinen oberflächlicheren Akzent. Der mittelalterliche Vorgänger des Ärgers ist das „Ärgernis" mit seinem deutlich moralischen Sinngehalt, der sich erst im Laufe der Neuzeit in den der persönlichen Frustration verwandelt.[18] Bei den ästhetischen Gefühlsurteilen ist etwa der Ausdruck „schön" als allgemeine Bezeichnung für anmutig, ansehnlich, wohlgefällig der ältere, und „hübsch" der jüngere und schichtspezifische, der sich von „höfisch" herleitet und mit „fein" und verfeinertem Stil assoziiert wurde (hingegen heute eher mit modischen Vorstellungen).

Besonders aufschlußreich sind Akzentverschiebungen bei Tugendbezeichnungen, die eine bestimmte Gefühlshaltung wiedergeben. Beispielsweise betrachten wir heute den Ernst in erster Linie als eine sachlich-neutrale Stimmungslage und in zweiter Linie als Ernsthaftigkeit im Sinne von „Seriosität". Im Althochdeutschen bedeutete er einerseits „Entschlossenheit, Strenge, Bedrohlichkeit" – wie es noch in unseren Redensarten von der „ernsten Lage" oder „es ist mir ernst" enthalten ist – und andererseits die „standhafte, feste Gesinnung". Abgeleitet vom Wortstamm „gerade, aufrecht" verband sich der Ernst ursprünglich mit der Haltung der „Aufrichtigkeit" und Rechtschaffenheit und ist von daher mit der Tugend der Gerechtigkeit verwandt.[19]

Durch solche Längs- und Querverbindungen bildet sich um jedes Emotionswort ein ganzer „Hof" von Bedeutungen und kulturellen Kontexten, in dem wir die Qualität der „Gefühlssache" gewissermaßen eingekreist finden, ohne daß wir uns von den wechselnden Bezeichnungen verwirren lassen sollten. Wenn wir hingegen von solchen „Überlappungen" absehen und die Wortbestimmungen fein säuberlich voneinander trennen wollen (im Sinne des cartesianischen „clarus et distinctus"), geraten wir leicht zu formalen Begriffen, bei denen das Wesentliche der emotionalen Qualität verlorengeht. Wenn wir etwa „Gerechtigkeit" nur noch formal-juristisch begreifen, verschwindet aus ihr die Aufrichtigkeit ebenso wie die Kunst, einer Sache oder einem Menschen „gerecht" zu werden, wie unsere Sprache dies vorschreibt. *Nur aus dem ganzen Wortgeflecht, das eine Gefühls„sache" zu einem Netz von Bedeutungen verwebt, können wir den vollen Gehalt all jener Qualitäten erschließen, die unsere inneren Einstellungen zur Welt, aber auch unsere Erwartungen an sie und an uns selbst zum Ausdruck bringen.*

Dabei ist freilich im Auge zu behalten, daß selbst die umfassendste Untersuchung innerhalb einer Sprache oder mehrerer

Sprachen innerhalb eines Kulturkreises erst einen bescheidenen Ausschnitt aus dem gesamtmenschlichen Repertoire wertrelevanter Sprachbedeutungen beschreiben würde. Erst ein Sprachvergleich globalen Ausmaßes könnte das Mosaik menschlicher Gefühle und Werthaltungen vervollständigen, was um so wichtiger wäre, je näher die Menschen aller Erdteile zusammenrücken.

4. Die Urteilsfunktion der Gefühle auf subjektiver, intersubjektiver und interkultureller Ebene

4.1. Die Funktion der individuellen Orientierung

Am unmittelbarsten erfahren wir die Urteilsfunktion der Gefühle durch unsere *„Anmutungserlebnisse"*, wie sie von der Wahrnehmung der Umwelt ausgehen und die A. Heller deshalb *„Orientierungsgefühle"* nennt (vgl. S. 159f.). Eigentlich werden sämtliche Umweltinformationen mit wertgetönten Gefühlen beantwortet, wenn wir als moderne Menschen auch gelernt haben, gegenüber dem Ansturm von Außenreizen mehr oder weniger „abzuschalten". Dennoch wirken sie auf unser Unterbewußtsein ein, wie entsprechende Untersuchungen aus der Werbepsychologie zeigen. Von der Sensibilität als Reizempfindlichkeit unterscheiden sich Gefühle gerade dadurch, daß sie die quantitativen „Ausschläge" auf der Empfindungsskala mit einer qualitativen Bewertungsskala verschmelzen.

Biologisch gesehen ist unser Gefühl die Auswahlinstanz für das dem Organismus zuträgliche oder unzuträgliche (Angenehme-Unangenehme) und von daher ist es höchst zweckmäßig, daß die Anmutungen nicht nur etwas passiv „Erlittenes" sind, sondern zugleich eine aktive *„Antriebsgestalt"*[1] besitzen: Ekel bewegt uns zur Gebärde des Wegstoßens oder Zurückweichens, Lusterregungen zur Annäherung und zur Gebärde des An-sich-Heranziehens. *Diese Antriebsgestalten der Gefühle stellen das Grundmuster jeglicher Motivation dar.*

Auch den höheren, typisch menschlichen Emotionen ist beides inhärent, das Bewertungsurteil und der daraus entspringende Handlungsimpuls. Die Empörung über die ungerechte Behandlung Dritter wird sich zumindest pantomimisch oder verbal äußern und, wenn man das Gefühl ernst nimmt, zur Stellungnahme oder zu einem anderen direkten oder indirekten Eingreifen führen. Das Dankbarkeitsgefühl für geleistete Hilfe ruft irgendeine positive Reaktion hervor, so wie das eigene Versagen eine Entschuldigung oder ein „In-sich-Gehen" zur Folge hat.

Natürlich können wir durch Entsetzen oder brutale Einschüchterung gelähmt sein oder angesichts zynischen Verhaltens sprachlos werden. Hingegen bezeichnet „Abstumpfung" immer schon einen Defekt, wenn auch im Zeitalter der Sensationsberichte und der Häufung von Schreckensbildern sich dem niemand ganz entziehen kann. Dennoch bleibt wahr: Mitfühlen ohne Handeln wirkt demoralisierend im doppelten Sinn des Wortes.

Was die Urteilsfunktion der Gefühle anbelangt, so hängt ihre Vernachlässigung durch die Erkenntnistheorie unter anderem mit einer *einseitigen Definition des Urteilsbegriffs* zusammen. So schränkt die *analytische Philosophie* den Begriff Urteil auf die rationale Zuordnung von Sachverhalt und Begriff bzw. von Sachverhalt und dessen sprachlicher Formulierung (Proposition) ein. Doch derart restriktiv definierte nicht einmal *Kant* das Urteilsvermögen. In der Kritik der Urteilskraft nennt er den ästhetischen Geschmack ein „Beurteilungsvermögen", das „ohne Vermittlung eines Begriffs" unsere Gefühle als „zweckmäßigen Zustand des Gemüts" mitteilbar mache.[2]

Wie stark die emotionale Evaluation am moralischen Urteil beteiligt ist, beweisen beispielsweise unsere Träume. *Fromm* gibt eindrucksvolle Beispiele dafür, daß sich im subrationalen Zustand des Schlafs unser „besseres Selbst" melden kann, während wir uns im bewußten Wachzustand moralische Appelle oftmals durch „Rationalisierungen" vom Halse schaffen. Im Traum werden dann die verdrängten moralischen Gefühle und Einsichten durch symbolische Botschaften kompensiert. So berichtet Fromm von einem Schriftsteller, der im Begriff stand, eine finanziell verlockende Stelle anzunehmen, bei der er aber Dinge hätte schreiben müssen, die mit seiner moralischen Integrität unvereinbar gewesen wären. Im Traum sieht er sich am Fuße einer Bergstraße im Auto sitzen. Während er zögert, loszufahren, ermuntert ihn ein hinzutretender Bekannter, die Fahrt zu wagen. Diese führt dann aber über immer gefährlicher werdende Strecken in den Abgrund. Da der Bekannte ein Künstler war, der sich als modischer Portraitmaler verkauft hatte, war für den Träumer die Botschaft klar.[3]

Solche Beispiele zeigen, wieviel Reflexion auch mit der unterbewußten Verarbeitung von Gefühlen verbunden ist. *Reflexion ist eben nicht nur eine Fähigkeit der bewußten Verstandestätigkeit, sondern die Fähigkeit der Psyche überhaupt, sich „sinnend" auf ihre inneren Vorgänge zurückzuwenden.* Auch Kant spricht an der oben genannten Stelle von der „bloßen Reflexion aufs Gemüt", wenn er dabei auch nur das ästhetische Urteil im Auge hat. Unsere Träume beweisen jedenfalls – entgegen der Behauptung des Behaviorismus –, daß Introspektion möglich ist und, wenn sie schon nicht im Tagesbewußtsein geübt wird, sie Nacht für Nacht stattfindet.

4.2. Die intersubjektive Gefühlskommunikation

Die emotionale Verständigung zwischen den Subjekten stützt sich auf zwei Ausdrucksfelder: auf die leiblich wahrnehmbaren körperlichen Ausdruckserscheinungen und auf den sprachlichen Ausdruck. In der modernen Emotionsforschung gehen die Meinungen insofern auseinander, als die „Nonkognitivisten" der leiblichen Resonanz der Gefühle den Vorzug geben oder in ihr sogar das einzige Medium der Gefühlsübermittlung sehen, während die „Kognitivisten" die Wortsprache und nichtdiskursive Symbolsprachen einbeziehen.

Obwohl ich mich ganz klar für die zweite Position ausspreche, halte ich die Betonung der *Leibgebundenheit emotionaler Kommunikationsprozesse* aus verschiedenen Gründen für wesentlich und gehe deshalb näher darauf ein. Im Anschluß an

Hermann Schmitz[4] begreift *Hilge Landweer* das Fremdverstehen als „leibliche Kommunikation". Danach wird nicht nur die eigene Gefühlsbetroffenheit am eigenen Leib spürbar, sondern auch die Gefühlsbetroffenheit anderer, indem deren leibliche Ausdruckserscheinungen in uns selbst wieder leiblich-seelische Reaktionen hervorrufen. Mit anderen Worten: Die Gefühlsäußerungen anderer lassen uns nicht „kalt", sondern lösen in uns unwillkürliche Erregungen aus. Damit, so Landweer, „überbrückt die leibliche Kommunikation die Trennung zwischen Subjekt und Objekt", indem sie „die Gefühle anderer in der eigen-leiblichen Resonanz indirekt erlebbar macht".[5]

Dem ist uneingeschränkt zuzustimmen, nur würde ich daraus nicht den Schluß ziehen, daß Empathie immer ein urteilsfreier, „vorpropositionaler Prozeß" sei.[6] Wie Landweer selbst ausführt, hängt unsere Zustimmung oder Abwehr fremder Gefühlsäußerungen von der „kulturellen Grammatik" des Fühlens ab, die uns von klein auf lehrt, welche Gefühle in welcher Situation positiv oder negativ zu bewerten sind.[7] Nun wird aber diese kulturelle Gefühlsgrammatik in hohem Maße durch die Sprache vermittelt, so daß sich von Anfang an „nonkognitive" Prozesse mit kognitiven verkoppeln. Deshalb halte ich es für falsch, die körpergebundene Gefühlskommunikation gegen die sprachliche Kommunikation mit dem Argument auszuspielen, die sprachliche Formulierung von Gefühlen sei immer schon verfremdet, weil jede kognitive Reflexion eine innere Distanz voraussetzt.[8] Jede symbolische Transformation setzt eine gewisse Distanz voraus, was aber nicht notwendig Verfremdung bedeutet. Sprachlicher Gefühlsausdruck verhilft auch zur Klärung und zur Überprüfbarkeit der unmittelbaren Empathie. *Ist der Körper der erste Lehrmeister unserer Gefühle,* so die *Sprache die zweite, große Lehrmeisterin,* in der wir unsere Gefühle wiedererkennen und die uns oft erst auf die Fährte möglicher Gefühlserfahrungen führt (vgl. Agnes Heller, oben S. 161).

Deshalb ist ein Plädoyer für die emotionale Vernunft immer auch ein Plädoyer für die Sprache. Es ist erwiesene Tatsache, daß Menschen mit fehlender Sprachkultur stärker zu Aggressionen und asozialem Verhalten neigen als Menschen, die sich verbal artikulieren und mit anderen verständigen können. Diesem Umstand trägt D. Goleman in seinem Bestseller über emotionale Intelligenz Rechnung, in dem er die sogenannten „Self Science"-Programme an amerikanischen Privatschulen vorstellt, die alle den Zweck haben, sich der eigenen Gefühle bewußt zu werden und adäquat über sie sprechen zu lernen.[9]

Dennoch eröffnet die Erkenntnis von der Leibgebundenheit emotionaler Kommunikationsprozesse wichtige Aspekte im Blick auf die moralische Betroffenheit. So erklärt sich die Unbedingtheit moralischer Appelle jedenfalls zum Teil daraus, daß sie uns buchstäblich unter die Haut gehen. Der unmittelbare Anblick von Schmerzen, physischem Elend und psychischen Leiden ruft auf zwingende Weise unsere Hilfsbereitschaft wach, was andererseits wohl auch der Grund dafür ist, daß vor den Zusammenkünften der internationalen Prominenz jeweils der verstörende Anblick von Elend beiseite geschafft wird.

Die Leibgebundenheit gerade des Mitgefühls müßte auch zur Pädagogik in Beziehung gesetzt werden. Es kann kein Zufall sein, daß die größten Grausamkeiten auf dem Hintergrund einer asketischen, leibfeindlichen Erziehung geschehen, die „hart" gegen sich selbst, aber auch gegen andere macht. Wenn unser Körper die Landschaft darstellt, auf der sich die Gefühle spiegeln (Damasio), und dieser Körper erst dadurch zu unserem „gespürten" Leib wird (Schmitz), so ist *die positive Leibbezogenheit die Voraussetzung für die Kultivierung von Gefühlen und von moralischer Sensibilität.* Nicht von ungefähr zitiert Ursula Reitemeyer in ihrer „Philosophie der Sinnlichkeit" die Sätze *Ludwig Feuerbachs: „Barmherzigkeit ist das Rechtsgefühl der Sinnlichkeit." „Nur sinnliche Wesen sind barmherzig."*[10]

Im übrigen beruht das, was wir Menschenkenntnis nennen, in hohem Maße auf jener Intuition, die Pascal mit dem „esprit de finesse" umschrieb. Es ist ein feines Gespür für die Körpersprache und für die Stimmigkeiten oder Unstimmigkeiten zwischen Rede und Körpersprache, das uns zu Menschen Vertrauen fassen läßt oder uns eher zur Vorsicht mahnt.

4.3. Zur interkulturellen Universalisierbarkeit emotionaler Urteile

Zweifellos ist dieser Punkt in der Emotionsforschung der umstrittenste. Immerhin liegen gesicherte Erkenntnisse darüber vor, daß *es universelle Muster psychophysischen Ausdrucksverhaltens* gibt, die eine ebenso universelle Kommunikationsbasis bilden. Verschiedene empirische Untersuchungen beweisen, daß ein, wenn auch beschränktes, Repertoire mimischer Ausdrucksbilder von allen Menschen auf allen Zivilisationsstufen unmittelbar verstanden und adäquat interpretiert wird. Diese Evidenz gilt zumindest für den Ausdruck so grundlegender Emotionen wie Freude, Schmerz, Furcht, Wut (Zorn) und Ekel (Abscheu).[11] Dies allein stellt schon einen Beleg für eine allen Menschen gemeinsame emotionale „Tiefenstruktur" dar, die eine minimale Verständigung erlaubt. Dazu kommt der experimentelle Nachweis (anhand von Photographien) weiterer übereinstimmender Interpretationen von mimischem Ausdrucksverhalten wie das von Neugier (gesteigerte Aufmerksamkeit), Schreck (Überraschung) und Scham, wenn auch nicht mehr mit der gleichen Treffsicherheit. Bei einer vergleichenden Studie mit amerikanischen, britischen, französischen und griechischen Versuchspersonen wurden die sprachlichen Benennungen von acht gezeigten Ausdrucksvarianten notiert, was, ins Englische rückübersetzt, die beachtliche Anzahl von 151 Emotionswörtern ergab.[12]

Aufgrund des bisherigen Übergewichts verhaltenspsychologischer Ansätze gibt es viel mehr empirische Daten über „Außen-Emotionen" wie Furcht, Ekel etc. als über „Innen-Emotionen" wie Scham oder Schuld, die weniger über Außenphänomene zu beobachten sind und einer differenzierten, verbalen Selbstauskunft bedürfen. Dabei stellen Gefühle wie Freude und Trauer eine Art Bindeglieder zwischen Außen- und Innenemotionen dar. Erst in jüngster Zeit setzte sich ein stärker subjektbezogener Ansatz durch, wie er unter anderem von B. Scheele in ihren wissenschaftstheoretischen und empirischen Analysen vertreten wird (vgl. S. 178f.).

Allerdings gibt es bereits unter den täglichen Verständigungsgesten auch Konventionen, die der Empathie nicht zugänglich und erst durch längere Beobachtung erschließbar sind.[13] Das gilt in noch höherem Maß für die Symbolsysteme von Ritus, Mythos und Kunst, deren Interpretation große Kenntnisse voraussetzt, doch spricht dies nicht gegen die von Langer, Fromm und Solomon behauptete prinzipielle Möglichkeit eines rational-hermeneutischen Zugangs.

Zumindest für in sich geschlossene Kulturen, deren Lebensweise und Sprache wir kennen, lassen sich Wertstrukturen auffinden, die das ganze kulturelle Gewebe durchziehen. Nach der Formulierung Solomons sind es die emotionalen Urteile über die Welt, über Menschen und unsere Stellung in der Welt, die sich mit rationalen Urteilen auf vielfältige Art verknüpfen. Daher gilt für ihn auch das Umgekehrte: „Das emotionale Innenleben anderer Personen zu verstehen, verlangt nichts weniger als ein Verständnis ihrer gesamten Weltanschauung. Jede einzelne Emotion, soweit sie von unserer übrigen Erfahrung abstrahiert werden kann, etabliert eine Urteilsstruktur, mittels derer die Menschen ihre Sicht von der Welt errichten und ihr Sinn verleihen."[14]

Aber läßt sich daraus schließen, daß es *„universale a priori-Urteilsstrukturen"* gibt,[15] die allen Menschen über die verschiedensten kulturellen Ausprägungen hinweg vertraut sind? Aus meiner Sicht könnten wir bei dieser Frage das „a priori" ruhig weglassen aus dem gleichen Grund, weshalb mir auch die Berufung auf ein kollektives Unbewußtes entbehrlich scheint (siehe S. 287). Dann reduziert sie sich darauf, *ob es emotionale Konstanten in dem Sinne gibt, daß Menschen weltweit in ähnlichen existentiellen Situationen mit ähnlichen emotionalen Werthaltungen reagieren.* Diese Frage läßt sich jedenfalls für einige wenige Grundkonstanten positiv beantworten.

Zu den Universalien der emotionalen Vernunft gehören mit Sicherheit Freude und Trauer. Von ihrer historischen Belegbarkeit her ist die Trauer als erste zu nennen. Es gibt keine einzige menschliche Gruppe – und dies seit Jahrzehntausenden – ohne Begräbnisriten und ohne rituelle Formen der Schmerzverarbeitung beim Tod der nächsten Menschen. Trauergesänge und Trauerkleidung oder -bemalung sind ein nicht wegzudenkender Bestandteil jeder Kultur, und erst die moderne, rationalistische Gesellschaft beginnt die Artikulation von Trauer zu vermeiden, weil sie Leiden und Tod aus ihrem Bewußtsein verdrängt.

Dabei ist die *rituelle Trauer,* wie Susanne Langer hervorhebt, weit mehr als die spontane Expression subjektiven Schmerzes. Sie ist ein Akt bewußter Reflexion über die existentiellen Bedingungen des Menschseins, die an die Vergänglichkeit des Lebens geknüpft sind. *Der rationalen Konstituierung des Subjekts, das sich sachlich mit der Objektwelt auseinandersetzt, geht die emotionale Konstituierung des Subjekts, das sich der eigenen Erlebniswelt reflexiv gegenüberstellt, parallel oder sogar voraus.*

In ihrer Intensität und Tiefe entspricht der Trauer die *Freude* als ihr positiver Gegenpol. Sie beginnt mit dem kommunikativen Prozeß des Lächelns zwischen Kind und ersten Bezugspersonen und bürgt das ganze Leben hindurch für einen positiv erlebten Sozial- und Weltbezug: „Ein Lächeln der Freude auf einem menschlichen Gesicht ist der allgemeinste und effektivste soziale Stimulus, den es gibt", faßt die Emotionsforscherin *C. E. Izard* ihre Erfahrungen zusammen. Demgegenüber stelle das Lachen die Befreiung aus einer spannungsgeladenen oder sozial ambivalenten Situation dar.[16]

Darüber hinaus bildet *das Fest* als eine gemeinsame Ausdrucksform der Gruppe die ritualisierte Form der Lebensfreude und des Lebenszusammenhangs mit dem Kosmos. Bei allen Völkern der Erde finden wir die Feier des Lebens zu Beginn der aufkeimenden Vegetation, zur Zeit der Fruchtbarkeit und der Ernte und parallel dazu die Feier des menschlichen Lebens mit seinen Reifestadien und Höhepunkten. In den ekstatischen Augenblicken der sinnlichen Liebe und in der Erfahrung der Lebenserneuerung in der Natur fallen das Einheitsgefühl innerhalb der menschlichen und kreatürlichen Gemeinschaft zusammen.[17]

Mit der größte Verlust der modernen Zivilisation liegt im Verfall der Feste, an denen die ältere Generation der jüngeren und diese den Kindern das Hochgefühl weitergeben, daß das Leben lebenswert sei. Wenn wir feststellen, daß sich in unserer heutigen Welt die Kunst, Feste zu feiern, umgekehrt proportional zur Höhe des Bruttosozialprodukts verhält, so müßte uns dies zum Bewußtsein bringen, welchen Preis wir für eine einseitig rationale Kultur bezahlen.

Eine dritte universelle Gefühlskonstante ist das *Mitleid.* Wie schon für die Trauer, so finden wir für das Mitgefühl bereits Vorformen in den nichtmenschlichen Primatengesellschaften.[18] Für die menschliche Art gilt, daß alle ihre Vertreterinnen und Vertreter prinzipiell mitleidsfähig sind. Die Frage ist einzig, wie groß der Kreis zu ziehen ist, innerhalb dessen gegenseitige Anteilnahme als zu erwartendes Verhalten anzutreffen ist. Wie wir gesehen haben (S. 265), ist allen ursprünglichen, nicht herrschaftlich überformten Gesellschaften Solidarität und gegenseitige Hilfe selbstverständlich. Aber auch im Umgang mit benachbarten Gruppen oder mit Fremden zeigen die weltweit verbreiteten Sitten des Gastrechts, daß diese mitfühlende Haltung auch auf außenstehende Personen ausgedehnt wird, solange sie friedliche Absichten zu erkennen geben.

Das Infragestellen menschlicher Mitleidensfähigkeit scheint erst durch Bedingungen ausgelöst zu werden, die, gemessen an der menschlichen Grundkonstitution, „unmenschlich" sind. Jede Form von Zwangsherrschaft – sei sie sexistischer, rassistischer, klassenspezifischer oder kolonialistischer Art – schafft solche Bedingungen, so auch unsere hochtechnisierte Zivilisation, die ihre „Sachzwänge" den menschlichen Bedürfnissen vorordnet.

Unter anderem trägt eine versachlichte, abstrakte Sprache zur „*Entpersonalisierung" des öffentlichen Lebens* bei. Begriffe wie „Humankapital" im Zusammenhang mit Wirtschaftswachstum oder „Strukturanpassung" bei Personalentlassungen machen Menschen zur manipulierbaren Masse, deren Eigenleben und Leidensfähigkeit hinter einem terminus technicus verschwinden. Dasselbe gilt für das Konzept des europäischen Binnenmarkts, das auf Tausenden von Seiten die Freizügigkeit von Kapital, Waren und Personen kommentiert, ohne ein einziges Mal deren Rückwirkungen auf das tägliche Leben der Menschen zu erwähnen – und dies angesichts der Tatsache, daß schon jetzt der Verkehrsunfall die häufigste Todesursache für Kinder zwischen 5–9 Jahren ist und ein Drittel aller Fünfjährigen sich weder in der Stadt noch auf dem Land ohne Aufsicht im Freien bewegen kann.[19]

Noch bedenklicher wirkt sich das abstrakt ökonomische Denken auf die ganz anders strukturierten Gesellschaften in den Drittweltländern aus. Wie wenig die *eurozentrisch-individualistische Sicht* den Menschen dort gerecht wird, illustriert der Kommentar eines Schweizer Südafrika-Korrespondenten zur Neubesinnung Afrikas auf seine kulturellen Wurzeln. Seiner Meinung nach stellt die „Ubuntu" genannte kommunitäre Ethik – wonach ein Mensch nur durch und mit anderen Menschen ein Mensch ist – ein Hindernis auf dem Weg zur Produktivitätssteigerung dar. Die Wiederbelebung der afrikanischen Vorstellungen vom Gemeinschaftssinn, den die schwarzen Politiker auch im betrieblichen Management verwirklicht sehen wollen, sei nicht geeignet, die individuelle Selbstbestimmung und den Leistungswillen zu maximieren.[20]

Wenn in den Augen der neoliberalen Moral und des marktwirtschaftlichen Denkens mitmenschliche Solidarität nur als Rückfall hinter das Autonomie-Ideal der Moderne gesehen wird, so kann unsere Frage nicht mehr lauten: Sind alle Menschen des Mitgefühls fähig und zur gegenseitigen Hilfeleistung bereit? Vielmehr muß formuliert werden: Ist es unter der Führung der westlichen Konkurrenzgesellschaft überhaupt noch erlaubt, mitfühlend zu sein?

Dies ist, angesichts der bereits vollzogenen wirtschaftlichen Globalisierung, keine akademische Frage mehr. Wir stehen heute vor der Alternative, einen neuen Kolonialismus zu schaffen, der alle bisherigen Kolonialsysteme an Erbarmungslosigkeit übertrifft,[21] mit allen voraussehbaren menschlichen und ökologischen Katastrophen – oder eine moralische Weltkultur zu entwickeln, die auf den Grundgesetzen der Menschlichkeit und der Ökologie aufbaut.

Den zweiten Weg wählen, heißt anerkennen, *daß keine Gemeinschaft im Kleinen oder im Großen ohne gegenseitige emotionale Anteilnahme existieren kann.* Wenn wir den Begriff „Liebe" von seinen romantischen Assoziationen und unrealistischen Erwartungen entrümpeln und ihn als mitmenschliche Zuneigung und Verantwortung verstehen, so ist *Erich Fromm* zuzustimmen, wenn er die Liebe für die einzig angemessene und damit auch rationale Lösung für die existentiellen und gesellschaftlichen Probleme der Menschen hält. Im gleichen, durchaus unsentimentalen Sinn ist *Humberto Maturanas* Aussage zu lesen: „Jedes menschliche Sozialsystem gründet in welcher Form auch immer auf der Liebe, die seine Mitglieder untereinander verbindet. Wenn es keine Liebe gibt, gibt es auch keine wirkliche Sozialisation, und die Menschen trennen sich. Eine Gesellschaft, in der die Liebe unter den Menschen aufhört, zerfällt."[22]

5. Zur Neudefinition von Rationalität und Irrationalität und den Konsequenzen für den Wissenschaftsbegriff

Alle in den vorangegangenen Kapiteln vorgestellten Emotionsforscher/innen sind sich in dem einen Punkt einig: Sie wollen die Emotionen aus dem Dunstkreis des Irrationalen befreien und zugleich klarmachen, daß ihnen im menschlichen Erkenntnis- und Handlungsprozeß ein bedeutender Stellenwert zukommt. Im Gegensatz zur Praxis einer langen philosophischen Tradition, Gefühle mitsamt allen Körperempfindungen und Begierden in den Sammeltopf der dunklen Triebseele zu werfen, arbeiten sie differenzierte Unterschiede zwischen einzelnen Gefühlen heraus und setzen sie mit sensorischen, intellektuellen und voluntativen Funktionen in enge Beziehung.

Vor dem Hintergrund der Neubeurteilung emotionaler Vorgänge drängt sich *die Neudefinition des Irrationalen* auf.

Wenn wir weder die Emotionen noch die Triebe, die biologisch gesehen ja durchaus sinnvoll sind, als irrational bezeichnen können, was bleibt dann noch?

Es bleibt zum einen das von Nicolai Hartmann sogenannte „Transintelligible", das unserem Verstand schlechterdings unzugänglich ist, das ich aber hier ausklammern will; wie auch alle rational nicht überprüfbaren Versuche der Esoterik, Teilen des Transintelligiblen habhaft zu werden.

Zum anderen verbleibt *die psychoanalytische Definition des Irrationalen,* wie sie Freud mit seinem Begriff des Unbewußten schuf. Seine Auffassung des Irrationalen beschreibt eine Art Entzweiung der Vernunft: verdrängte Triebe, Wünsche, Gefühle, Gedanken, fließen ohne Wissen der Ratio in unsere Handlungen ein bzw. manifestieren sich in „Fehlleistungen" und psychosomatischen Symptomen. *Ins Unbewußte verdrängte Vorgänge* sind irrational im Sinne der Selbsttäuschung, und dies unterscheidet sie sowohl von der gewöhnlichen Täuschung, die jederzeit rational aufklärbar ist, als auch von der bewußten Lüge.

Bekanntlich machte *Freud* gesellschaftliche Tabus für die Verdrängung verantwortlich, und darin folgten ihm auch seine Schüler, nur daß diese die Tabuisierung nicht auf sexuelle Inhalte beschränkten. Nach *Fromm* stehen alle Impulse, Gefühle oder Einsichten, die den Normvorstellungen einer Gesellschaft zuwiderlaufen, in Gefahr, verdrängt zu werden, weil es für den Einzelnen nur schwer ertragbar ist, aus den Konventionen herauszufallen und sich dadurch zu isolieren.[1]

Mario Erdheim sieht in der *„gesellschaftlichen Produktion von Unbewußtheit"* in erster Linie das Tabu der Herrschaft am Werk: Die Herrschenden haben alles Interesse daran, die Ursachen für Unterdrückung und soziale Ungleichheit vor sich selbst und vor den Beherrschten zu verleugnen, und die Unterdrückten verbannen die gesellschaftlichen Widersprüche aus ihrem Bewußtsein, um den Gefühlen der Erniedrigung und Ohnmacht nicht ausgesetzt zu sein. Dazu kommt als weiterer unbewußter Mechanismus die Identifikation der Abhängigen mit den Mächtigen, was sie an deren Glanz teilnehmen läßt.

(Das letztere gilt im besonderen als Versuchung für die Intellektuellen, die als Geschichtsschreiber, Hofdichter und Rechtfertigungsphilosophen die kollektive Verdrängung stützen.)[2]

Eine neue Dimension des Irrationalen brachte *C. G. Jung* in die psychoanalytische Sichtweise ein, indem er mit seinem Begriff der „minderwertigen Funktionen" neben den Verdrängungen auch *individuelle und kulturelle Verschüttungen* beschrieb. Aber während seine Vorstellung vom kollektiven Unbewußten, in dem er das Sammelbecken für längst vergessene, „archetypische" Erfahrungen der Menschheit sah, sehr populär wurde (und zu allerlei Mystifikationen Anlaß gab), blieb seine Typenlehre mit ihrer spezifischen Definition des Rationalen und des Irrationalen relativ unbeachtet.

Ausgehend von den vier Hauptfunktionen der Seele – Denken, Fühlen, Empfindung (Wahrnehmung) und Intuition (ganzheitliche Wahrnehmung) –, ordnet Jung das Denken und das Fühlen der rationalen Ebene zu, hingegen Empfinden und Intuieren der irrationalen Ebene. Diese Einteilung begründet er damit, daß wir auf der Wahrnehmungsebene die Welt als zufällig, gewissermaßen chaotisch empfangen und ihr erst auf der rationalen Ebene eine Struktur geben. Dabei ordne das Denken unsere Eindrücke mit Hilfe formaler Begriffe, das Gefühl anhand von Wertkriterien.[3]

Wenn wir auch die Empfindungsseite im Sinne der Gestaltpsychologie eher als vorrational denn als irrational bezeichnen sollten, so ist *Jungs Einschätzung des Gefühls als rationale Funktion* für seine Zeit außerordentlich. Dazu kommt seine ebenso wichtige Feststellung, daß sich die vier psychischen Hauptfunktionen im individuellen Entwicklungsverlauf selten gleichmäßig ausbilden. Je nach dem persönlichen und kulturellen Umfeld werden bestimmte Funktionen besonders kultiviert und andere vernachlässigt, weshalb Jung auch von „höherwertigen" oder „minderwertigen" Funktionen innerhalb der individuellen Psyche spricht. So übernimmt ein wenig differenziertes Denken ungeprüft die gängigen Meinungen, sodaß es seine Urteile weitgehend unbewußt bildet, während eine minderwertige Fühlfunktion die eigenen Gefühle nicht ernst nimmt mit der Folge, plötzlich von irrationalen (unbewußten) Launen überfallen zu werden oder aufgrund unbewußter Motive zu handeln. Bei vernachlässigter Empfindungsfunktion kommt es zu unrealistischen oder oberflächlichen Einschätzungen der Umwelt.[4]

Somit kann eine vernachlässigte und verkümmerte psychische Funktion zu ähnlichen Störungen einer vernünftigen Selbstbestimmung führen wie die unter gesellschaftlichen Zwängen entstandene Verdrängung, und zweifellos greift beides ineinander. Zusammenfassend läßt sich also sagen: *Irrationalität im psychologischen Sinn bedeutet Verzerrung der Wirklichkeit durch einseitige Realitätswahrnehmung oder „Verwerfung" durch Verdrängung,* wodurch Bruchstellen im psychischen Haushalt bzw. in der Psycho-Logik entstehen. Beide Vorgänge können sich auf Individuen oder auf die Gesellschaft beziehen und führen zu den bekannten Phänomenen der Ausschaltung bestimmter Wahrnehmungsfelder, Vermeidungsstrategien, Überkompensationen und Ersatzbefriedigungen mit den entsprechenden Rationalisierungen. *Bei kollektiven Verdrängungen spielen Ideologien die Rolle der Rationalisierung, indem irrationale Ängste, Macht- und Geltungsansprüche mit Sachzwängen oder moralischen Idealen gerechtfertigt werden.*

Wenn Bewußtmachung das Hauptziel der Psychoanalyse ist und bewußtes, verantwortliches Handeln das erklärte Ziel des reifen, vernünftigen Menschen, so gibt es dafür mindestens zwei Voraussetzungen: die bewußte Konfrontation mit dem kollektiven Wertekanon und die möglichst gleichmäßige Kultivierung der eigenen psychischen Funktionen. Dies schließt die Analyse des kollektiven Bewußtseins auf doppelte Weise ein: Es gilt, sowohl das gesellschaftlich Verdrängte als auch die kollektive Vernachlässigung einer psychischen Funktion aufzudecken.

Wenn in der kollektiven Bewußtseinsbildung das Gefühl „minderwertig" ist, so bleibt ein Teil der Motivationen für das öffentliche Handeln ebenso unbewußt wie die privaten Motivationen unter solchen Umständen. Mit anderen Worten: *Die von der Emotion abgetrennte Vernunft ist nicht nur einseitig, sondern zugleich höchst anfällig für irrationale Unterströmungen.* Auf dieses Phänomen weist Agnes Heller hin, wenn sie sagt, die Irrationalität sei nur die Kehrseite der Rationalität (vgl. S. 167).

Was bedeutet dieser Sachverhalt für die Wissenschaft und für das Selbstbild der Intellektuellen, die sie betreiben?

Bei der Beantwortung dieser Frage stehen drei Aspekte im Mittelpunkt: erstens *die Überprüfung der Methoden bzw. des „Methodenzwangs" (Feyerabend) in der Wissenschaft,* die nur gelingt, wenn die historische und soziologische Bedingtheit jeder wissenschaftlichen Methode reflektiert wird; zweitens, *der Abschied vom Aberglauben, Wissenschaft könne jemals wertfrei betrieben werden,* und damit die Suche nach nicht deklarierten Werten und Motivationen; drittens die kritische Auseinandersetzung mit dem Elitebewußtsein der *scientific community* und den Grenzen ihres Geltungsanspruchs.

Wie in einem Brennpunkt vereint finden wir alle diese Aspekte in einer erst spät wiederentdeckten Schrift des Mediziners und Wissenschaftstheoretikers *Ludwik Fleck* aus dem Jahr 1935, in der er sich mit den verschiedenen „Denkstilen" im Laufe der Wissenschaftsgeschichte befaßt. Aus dieser Quelle schöpfte *Thomas S. Kuhn* seine Idee vom „Paradigmenwechsel", wobei Kuhn allerdings stärker den revolutionären Umbau einer geistigen Weltsicht betont und weniger die emotionale Seite der veränderten „Weltstimmung". Gerade diesem zweiten Aspekt galt die kollektivpsychologische Untersuchung Flecks, die er anhand medizinhistorischer Beispiele aufrollt. „Der *Denkstil*", so Fleck, „besteht, wie jeder Stil, aus einer bestimmten Stimmung und der sie realisierenden Ausführung." An anderer Stelle nennt er den Stil eines „Denkkollektivs" die „Bereitschaft für gerichtetes Wahrnehmen und entsprechende Verarbeitung des Wahrgenommenen."[5]

Der einzelne Forscher, der zum jeweiligen Denkkollektiv gehört, ist sich der kollektiven Stimmung jedoch nicht bewußt und versteht unter „gefühlsfreier" Forschung ein Denken, das von seinen momentanen persönlichen Stimmungslagen unabhängig ist. Demgegenüber hält Fleck die Vorstellung von einer autonomen Denkerpersönlichkeit für eine Fiktion, ja für „erznaiv". Denn auch wenn wir von unseren persönlichen Gefühlen abstrahieren, fließt die „durchschnittliche Kollektivstimmung" in unser Denken ein und bestimmt schon die Richtung unserer Wahrnehmungen: „Es gibt nur Gefühlsübereinstimmung oder Gefühlsdifferenz, und die gleichmäßige Gefühlsübereinstimmung einer Gesellschaft heißt in ihrem Bereiche Gefühlsfreiheit."[6]

Worin besteht nun die spezifische intellektuelle Stimmung des modernen, naturwissenschaftlichen Denkens? Fleck nennt als erstes den Glauben an die Auffindbarkeit der „objektiven Wahrheit", die, wenn auch in noch so weite Ferne gerückt, zur persönlichen Hingabe an die Forschung motiviert.[7] Daraus leitet sich nach Fleck ein gewisser „Heroenkult" des Naturwissenschaftlers ab, verbunden mit dem Habitus der Bescheidenheit und des Zurücktretens der eigenen Person hinter unpersönliche Formeln, Zahlen und Zeichen. Im wissenschaftlichen Experiment erhalte die Subjekt-Objektbeziehung zwischen Forscher und Forschungsgegenstand die Färbung des heroischen Kampfes, wobei „das erkennende Subjekt als eine Art Eroberer vom Typus Julius Cäsars (figuriert), der nach der Formel veni-vidi-vici seine Schlachten gewinnt".[8]

Fleck illustriert diesen Denkstil an der medizinischen Bakteriologie und dem darauf abgestützten Krankheitsbegriff. Hier wird das Bild vom „Angriff" oder der „Invasion" der Erreger in den Organismus suggeriert, bzw. das Bild vom Sieg der Chemotherapie über die Bakterien. Als erfahrener Mediziner hält Fleck solche Vorstellungen für überholt und spricht Einsichten aus, die sich zum Teil erst heute in der Alternativmedizin durchsetzen. Dabei distanziert er sich von der Idee des Organismus als einer „in sich abgeschlossenen selbständigen Einheit mit fixen Grenzen" und ersetzt sie durch die Vorstellung einer komplexen Wechselwirkung zwischen Organismus und Umwelt, wie sie sein Zeitgenosse Ludwig v. Bertalanffy vertrat.[9]

Flecks Analyse der psychologischen Hintergründe erinnert stark an die feministische Wissenschaftskritik, wenn auch erst die letztere die sexistischen Aspekte der naturwissenschaftlichen Herrschaftsattitüde bewußt macht. Immerhin klingen in Flecks Schilderung der geschlossenen Wissenschaftsgemeinschaft, in die man durch eine Art Initiation eingeweiht werde, die typischen Merkmale eines „Männerbundes" an. Nach Fleck gehören dazu die hierarchischen Strukturen ebenso wie eine bestimmte Sprachregelung und die Beschränkung auf Problemstellungen, die der kollektive „Denkstil" zuläßt. *Forschungskonzepte, die sich außerhalb der ungeschriebenen „Denkwerte" bewegen, gelten kurzerhand als unwissenschaftlich:* „Einzig in der Überprüfung der Stilgemäßheit eines Wissens" liege das Kriterium für die Beurteilung eines Forschungsprojekts oder den Rang eines Forschers.[10]

Eine Parallele zur feministischen Wissenschaftskritik bildet auch Flecks Einschätzung der Sprache und ihrer Rolle für die wissenschaftliche Theoriebildung. Seiner Meinung nach lassen sich die emotionalen Gehalte der Sprache nie ganz eliminieren, und deshalb könne auch noch der abstrakteste Begriff als Glaubensbekenntnis und als Parole dienen, die den Eingeweihten vom Außenstehenden trennt.[11]

Aus der soziokulturellen Gebundenheit jeder Erkenntnis folgert Fleck ganz klar, daß es keine vom Beobachtungsstil unabhängige „objektive" wissenschaftliche Tatsache gibt. Während Popper dies zwar zugibt, aber dennoch jede wissenssoziologische Relativierung zurückweist, kommt der Neurophysiologe *Humberto R. Maturana* zu einer ganz ähnlichen Position wie Fleck und lehnt jede Monopolisierung des Wahrheitsanspruchs ab.[12]

Diese erkenntnistheoretische Position hat allerdings ihrerseits einschneidende Rückwirkungen auf die Gesellschaft und ihre Wissenschaftspolitik. *In Fragen des wissenschaftlich-technischen Fortschritts und den damit verbundenen ethischen Aspekten gibt es dann keine abgehobene, gewissermaßen exterritoriale Stellung der Experten mehr.* Das heißt, es stehen sich nicht länger vermeintlich objektiv-logisch begründete Ansichten und gefühlshaft getroffene Entscheidungen gegenüber, sondern Wertbezug gegen Wertbezug mit rationalen und emotionalen Anteilen, und dies kann nur im herrschaftsfreien Diskurs ausgetragen werden.[13]

Bis jetzt allerdings beruft sich der mainstream der Wissenschaft wie selbstverständlich auf objektive Autorität und verlangt von den „Laien" nicht nur Gefolgschaft, sondern die Übernahme des „Restrisikos" für das „grandiose Abenteuer Wissenschaft" (Popper).

Um es noch einmal zu sagen: *Irrational zu nennen sind unbewußte Motive und Werthaltungen auch und gerade, wenn sie in wissenschaftliche Projekte einfließen,* die sich als zweckrational ausgeben. Dafür gibt es in der jüngsten Wissenschaftsgeschichte mehr als genügend Beispiele. Man denke nur an den absurden Gigantismus des *SDI-star-war*-Programms, an die riesigen Staudämme oder Bewässerungsanlagen, die ganze Ökosysteme vernichteten (Aralsee), oder an das Dinosaurier-Fieber, das seriöse Wissenschaftler dazu treibt, an der Wiederbelebung einer in unserer Welt hoffnungslos unangepaßten Spezies zu arbeiten.

Angesichts der heutigen Weltsituation können wir uns das Nichtwissen um die „emotionale Substruktur der Wissenschaft" (Fox Keller) einfach nicht mehr leisten. Nur das *Bewußtmachen untergründiger Wünsche nach spektakulärer Selbstbestätigung*[14] *und der kollektiven Flucht aus der Endlichkeit des Lebens* kann eine Neuorientierung à fond bewirken. Denn wenn es wahr ist, daß jedes Wissenschaftsparadigma eine innere Einstellung zur Welt spiegelt, dann kann es beim vielbeschworenen ökologischen Umdenken nicht bloß um eine vernünftigere Anwendung von Wissenschaft gehen, sondern um einen *Paradigmenwechsel innerhalb der Wissenschaft selbst.*

Auf welche Weise sich diese geistig-emotionale Wende ereignen könnte, illustrierte E. Fox Keller in ihrer Biographie der Mikrobiologin *McClintock.*[15] Der Arbeitsstil der Naturforscherin, die 1983 – mit 30jähriger Verspätung – den Nobelpreis für ihre Entdeckung der „springenden Gene" (Gentransposition) erhielt, unterschied sich in wesentlichen Punkten von dem ihrer Kollegen. Vor allem verzichtete sie nie auf die direkte Naturbeobachtung und verbrachte im Wald und auf ihrer Maispflanzung fast ebenso viel Zeit wie im Labor. Alles, was sie unter dem Mikroskop an den Chromosomen erforschte, lernte sie an den ausgewachsenen Pflanzen mit bloßem Auge erkennen – etwa anhand winziger Farbveränderungen der Maiskörner. Diese tägliche Naturbeobachtung schärfte ihre Aufmerksamkeit für die Abweichungen, d.h. für die Ausnahmen, die es nach den aufgestellten wissenschaftlichen Regeln eigentlich gar nicht geben durfte. Im Gegensatz zu ihrem Kollegen *Francis Crick,* der als Entdecker der DNS sehr viel früher den Nobelpreis erhielt, ging es ihr nicht um die Formulierung eines „zentralen Dogmas", von dem aus man möglichst rasch zu gentechnischen Manipulationen voranschreiten konnte, sondern um die komplexen Vorgänge, die sich innerhalb der Zelle zwischen Erbinformationen und Proteinen und zwischen sich entwickelnden Organismen und ihrer Umwelt abspielen. Dies führte sie schon bald zu Entdeckungen, die Cricks Dogma von der „Einbahnstraße" der Erbinformationen widersprachen, d.h. der Vorstellung, die genetischen Informationen der DNS wirkten wie eine feststehende Kommandozentrale, die ihre Befehle an die Zelle und den Gesamtorganismus weitergibt, ohne von dieser Seite aus irgendwelche Einflüsse zu erfahren.[16]

Was McClintocks Vorgehen am meisten auszeichnete, war ihr Verhältnis zum Forschungsobjekt, das sie nie als einen toten „Gegenstand" empfand, sondern als ein „Gegenüber", mit dem sie in ein intensives Gespräch eintrat. Sie kannte sozusagen jede ihrer Pflanzen persönlich und fühlte sich auch emotional in deren Entwicklungsschicksal ein. Nichts charakterisiert ihren Forschungsstil besser als einer ihrer Kommentare nach der Verleihung des Nobelpreises: Es könnte als „unfair erscheinen", meinte sie, „jemanden zu belohnen, der über die Jahre hinweg so viel Freude daran gehabt hat, die Maispflanze zu bitten, spezielle Probleme zu lösen, und dann ihre Antworten zu beobachten."[17]

Dazu gehörte auch, daß sie sich sehr viel Zeit für ihre Beobachtungen nahm, während sie im hohen Alter bedauernd feststellte, daß die jungen Forscher unter permanentem Zeitdruck stünden.[18] Aber ihr Motiv zur Erforschung der Natur war eben nicht, die Natur in den Griff zu bekommen oder sie zu übertrumpfen, sondern etwas von ihren unendlich komplexen und raffinierten Mechanismen zu verstehen; wobei sie davon überzeugt war, daß die Natur mit ihrer ungeheuren Flexibilität immer neue Überraschungen für uns bereithalten würde. Dazu zählte sie vor allem ihre Beobachtungen, daß Organismen unter Streß imstande sind, ihr Genom selbstregulativ an eine veränderte Umwelt anzupassen.

Die Reaktionen auf McClintocks revolutionäre Einsichten waren äußerst zwiespältig. Viele ihrer Kollegen verstanden sie einfach nicht, andere qualifizierten ihre Methoden als „unwissenschaftlich" ab. Dennoch wurde ihre Entdeckung vom möglichen Positionswechsel der Gene zum Zwecke der Genmanipulation ausgiebig benutzt, freilich ohne ihren Kerngedanken ernst zu nehmen – nämlich die Möglichkeit, daß sich die manipulierten Organismen außerhalb der Labors ganz anders verhalten würden als vorgesehen, und zwar mit allen damit verbundenen Gefahrenpotentialen. Einige Kollegen aber waren von der Genialität der alternativen Sicht McClintocks überzeugt, wie J. Shapiro, der in der Festschrift zu ihrem 90. Geburtstag (1992) schrieb, daß es in Zukunft möglich sei, daß „sie als die zentrale Figur in der Biologie des 20. Jahrhunderts gesehen werden wird".[19]

Obwohl sich McClintock selbst nie als „feministische" Wissenschaftlerin verstand, erfüllte sie vieles von dem, was den feministischen Wissenschaftstheoretikerinnen vorschwebt. Das eigentliche Ziel wäre ja *eine „nicht androzentrische" Wissenschaft*, ein Ziel, wie es ähnlich für die feministische Ethik als eine nicht androzentrische Ethik formuliert wurde (siehe S. 210).

Im folgenden versuche ich aus der Fülle angelsächsischer und deutschsprachiger Literatur die wichtigsten Gesichtspunkte zusammenzufassen, die feministische Wissenschaftstheoretikerinnen für eine Wissenschaft der Zukunft vertreten.

1. Die Behauptung eines „wissenschaftlich-technologischen Sachzwangs" verschleiert anthropologische (androzentri-

sche) Setzungen. Die Ziele naturwissenschaftlich-technischer Forschung sollten sich in erster Linie an den realen Bedürfnissen der Menschen in allen Teilen der Welt und an der Umweltverträglichkeit von Technologien orientieren.[20]

2. Es gibt keinen Anspruch auf letztverbindliche „objektive" Erkenntnis. Sowohl die Formulierung wissenschaftlicher Ziele als auch die Interpretation von Experimenten sind an die Sprache und deren soziokulturelle Raster gebunden. Der Mythos von der wertfreien Wissenschaft ist aufzulösen.[21]

3. Ein möglichst authentisches Erfassen der Wirklichkeit gelingt nicht durch das (utopische) Ausschalten des Subjekts, sondern durch eine dynamische Wechselwirkung zwischen erkennendem Subjekt und dem zu Erkennenden, was die Fähigkeit zur Empathie einschließt.

4. Der naturwissenschaftliche Erkenntnisprozeß führt nicht zu starren Natur-„Gesetzen", sondern zur Einsicht in eine „Natur-Ordnung", welche die Beziehungen aller Dinge in ihrem Fließgleichgewicht verstehen lernt bzw. die Fähigkeit der Natur, solche Gleichgewichte immer wieder herzustellen.[22]

5. Der lineare Kausalitätsbegriff ist zu ergänzen durch die Begriffe von Interpendenz, Vernetzung, „Drehpunkt".[23]

6. Der Antagonismus bzw. das Herrschaftsverhältnis zwischen Mensch und Natur wird ersetzt durch geeignete Zusammenarbeit mit der Natur.

7. Das Ideal wissenschaftlicher Erkenntnis besteht nicht in der Formulierung möglichst einfacher, reduktionistischer und zugleich allumfassender Erklärungsmuster, sondern respektiert die Komplexität der Wirklichkeit und die Variabilität ihrer Einzelerscheinungen.

8. Die künstliche Laborsituation allein kann nie maßgebend sein. Das reale Leben mit seinen Verbundenheiten und Widersprüchen soll nicht durch künstliche Disjunktionen simplifiziert werden. Statt dessen ist Kontextualität gefordert.[24]

9. Die hierarchischen Strukturen innerhalb der Wissenschaftsgemeinschaft und das Konkurrenzverhältnis zwischen ihren Mitgliedern werden abgelöst durch Kooperation.[25]

10. Der Eurozentrismus tritt zugunsten einer „nachkolonialen" Wissenschaft zurück. Dies beinhaltet sowohl die Akzeptanz außereuropäischer Leistungen und Methoden als auch den Verzicht auf imperialistische Anwendungen westlicher Wissenschaft in der sogenannten Dritten Welt.[26]

An dieser Auflistung wird der programmatische Charakter mancher erhobenen Forderungen deutlich, die erst in der Zukunft und im Zusammenhang mit gesamtgesellschaftlichen Veränderungen einlösbar sind. Ebenso klar sollte sein, daß die Postulate nicht an ein weibliches oder männliches Forschungssubjekt gebunden sind, was im übrigen schon darin seinen Niederschlag findet, daß in den letzten Jahren auch männliche Autoren an feministischen Veröffentlichungen mitwirkten.[27]

Bekanntlich lösten sich einzelne Wissenschaftler von Rang schon vor Jahrzehnten vom herrschenden Wissenschaftsparadigma wie der Molekularbiologe Erwin Chargaff, der Computerspezialist Josef Weizenbaum oder in jüngster Zeit *Richard Strohmann,* um nur einige zu nennen. Strohmann kam nach 30jähriger, staatlich geförderter Forschung auf dem Gebiet der Gentherapie in den USA zum Schluß, daß sich das lineare „Einbahnstraßen"-Denken der Genforschung auf dem Holzweg befinde. Seine viel komplexeren Vorstellungen von den Vorgängen der Vererbung erinnern ganz an McClintocks Gedankengänge.[28]

Allerdings werden sich solche Einsichten so lange nicht durchsetzen, als ein Großteil unserer Forschung von wirtschaftlichen Interessen mitbestimmt wird. Nur eine unabhängige Wissenschaft kann sich rechtzeitig korrigieren und dies auch nur dann, wenn sie sich vom Mythos befreit, das positivistische Wissenschaftsideal repräsentiere den höchsten Wert unserer Kultur. Andernfalls folgt sie nolens volens dem fatalen Grundsatz, den *Chargaff* in Anlehnung an die berüchtigte Devise: „Es lebe die Gerechtigkeit, auch wenn die Welt zugrunde geht" als sarkastische Warnung formulierte: „fiat scientia et pereat mundus – Es lebe die Wissenschaft, auch wenn die Welt zugrunde geht."[29]

Das wichtigste Korrektiv gegen eine solche Verabsolutierung der Wissenschaft bildet die Relativierung des Objektivitätsbegriffs, worin die feministischen Wissenschaftstheoretikerinnen mit Fleck, Maturana und anderen übereinstimmen. Doch bedeutet die *Relativierung des Wissens keineswegs eine Relativierung der Werte.* Im Gegenteil: Unsere Verantwortung wächst, wenn wir uns nicht länger auf objektive Sachzwänge berufen können, sondern uns bewußt machen, daß immer wir selbst es sind, die auswählen, was wir für wichtig halten und was verwirklicht werden soll. Wissenschaft ist nie wertneutral, ihre Vertreterinnen und Vertreter entscheiden sich immer für etwas, indem sie, wenn auch unbewußt, ihre Ziele nach einem bestimmten Menschen- und Weltbild stecken. Deshalb hält es *Evelyn Fox Keller* für an der Zeit, daß „wir beginnen, uns über unsere Entscheidungen zu entscheiden, ... daß wir uns fragen, wie die Welt aussehen könnte, in der wir bereit und fähig wären, gemeinsam zu leben".[30]

Kapitel IV

Die politischen Konsequenzen

Was soll und was kann heißen: „Bitte keine Emotionen – bleiben wir sachlich"?

Es gibt kaum einen Slogan im gegenwärtigen Wissenschafts- und Politikverständnis, der öfter auftaucht als dieser Appell, alle Emotionen beiseite zu lassen und sachlich zu diskutieren: keine Gefühle im Hörsaal, keine im Gerichtshof, keine im Ratssaal; kühle Sachlichkeit auch im Operationssaal, in den Chefetagen der Wirtschaft, in den Amtsstuben der Verwaltung. Und erst recht keine Gefühle bei den großen politischen Entscheidungen! Sobald wir aber nachfragen, welche Emotionen und welche Sachen damit gemeint sind, stoßen wir auf Mehrdeutigkeiten. Bei den Emotionen wäre es am naheliegendsten, an affektive Ausbrüche aller Art bis hin zu Handgreiflichkeiten zu denken, denen das altenglische Parlament bekanntlich mit handfesten Schranken zwischen den Opponenten-Sitzen vorgebeugt hatte. Die berechtigte Forderung nach Wahrung eines zivilisierten Stils sagt aber noch nichts über die Hintergründe emotionaler Erregungen aus. Sie können Ausdruck persönlichen Ärgers sein, weil man sich in den eigenen Interessen beschnitten fühlt, Ausdruck von Wut oder Empörung gegenüber einem Ansinnen, das die Interessen derjenigen bedroht, die man politisch vertritt, oder sie können einer moralischen Betroffenheit entspringen angesichts sozialer, ökologischer oder gesundheitspolitischer Entscheidungen, die man für unverantwortlich oder sogar für unmenschlich hält.
  Damit wäre die Frage zu präzisieren, was eigentlich gemeint sei, die zivilisierte Form, in der ein Anliegen vorzutragen ist,

oder das Einfließen emotionaler Urteile in die Argumentation. Wer die öffentliche Diskussion der letzten 10 Jahre verfolgt hat, mußte den Eindruck gewinnen, daß der Bannstrahl nicht nur der Form, sondern auch den Inhalten der Emotionen gilt. Wer etwa in aller Form gegen bestimmte Tier- und Menschenversuche protestiert oder nicht bereit ist, unvorhersehbare Risiken für sich und künftige Generationen zu übernehmen, oder sich gegen die Ausweisung von gefährdeten Flüchtlingen wehrt, wird häufig sogleich ermahnt, sachlich zu bleiben.

Andererseits werden Partikularinteressen von Individuen oder Gruppen offenbar nicht für emotional besetzt gehalten. *Egoistische Motive gelten als selbstverständlich und rational. Was eigentlich zu irritieren scheint, sind Mitgefühl für andere und prinzipielle moralische Bedenken.* „Bitte keine Emotionen" kann also auch heißen: Argumentieren wir zweckrational und lassen wir Wertvorstellungen beiseite! Freilich zeigt sich, daß moralische Urteile „ein unvermeidliches Ingrediens unseres Lebens" sind, um mit Tugendhat zu sprechen, und deshalb sehen sich auch Interessengruppen gezwungen, ihre Argumente moralisch zu stützen, wobei sie selbstverständlich beanspruchen, die Rationalität auf ihrer Seite zu haben.

Das zweite Glied des Slogans – „bleiben wir sachlich" – ist nicht minder unklar. Was ist Sache – und wessen Sache? Wenn es etwa um die Herstellung transgener Tiere geht (transgen meint künstliche Veränderung tierischen Erbguts über Artgrenzen hinweg), so ist offensichtlich das Tier die Sache. Doch besteht der kritische Einwand gegen die Manipulation gerade darin, daß das Tier als Lebewesen eben keine bloße Sache ist. Wird also verlangt, unser Mitgefühl zu unterdrücken und das Tier als manipulierbares „animales System" zu betrachten, wie es im gentechnologischen Jargon heiß? Und wenn wir unsere Empathie in die Urteilsfindung einbeziehen, sind wir dann unsachlich?

Erkenntnistheoretisch kann „sachlich" nur „sachgerecht" bedeuten, und wenn es um empfindungsfähige Wesen geht, urteilt sachgerecht derjenige, der sich so weit wie möglich in deren Empfindungsvermögen einfühlt. Alles andere verfehlt gerade die „Sache". Was führt dann Wissenschaftler/innen dazu, sich über solche Bedenken hinwegzusetzen?

Offenbar werden hier schon werthafte Vorentscheidungen vorausgesetzt, die das rationale Lebewesen Mensch über alle anderen Lebewesen setzt, und zwar nicht nur über Tiere, sondern auch, wie sich zeigen wird, über geistig Behinderte oder über Embryonen, die noch nicht bewußtseinsfähig sind. Mit dieser einseitigen Bewertung intellektueller Fähigkeiten ist immer schon die Gefahr gegeben, die emotionalen Kapazitäten und damit auch die Leidensfähigkeit von Lebewesen zu unterschätzen.

Zur Definition von Sachlichkeit gehört aber nicht nur die Objektseite und deren sachgemäße Behandlung, sondern auch die Subjektseite: Wer behandelt die Sache und in wessen Namen? Wenn uns etwa gesagt wird, ohne die laufenden Fortschritte in der Gentechnologie könne unsere Wirtschaft nicht existieren, so lastet damit ein ungeheurer Druck auf der Beurteilung solcher Vorhaben. Im Zeichen des internationalen Wettbewerbs wächst sich dieser Druck immer mehr zu einem Ultimatum aus, so daß die Aufforderung, sachlich zu bleiben, auch bedeuten kann: Wir können uns keine „sentimentalen" Einwände leisten, sondern brauchen möglichst rasche Entscheidungen durch Ethikkommissionen, die der Sache des technischen Fortschritts entgegenkommen. Dies umso mehr – so wurde bisher argumentiert –, als die Interessen der Wirtschaft zugleich die Interessen aller Bürger einschließen.

Diese Argumentation hat allerdings ihre Glaubwürdigkeit eingebüßt, seitdem klar wurde, daß die höheren Gewinne in der Privatwirtschaft mit Arbeitsentlassungen parallel gehen, weil die modernen Techniken nicht nur keine zusätzlichen Arbeitsplätze schaffen, sondern immer mehr von den bestehenden wegrationalisieren. *Die Technologiefortschritte orientieren sich längst nicht mehr an den Bedürfnissen aller Bevölkerungsgruppen,* weder an denen der Arbeitnehmer noch an denen der Konsument/innen. So etwa wünschen sich die wenigsten von uns genmanipulierte oder künstlich haltbar gemachte Lebensmittel, und viele ziehen schon aus Sicherheitsgründen den persönlichen Kontakt am Bankschalter der Benutzung des Bankautomaten vor. Doch wer nicht freiwillig auf die neuen Marktstrategien einschwenkt, wird indirekt dazu gezwungen, indem man den Käufer/innen undeklarierte Waren unterschiebt oder den Kund/innen durch immer längere Wartezeiten die persönliche Abwicklung vergällt.

Auch erhöht sich die Lebensqualität der Konsumierenden nur sehr bedingt, wenn mittels Erweiterung der Märkte die Lebensmittel zwar billiger werden, dies jedoch um den Preis geschieht, daß die regionalen Sorten verschwinden und überall die gleichen, optisch perfekten, aber geschmacklich faden Früchte und Gemüse zu haben sind. Ganz abgesehen davon, daß die vielgepriesene Mobilität zu einer erheblichen Verschlechterung der gesundheitlichen Lebensqualität führt. Diese Umstände erzwingen die Frage, in wessen Interesse die technischen Fortschritte eigentlich geplant werden, und deshalb liegt auf der Bedürfnisabklärung einer der Schwerpunkte der folgenden Ausführungen. Dabei verstehe ich unter Bedürfnissen mehr als persönliche, materielle Vorteile und unter Lebensqualität etwas, was sich nicht nur quantitativ durch die Höhe des Einkommens oder die Höchstzahl der erreichbaren Lebensjahre bestimmen läßt. Neben den sinnlichen Qualitäten sind es vor allem die emotionalen Lebensqualitäten des mitmenschlichen Zusammenlebens, der Verläßlichkeit sozialer Netze und der Erfahrung von Lebenssinn in der eigenen Tätigkeit und in der Begegnung mit Natur und Kultur, die eigentlich zählen.

So besteht mein Beitrag zur Diskussion umstrittener Zeitprobleme auch viel weniger in der Benennung von Fakten – dafür gibt es bereits eine Überfülle von Dokumentationen – sondern in der Bezeichnung von *Lücken, die in den laufenden Debatten dadurch entstehen, daß die emotionale Dimension weitgehend ausgeklammert wird.* Wenn es dann um Lösungsansätze geht, so zeigt sich rasch, daß die umstrittenen Probleme nicht isoliert voneinander zu beurteilen sind, weil bei der angestrebten Globalisierung von Wissenschaft und Wirtschaft auch auf der menschlich-moralischen Ebene komplexe Zusam-

menhänge entstehen. Daraus ergeben sich gewisse Schwierigkeiten für eine sinnvolle Reihenfolge in der Darstellung, doch
scheint mir der Einstieg über Lebensprobleme, zu denen wir
als Mitteleuropäer einen unmittelbaren Zugang haben, am
plausibelsten, um von da aus den Blick auf weltweite Probleme
zu erweitern.

1. Zu Problemen in der Humanmedizin

Zu den Problemen, die seit Jahren in der öffentlichen Diskus-
sion stehen, gehören Sterbehilfe, Organtransplantation und
Reproduktionstechnologie sowie neuerdings die Gentherapie,
Embryonenforschung und Keimbahntherapie.

Während heute in bezug auf die *passive Sterbehilfe* weitge-
hender Konsens besteht, hat sich die Diskussion um die aktive
Sterbehilfe erneut verschärft. Im ersten Fall sind Patientenverfügungen unumstritten, die auf lebensverlängernde Maßnahmen verzichten und die Verabreichung schmerzstillender Medikamente auch in Dosen erlauben, die das Ende eventuell
beschleunigen. Dennoch wurde zu Recht betont, daß der Umgang mit Patientenverfügungen eines großen Einfühlungsver-
mögens von seiten der Ärzte bedarf, weil Patient/innen in
akuten Situationen auch ihre Meinung ändern können und dies
zu berücksichtigen sei.

Bleibt also schon bei der passiven Sterbehilfe ein gewisser
Ermessensspielraum, so sind die Probleme der *aktiven Sterbehilfe* weder juristisch noch institutionell lösbar. Ärzte und
Pflegepersonal sollten von ihr prinzipiell ausgeschlossen bleiben, weil ein Mißbrauch sonst niemals zu verhindern ist. Die
holländischen Erfahrungen mit der klinischen Euthanasie zeigen, wie leicht sich unkontrollierbare Übergriffe einschleichen.
Aber auch das Ausweichen auf eine technische Freitod-
„Begleitung", bei der die Sterbewilligen durch den Knopfdruck an einer Apparatur das Ende selbst herbeiführen, macht
die ganze Hilflosigkeit, ja Unmenschlichkeit der modernen
Zivilisation im Umgang mit dem Tod offenbar.[1]

Eine menschlich vertretbare Freitod-Begleitung ist wohl nur im privaten Rahmen möglich, sei es, daß einander nahestehende Menschen eine existentielle Entscheidung treffen, deren Verantwortbarkeit ihnen von niemandem abgenommen werden kann, sei es im Rahmen einer privaten Vereinigung, die sich strengsten Kriterien unterwirft. Dennoch ist im heutigen politischen Klima, in dem öffentlich über „unwertes" Leben diskutiert und die systematische Abtreibung körperlich und geistig Behinderter propagiert wird (siehe unten), der Schritt nur klein, um auch Hochbetagte und Schwerstkranke in diese Kategorie einzureihen. Das könnte einen tendenziellen Druck sowohl in Richtung Euthanasie als auch auf „freiwillige" Selbsttötung bewirken. Hier stoßen wir auf die paradoxe Haltung einer Gesellschaft, welche die steigende Zahl der über Neunzigjährigen als Erfolg der Hochleistungsmedizin begrüßt und gleichzeitig immer weniger bereit ist, die Pflege der Hinfälligen zu übernehmen.

Andere, schwerwiegende Widersprüche ergeben sich aus den Problemen der *Organtransplantation* und der dazu benötigten Organspenden. Schon 1974 hatte sich Hans Jonas mit seiner Streitschrift „Gegen den Strom" gegen den Trend führender Medizinergremien gestellt und die von den Harvard-Gutachtern erlassene Definition des sogenannten *„Hirntods"* scharf kritisiert.[2] Es sei eine völlig verschiedene Sache, den irreversibel komatösen Zustand nach Ausfall der Gehirntätigkeit nicht künstlich aufrechtzuerhalten und damit dem natürlichen Sterbeprozeß freien Lauf zu lassen oder eine Todesdefinition zu konstruieren, die es dem Chirurgen erlaubt, dem Sterbenden vorzeitig Organe zu entnehmen, um diese noch lebensfrisch verpflanzen zu können. Diese pragmatische, von ihrem Zweck her inspirierte Definition widerspricht nicht nur unserer anschaulichen Erfahrung – daß nämlich ein atmender und durchbluteter Leib nicht tot sei –, sondern ist schlechterdings auch nicht beweisbar. Wir werden nie wissen, was in einem Menschen im komatösen Zustand wirklich abläuft und ob sich seine Unfähigkeit zu reagieren mit der völligen Unfähigkeit, Eingriffe von außen wahrzunehmen, wirklich deckt. Um aber

Gewalteingriffe am noch lebenden Körper zu rechtfertigen, dürfte nicht der geringste Zweifel über diesen Sachverhalt bestehen.

Nach Jonas spiegelt sich in der Auffassung, ein Mensch sei tot, sobald sein Bewußtsein zerstört ist, *die alte cartesianische Spaltung zwischen Geist und Körper,* und gerade sie hat sich in jüngster Zeit durch neurophysiologische Erkenntnisse als unhaltbar erwiesen. Wenn *Damasio* sagt, *die Seele atme durch den ganzen Körper und nicht nur durch das Gehirn* (vgl. S. 184), so kommt dies der Aussage von Jonas sehr nahe: „Solange der komatöse Körper . . . noch atmet, pulsiert und sonstwie organisch am Werk ist, muß er immer noch als restliche Fortdauer des Subjekts angesehen werden, das geliebt hat und geliebt wurde, und hat als solches immer noch Anspruch auf jene Sakrosanktheit, die einem solchen Subjekt . . . gebührt."[3]

Es verwundert deshalb nicht, daß gegenwärtig eine ganze Reihe namhafter Hirnforscher an die Argumentation von Jonas anknüpfen und den Begriff des Hirntods für irreführend halten.[4] Nach Ausfall der Hirnfunktionen kommt es zwar nach einigen Stunden, oder sogar Tagen zum endgültigen Stillstand aller Leibesfunktionen, aber solange der Kreislauf des Patienten künstlich aufrechterhalten wird, ist es ein noch lebendiger Organismus, an dem man die Organentnahme durchführt und die ihn erst endgültig tötet. Besonders scharf wendet sich beispielsweise *Detlef B. Linke* gegen den sogenannten „*Teilhirntod*", bei dem nur der Neocortex ausgeschaltet ist, das Stammhirn aber noch funktioniert und damit auch Atmung und Herztätigkeit (Appaliker). Nach neuesten Erkenntnissen sei es nicht mehr gerechtfertigt, den Neocortex allein als Sitz des eigentlichen Menschseins anzusehen.[5]

Das Hauptargument der Transplantationschirurgen besteht darin, daß man es sich bei der großen Warteliste von Patienten, die dringend auf ein Ersatzorgan angewiesen sind, einfach nicht leisten könne, noch funktionstüchtige Organe „wegzuwerfen". Dazu ist zu sagen, daß es die Mediziner sind, die bei ihren Partient/innen Hoffnungen erwecken, ohne sicher zu sein, sie auch erfüllen zu können, und *daß wir es uns noch viel*

weniger leisten können, unsere Gefühle und unseren Respekt
vor den Sterbenden wegzuwerfen.

Die Begleitung von Todkranken bis zuletzt, die „Totenwache" und der für die Hinterbliebenen so notwendige Abschiedsprozeß gehören seit urdenklichen Zeiten zur Menschheitskultur und bilden m. E. ein unveräußerliches Menschenrecht. Dieser Aspekt der Mitmenschlichkeit und der Trauerarbeit der Angehörigen kommt in der Organspendedebatte viel zu kurz. So berichtet die Psychotherapeutin *E. Wellendorf* vom besonders tragischen Fall einer alleinerziehenden Mutter, deren fünfjähriger Knabe von einem Auto überfahren wurde. Nachdem er in der Intensivstation für hirntot erklärt wurde, legten die Ärzte der noch völlig unter Schock stehenden Mutter nahe, einer Organentnahme zuzustimmen. Ohne wirklich zu begreifen, was vor sich gehen würde, überließ sie das noch atmende und nur schlafend scheinende Kind den Chirurgen, um wenig später vor einem ausgeschlachteten, augenlosen Leichnam zu stehen. Die Frau brach völlig zusammen, ohne daß sich in der Klinik jemand um sie kümmerte, und kam erst nach langer psychotherapeutischer Behandlung über diesen Schock und eigene Schuldgefühle einigermaßen hinweg.[6]

Es scheint sich von selbst zu verstehen, daß die einzig legitime Voraussetzung für die Organentnahme die freiwillige Verfügung eines erwachsenen Spenders ist, die er voll informiert und im Vollbesitz seiner geistigen Kräften abfassen konnte. Liegt keine Verfügung vor, so verbietet es sich, auf die Angehörigen moralischen Druck auszuüben. Bei Kindern scheint mir die einzig menschliche Lösung zu sein, sie in den Armen ihrer Eltern sterben zu lassen.

Dennoch verlangen Transplantationschirurgen im Namen des großen Bedarfs an Ersatzorganen die gesetzliche Einführung der sogenannten „*Widerspruchslösung*", das heißt, daß die Verwendung von Sterbenden als (unfreiwillige) Organspender die Regel sein soll, wenn sie nicht eine ausdrückliche Patientenverfügung hinterlassen, die das verbietet. Eine solche Regelung, wie sie in verschiedenen Ländern angestrebt wird oder sogar bereits gilt, halte ich für moralisch inakzeptabel und befinde mich damit im Einklang mit einer Reihe kritischer Stimmen von philosophischer Seite.[7] Schon Jonas hielt fest, daß es kein Recht auf den Körper eines anderen Menschen gebe und daher auch keine Pflicht zur Organspende. Zudem macht sich die „Widerspruchslösung" auf geradezu heimtückische Weise die Trägheit oder die Todesverdrängung der meisten Menschen zunutze, die es versäumen, rechtzeitig eine wohldurchdachte Erklärung abzugeben.

Es gilt aber auch, sich in die Patient/innen einzufühlen, die auf eine lebensrettende Organspende warten. Die schon genannte Therapeutin Wellenberg schildert eindrücklich die psychische Situation heute lebensbedrohlich Erkrankter, die sich bis zuletzt an die Hoffnung der Transplantation klammern. Dadurch sind sie von einem seelischen Ablösungsprozeß abgeschnitten, der ihnen vielleicht einen gelassenen Tod ermöglichen würde, und stehen nach vergeblichem Warten vor einer umso unerbittlicheren Situation. Auch empfinden viele Patient/innen Schuldgefühle bei dem Gedanken, nur durch den Tod eines Menschen zu ihrem Ersatzorgan zu gelangen. Sie schildern, wie sie nachts angespannt auf die Sirene des Unfallwagens horchen und sich gleichzeitig dessen schämen. Wenn auch auf der rationalen Ebene diese Ursache-Wirkungsverkettung irrelevant ist, so gibt es, wie Wellenberg zu Recht ausführt, auf der tieferen Ebene eben doch einen Zusammenhang zwischen Wunsch und Wunscherfüllung.[8]

Beim galoppierenden medizinischen Fortschritt bleibt aber gar keine Zeit für solche grundsätzlichen Erwägungen. Schon wird mit Mehrfach-Transplantationen und mit der Verpflanzung von Hirnsubstanz experimentiert, und das in optimistischer Erwartung vorgegebene Plansoll der Chirurgen sieht vor, daß ab dem Jahr 2000 jeder zweite chirurgische Eingriff eine Transplantation sein soll.[9] Der amerikanische Transplantationschirurg *Robert White* setzt sich sogar ernsthaft zum Ziel, eines Tages in der Lage zu sein, den intakten Kopf eines sterbenden Patienten abzutrennen und ihn dem Körper eines Schädelverletzten anzufügen.[10] Besonders das letzte Beispiel zeigt, wie stark die steigenden Transplantationsbedürfnisse vom Machbarkeitswahn einzelner Forscher ausgehen, denen nicht nur die Ehrfurcht vor dem Tod, sondern auch die Ehrfurcht vor dem individuellen Leben und der Identität der menschlichen Person abhanden zu kommen scheint.

Das düsterste Kapitel in diesem Zusammenhang ist freilich der *Organhandel,* der ohne die Mitwirkung einzelner Kliniken und Chirurgen nicht funktionieren könnte. Bekanntlich werden in Lateinamerika und anderen Drittweltländern Straßenkinder zum Zweck der Organentnahme getötet oder Erwachsene unter erschwindelten Vorwänden in Kliniken ihrer Nieren beraubt. Obwohl der Organhandel offiziell weltweit verboten ist, erscheinen in indischen und brasilianischen Zeitungen ungeniert Annoncen, in denen Organe von zahlungskräftigen Personen gesucht und von Notleidenden angeboten werden.[11]

Aufgrund des Rückgangs freiwilliger Organspenden in ganz Europa und dem damit verbundenen Dilemma für die Ärzte, welche Patient/innen sie im Zweifelsfall begünstigen sollen, sind die Vertreter der Spitzenmedizin bereits auf der Suche nach einer Alternative. Der neue Trend konzentriert sich auf die Option der Xenotransplantation, d.h. auf die Verpflanzung tierischer Organe (von Pavianen oder Schweinen) in den Menschen. Daß dabei neben erheblichen medizinischen Risiken auch neue ethische Probleme entstehen, wird uns später beschäftigen (siehe S. 338f.).

Davon abgesehen wäre unter Berücksichtigung aller bisher geschilderten Probleme die ethisch untadeligste Lösung die Beschränkung auf Ersatzorgane, die von verwandten oder anderen nahestehenden Personen zu Lebzeiten gespendet werden. Dies würde zwar Organentnahmen auf entbehrliche Organe wie eine Niere oder Gewebeteile einschränken, aber sie zu einem echten Geschenk machen, auf das niemand einen Anspruch erheben kann.

Ein weiteres Bündel von Problemen ergibt sich aus der Praxis der heutigen *Reproduktionstechnologie,* die einerseits unfruchtbaren Paaren zu leiblichen Kindern verhelfen will und andererseits den Abbruch der Schwangerschaft im Fall behinderter Föten ermöglichen soll.

Was das erste Angebot anbelangt, so wäre gegen die In-Vitro-Fertilisation moralisch nichts einzuwenden, solange nicht die Frau, die das Kind austragen soll, als Leihmutter „verwendet" wird. Der Vorgang wird erst dadurch fragwürdig, daß wegen des schwierigen und für die Frau belastenden Vorgangs der Eientnahme und der Implantation der befruchteten Eizelle sicherheitshalber mehrere Embryonen erzeugt werden. Davon bleibt der überzählige Rest entweder im Labor oder es werden, bei Einpflanzungen mehrerer Embryonen in die Gebärmutter, die Überzähligen nach deren Einnistung im Mutterleib getötet. Dieser *unbekümmerte Umgang mit lebenden Embryonen* hat vielerorts zu Protesten und Verboten geführt, doch durch das große Interesse der Medizin an diesem lebenden „Material" wurde die Bewilligungsfrage neu aufgerollt. Föten erwiesen sich nicht nur als ideale Versuchsobjekte für genetische Manipulationen, sondern auch als begehrte Lieferanten für Hirngewebe und, bei weiblichen Embryonen, von Eierstocksgewebe. Deshalb entwickelte sich bereits ein lebhafter, wenn auch illegaler Embryonenhandel.[12]

In diesem Zusammenhang ist die Argumentation des bekannten englischen Ethikers *M. R. Hare* von Bedeutung, der, wie sein australischer Kollege *P. Singer,* einer pragmatischen Leitlinie folgt. Hare stimmt einer Weiterverwendung lebender Embryonen zu Versuchszwecken oder zur Gewinnung von Transplantationsgewebe prinzipiell zu. Für den Fötus, so Hare, mache es gar keinen Unterschied, ob man ihn als überzählig tötet oder, falls man dies verbiete, ihn gar nicht erst erzeugt. Das Ergebnis sei beide Male das gleiche: seine Nichtexistenz. Für Hare und Singer haben Föten kein Lebensrecht an sich, weil sie keine bewußtseinsfähigen Wesen sind und von daher noch gar keinen Lebensentwurf haben können. Dies gelte im übrigen für alle Stadien der Schwangerschaft und sogar noch für das Neugeborene.[13]

Bei dieser Argumentation wird kein Wort darüber verloren, daß ein Fötus bereits in der 25. Schwangerschaftswoche über funktionstüchtige Sinnesorgane und Schmerzempfindungen verfügt (Janus 1993). Der einzige Maßstab sind Bewußtsein und Denkfähigkeit, weshalb Singer das neugeborene Menschenkind unter den Wert eines ausgewachsenen höheren Säugetiers stellt. Auch die Verantwortung der Eltern für das erzeugte Leben wird völlig außer acht gelassen, wie sich dies noch deutlicher am Thema Abtreibung zeigen wird. Was das methodische Kriterium angeht, so betont Hare, daß unsere „intuitiven Plausibilitäten", d. h. unsere emotionalen Bewertungskriterien im Blick auf die neuen Technologien nicht ausreichen, weil diese Probleme schaffen, die nur durch rationale Überlegungen gelöst werden könnten.[14] Doch wo steckt bei der künstlichen Befruchtung das Dilemma, das heißt die Pflichtenkollision? Weder gibt es ein Recht auf leibliche Kinder noch die Pflicht der Ärzte, Eltern zu diesem angeblichen Recht – oder einer Frau zu ihrer angeblich einzigen Daseinsbestimmung – zu verhelfen. Hier werden moralische Rechte und Pflichten mit Wünschen und Interessen bzw. mit der Definition von Normalität verwechselt. Zudem geht es nicht einmal um eine Interessenkollision, vielmehr um eine Interessenaddition, denn nicht nur die Eltern sind am medizinischen Prozedere interessiert, sondern noch mehr die Ärzte selbst! Das geht schon daraus hervor, daß die interessierten Kreise bereits den nächsten Lizenzschritt vorbereiten: Wenn es schon erlaubt sein soll, überzählige Embryonen der Forschung zu überlassen, so wäre es auch vertretbar, lebende Embryonen aus Eierstocksgewebe ausschließlich für die Forschung herzustellen.[15] Das erinnert an eine Art Salamitaktik, deren Vertreter das Ziel verfolgen, schließlich für alles grünes Licht zu geben, was machbar ist.

Sehr viel stärker als solche zum Teil forschungsinterne Probleme beschäftigen die Öffentlichkeit Fragen im Zusammenhang mit dem *Schwangerschaftsabbruch.* Dies vor allem, seit die Methoden der *pränatalen Diagnostik* entwickelt wurden, die die Prognose krankhafter Abweichungen beim Fötus ermöglichen. Nun geht es nicht mehr nur darum, ob sich eine Mutter physisch und psychisch in der Lage sieht, ihr Kind auszutragen, sondern ob Eltern willens sind, ein voraussichtlich behindertes Kind aufzuziehen.

Den wissenschaftlichen Hintergrund dazu bildet das ehrgeizige *Forschungsprogramm zur vollständigen Entschlüsselung des menschlichen Genoms HUGO (Human Genom Organization)*, das auf Jahre hinaus Unsummen von Forschungsgeldern verschlingt. Mediziner versprechen sich davon spektakuläre Möglichkeiten für die Therapie bis jetzt unheilbarer Krankheiten, wenn erst einmal die Funktion der rund 90 000 Gene mit ihren insgesamt etwa 6 Milliarden Bausteinen aufgeklärt ist. Freilich geht man dabei von der zweifelhaften Voraussetzung aus, daß die genetische Anlage, wenn nicht allein, so doch hauptsächlich unsere Krankheiten verursacht. Aber selbst, wenn wir die Umweltfaktoren und die psycho-physische Wechselwirkung ausklammern, so gibt es nur ganz wenige „monogenetische" Erbkrankheiten, für die nur ein Gen verantwortlich ist, während für alle anderen Krankheitsdispositionen eine Vielzahl von Genen als Träger in Frage kommt.

Immerhin soll mit der Ausmerzung monogenetischer Krankheiten wie zystische Fibrose, Muskelschwund, Down-Syndrom und noch ein paar anderen, sehr selten auftretenden Erbkrankheiten begonnen werden. Da es noch keine eigentliche Gentherapie gibt, liegt der Akzent auf der Diagnose und der Verhinderung von Erbkrankheiten durch rechtzeitige Abtreibung. Bis jetzt liegt die Entscheidung zwar noch bei den Eltern, aber *der eugenische Trend, „unwertes" Leben ganz auszuschalten,* ist unverkennbar. Die in den USA bereits drohende Weigerung der Krankenkassen, Gesundheitskosten für „fahrlässig" geborene Behinderte zu übernehmen, lassen kaum noch Spielraum für eine wirklich freie Entscheidung. Dabei ist die zunehmende Abtreibung und öffentliche Verunglimpfung geistig und körperlich Behinderter umso bedenklicher, als trotz aller Abklärungen und Schwangerschaftsabbrüche die Geburt von Geschädigten nie ganz zu eliminieren sein wird, weil in der Natur ständig neue Mutationen stattfinden.[16]

Zudem verbindet sich mit der Tendenz, die pränatale Diagnostik obligatorisch werden zu lassen, die Gefahr, daß ein Keil zwischen Mutter und werdendes Kind getrieben und die „Interessen" des Embryos gegen die Mutter ausgespielt werden. Dies umso mehr, als bei einem Teil der medizinischen Forschung der Trend offensichtlich ist, *die psychophysische Symbiose zwischen Mutter und Fötus aufzulösen,* wofür m.E. auch ideologische Hintergründe verantwortlich zu machen sind. Seit jeher ist der dunkle Ort der Gebärmutter der männlichen Ratio suspekt, weshalb der französische Gynäkologe *L. Gavarini* für die generelle Einführung der In-Vitro-Fertilisation plädiert. Die Möglichkeit der Prä-Implantationskontrolle, d.h. die Untersuchung auf Erbschäden im Reagenzglas mache Retortenbabies zu weit perfekteren Nachkommen als die „enfants banales", die Frauen natürlicherweise hervorbringen.[17]

Ein weiterer männlicher Zukunftstraum, den *P. Singer* bereits 1984 andeutete, ist die *künstliche Gebärmutter,* die Schwangerschaft und Geburt vollständig in die Kompetenz der Wissenschaftler überführen würde.[18] Bis dahin wären immerhin auch *hirntote Frauen als Brutkästen für eingepflanzte Föten* brauchbar, wie es Singers australischem Kollegen Paul Gerber vorschwebt.[19] Vor diesem Hintergrund erhält das bekannte Erlanger Experiment, den Embryo einer tödlich verunfallten Schwangeren im künstlich aufrechterhaltenen Organismus der Hirntoten ausreifen zu lassen, seine eigentliche Brisanz.

Auch die Praxis der sogenannten *Leihmutterschaft* zerreißt die natürliche Symbiose zwischen Mutter und Kind, die sich unter anderem daran zeigt, daß schon der fünfmonatige Embryo die Stimme der Mutter wahrnimmt und sie nach der Geburt wiedererkennt. Wie sehr sich auch die Schwangere selbst mit dem Fötus verbunden fühlt, geht aus den Verlustgefühlen von Leihmüttern hervor, die zum Teil kurz vor der Niederkunft um die Auflösung des Leihvertrages kämpfen. Ganz abgesehen davon ist Leihmutterschaft schon aus sozialethischen Gründen abzulehnen, weil sie die Notlage armer Frauen benützt, die ihren Leib gegen Bezahlung vermieten.[20]

Um aber noch einmal auf den *eugenischen Aspekt in der Abtreibungsdebatte* zurückzukommen, so wird die Vernichtung voraussichtlich behinderten Lebens von *Hare* mit einer merkwürdigen Argumentation gestützt. Dabei geht er auf den eigentlichen moralischen Konflikt, nämlich den zwischen der Verantwortung der Eltern für das gezeugte Leben und ihrem Zweifel, der schweren, auf sie zukommenden Aufgabe gewachsen zu sein, gar nicht ein. Vielmehr konstruiert er einen virtuellen Interessenkonflikt zwischen dem behinderten Fötus und einem noch gar nicht gezeugten Kind, das mit großer Wahrscheinlichkeit gesund zur Welt käme und an die Stelle des Behinderten treten könnte. Unter der Voraussetzung, daß die Eltern kein weiteres Kind mehr wünschen, was ihr Recht sei, würde nach Hare mit der Verhinderung des möglichen gesunden Lebens genausoviel Unrecht getan wie mit der Tötung des bestehenden, wenn man das mögliche Glück für alle Beteiligten zusammenrechnet.[21]

Dieses utilitaristische Rechenexempel setzt sich nicht nur über Hares eigene Prämisse hinweg, daß das Ungeborene noch kein Selbstinteresse anmelden kann, sondern ignoriert auch völlig die psychische Verbundenheit zwischen der Mutter und dem werdenden Leben. Hingegen liefert eine solche Argumentation – wenn auch von Hare in keiner Weise intendiert – die Rechtfertigung für jedes barbarische Programm zur Tötung „unwerten" Lebens. Ausschlaggebend für eine humane Lösung des Problems wäre unter anderem die Bereitschaft der Gesellschaft, Eltern mit behinderten Kindern durch entsprechende Hilfsangebote zu unterstützen. Wenn wir bedenken, wie klein der Prozentsatz behindert Geborener ist, so wäre die Verweigerung der Solidarität angesichts der großen und immer noch wachsenden Zahl von lebenslänglich Verkehrsverletzten (und Sportverletzten), die wir als unvermeidlich hinnehmen, schlicht unverständlich.

Auch wenn es der Gen- und Reproduktionstechnik gelingen sollte, von der bloßen Diagnose zur (Keimbahn-) Therapie behinderter Föten fortzuschreiten, wären die ethischen Probleme nicht geringer. Im Unterschied zur Gentherapie, die versucht, durch eingeschleuste Gencodes die Abwehrkräfte des Körpers zu stärken oder Krankheitserreger zu zerstören, handelt es sich bei der *Keimbahntherapie* um noch weitreichendere Eingriffe in das Erbgut. Die technische Machbarkeit für solche Eingriffe liegt zwar noch in der Zukunft, doch würde sie erlauben, nicht nur Erbkrankheiten zu korrigieren, sondern das Erbgut in den Keimzellen, dem auch alle kommenden Generationen unterliegen, willkürlich zu manipulieren.

Die Utopie von der Herstellung des *„Menschen nach Maß"* mit ihrem stillschweigenden eugenischen Programm führte vor allem in Deutschland, wo die Erinnerung an die menschenverachtenden Nürnberger Gesetze und deren schauderhafte Ausführung noch wach ist, zu den heftigsten Protesten. Es wäre aber wesentlich, daß sich auch in anderen Teilen der Welt der Widerstand gegen ein Konzept verstärkt, das zu einem Normierungszwang und gleichzeitig zu illusionären Erwartungen künftiger Eltern führt. Diese Utopie grenzt alle Menschen aus, die den Perfektionsvorstellungen der Gesellschaft oder auch nur den Wunschvorstellungen der Erzeuger nicht genügen. So wird etwa in Indien die Pränataldiagnostik schon in großem Umfang dazu mißbraucht, die Geburt von Söhnen zu garantieren und mißliebige weibliche Föten abzutreiben.

Ein weiteres Problem der Humanmedizin, das in den Verhandlungen zur europäischen Bioethik-Konvention zu erregten Auseinandersetzungen führte, ist die Regelung der *Versuche an Menschen*. Stein des Anstoßes war und ist der Artikel 6 des Konventionsentwurfs, wonach Versuche an sogenannten *„incapacitated persons"* erlaubt sein sollen, das heißt an schwer geistig Behinderten, Schwerstkranken und Kleinkindern, die nicht fähig sind, ihre Zustimmung zu geben oder zu verweigern. Nachdem der erste Entwurf zur Konvention im Herbst 1995 vom Europäischen Parlament abgelehnt wurde, stimmte es ein Jahr später einer nur wenig abgeschwächten Fassung zu.[22]

Es ist unschwer zu erkennen, daß hinter der Definition der „incapacitated persons" – wörtlich „untauglich, unfähig" – einmal mehr ein *intellektualistischer Personbegriff* steht, der die eigentliche Menschenwürde nur denjenigen zuerkennt, die im Besitz intellektueller Entscheidungsfähigkeit sind. Wie diametral entgegengesetzt hatte 20 Jahre früher *Hans Jonas* argumentiert! Für ihn war die erste Voraussetzung für Menschenversuche die Freiwilligkeit der Versuchsperson, und um jeden Zweifel der indirekten Nötigung auszuschließen, befand er, daß sich die intelligentesten, äußerlich und innerlich unabhängigsten Menschen am besten eignen würden, um an sie das Ansinnen zu stellen, sich für einen Versuch bereit zu erklären. Von da aus sah er eine absteigende Reihe der fairen Zumutbarkeit, die umso bedenklicher wird, je abhängiger eine Person von ihrer Umgebung ist und je weniger Widerstand sie leisten kann.[23] Demzufolge wären „incapacitated persons" die allerletzten, die als Versuchspersonen in Frage kommen.

Die Diskrepanz zwischen den beiden Standpunkten erklärt sich einerseits durch ein grundverschiedenes Menschenbild und andererseits aus dem unhinterfragten Glaubenssatz, den Fortschritt der Wissenschaft für den höchsten Wert schlechthin zu halten. Das Bioethikkommitee der Unesco läßt jedenfalls keinen Zweifel an seinen Prioritäten. Ihr Sprecher N. Bedjaui formulierte die Ziele der Ethikkonvention 1994 folgendermaßen: „. . . erstens das Prinzip der Freiheit der Forschung und das Recht zu wissen . . . Gleich danach müssen wir das Prinzip des Respekts vor den Lebenden, das manche das ‚Recht auf das Leben' bezeichnen, nennen", und dies müsse notwendigerweise „Hand in Hand gehen mit dem Respekt vor der Würde des Menschen".[24]

In allen Fragen der Humanmedizin und Humangenetik wäre als wichtigster moralphilosophischer Anhaltspunkt *Kants Definition der Menschenwürde* nicht aus den Augen zu verlieren: Der Mensch als „Zweck an sich selbst" kann niemals Gegenstand irgendwelcher Güterabwägungen sein, denn Menschenwürde ist ein unbedingter Wert, der überall dort, wo er auf dem Spiel steht, unbedingten Respekt erfordert. Wenn unsere multikulturelle Gesellschaft auch keinen eindeutigen moralischen Verhaltenscodex aufstellen kann, so muß sie doch die Integrität aller ihrer Mitglieder unbedingt gewährleisten.

Die vielbeschworene wissenschaftliche Neugierde oder das „Recht auf Wissen", das bei der Verflechtung von Naturwissenschaft und Technik immer auch ein Recht auf das Machbare bedeutet, kann sich nicht selbstherrlich zum obersten Selbstzweck setzen. Das widerspricht nicht nur einer philosophischen Tradition, die unter Vernunft „sinnvolles Wissen im Hinblick auf das richtige Leben des Einzelnen und der Gemeinschaft"[25] versteht, sondern auch dem bisherigen Selbstverständnis der Naturwissenschaft. Hatte sie sich stets als frei von metaphysischen Spekulationen definiert, so sind, wie Brigitte Weißhaupt konstatiert, *„am Ende der Moderne die genmanipulierenden Wissenschaftler, also die eigentlich in Fragen der Sinngebung äußerst unerfahrenen Techniker des Lebendigen, zu den Metaphysikern und Magiern des Lebens und des Todes der menschlichen Gattung und der Natur überhaupt* geworden".[26] Noch politischer formuliert heißt es bei Pia Jauch: „Wo die klassischen Ethiker zur faktischen Bedeutungslosigkeit oder ... zur Tagungsdekoration verkommen sind, haben die Promotoren der Kern- und Gentechnologie längst schon das philosophische Handwerk übernommen."[27]

Deshalb, so die übereinstimmende Meinung einer Vielzahl kritischer Stimmen seit Jonas, wäre *eine Denkpause für die Spitzenwissenschaften dringend geboten;* und wenn argumentiert wird, sich diese unter dem Druck des wirtschaftlichen Erfolgszwangs nicht leisten zu können, wäre das nur ein Beweis für die faktische Unfreiheit der Wissenschaft.

Im übrigen ist beim utilitaristischen Trend der Bioethik ein Nebeneffekt gentechnologischer Diagnoseformen besonders alarmierend: die – im europäischen Konventionsentwurf ursprünglich vorgesehene – Weitergabe von individuellen Genkartierungen an Krankenkassen und Versicherungen (und eines Tages auch an Arbeitgeber?). Damit werden Personen wegen einer ungünstigen genetischen Disposition – die über deren tatsächlichen und auch künftigen Gesundheitszustand noch gar nichts aussagt – stigmatisiert und möglicherweise in ihrem existentiellen Fortkommen bedroht.

Der Zweck des sogenannten *„screening"* ganzer Bevölkerungsgruppen wird von der Europäischen Kommission für prädiktive (vorhersagende) Medizin und Genomkartierung auch ungeniert benannt: „Da es höchst unwahrscheinlich ist, daß wir in der Lage sein werden, die umweltbedingten Risikofaktoren vollständig auszuschalten, ist es wichtig, daß wir so viel wie möglich über Faktoren der genetischen Prädisposition lernen und somit stark gefährdete Personen identifizieren können."[28] Das heißt im Klartext, unsere Technologien können weiterhin die Umwelt verseuchen und gesundheitliche Risiken schaffen, ausgeschaltet werden müssen Menschen, die diesen Belastungen voraussichtlich nicht gewachsen sind.

Abgesehen von den umstrittenen Inhalten der Bioethikkonventionen gibt es ebenso ernsthafte Einwände gegen die Art ihres Zustandekommens. Der erste und wichtigste Einwand richtet sich gegen *das undemokratische Prozedere*. Die zuständigen Experten werden von Regierungen und interessierten Forschungskreisen ernannt, ohne ein demokratisches Mandat zu besitzen, und üben sich im Vorfeld von Gesetzesabstimmungen in Geheimhaltung. Dadurch kann weder rechtzeitig eine öffentliche Diskussion stattfinden, noch sind die Parlamentarier imstande, sich gründlich ins Bild zu setzen.

Zweitens sind Zweifel berechtigt, ob es bei den genannten Themen der Humanmedizin sachgemäß ist, daß für sie fast ausschließlich Gelehrte Richtlinien erarbeiten, die mit der ganz praktischen Krankenpflege, mit der Begleitung Sterbender und ihrer Angehörigen und erst recht mit den Erfahrungen von Schwangerschaft und Geburt kaum vertraut sind. Hingegen werden Fachpersonen wie das Pflegepersonal, Hebammen oder die von der Reproduktionstechnologie betroffenen Frauen selbst gar nicht befragt, sondern müssen sich durch eigene Initiativen mühsam Gehör verschaffen.[29]

Der dritte Einwand gilt dem *doppelbödigen Umgang mit Emotionen*. Während sie aus der wissenschaftlichen, ethischen und politischen Argumentation verbannt sind, benutzt man sie um so ausgiebiger für die Strategien der Akzeptanz, der mit millionenschwerer Werbung nachgeholfen wird. Werbetexte nach dem Schema: „Wollen Sie, daß Ihr Kind an Krebs stirbt? Wenn nicht, dann votieren sie für Gentechnologie!" (wenn auch nicht immer ganz so plump formuliert) üben massiven emotionalen Druck auf die Bevölkerung aus. Unausgesprochen soll die weitgehend unbestrittene Anwendung gentechnologischer Verfahren in der Pharmakologie für die Akzeptanz genetischer Manipulationen in allen anderen Bereichen wie der Nahrungsmittel- und Nutztierproduktion werben.

Nicht zuletzt gibt es eine Perspektive, die in der humanmedizinischen Diskussion fast immer unter den Tisch fällt, nämlich die der *Proportionalität im Gesundheitswesen*. Wenn schon fast ausschließlich mit Güterabwägungen und dem Argument des größtmöglichen Gesamtnutzens gefochten wird, so muß auch die Frage erlaubt sein, inwieweit es gerechtfertigt ist, die Fortschritte der Spitzenmedizin massiv mit öffentlichen Geldern zu unterstützen, während die allgemeine Grundversorgung unbezahlbar wird.[30]

Weltweit gesehen, ist diese Disproportionalität bereits in erschreckendem Ausmaß gegeben. Wie der Weltgesundheitsbericht von 1996 ausweist, sind in den armen Ländern eine ganze Reihe von Infektionskrankheiten wie Tuberkulose, Diphtherie und Cholera, die weitgehend als überwunden galten, wieder rapide im Ansteigen, weil es an minimalsten Mitteln für ausreichende Ernährung, Hygiene und ärztliche Betreuung fehlt.[31]

Die Ethik der Humanmedizin ist jedenfalls nicht zu trennen von der sozialen Verantwortung und kann nicht zulassen, daß sich die Chancen für einen Teil der Menschen immer mehr verbessern und gleichzeitig für große Bevölkerungsteile zunehmend verschlechtern.

Die Forderung nach Proportionalität erhebt sich aber nicht erst im Blick auf die Gesundheitspolitik, sondern für die Wissenschaft selbst und für die entsprechende Forschungsförderung. Die Fixierung auf genetische Krankheitsursachen verstellt andere, mindestens ebenso wichtige Perspektiven wie die auf krankheitserregende Umweltschadstoffe und auf psychosoziale Streßfaktoren. Es muß bedenklich stimmen, wenn eine molekularbiologisch orientierte Psychiatrieforschung so komplexe Krankheitsbilder wie Schizophrenie, Depressionen oder Suchtverhalten auf Gendefekte festlegen will und dabei biographisch-psychoanalytische und sozioökonomische Aspekte vernachlässigen zu können glaubt. Das absurdeste Beispiel hierfür ist die Behauptung des amerikanischen Molekularbiologen *D. Koshland,* daß dem Obdachlosenproblem statt mit Wohnbauprogrammen sehr viel besser beizukommen sei, wenn man die genetische Fehlprogrammierung dieser Randgruppen untersuche.[32] Angesichts der erschreckenden Zahlen der Weltkonferenz Habitat II über die massenhafte Obdachlosigkeit in vielen Teilen der Welt klingt dies wie purer Hohn und rechtfertigt, wenn auch unbeabsichtigt, den Status quo sozialer Ungerechtigkeit.

2. Zur Genmanipulation von Tieren und Pflanzen und zur Patentierung von Lebewesen

Für die Anwendung der Gentechnik an Tieren gibt es vier Zielgruppen. Zwei davon, nämlich die bereits erwähnten Tiere als Organ„spender" und die sogenannten „Modelltiere" als Versuchstiere für die gentherapeutische Forschung dienen medizinischen Zwecken. Die beiden anderen, zahlenmäßig weit bedeutenderen Gruppen sind Nutztiere, die für den Milch- und Fleischmarkt gezüchtet werden oder die der Pharma-Industrie als Bioreaktoren dienen sollen.

Das Gemeinsame aller dieser Manipulationen ist, daß die gewünschten Optimierungen nicht wie bisher durch Kreuzung geeigneter Rassen entstehen, sondern daß *das Erbgut der Tiere plötzlich über die Artgrenzen hinweg verändert wird und dies ohne Rücksicht auf das Wohlbefinden der Tiere.* Die erzielte höhere Leistungsfähigkeit bedeutet für diese selbst erhöhten Streß und Verkürzung der Lebenszeit.[1]

Von *transgenen Züchtungen,* welche die Gesamtkonstitution der Tiere verändern, wissen wir, daß ihre „Produkte" krankheitsanfällig und oft eigentliche Krüppel sind. So leidet das mit artfremden Wachstumshormonen aufgeputschte australische Schwein, das größer und weniger fett wird als das normale Schwein, an Arthritis, Herzerweiterung, Nierenstörungen und anderen Beeinträchtigungen. Dasselbe gilt mit hoher Wahrscheinlichkeit auch für andere artüberschreitende Neuzüchtungen wie Riesenkarpfen (mit Forellenwachstumshormonen behandelt), schnell wachsende Hühner und Dutzende ähnlicher Chimären, die auf ihre Patentierung warten.[2] Schon der Anblick von schnellwachsenden Masttieren, die unter ihrem Eigengewicht kaum noch laufen können, wie das kürzlich in den USA patentierte Truthahngeflügel, erregt Mitleid mit der gequälten Kreatur und Abscheu gegenüber ihren Erzeugern.[3] In einem historischen Moment, in dem die jahrzehntelangen Bemühungen von Tierschützern endlich Früchte tragen und die ärgsten Haltungsschäden in den Tierfabriken zugunsten artgerechterer Bedingungen verschwinden; in einem Zeitpunkt, zu dem sich auch Juristen mit dem überholten Begriff des Tieres als bloßer Sache befassen, um ihn durch den eines zu respektierenden Lebewesens zu ersetzen, *will die Gentechnologie das Tier in einem nie dagewesenen Ausmaß zur Sache machen und auf beliebige Weise für menschliche Zwecke instrumentalisieren.*

Bei den mit Menschengenen veränderten Modelltieren wie der Krebsmaus kommt noch hinzu, daß sie ausschließlich dazu bestimmt sind, mit für den Menschen gefährlichen Krankheitserregern infiziert zu werden und während ihrer gesamten Lebenszeit zu leiden. So hat es auch gegen die als erstes Modelltier patentierte Krebsmaus weltweite Proteste und Einsprüche gegeben. Bei den Tieren, vor allem bei Schweinen, die zum Zweck der Organentnahme vorgesehen sind, werden ebenfalls menschliche Gene eingeschleust, um ihre Organe für den Menschen kompatibel zu machen.

Wenn auch für Versuchstiere und tierische Organlieferanten ein höheres medizinisches Interesse angemeldet werden kann, so lassen die Verlautbarungen zu diesem Thema keinen Zweifel an den mindestens ebenso großen wirtschaftlichen Interessen. Die führenden Pharmakonzerne setzen in erster Linie auf die Karte der Xenotransplantation und der dazu benötigten Medikamente als auf den zukunftsträchtigsten Medizinalmarkt. Der mutmaßliche weltweite Bedarf an tierischen Organen und die Gewinnaussichten sind jedenfalls bereits beziffert, und die größte Sorge scheint nur noch zu sein, ob die Bevölkerung und die Patientenzielgruppen die neuen Praktiken akzeptieren. Auch hier ist also der Bedarf zunächst ein hypothetischer und muß durch entsprechende Werbung erst gesichert werden.[4]

Die ethisch-kritischen Einwände gegen die neue Art der Tierevernutzung bewegen sich auf zwei Argumentationsebenen: auf der Prüfung der Folgen für die Tiere selbst und auf der Abwägung der physischen und psychischen Implikationen für den Menschen. Die Einwände auf der ersten Ebene stammen vor allem von Laien-Tierschützern und Ethologen (Zoologen) und enttäuschenderweise kaum von Veterinärmedizinern. Letztere duldeten nicht nur die qualvolle Haltung von Hühnern und Schweinen in den Tierfabriken, sondern geboten auch der Verfütterung des aus Tierkadavern hergestellten Tiermehls an wiederkäuende Pflanzenfresser viel zu spät Einhalt, was bei der Verbreitung des Rinderwahnsinns eine verhängnisvolle Rolle spielte. Noch weniger Rücksicht gegenüber den Tieren ist von den Mikrobiologen zu erwarten, die bereits unbekümmert mit genetischen Manipulationen experimentieren.[5]

Wie schon in der bisherigen Diskussion um medizinische Tierversuche, beanspruchen die Befürworter der neuen Techniken die *pauschale Rechtfertigung qua Güterabwägung*, die das Tier den menschlichen Interessen prinzipiell unterordnet. Ethisch gesehen ist es aber *grundsätzlich fragwürdig, das Leiden von Lebewesen als eine verrechenbare Größe zu Gunsten anderer Lebewesen einzukalkulieren.* Wahrscheinlich hätte man wissenschaftliche Tierexperimente schon längst auf ein Minimum beschränkt und würde nicht weltweit Hunderttausende von Labortieren „verbrauchen", wenn die emotionale Dimension als Kriterium ihrer Zulässigkeit ernst genommen würde. So argumentiert etwa *Robert Spaemann*, daß Tierversuche, welche die Forschung verantworten zu können glaubt, öffentlich sichtbar gemacht werden sollten. Wäre dies der Fall, so müßte sich das Publikum konkret mit dem Leiden der Tiere auseinandersetzen: „Wenn ich dadurch mein Wohlbefinden verbessern will, daß ich von der Forschung den Tieren bestimmte Leiden zufügen lasse, dann sollte es auch zumutbar sein, daß ich einmal zu sehen bekomme, worin der Preis besteht, der hier gezahlt wird."[6]

Die physischen Risiken der Xenotransplantation für den Menschen, nämlich die Gefahr, daß sich tierische Krankheitserreger auf Menschen übertragen könnten, sollen hier nicht näher erläutert werden.[7] Immerhin bilden das Aidsvirus, das sich möglicherweise aus einem Affenvirus entwickelte, sowie die Parallele zwischen Rinderwahnsinn und Creutzfeld-Jakob-Krankheit Warnsignale in dieser Richtung.[8]

Hingegen stellt sich mit der Tatsache, daß sich von den eingepflanzten Organen aus tierische Zellen via Blutbahn im ganzen menschlichen Körper ausbreiten („Post-Transplantations-Chimärismus"), ein völlig neues Problem: *Wird die psychische Integrität des Menschen und seine persönliche Identität durch die Implantation artfremder Organe nicht empfindlich beeinträchtigt?*

Vermutlich fällt die persönliche Reaktion bei den betroffenen Menschen ganz verschieden aus. Doch diejenigen, die ihren Körper nicht einfach als eine Maschine betrachten, die völlig unabhängig von seelisch-geistigen Abläufen funktioniert, werden sich ernsthaft überlegen, ob sie einem solchen Eingriff jemals zustimmen könnten. Im Lichte der neuesten Erkenntnisse in der Neurophysiologie ist jedenfalls die Vorstellung einer strikten Trennung von Körper und geistig/seelischer Identität kaum noch haltbar: Wenn sich im Verlauf eines Lebens der Körper „vergeistigt", wie Damasio sich ausdrückt, weil nicht nur das Gehirn, sondern unsere ganze „Körperlandschaft" ein Gedächtnis für unsere psychischen Erlebnisse darstellt, so wären wesentliche Teile dieser Landschaft nicht beliebig auswechselbar, wenn die Leib-Seele-Identität gewahrt werden soll.

Gegenüber den spektakulären Tiermanipulationen und den gentechnischen Anwendungen beim Menschen tritt im öffentlichen Bewußtsein die *Pflanzengenetik* in den Hintergrund, obwohl sie wirtschaftlich die weitaus größte Bedeutung besitzt. Tatsächlich eröffnet die Technik der Pflanzenmanipulation geradezu phantastische Möglichkeiten für die Neuzüchtung von Nutzpflanzen innerhalb kürzester Zeit. Dennoch ist ihr zukünftiger Nutzeffekt in den meisten Teilen der Welt mehr als fraglich.

Erstens brauchen ertragreichere Sorten mehr Wasser und künstliche Nährstoffe und laugen demzufolge die Böden aus. Zweitens sind für die Industrie, die das genmanipulierte Saatgut herstellt, nur großflächige Monokulturen profitabel, die den Artenreichtum verkümmern lassen bei gleichzeitigem Anstieg der Krankheitsanfälligkeit. Drittens bewirkt jede Art von Industriealisierung in der Landwirtschaft gravierende Veränderungen in der Sozialstruktur. Alle drei Faktoren wirken sich in Drittweltländern besonders ungünstig aus, was unübersehbar wurde, als die *Spätfolgen der „Grünen Revolution"* auftraten.

Eine ganze Reihe wissenschaftlicher Studien zeigt, daß die Einführung des Hochleistungsgetreides Ende der sechziger, Anfang der siebziger Jahre in Indien und Südostasien während der ersten fünf Jahre zwar spektakuläre Ernteerfolge zeitigte, sich aber nach Ablauf von 20 Jahren als ökologische und soziokulturelle Katastrophe entpuppte. Als Musterbeispiel schildert *Vandana Shiva* die Entwicklung im Punjab im Norden Indiens.[9] Dieses Gebiet stellte dank seiner fruchtbaren Böden schon immer eine Kornkammer Indiens dar und wurde von den internationalen Organisationen für Wissenschafts-, Technologie- und Handelsentwicklung (UNCSTD, UNCTAD, FAO) sowie der Weltbank als Paradebeispiel erfolgreicher Entwicklungshilfe auserkoren. Dafür schlossen sie Kreditverträge mit der Zentralregierung in Delhi ab, unterstützten riesige Staudamm- und Bewässerungsprojekte und sorgten für straffe, zentralisitische Ausführungsorgane in Indien selbst.

Die großzügige Starthilfe für die Produzenten verhalfen jedoch nur den Großbauern und Großgrundbesitzern zu schnellem Reichtum, während die Kleinbauern und Kleinpächter schon 10 Jahre später an ihrer Schuldenlast erstickten, und heute ein Drittel der Bevölkerung in bitterster Armut lebt. Da die bankrotten Kleinbauern und Landlosen in der neuen, maschinengestützten Landwirtschaft keine Arbeit mehr fanden, wanderten sie in die Slums der Städte ab. Seit den achtziger

Jahren erfuhren aber auch mittlere Betriebe bittere Enttäuschungen, nachdem die ausgelaugten Böden immer mehr Kunstdünger verschlangen und die hohen Aufwendungen für Saatgut und künstliche Bewässerung den Gewinn schmälerten. Dies führte zu massiven Protestbewegungen der Bauern gegen die Zentralregierung, was diese 1984 mit dem verhängnisvollen Einmarsch ihrer Truppen und der Zerstörung des Goldenen Tempels der Sikh beantwortete. *Was als ethnischer und religiöser Konflikt dargestellt wurde, ist nur die Spätfolge wirtschaftlicher und sozialer Konflikte:* Die Mehrzahl der Bauern im Punjab sind Sikhs, die vor der Grünen Revolution friedlich neben den Hindu-Gruppen lebten und unter denen sich erst fundamentalistische Gruppen bildeten, nachdem die Industrialisierung und Kapitalisierung der Landwirtschaft die alten sozialen Bindungen und die Gemeinde-Selbstverwaltung zerstört hatte. Sie sind die Antwort auf ein ethisches Vakuum, das rücksichtsloses Konkurrenzdenken, Konsumsucht und die Überschwemmung mit Gewaltdarstellungen in den Medien schufen. Was hier für den Punjab geschildert wird, nämlich der Verlust der sozialen und moralischen Identität in kleinen, überschaubaren Gemeinschaften, die Atomisierung und gleichzeitige Zentralisierung der Gesellschaft und die daraus folgende Flucht in die Arme fundamentalistischer Bewegungen, spielt sich überall auf der Welt ab. Jedenfalls überall dort, wo eine für die regionalen Verhältnisse blinde „Entwicklungshilfe" nicht nur das ökologische, sondern auch das soziale und politische Gleichgewicht zerstört.[10]

Die am meisten Leidtragenden einer solchen Entwicklung sind Frauen und Kinder, weil in zwei Dritteln der Welt in erster Linie die Frauen für die familiäre Subsistenzwirtschaft verantwortlich sind. Ihr auf engstem Raum betriebener, höchst effizienter Mischanbau wird durch die Industrialisierung der Landwirtschaft zunichte gemacht.[11]

Dennoch erkennt man in Wissenschafts- und Wirtschaftskreisen diese Zusammenhänge bis heute nur ungenügend und schickt sich an, die Schäden der Grünen Revolution durch *eine zweite, gentechnologische (weiße) Revolution* zu beheben. Nun sollen genmanipulierte Nutzpflanzen auf den ausgedörrten, versalzenen oder versumpften Böden, die das Ergebnis des künstlich gestörten Wasserhaushalts darstellen, die Mängel ausgleichen. Die bis jetzt von der biochemischen Industrie angebotenen Sorten zeichnen sich allerdings vor allem durch Herbizidresistenz aus, d.h. sie nehmen an den mitgelieferten chemischen Pflanzenschutzmitteln keinen Schaden. Dies führt zu neuen Monokulturen, die den einheimischen Sorten keine Chance lassen und die Bauern von der Bioindustrie abhängig machen.

Dazu kommt, daß die industriellen Erzeugnisse aus Genlabors wie die massenhaft geklonten Setzlinge für Ölpalmen und die künstliche Herstellung von Kakaobutter oder Vanille eine zum Teil katastrophale Bedrohung für Bauern und Bäuerinnen im Süden bedeuten. Sie führen zu Überangebot und Preiszerfall bzw. zur vernichtenden Konkurrenz gegenüber dem Angebot von Naturprodukten.[12]

Regierungsunabhängige Experten vor Ort stellen die Prognose, daß die gentechnologische Revolution für die nördlichen Industrieländer riesige Gewinne verspricht, aber der Wirtschaft der Dritten Welt kaum förderlich sein wird – jedenfalls solange nicht, als man den einheimischen Instituten nicht Zeit und Gelegenheit läßt, die neuen Technologien in einer auf regionale Verhältnisse zugeschnittenen Art und auf eigene Rechnung zu nutzen.[13]

Das ethisch-rechtliche Kernproblem bildet dabei *die Patentierbarkeit von Lebewesen.* Ursprünglich ausschließlich für technisch-mechanische Erfindungen vorgesehen, übt die biochemische Industrie enormen Druck auf alle Regierungen aus, den Patentschutz auch auf genmanipulierte Pflanzen und Tiere zu erweitern. Damit erklärt sie zu „Erfindungen" und geistigem Eigentum, was sie aus den Ressourcen der Natur „rekombiniert". Und da die überwältigende Mehrheit der Artenvielfalt in den Drittweltländern erhalten blieb, läuft deren gentechnische Verwendung auf die Raubkopie dieses Reichtums hinaus. Gleichzeitig kann sich der Norden die über Jahrhunderte erbrachten Leistungen der Nutzpflanzenzucht und die

Heilpflanzenerfahrung der indigenen Völker zunutze machen. Erst in jüngster Zeit wächst der Widerstand der außereuropäischen Kulturgemeinschaften gegen diese kostenlose Ausbeutung, und dies umsomehr, als der Norden die daraus entwickelten Patente später in die gleichen Länder mit großem Gewinn verkauft, seien es Medikamente oder Saatgut, wobei das letztere auch noch mit jahrzehntelangen Patentgebühren belegt wird.[14]

Vor allem bei der gentechnischen Manipulation von Grundnahrungsmitteln stellt sich mit aller Schärfe die Frage nach den eigentlichen Bedürfnissen. Von den nicht ganz auszuschließenden gesundheitlichen Risiken einmal abgesehen,[15] zeichnen sich sehr viel mehr Vorteile für Industrie und Handel als für bäuerliche Produzenten und Konsument/innen ab. Auch die Bauern im Norden werden kaum vom genmanipulierten Saatgut profitieren, wenn man die entsprechenden Patentgebühren in Rechnung stellt.

Hinzu kommt, daß sich neue Sorten meist gar nicht aufdrängen. Eine fäulnisanfällige Kartoffelsorte durch Genmanipulation verbessern zu wollen, ist völlig unsinnig, nachdem es eine Reihe anderer, unserem Klima besser angepaßter und qualitativ gleichwertiger Sorten gibt, auf die Biobauern längst umgestellt haben. Überhaupt wäre *die Förderung des biologischen Anbaus ökologisch und sozial gesehen die weltweit erstrebenswertere Alternative.* Im Gegensatz zu den hochtechnisierten Monokulturen setzt die biologische Landwirtschaft statt giftiger Herbizide natürliche Schädlingsbekämpfer ein, läßt an Stelle von Kunstdünger die Böden auf natürliche Weise regenerieren und kann sich durch kleinräumige Mischkulturen den regionalen Bedürfnissen optimal anpassen. Allerdings ist sie sehr arbeitsintensiv (was für die Drittweltländer mit ihrer enormen Arbeitslosenzahl nur von Vorteil wäre!) und es lassen sich mit ihr keine hohen Gewinne erzielen. Die große Nachfrage von Konsumentenseite zeigt aber, daß der Bedarf an gesunder, schadstofffreier Nahrung ständig wächst und damit bäuerlichen Kleinbetrieben die Chance gibt, auch unter dem Druck des internationalen Freihandels zu überleben.

3. Angewandte Ökologie als Gewissensfrage

Über die globale ökologische Bedrohung ist soviel geschrieben worden, daß ein Literaturnachweis Dutzende von Seiten füllen würde. Heute geht es nicht mehr um Dokumentation. Wir wissen zur Genüge, daß die Umweltschäden in entscheidendem Ausmaß menschengemacht und zum Teil bereits irreversibel sind. Es geht „nur" noch darum, die praktischen Konsequenzen daraus zu ziehen.

Alle Umwelt-, Weltklima- und Welternährungsgipfel stimmen in der *Schadensdiagnose* überein, nachdem die Vorboten der drohenden Klimakatastrophe unübersehbar sind: das Steigen der Meeresspiegel und die Bedrohung der pazifischen Inselwelt, die nicht mehr tolerierbare Konzentration der Ultraviolettstrahlung in Australien/Neuseeland, das Vordringen der Wüsten auf der südlichen Halbkugel und die Zunahme der Sturm- und Flutkatastrophen auf dem ganzen Globus.

Weniger einig ist man sich in der *Benennung der Schadensverursacher,* doch sprechen die nackten Zahlen für sich: Die nördlichen und fernöstlichen Industriestaaten, die nur rund 20% der Weltbevölkerung ausmachen, aber 80% der gesamten Energieressourcen verschleißen, tragen die Hauptverantwortung für die ökologische Krise. Die Universalisierung des westlichen Lebensstandards würde den unverzüglichen ökologischen Kollaps der Erde bedeuten, und dies führte den Philosophen *Vittorio Hösle* zu dem bestürzenden Satz, „daß *der Lebensstandard des Westens nicht moralisch* ist", jedenfalls wenn wir ihn an der Kantschen Forderung messen, wonach nur dasjenige Handeln moralisch zu nennen ist, das zum allgemeinen Gesetz erhoben werden könnte.[1]

Die bestürzende Einsicht von der Weltunverträglichkeit der modernen Industriekultur stellt die Rolle Europas als „Lehrmeisterin" der sogenannten Entwicklungsländer grundsätzlich in Frage. Dies umso mehr, als sich die als Entwicklungshilfe bezeichneten Eingriffe westlicher Wissenschaftler, Wirtschaftskonzerne und Banken (Weltbank, IWF) langfristig nicht nur als nicht hilfreich, sondern sehr oft als kontraproduktiv erwiesen.

Die ruinösen Folgen einer verfehlten Drittweltpolitik, wie sie *Susan George* in ihrem aufrüttelnden Buch „Sie sterben an unserem Geld" (1988) dokumentierte, werden durch die Statistiken der Weltbank immer eindeutiger bestätigt: Ein Vielfaches der Geldmenge, die in Form von Krediten an die Entwicklungsländer ausgegeben wurde, fließt in Form von Schuldzinsen und Amortisationen aus den Südstaaten in die „Geber"-Länder zurück. Dabei entstand die riesige Verschuldung der Drittweltstaaten in erster Linie auf Drängen der nördlichen Banken, die in den siebziger Jahren als aggressive Anbieter Anlagemöglichkeiten suchten. Zudem drängten die europäischen Entwicklungsexperten die Regierungen der Südstaaten zur Aufnahme immenser Kredite zu damals verlockend niedrigen Zinssätzen. Als dann die Zinssätze unerwartet immer höher kletterten, verwandelte sich die „Hilfe" in einen tödlichen Würgegriff, mit dem diese Länder unter dem beschönigenden Begriff der „Strukturanpassungen" ausgepreßt werden.[2]

Wenn immer wieder und zu Recht auf korrupte Regierungen verwiesen wird, deren Mitglieder die Hilfskredite in die eigene Tasche stecken, so verschweigt man dabei freilich zwei viel grundsätzlichere Ursachen der Misere. Zum einen sind auch die integersten Regierungen von Staaten auf der Südhalbkugel dazu gezwungen, gegen die Interessen ihres Volkes zu handeln und den Export von Luxusgütern in den Norden zu fördern, auch um den Preis, die dringendste Selbstversorgung des eigenen Landes zu vernachlässigen. Zum andern lohnt es sich für multinationale Konzerne durchaus, mit korrupten Regierungschefs Verträge abzuschließen, weil sie dabei die für sie günstigsten, für das betreffende Land aber ökologisch und sozial unvertretbarsten Bedingungen aushandeln können.[3]

Daß aufgrund dieser verhängnisvollen Politik die Reichen immer reicher und die Armen immer ärmer werden, ist bereits ein abgenutztes Schlagwort, das aber mit dem UNO-Entwicklungsprogramm-Bericht (UNDP) von 1996 eine neue, alarmierende Aktualität gewinnt. Darin sagt der Administrator der UNDP, J. G. Speth: „Wenn die derzeitigen Trends anhalten, wird das wirtschaftliche Gefälle zwischen Industrie- und Entwicklungsländern Ausmaße annehmen, die nicht nur ungerecht, sondern unmenschlich sind." Mit dieser Aussage wird *das Scheitern der bisherigen Entwicklungspolitik* zugegeben, wenn darin auch immer noch zu wenig zum Ausdruck kommt, daß die offizielle Hilfe (im Gegensatz zu regierungsunabhängigen Hilfsprogrammen) in erster Linie eine Hilfe an die westliche Industrie darstellt, die dringend Investitions- und Exportmärkte sucht und die ihre Risiken dazu noch durch den Staat absichern läßt.

Der genannte Bericht korrigiert aber auch die Einschätzung der sogenannten Schwellenländer, von denen besonders die Asiens während der vergangenen 15 Jahre ein spektakuläres Wirtschaftswachstum verzeichnen konnten. Dieser Aufschwung kam aber nur einer Elite bzw. einer sich neu bildenden, städtischen Mittelschicht zugute, während die große Masse der Bevölkerung in den gleichen Ländern in bitterer Armut lebt. Die Anzahl der Armen stieg weltweit um 17 Prozent, während gleichzeitig das Vermögen der 358 Milliardäre das jährliche Gesamteinkommen der ärmeren Hälfte der Weltbevölkerung übersteigt.[4] Wie eine solche Anhäufung von Reichtum auf Kosten eines Großteils der Menschheit überhaupt möglich ist, soll noch zur Sprache kommen. In diesem Abschnitt geht es um den Zusammenhang zwischen der Verarmung des Südens und der fortschreitenden ökologischen Defizite. Dieser Zusammenhang wird zwar von allen Sachverständigen gesehen, aber oft sehr einseitig begründet.

Wenn von zunehmender Verknappung der Böden, von Abholzung und Wassermangel die Rede ist, so erscheint als stereotype Begründung *die sogenannte Bevölkerungsexplosion in der Dritten Welt.* Zweifellos nimmt die Bevölkerung in den ärmsten Ländern besonders stark zu, aber nicht, wie es oft unterschwellig anklingt, weil sich „rückständige" Völker von Natur aus unkontrolliert vermehren würden (siehe S. 202f.). Tatsächlich sind für die Überbevölkerung vor allem zwei Faktoren verantwortlich: Erstens der traditionelle Faktor einer patriarchalen Mentalität, die auf männliche Nachkommen pocht und Frauen dazu zwingt, neben den nicht zählenden Mädchen eine stolze Schar von Söhnen zu produzieren. Zweitens der Faktor der sozialen Entwurzelung als Folge der Industrialisierung und Verstädterung. Wie schon das Beispiel Punjab zeigt (oben S. 340 f.), rief erst der Siegeszug des modernen Industriekapitalismus, vor allem die Industrialisierung der Landwirtschaft, die Massenflucht der verarmten Landbevölkerung in die Städte hervor. Ihrer ursprünglichen Sippenbande beraubt und jeder sozialen Sicherheit bar, bilden für diese Menschen eigene Nachkommen die einzige Altersversorgung, wobei sie wiederum vor allem auf die Söhne setzen müssen, weil nur sie Aussicht auf einen bezahlten Job haben, während die Frauen ihre angestammte Selbstversorgung in der bäuerlichen Subsistenzwirtschaft verloren.[5] Erst an dritter Stelle ist der medizinische Fortschritt zu nennen, der den ärmsten Völkern bis heute nur mangelhaft zugute kommt.

Erfahrene Entwicklungshelfer/innen wissen, daß es nur zwei Wege zu einer effizienten Geburtenbeschränkung gibt: Der eine führt über eine *gerechtere Verteilung des Bodens;* der andere über ein *umfassendes Selbstbestimmungsrecht der Frauen.* Daß alle (Zwangs-) Programme zur Familienplanung scheitern, solange die Frauen in ihrem Status nicht gestärkt werden, scheint sich bis in die höchsten Ränge der Weltbank herumgesprochen zu haben, die sich neuerdings an Frauen-Bildungsprojekten und an der Gründung von Kleinunternehmen durch autonome Frauengruppen des Südens beteiligen.[6]

Doch selbst wenn die Stabilisierung des Weltbevölkerungswachstums gelänge, wären damit *die ökologischen Probleme* längst nicht gelöst. Sie werden ja schon heute zum größten Teil durch die Industrieländer mit ihrem 2-Kindersystem verursacht und werden *in dem Maße weiter zunehmen, als sich der Lebensstil der Entwicklungsländer jenem der Industrienationen annähert.*

Auch ist die Annahme, vor allem die Armen der Dritten Welt würden auf der Suche nach Land oder Brennholz ihre Wälder zerstören, irreführend. In viel größerem Ausmaß vernichtet die Holzindustrie sowohl im Norden (Kanada) als auch im Süden (an der Südspitze Lateinamerikas, im Amazonasgebiet und in Malaysia) systematisch die Lungen der Erde. Ähnliches gilt für die Probleme der Wasser- und Energieversorgung. Die Großprojekte für Staudämme, Bewässerungsanlagen und Elektrizitätswerke im Süden dienen in erster Linie den reichen Grundbesitzern, der reichen städtischen Mittelschicht und dem Prestigedenken der Regierenden und nicht zuletzt den Interessen der Großfirmen im Norden. Dabei verschließen alle Profiteure bewußt ihre Augen vor den verheerenden Folgen der meisten dieser Projekte. Ungeachtet aller negativer Erfahrungen in der Vergangenheit, wird etwa in China das Monsterprojekt des Dreischluchten-Staudamms am Jangtse geplant, das 1,5 Millionen Menschen aus ihrem Lebensraum vertreiben würde, oder der gigantische Bakun-Staudamm auf Borneo (Malaysia), der große Teile des tropischen Primärwalds zerstören und den skurpellosen Holzfirmen Zugang ins Innere der Insel verschaffen soll. An allen diesen Projekten sind internationale Konzerne beteiligt, um sich Milliarden-Aufträge zu verschaffen.[7]

In deren Chefetagen zeigt man sich allerdings von alledem unberührt und macht sich nicht die geringste Vorstellung von den Leiden der betroffenen Bevölkerungen. „Umsiedlung" Tausender bis Hunderttausender von meist noch in traditionellen Stammesverbänden lebenden Menschen, bedeutet für diese nicht nur den psychischen Tod, wenn sie ihr Land, mit dem sie religiös aufs tiefste verbunden sind, verlassen müssen, sondern auch die physische Verelendung, nachdem sie von den Zentralregierungen regelmäßig um eine angemessene Entschädigung betrogen werden.

Die stillschweigende allmähliche Auslöschung indigener Kulturen vollzieht sich in den Schwellenländern auch unabhängig von Großprojekten zum Beispiel dadurch, daß man reizvolle Landschaften für den Tourismus erschließt und ganze Dorfbevölkerungen aus ihren Siedlungen vertreibt. In Malaysia erschwindeln sich Bodenspekulanten die traditionellen „Kampungs" mit Kauf- und vorgetäuschten Mietverträgen, um die

Siedlungen dann abzureißen und durch teure Appartements zu ersetzen.[8]

Es wäre dringend geboten, in Parallele zum internationalen Tribunal für Kriegsverbrechen ein Gericht für Sozial- und Umweltverbrechen einzurichten. Dann würden auch westliche Firmen, die mit skrupellosen Regierungen gegen die Interessen der Bevölkerung kollaborieren, nicht ungeschoren davonkommen. Nicht zuletzt zählt zu diesen ungesühnten Verbrechen das illegale Verschieben von Industrieabfällen aus dem Norden in die ärmsten Länder des Südens.

Wenn wir die praktische Umsetzung der ökologischen Einsichten als Gewissensfrage betrachten, so wäre es allerdings naiv, nur das individuelle Gewissen einzelner Bürger oder die individuelle Verantwortung von Wirtschaftsführern und Politiker/innen anzusprechen. Jede und jeder von uns kann zwar Energie sparen, unnötige Abfälle vermeiden und sich politisch für die Durchsetzung ökologischer Prinzipien engagieren, aber gleichzeitig sind wir alle an *ein modernes Fortschritts- und Wirtschaftssystem* gekettet, *das von seinen Prämissen her dem ökologischen Denken diametral entgegensteht.*

Als Motor für die moderne Technologie- und Marktentwicklung sind vor allem drei Antriebskräfte zu nennen, die, zunächst voneinander unabhängig, sich zunehmend gegenseitig verstärkten: der grenzenlose Fortschrittsglaube der Naturwissenschaften, das Dogma von der Konkurrenzgesellschaft und unser Geldsystem als Glaube an die wunderbare Wertvermehrung. Alle drei Ideologien sind relativ jungen Datums und eroberten vom vergleichsweise winzigen Territorium Europas aus die intellektuellen und wirtschaftlichen Zentren der ganzen Welt. Aber allein die Tatsache, einen dieser Faktoren oder gar alle drei als Ideologien zu benennen, kommt einem Tabubruch erster Ordnung gleich. Wer vor dem Hintergrund der herrschenden neoliberalen Doktrin als Experte für Wissenschaft, Wirtschaft oder Politik argumentieren will, muß von der stillschweigenden Übereinkunft ausgehen, die genannten Prämissen seien so etwas wie unüberwindbare Naturgegebenheiten.

Danach stellt jedes Forschungsvorhaben den unaufhaltsamen Ausfluß menschlicher Neugierde dar, bildet das Konkurrenzstreben die natürliche Fortsetzung des biologischen Auslesemechanismus und ist unser Geldsystem das unentbehrliche Hilfsmittel jeder Zivilisation, für das es keine Alternative gibt.

Daß diese Prämissen die praktische Umsetzung der zwingenden ökologischen Einsichten lähmen, wird am deutlichsten am *Konkurrenzprinzip*. Die Argumente gegen vernünftige Umweltgesetze, monetäre Energiesteuerung zugunsten erneuerbarer Energien usw. laufen immer darauf hinaus, daß sie den internationalen Wettbewerb verzerren und untragbar seien, solange sich nicht alle Marktteilnehmer an die gleichen Regeln halten. Wenn aber alle darauf warten, daß die anderen den Anfang machen, werden wir unausweichlich dem bösen Ende näher rücken.[9] Allein schon diese Überlegung müßte Zweifel an der Zweckmäßigkeit des absoluten Konkurrenzprinzips wecken.

Noch stärker tabuisiert sind die beiden andern Gegenkräfte, die eine vernünftige ökologische Politik hemmen: *das Prinzip der Gewinnmaximierung* und die angeblich unaufhaltsame *Eigendynamik des technischen Fortschritts*.

Laut darüber nachzudenken, ob es für das Geld noch andere Funktionen geben könnte, als es für Profit „arbeiten" zu lassen und der Gewinnmaximierung zu dienen, erscheint vom neoliberalen Standpunkt aus nicht nur als weltfremd, sondern geradezu als ungehörig (unter anderem deshalb, weil man soziale und kulturelle Ausgaben als Wohltätigkeit aus privaten Gewinnüberschüssen verstanden wissen will). Sobald wir aber die Tatsache klar genug erkennen, daß es unser Geldmechanismus ist, der das Wirtschaftswachstum und mit ihm den Energieverschleiß ad infinitum antreibt, wird eine solche Diskussion unausweichlich.

Als einer der ersten eröffnete sie *H. Ch. Binswanger* mit seinem Buch „Geld und Natur" (1991), worin er klarmacht, daß unter Beibehaltung unseres gegenwärtigen Geldsystems das Dilemma zwischen Ökonomie und Ökologie unlösbar ist – trotz aller Lippenbekenntnisse zu einer „nachhaltigen" oder zukunftsfähigen Wirtschaft. Gleichzeitig sieht Binswanger als einer der ganz wenigen Nationalökonomen die psychologische *Verwandtschaft zwischen Geldideologie und wissenschaftlicher Fortschrittsideologie*. Beiden gemeinsam ist ihre prinzipielle Grenzenlosigkeit: Weder dem Wachstum der Geldmenge sind, bei gewinnbringender Anlage, Grenzen gesetzt noch der Erfindungsgabe des Menschen, und das Zusammenspiel beider bringt sie in einen prinzipiellen Gegensatz zur Natur und allen natürlich-lebendigen Abläufen.

Auch der Mensch als Teil der Natur ist physisch und psychisch an die Endlichkeit und die Rhythmen des Lebens gebunden, weshalb quantitatives Wachstum und Wachstum der Lebensqualität zwei ganz verschiedene Größen sind. Der technische Fortschritt kann zwar die Lebensqualität bedeutend erhöhen, aber *es gibt ein unüberschreitbares Optimum, von wo ab die durch Wachstum bewirkte Lebensqualität kleiner wird als deren Minderung durch Raubbau an der Natur und durch Mißachtung von sinnlichen und emotionalen Bedürfnissen.*[10]

Die absurde Tatsache, daß ein paar Hundert Individuen (358 Milliardäre) mehr Vermögen besitzen, als der Hälfte der Weltbevölkerung als jährliches Gesamteinkommen zur Verfügung steht, und sich die Schere zwischen arm und reich noch weiter öffnen wird, *muß den Glauben an die Humanität unseres Wirtschaftssystems von Grund auf erschüttern.* Das heißt, die Nationalökonomen als Berufsstand sind moralisch und wissenschaftlich herausgefordert, dieses System von Grund auf zu überdenken.

Dazu kommt die notwendige Revision der illusionären Vorstellung, die durch Technik verursachten Umweltschäden könnten durch immer noch mehr Technik behoben werden. Jede Technologieanwendung bedeutet erneuten Energieverschleiß plus Produktion von mehr oder weniger unverdaulichen Rückständen. Das nicht zuletzt durch die Computerbranche (die alle sechs Monate neue Modelle kreiert und die veralteten zu Abfallbergen türmt) verschärfte Entsorgungsproblem läßt sich auch durch das vielgepriesene Recycling nur bedingt lösen, weil es seinerseits enorme Energien verschlingt.

Dennoch hält sich hartnäckig die Illusion von der unendlichen Vermehrbarkeit von Warenproduktion und Energieerzeugung. Dabei ist merkwürdig genug, daß man ausgerechnet im Bereich der Naturwissenschaft, in welchem das Energieerhaltungsgesetz formuliert wurde, immer wieder versucht, es scheinbar außer Kraft zu setzen. Der längst ad acta gelegte Traum vom perpetuum mobile scheint aus einem irrationalen Wunschdenken heraus in immer neuen Formen zu entstehen. Dagegen hält der bekannte Kernphysiker und Träger des alternativen Nobelpreises, *Hans Peter Dürr,* mit allem Nachdruck fest: *Es gibt keine Energie-Erzeugung, sondern nur eine Energie-Umwandlung.* Ohne die dauernde Zufuhr von Energie durch die Sonne wäre die Erde längst erkaltet und alles Leben auf ihr erstorben. Der Mensch treibt reinen Raubbau an fossilen Brennstoffen, d.h. an den in der Erde eingelagerten Rückständen von Sonnenenergie.[11]

Bekanntlich ist die „Erzeugung" von Kernkraft gegenüber der Benutzung fossiler Energien keine echte Alternative, weil ihre Abfälle langfristig ebenso gefährlich sind wie die klimaverändernden CO_2-Emissionen. Aber auch der Traum von der Erschließung ganz neuer „Durchbrecher"-Technologien wie die Energiegewinnung durch Kernfusion, aus dem Erdinnern oder dem Weltraum bleibt Illusion, weil sie nur über den Weg eines enormen Energieaufwands zu gewinnen sind und zudem partielle Naturzerstörungen und neue Risiken in Kauf nehmen. Außerdem wird es schon in den nächsten Jahrzehnten schneller als bei den Energieressourcen zu alarmierenden Engpässen im Abfall-Entsorgungsproblem kommen.[12]

Diese Sachverhalte schließen zwei gängige Vorstellungen als Illusion aus: Erstens die Vorstellung, Umweltschutz könne sich darin erschöpfen, frühere Schäden zu reparieren, und zweitens die Annahme, ein bestimmter Umweltstandard ließe sich stabil erhalten bei gleichzeitig fortschreitendem Wachstum: „Die Anforderungen an den Umweltschutz steigen bei wirtschaftlichem Wachstum stärker als die Mittel, die sich aus dem Wachstum ergeben", resümiert Binswanger und zieht daraus den Schluß, daß die Erhaltung der Umwelt nur durch ein Bremsen des Wachstums und das Umsteigen auf erneuerbare Energien möglich sei.[13]

Um aber andere Zukunftsszenarien zu entwerfen und ernsthaft zu planen, müssen wir *von den falschen Prämissen, auf denen die Wachstumsideologie ruht, Abschied nehmen.* Von der wissenschaftlichen Neugierde sagt H. P. Dürr, der es aus eigener Anschauung wissen muß, daß sie weniger einem natürlichen Erkenntnisdrang als einer Faszination folge, die sich an möglichen Anwendungen entzündet. Und selbst die rein kontemplativen Wissenschaftler, die es nach wie vor gibt, können sich der Verantwortung für das Verwertbare nicht mehr entziehen.[14]

Was das Konkurrenzstreben anbelangt, so halten es namhafte Biolog/innen nicht für die einzige Antriebskraft der Evolution, was im übrigen auch Darwin nie behauptet hatte. In der Natur gibt es neben Selbsterhaltung und Selbstdurchsetzung des Individuums eine Vielfalt kooperativen Verhaltens, weshalb die generalisierende Metapher vom Daseinskampf im Sinne eines Kampfes aller gegen alle sich so nicht halten läßt.[15]

Schließlich gibt es in der Natur kein Maximierungsprinzip. Lebendige Systeme tendieren immer zu optimalen, ausbalancierten Lösungen: „Sie (die Natur) versucht nämlich nicht, alle Optionen voll auszureizen, sondern möglichst viel Flexibilität – im Sinne eines Potentials an Gestaltungsmöglichkeiten – zu erhalten."[16]

Mit anderen Worten: *Machbarkeit um jeden Preis, unerbittliches Konkurrenzdenken und egomane Gewinnmaximierung sind menschliche Erfindungen und keine von der Natur auferlegten Zwänge.* Sie gefährden im Gegenteil im Endeffekt das Überleben des Menschen, wenn er seine Mitwelt, von der er abhängt, rücksichtslos übertrumpft. Es wird vielmehr alles darauf ankommen, unsere Freiheit als lebendige, mitweltbezogene Wesen zu erhalten und sie gegen die selbstgesetzten Zwänge zu verteidigen.

4. Die De-Humanisierung der Arbeit oder: Wieviel Automatisierung verträgt der Mensch?

Obwohl tagtäglich Hiobsbotschaften über Massenentlassungen aus allen westlichen Industriestaaten eintreffen und mit Ausnahme einiger Schwellenländer die Zahl der Arbeitslosen weltweit ständig steigt – sie liegt gegenwärtig bei 800 Millionen –, versuchen maßgebliche Wirtschaftsträger noch immer, das Problem herunterzuspielen und durch gezielte Desinformation zu vertuschen. In Wahrheit vollzieht sich vor unseren Augen ein Prozeß mit unerbittlicher Folgerichtigkeit, den hellsichtige Wissenschafts- und Wirtschaftsanalytiker schon vor Jahrzehnten voraussagten. Was *Günter Anders* die *„Antiquiertheit des Menschen"* (1988) nannte,[1] resumiert *Jeremy Rifkin* in seinem 1995 erschienen Buch vom *„Ende der Arbeit"*, das auf der Dokumentation von US-amerikanischen Verhältnissen beruht.[2]

Die immer effizienteren Computer und Roboter-„Generationen" sind der menschlichen Leistungsfähigkeit in den meisten Arbeitsbereichen überlegen und beginnen, die menschliche Arbeitskraft systematisch zu verdrängen. Sämtliche Wirtschaftsplanungen für die kommenden Jahrzehnte laufen auf ein und dasselbe Prinzip hinaus: Erhöhung der Betriebsproduktivität durch Einsparung von Personalkosten. Der vollautomatischen Fabrik ohne Arbeiter soll das elektronische Büro ohne Sekretärin, der Verkaufsladen ohne Verkäufer und das Waren- und Auslieferungslager per Roboter und ferngesteuerten Fahrzeugen folgen. Elektronisch gesteuerte Restaurants ohne Bedienung und ohne Köche (Mikrowellenerhitzung fabrikmäßig vorgekochter und tiefgekühlter Produkte) sind in den USA bereits Realität und die „elektronische Empfangsdame" für sämtliche Dienstleistungsbetriebe und der Computer zur Bearbeitung von Bewerbungen und Personalauswahl (Resumix) werden laufend vervollkommnet.[3]

Auch in den Ländern der Dritten Welt, die während der letzten Jahrzehnte als Billiglohnländer die Herstellungskosten nördlicher Konzerne drücken halfen, hält seit kurzem die dritte Revolution in eher noch größerem Tempo Einzug als in der ersten Welt. Dabei sind es wieder die multinationalen Konzerne, die an den Bedürfnissen der breiten Bevölkerung vorbei hochautomatisierte Betriebe erstellen (wie die *maquiladores* an der Grenze USA/Mexiko oder das High-Tech-Zentrum Bangalore in Indien), die wenig beschäftigungsintensiv sind. Hochautomatisierte Produktionsstätten können heute an jedem beliebigen Ort der Welt entstehen, und die Standortwahl hängt nur noch von den Rahmenbedingungen wie der Nähe zum angepeilten Markt, geringen Umwelt- und Sozialvorgaben und Steuervergünstigungen ab.[4]

Es kann also keine Rede davon sein, daß die neuen Spitzentechnologien wesentlich dazu beitragen würden, die verlorengehenden Arbeitsplätze in den traditionellen Industriezweigen zu ersetzen, denn sie alle – einschließlich der gentechnologischen Produktionsweise – benötigen nur eine kleine Gruppe von Spezialisten – Forschern, Ingenieuren, Programmierern etc. – und eine ebenso kleine Menge an Personal, das ihnen zuarbeitet. *Das elegante Schlagwort vom „schlanken Unternehmen" ist nur eine Chiffre für das Abschütteln überflüssiger Arbeitskräfte.*

Auf diese Weise spalten sich auch die bisherigen Wohlstandsgesellschaften des Nordens in reiche und arme Bevölkerungsteile auf, was in den USA 1992 folgende Verteilung ergab: Eine kleine Elite von nur einem halben Prozent besitzt über 50% allen privaten Geschäftsvermögens. Eine nächste Gruppe hochqualifizierter Beschäftigter (4%) bildet die eigentliche Steuerungs-Crew der High-Tech-Wirtschaft, also vor allem Wissenschaftler und Topmanager, die zusammen mit weiteren 16% gut ausgebildeter Fachleute ein höheres jährliches Einkommen beziehen als die übrigen 4/5 der Bevölkerung. Wie auch in Europa wachsen die Gehälter dieser Schicht, während die Einkommen der durchschnittlichen Arbeiter und Angestellten stagnieren oder sinken.[5]

So unterschiedlich die Verhältnisse in den europäischen Ländern immer noch sind, so ist doch überall die *Tendenz zu einer sozio-ökonomischen Struktur* spürbar, *die nur einem Drittel der Bevölkerung Wohlstand garantiert,* während sich der große Rest in absteigender Linie auf dem Niveau knapp verdienender Vollzeitbeschäftigter über die sozial ungesicherten Teilzeitarbeiter („working poor") bis hin zu Langzeitarbeitslosen bewegt. Diese Sozialstruktur hat aber nicht nur fatale Folgen für die „Verlierer", sondern für die Volkswirtschaft insgesamt, weil die allgemeine Kaufkraft sinkt und sich damit der Konkurrenzdruck zwischen den Anbietern noch verschärft. Die Häufung von Konkursen, Firmenaufkäufen und Fusionen demonstriert diesen mörderischen Kampf, bei dem sich das Konkurrenzprinzip bzw. der freie Markt in Richtung Monopolkapitalismus entwickelt und seine Prinzipien selbst ad absurdum führt.

Viele dieser Symptome wecken Erinnerungen an die Weltwirtschaftskrise Ende der 20er Jahren, doch ist die heutige Situation mit der damaligen nur sehr bedingt vergleichbar. Einerseits ist heute die Basis der Sozialgesetzgebung (noch) sehr viel stabiler, andererseits stehen uns die damaligen Wege zur wirtschaftlichen Krisenbewältigung in viel geringerem Maße zur Verfügung. Die damals kreierte Strategie zur Erzeugung künstlicher Bedürfnisse durch Werbung ist weitgehend ausgereizt. Es ist zweifelhaft, ob nach dem Boom der Unterhaltungsindustrie – Schallplatten, Radio, Film, Fernsehen und Video – das Angebot des Internet die gleiche Attraktivität für die breite Masse der privaten Benützer haben wird. Auch die staatliche Arbeitsbeschaffung, wie sie J. M. Keynes initiierte, stößt inzwischen an die Grenzen der immer defizitärer werdenden Staatshaushalte, die nicht zuletzt auf die Überlastung des Staates mit gemeinnützigen Aufgaben zurückgehen (nach dem unausgesprochenen Prinzip: den Privaten der Gewinn, dem Staat die Verluste).

Dazu kommt, daß die Krise in den 30er Jahren letztlich erst durch die Aufrüstung vor, während und nach dem Zweiten Weltkrieg überwunden wurde, eine Art der Sanierung, die hoffentlich der Vergangenheit angehört. Es fehlen also griffige Rezepte für ein zeitgemäßes wirtschaftliches Krisenmanagement, und das ist wohl auch der Grund, warum neoliberale Theoretiker sich mit höchst konservativen Empfehlungen wie staatlicher Deregulierung, Senkung der Lohnkosten und Aufkündigung der Sozialpartnerschaft in ihrer Argumentation im Kreise drehen. Schließlich bleibt nur die sozialdarwinistische Devise, der Tüchtige würde trotz aller Widrigkeiten immer vorankommen, was stillschweigend einschließt, daß diejenigen, die auf der Strecke bleiben, dies selbst verschulden.

Allerdings sind die *psychischen und psychosomatischen Folgen der Langzeitarbeitslosigkeit* damit nicht aus der Welt zu schaffen. Häufig führen sie zu menschlichen Tragödien, die auch die Allgemeinheit schwer belasten, wobei einschlägige Untersuchungen verschiedene Phasen solcher Abläufe unterscheiden. Die erste Phase nach der Entlassung ist durch Empörung und Wut gekennzeichnet, was sich in aggressivem Verhalten gegenüber Arbeitgebern oder Vorgesetzten äußert und sich zu Gewalttaten bis hin zum Mord steigern kann: 1992 wurden in den USA 750 Menschen von gefeuerten Arbeitern und Angestellten erschossen. Nach etwa einem Jahr richtet sich die Verzweiflungsaggression gegen den oder die Entlassenen selbst. Sie fühlen sich als Versager, ihren Familienangehörigen gegenüber als schuldig und erkranken häufig und zeigen psychosomatische Symptome. Früher oder später mündet dieser Zustand in eine depressive Verfassung ein, die nicht selten zum Suizid führt.[6]

In diesem Zusammenhang ist die hohe Selbstmordrate unter Jugendlichen alarmierend, wie sie aus Amerika und Deutschland, aber auch aus der Schweiz vorliegt.[7] In der großen französischen Fragebogen-Aktion von 1994, an der 1,5 Millionen Jugendliche im Alter von 15–25 teilnahmen, äußerten sieben von zehn Angst vor der Zukunft.[8]

Freilich spielt für die suizidalen Neigungen wie auch für den Griff zur Droge neben der persönlichen Perspektivelosigkeit auch der schwindende Glaube an eine lebenswerte Welt eine nicht zu unterschätzende Rolle. Das Drogenelend setzte ja längst vor der großen Arbeitslosenwelle ein und fand sein Umfeld unter jugendlichen Aussteigern in einer Konkurrenzgesellschaft, die Leistung und Erfolg zum alleinigen Maßstab menschlicher Wertschätzung macht und die jungen Menschen mit ihren Selbstzweifeln und ihrer Suche nach dem eigentlichen Lebenssinn allein läßt.

Neu an der heutigen Situation auf dem Arbeitsmarkt ist die Tatsache, daß sich negative psychische Folgen nicht nur bei den Entlassenen, sondern auch bei den im Arbeitsprozeß Verbliebenen einstellen. Zum Teil leiden sie an erhöhtem Streß, weil das Arbeitspensum auf weniger Personen lastet, zum Teil verursacht der Umgang mit elektronisch gesteuerten Geräten ganz neuartige Streßsymptome. Die Reaktionszeit dieser intelligenten Maschinen ist um ein Vielfaches kürzer als diejenigen des Menschen, so daß sich viele durch sie gehetzt fühlen, andererseits entstehen, besonders bei überlasteten Leitungen, lästige Pausen, die tatenlos hingenommen werden müssen.[9]

Vor allem aber zeichnet sich der multimediale Arbeitsplatz durch den *weitgehenden Verlust direkter mitmenschlicher Kontakte* aus. Das Zukunftsszenario des „virtuellen Büros" besteht nur noch aus einem Set tragbarer elektronischer Geräte (Fax, Telefonmodems, Laptops), die von den Angestellten auch zu Hause oder unterwegs bedient werden können. So kommunizieren sie mit den Kollegen, Kunden und Vorgesetzten nur noch über Computersysteme oder Videokonferenzen.[10]

Von da aus stellt sich die Frage, wieviel technischen Fortschritt der Mensch noch erträgt, der neben seinen intellektuellen Fähigkeiten unaufhebbare sinnliche und emotionale Bedürfnisse besitzt. Dies umso mehr, als die indirekte Kommunikation auch auf das Privatleben übergreift. Wenn es nach der Medienbranche geht, sollen künftig die täglichen Besorgungen nur noch über den Bildschirm (Teleshopping) abgewickelt werden, so daß der Mensch theoretisch weder für den Einkauf noch für Buchungs- und Zahlungsgeschäfte das Haus verlassen muß. Auch die Unterhaltung kann er sich per Knopfdruck in die eigenen vier Wände holen, und zwar nicht nur das offizielle Fernsehprogramm, sondern Videos seiner Wahl und eines Tages beliebige Landschafts- oder Kulturszenarien, die als virtuelle Realitäten dreidimensional und hautnah erlebbar sind.

Berufliche und private Sphäre verbinden sich im Internet, doch ist dessen euphorische Ankündigung als Medium für eine umfassende „Kommunikationsgesellschaft" irreführend. Zum größten Teil handelt es sich um reine Information, und wenn darüber hinaus Gesprächsrunden unter Internet-Benutzer/innen propagiert werden, so kann dies nicht darüber hinwegtäuschen, daß bei der erforderlichen Reaktionsgeschwindigkeit weder gründliches Argumentieren noch ein tieferer emotionaler Austausch möglich sind. Unnötig hinzuzufügen, daß es sich bei den rege benutzten Angeboten von „virtuellem Sex" gerade nicht um mitmenschliche Kommunikation handelt.

Es ist vielmehr zu erwarten, daß Computer- und Internet-Fans an sozialer Kompetenz mehr verlieren als gewinnen, wozu eine Studie der American Psychological Society vorliegt. Sie diagnostiziert unter anderem den Suchtcharakter exzessiver Medienbenutzer, was bis zur Unfähigkeit normaler Berufsausübung und zum Verlust sozialer Beziehungen führt.[11]

Im Unterschied dazu scheinen die Normalverbraucher, die einer regelmäßigen Arbeit nachgehen, die zunehmende „Verkopfung" der Arbeitsprozesse als Störung in der Balance zwischen körperlicher, emotionaler und intellektueller Aktivität zu empfinden. Sonst würden nicht so viele junge Menschen einen Ausgleich in gesteigerten sinnlichen Erfahrungen – etwa im Risikosport, in Techno- und Ekstasy-Parties und anderen rauschhaften Gruppenerlebnissen – suchen.

Seit kurzem gibt es auch kritische Stimmen unter den Computerfachleuten selbst. *Clifford Stoll* als Insider der ersten Stunde und Mitbegründer der multimedialen Vernetzung in den USA, zeichnet in seinem Buch *„Die Wüste Internet"* ein sehr ernüchterndes Bild. Aus technischer Sicht beklagt er die rasche Verstopfung der Datenautobahn, die er nicht für eine Kinderkrankheit, sondern auch bei weiterem Ausbau für eine Dauererscheinung hält, vergleichbar mit den Verhältnissen auf dem realen Autobahnnetz. Dazu die Schwierigkeiten des Datenschutzes und nicht zuletzt die Kurzlebigkeit der Systeme und Informationsträger, die mit den jahrhundertealten Beständen von Bibliotheken nicht zu vergleichen seien. Als Wissenschaftler und Pädagoge sieht er *im Überangebot von Informationen eher ein Hindernis für kreatives Arbeiten,* weil die riesige Informationsflut, die keinerlei Kriterien für die Differenzierung in Wichtiges und Unwichtiges liefert, kaum noch verarbeitet werden kann.[12]

Schließlich kommt Stoll als Mensch, der 15 Jahre intensiv „on-line" war, zu der Überzeugung, daß die neuen Welten, die uns das Internet verspricht, nur ein armseliger Ersatz für das reale Leben sind: „Es ist eine hochgejubelte, inhaltsleere Welt, der jede Wärme und Mitmenschlichkeit fehlt. Die vielgepriesene Informations-Infrastruktur geht an den meisten sozialen und wirtschaftlichen Zeitfragen vorbei. Gleichzeitig bedroht sie wertvolle Bestandteile unseres gesellschaftlichen Lebens wie Schulen, Büchereien und soziale Institute."[13]

Jedenfalls kann eine Rechnung nicht aufgehen, die den Menschen in eine riesige Dienstleistungsmaschine einbaut und seine grundlegenden vitalen und emotionalen Bedürfnisse mißachtet. Dies gilt im besonderen für Dienstleistungen im sozialen Bereich. So brauchen Schüler/innen, Lehrlinge und Studierende vor allem Lehrpersonen, die physisch und psychisch präsent sind und die jungen Menschen ernst nehmen. Reine Informationsvermittlung wäre durch immer raffiniertere Lehrmaschinen zur Not noch ersetzbar, obwohl sie, wie die überall leerstehenden Sprachlabors zeigen, schnell ihren Reiz verlieren. Dagegen sind Menschen als Lehrende, die in großen Zusammenhängen denken und ihre emotionale Anteilnahme an den Kreationen von Natur und Kultur vermitteln können, unersetzlich.

Auch in Krankenhäusern und Pflegeheimen kann ein Maximum an technischen Erleichterungen die mitmenschliche Zuwendung niemals wettmachen. Daß eine derart offenkundige Einsicht überhaupt betont werden muß, ergibt sich aus der leider überall zu beobachtenden Praxis, daß für technische Apparate Steuergelder in Fülle fließen, während man gleichzeitig am Pflegepersonal bis aufs äußerste einzusparen versucht.

Die Benachteiligung des Dritten Sektors, zu dem jede Form von Sozialarbeit zählt, kommt freilich nicht von ungefähr. Im Grunde ist er der erste Sektor, der der Erwerbsarbeit in Industrie und Dienstleistungsbetrieben vorausgeht. Bis heute befriedigen größtenteils immer noch Frauen die physischen und psychosozialen Bedürfnisse aller Altersstufen vom Kleinkind bis zu alten und kranken Menschen stillschweigend zum Nulltarif. Erst seit sie auf diesem Sektor einen Lastenausgleich fordern und immer mehr soziale Aufgaben an den Staat übergingen, schlagen diese Tätigkeiten volkswirtschaftlich zu Buche und werden unbezahlbar. Dieses ebenso elementare wie brisante Problem unserer heutigen Gesellschaft wird *nur durch eine Neubewertung und Neuaufteilung der Arbeit zwischen den Sektoren und zwischen den Geschlechtern* lösbar sein (siehe S. 382 f.).

5. Sozialer Sprengstoff in deregulierten Gesellschaften

Abgelenkt durch die dramatischen Vorgänge in der Dritten Welt und in den ehemaligen sozialistischen Staaten nehmen wir im Westen die sich entwickelnden sozialen Krisenherde noch kaum wahr. Bei genauerem Hinsehen zeichnen sich aber vor allem in den USA deutliche Zeichen von sozialer Unrast ab: So die dramatische Zunahme von individueller Kriminalität und das sporadische Aufflackern von Rassenunruhen. Amerikanische Soziologen stellen den *eindeutigen Zusammenhang zwischen der Verschlechterung am Arbeitsmarkt und der Zunahme an Gewaltverbrechen* fest, und die Wirtschaftsstatistik registriert den Boom der privaten Sicherheitsbranche, wonach besitzende Bürger gigantische Summen für ihre persönliche Sicherheit aufwenden.[1]

Seit den neunziger Jahren gibt es aber auch in Europa immer heftigere Auseinandersetzungen zwischen meist jugendlichen Arbeitslosen und der Polizei, die sich in England und Frankreich auf unrentable und heruntergekommene Produktionszentren konzentrieren, welche von der Dritten industriellen

Revolution betroffen wurden.[2] In Deutschland und Italien entstehen die neofaschistischen Schlägergruppen in einem ähnlichen sozialen Kontext, nachdem besonders in den Städten die Fremdenfeindlichkeit angesichts der Konkurrenz am Arbeitsmarkt wächst. Aber auch die offiziellen Streiks werden, besonders in Frankreich, mit immer massiveren Kampfstrategien geführt.

Viel extremere Ausmaße nehmen die Folgen der Marktderegulierung in den Ost- und Südstaaten an. Der weitgehende Zusammenbruch der zivilen Ordnung und das organisierte Verbrechen in Rußland sind ebenso beunruhigend wie die regionalen Kriege, die unter dem Etikett „ethnische Konflikte" abgehandelt werden. Dabei verhüllt dieser Begriff bei den katastrophalen Gewaltausbrüchen die eigentlichen Ursachen eher als daß er sie erklärt. Leider fehlen für die Tragödien in Ruanda und anderen Regionen Afrikas wirtschaftssoziologische Untersuchungen, wie sie Vandana Shiva für den Punjab vorlegte. Erst dann könnte ans Licht kommen, inwieweit die wirtschaftliche Polarisierung durch international gesteuerte Prozesse und eine politisch unsensible Entwicklungszusammenarbeit dazu beigetragen haben, die traditionelle Gegnerschaft zwischen rivalisierenden Gruppen in eine beispiellose Todfeindschaft zu verwandeln.

Wie auch in Lateinamerika unübersehbar wurde, treiben die Welthandelsorganisationen (GATT, WHO) entgegen ihrer offiziellen Erklärungen die ärmsten Länder der Erde immer mehr ins Abseits, weil Chancengleichheit für sie illusorisch ist.[3]

Nach der nationalökonomischen Analyse von *H. Afheldt* funktioniert der neoliberale Welthandel nach ganz anderen Mechanismen als sie Adam Smith in seiner Theorie vom „Wohlstand der Nationen" vorschwebte. Wenn Smith davon ausging, daß die Unternehmer ihr Kapital im eigenen Land investieren würden (wenn auch so günstig wie möglich), so war seine Prognose, daß dies letztlich allen Bewohnern des Landes zugute käme, wenigstens theoretisch nachvollziehbar. Sobald aber das Kapital in alle Gegenden der Welt auswandert, steht es nicht einmal theoretisch dem Gemeinwohl zur Verfügung, sondern macht *die nationalen Regierungen immer ärmer und handlungsunfähiger.* Nur eine – utopische – Weltregierung könnte für eine einigermaßen gerechte Verteilung der globalen Gewinne sorgen.[4]

Was die ständig propagierte Öffnung der Länder gegenüber dem Weltmarkt bewirkt, illustriert beispielsweise die Entwicklung in China. Das Wirtschaftswunder der Südprovinz Guandong ist nach den Worten des verfolgten und exilierten Gewerkschaftsführers *Han Dongfang* „Der Himmel für das Kapital und die Hölle für die Arbeitskräfte", weil das autoritäre Regime freie Gewerkschaften verbietet und den Arbeitern keinerlei Schutz gewährt.[5] *Zweifellos funktioniert der Siegeslauf des Privatkapitals um so besser, je weniger demokratisch regiert die Märkte sind,* und deshalb ist die Vorstellung, mit der wirtschaftlichen Liberalisierung ginge die politische Liberalisierung parallel, als Anachronismus zu begraben. Wir befinden uns im Gegenteil in einer historischen Situation, in der die reale Gefahr besteht, hinter die demokratischen Errungenschaften der Französischen Revolution zurückzufallen. In den internationalen Wirtschaftsgremien und bis jetzt auch in der EU gibt es keine korrekte Gewaltentrennung zwischen Legislative und Exekutive und verlieren die nationalen Parlamente zugunsten der Zentralorgane an Bedeutung. Die eigentliche Macht liegt beim Bündnis zwischen Wissenschaft und internationalen Wirtschaftskonzernen, was *eine neue Art von Feudalismus* heraufbeschwört. Das Kapital könnte dabei die Rolle des Adels und die Wissenschaft diejenige der Geistlichkeit übernehmen, wenn sie sich gegenseitig stützen und sanktionieren. Nur das Volk hätte nichts mehr zu sagen, dem wie eh und je versichert wird, daß alles nur zu seinem Besten geschieht.

Freilich zeigt sich schon jetzt, daß diese Rechnung nicht aufgeht. Seit sich die Flüchtlingsströme aus dem Süden und dem ehemaligen Osten in die Industrieländer ergießen, wird das Elend der Welt auch für den Norden bedrohlich. Dies umso mehr, als die Flüchtenden in den westlichen Metropolen zum Teil auf Verhältnisse stoßen, die sich denjenigen, aus denen sie kommen, immer mehr annähern. Nicht grundlos wird so viel über „innere Sicherheit" und über europäische Gesamtverteidigung gesprochen, das heißt über polizeiliche und militärische Maßnahmen, welche die Bevorzugten vor den Benachteiligten im eigenen Land und den reichen Norden vor den armen Menschen des Südens schützen sollen.

So trifft zwar die Prognose zu, daß ein wirtschaftlich „vereintes" Europa, d.h. ein dereguliertes Europa mit grenzüberschreitenden wirtschaftlichen Verflechtungen, keine nationalen Kriege mehr führen wird, doch könnten sich die Gewaltpotentiale auf die regionale und globale Ebene verlagern.

Weltweit kommt dazu eine ganz *neue Form von Gewalt und Destruktivität,* die sich durch ihre Wahllosigkeit und Anonymität auszeichnet. So häufen sich die Berichte über Amokläufer, die man bis jetzt nur als Ausnahmeerscheinungen unter Geisteskranken kannte. Heute fallen nicht nur Einzeltäter, sondern auch Terroranschläge radikaler Gruppen unter diese Kategorie, wenn sie sich nicht auf ausgewählte, feindliche Ziele richten, sondern wahllos Leben vernichten. Während der gezielte Mord noch als die Illusion des Tyrannenmordes interpretiert werden konnte, scheint das zufällige Niedermetzeln unbekannter und unbeteiligter Menschen einer völligen Orientierungslosigkeit zu entsprechen. Dies hat seine fatale Logik darin, daß die Verlierer in unserer anonymen Gesellschaft die Urheber ihrer Misere tatsächlich nicht benennen können.

In einer psychisch ähnlichen Ausgangssituation befinden sich sogar Täter, die offensichtlich nicht zu den Benachteiligten gehören, die aber psychisch und geistig desorientiert sind. *Neben der wirtschaftlichen Deregulierung findet ja auch eine geistig-moralische Deregulierung statt,* wenn in den Massenmedien die grauenhaftesten Gewalttaten und Szenen sadistischer Erniedrigung als purer Unterhaltungsthrill dargeboten werden. Bei entsprechend intensiver Berieselung steigt besonders unter Jugendlichen die Gewaltbereitschaft, ein Zusammenhang, der (auch von Psychologen) lange geleugnet wurde, heute aber als gesichert gilt. Eines der jüngsten Beispiele ist die Mordserie in Amerika im Anschluß an den Film „Natural

Born Killers" (Oliver Stones), dessen Videostreifen Jugendliche buchstäblich bis zur Besinnungslosigkeit konsumierten, um dann aus purer Sensationsspannung heraus die nächstbesten Menschen auf der Straße niederzuknallen.[6]

Weniger spektakulär aber nicht minder beklemmend ist die zunehmende Gewalt unter Schülern, die in allen hochtechnisierten Ländern stattfindet. Wenn ihre Hintergründe auch komplex sind und ganz verschiedene soziologische Konstellationen in sie hineinspielen, so sind zwei Faktoren doch unübersehbar: die Verringerung der Hemmschwelle gegenüber Gewaltakten, die in den Medien ständig präsent sind, und die Abstumpfung des Mitgefühls gegenüber den Opfern von Gewalt.

Hier rächt sich die Mißachtung der emotionalen Dimension am handgreiflichsten. *Die menschliche Psyche ist eben nicht bloß ein Datenspeicher, in den man unbegrenzte Mengen jeglicher Informationen füllen kann.* Sie hat ihre Grenzen an ihrer Verarbeitungskapazität, die sich sowohl an der Quantität als auch an der Qualität des Dargebotenen bemißt. Das Gefühl als die Auswahlinstanz dafür, was der eigenen Lebensqualität zuträglich ist, und das Mitgefühl, das auf die Lebensbedürfnisse anderer reflektiert, braucht inneren Raum und Zeit zur Verarbeitung. Wer im Namen der Informationsfreiheit das Recht beansprucht, die Empfindsamkeit des Gefühls – vor allem von Kindern und Jugendlichen – dauernd zu überreizen und stumpf zu machen, verfährt wie ein Lebensmittelhändler, der im Namen der Gewerbefreiheit darauf pocht, ätzende Getränke zu verkaufen, die die Geschmacksnerven abtöten.

Rechnen wir alle Spannungsherde und Destruktionspotentiale zusammen, die unsere spätkapitalistische Zivilisation hervorbringt, so ergibt sich als Bilanz *ein drohender sozialer Kollaps, der das humane Projekt der Moderne zunichte machen könnte.*[7] Seit längerem konzentriert sich die Zukunftsprognose auf die bange Abwägung, ob das ökonomische Wachstum den ökologischen Kollaps oder ein wirkungsvoller Umweltschutz den ökonomischen Kollaps bewirken würde. Es könnte aber sein, daß beim zögerlichen Kurs zwischen beiden Gefahren das

Schiff durch soziale Katastrophen an Bord außer Kontrolle gerät, bevor sich die Steuermänner auf einen vernünftigen Kurs zwischen Skylla und Charybdis geeinigt haben.

6. Wie dem bösen Ende entkommen?

Es gibt zwei Strategien, die mit Sicherheit nicht zu einer positiven Wende führen. Die eine heißt *Zweckoptimismus* und Verdrängung der Gefahren, die andere Resignation und vorwegnehmende Akzeptanz des bitteren Endes. Wenn man uns einreden will, daß der Mensch mit seinen intellektuellen und technischen Fähigkeiten seinen eigenen Untergang zwangsläufig herbeiführen wird (siehe S. 210), so kann dies auch als *„Zweckpessimismus"* verstanden werden. Jedenfalls laufen beide Strategien auf dasselbe hinaus, nämlich auf die Rechtfertigung und Beibehaltung des bisherigen Kurses.

Ist der Zweckoptimismus ein mehr oder weniger frommer Selbstbetrug, so der Zweckpessimismus schierer Zynismus. Daß sich beides auf höchst raffinierte Art kombinieren läßt, illustriert der 1983 in den USA erschienene Zukunftsalmanach des internationalen Informationskonzerns OMNI. Neben zukünftigen Wissenschaftsszenarien, die zum Teil heute bereits Realität sind, prognostiziert er den ökologischen Zusammenbruch der Erde für die Mitte des nächsten Jahrhunderts und propagiert gleichzeitig einen „Aufbruch zu neuen Ufern" in den Weltraum. Man suggeriert uns also, alle Hoffnung auf unsere alte Erde fahren zu lassen und neugierig und voller Schwung ein neues Technikparadies auf irgendeiner Weltraumstation zu schaffen.[1] Hinter diesem euphorischen Glauben an grenzenlose technische Machbarkeit stehen allerdings handfeste ökonomische Interessen. Als privater Großkonzern protegiert OMNI eindeutig die Interessen der Wirtschaft.

Dagegen ist eine echte Chance zur Überwindung der Krise an zwei Voraussetzungen gebunden: an eine ehrliche Diagnose des globalen Zustands und an den ehrlichen Willen zu seiner möglichen Therapie. Offenbar reicht aber die rationale Einsicht, daß wir den Ast, auf dem wir sitzen, nicht absägen sollten, schon deshalb nicht aus, weil die meisten hoffen, er trage sie noch während ihrer individuellen Lebenszeit. *Die Energie für zukunftsgerichtetes Handeln ist nur aus der emotionalen Identifikation mit unserer Erde, mit der Vielfalt ihrer Lebewesen und den kommenden Generationen der Menschheit zu schöpfen.*

Im Gegensatz zur verbreiteten Stimmung von Resignation und Lethargie gibt es bereits mehr ernst zu nehmende konkrete Handlungsmodelle als im öffentlichen Bewußtsein präsent sind. Doch wer sie überhaupt wahrnimmt, neigt dazu, sie als unrealistisch zu verwerfen. Warum? Es ist die *stereotype Berufung auf Sachzwänge,* womit man alle Reformvorschläge von vornherein ablehnt, ohne daß diese Zwänge selbst auf ihre Stichhaltigkeit geprüft würden. In Wahrheit gibt es aber als einzige Sachzwänge die ökologischen Gesetze der Natur, an die auch menschliches Handeln gebunden ist.[2] Alle anderen Sachzwänge beruhen auf willkürlichen menschlichen Setzungen: Nur wir selbst haben uns zum Ziel gesetzt, technische Neuerungen immer weiter voranzutreiben und immer größere Mengen von Waren herzustellen, ohne nach ihrem Sinn und ihren Auswirkungen auf die Umwelt zu fragen. Nur die Gesellschaft bzw. ihre mächtigen Exponenten definieren, was Produktivität beinhaltet und an welche Maßstäbe sie zu binden sei. Und reine Konvention macht das Tauschmittel Geld zu dem, was es heute ist: eine anscheinend sich selbst vermehrende Substanz, die ständig bedient werden muß und die der gesamten Weltbevölkerung Lebensform und Lebensqualität zu diktieren beginnt.

Wenn dann diese selbstgesetzten Zwänge zu ökologischen und sozialen Katastrophen führen und wir gleichzeitig behaupten, es gäbe für dieses System keine Alternative, so bedeutet dies offensichtlich eine Bankrotterklärung für die menschliche Vernunft. Diese Feststellung will nicht darüber hinwegtäuschen, daß jede grundlegende Reform um so schwieriger wird, je ausdifferenzierter und weit gespannter ein etabliertes Ordnungssystem ist, weil sich zwischen seinem willkürlichen Ausgangszustand und den heutigen Folgezuständen eine ganze

Kette sekundärer Sachzwänge geschoben hat. Dennoch ist es paradox, auf der einen Seite von der Unbegrenztheit der menschlichen Erfindungsgabe zu sprechen und andererseits vor den selbst inszenierten Fehlentwicklungen zu kapitulieren. Das setzt die absurde Annahme voraus, unsere schöpferische Phantasie sei auf technisch-mechanistische Erfindungen einge-engt und auf das Gebiet der ökologischen Kreisläufe und des sozialen Zusammenlebens nicht anwendbar.

Tatsächlich hat sich der Fokus der Erfindungsgabe seit der Neuzeit verengt, während sich die schöpferische Phantasie des Mittelalters, soweit sie nicht ganz an religiös-jenseitige The-men gebunden war, durchaus mit den Spielregeln des mensch-lichen Zusammenlebens befaßte. Das bezeugen sowohl die vielfältigen Ordensregeln als auch das Zunft- und Gildenwesen sowie die sozialen Laienbewegungen.[3] Eine der Tragödien der Moderne besteht gerade darin, daß die größte soziale Bewe-gung des 19. Jahrhunderts durch den *Marxismus* in die Bahnen einer technologisch-utopischen Fortschrittsgläubigkeit gelenkt wurde. Bei aller Brillanz seiner wirtschaftlichen und sozialkri-tischen Analysen verschrieb sich Marx zunehmend einer *de-terministisch-rationalistischen Geschichtsauffassung, welche die schöpferische Phantasie für das konkrete humane Leben in den Hintergrund treten ließ.*

In den folgenden Abschnitten wird auf einige Zukunftsmo-delle verwiesen, die zum Teil auf älteren Vorschlägen aufbauen und in ihrer Reichweite ganz unterschiedlich sind. Sie alle aber wagen den Versuch, dem anscheinend unaufhaltsamen Gang der technologisch-kapitalistischen Zerstörungsprozesse gegen-zusteuern.

6.1. Wege aus dem Teufelskreis des quantitativen Wachstums

Seit einem Viertel Jahrhundert macht der *Club of Rome* auf die Grenzen des Wachstums (1972) aufmerksam, und seitdem werden, zum Beispiel mit den sogenannten Berichten an den Club of Rome, Alternativvorschläge unterbreitet. Sie erreich-ten das öffentliche Bewußtsein unter verschiedenen Parolen, von denen das „qualitative" Wachstum, die „sanften" Technologien, das „nachhaltige" *(sustainable)* bzw. zukunftsverträgliche Wirtschaften und neuerdings die „Effizienzrevolution" die größte Publizität gewannen.

Bei der immensen Flut von Veröffentlichungen zu diesem Thema lassen sich grob zwei Kategorien unterscheiden, von denen man die eine als systemimmanente und die andere als systemverändernde Korrekturvorschläge bezeichnen könnte. Dabei wäre es aber falsch, diese beiden Ansätze gegeneinander auszuspielen, denn sie widersprechen sich nicht, sondern ergänzen einander gegenseitig. Nur zielen die erstgenannten Strategien auf Sofortmaßnahmen, während die systemverändernden Entwürfe das Übel stärker an der Wurzel zu fassen versuchen.

Innerhalb der *systemimmanenten Strategien* überlagern sich verschiedene Ansätze: ein Teil der Umweltschutzmaßnahmen waren und sind reine Reparaturarbeiten wie Schallmauern gegen den Lärm auf Autobahnen, Katalysatoren für Kraftfahrzeuge oder Sanierung schadstoffbelasteter Gewässer. Um den kostenaufwendigen Reparaturen vorzubeugen, folgten die Strategien der Schadstoffbegrenzungen und des Verursacherprinzips, die sich zwar theoretisch mehr oder weniger präzis formulieren lassen, denen sich aber auf Gesetzesebene und in der praktischen Durchführbarkeit große Schwierigkeiten entgegenstellen.

Seit langem steht die Ökologie- bzw. Energiesteuer in der politischen Diskussion mit dem Ziel, den Verbrauch an nicht erneuerbaren Energien mit höheren Preisen zu steuern. Bekanntlich scheitert bis jetzt der Versuch, die sogenannten „externen" Kosten in einen umweltgerechten Preis einzubeziehen, an dem (nicht ungerechtfertigten) Einwand der Marktverzerrung im internationalen Wettbewerb.

Aus dieser Sackgasse könnte ein Vorschlag herausführen, der als theoretisches Modell schon länger zurückliegt (Binswanger 1978, 1983), aber erst gegenwärtig zum politischen Programmpunkt der Grünen in Deutschland und der Schweiz wurde: *eine ökologisch-soziale Steuerreform.* Es geht dabei darum, die zwei dringendsten Zeitprobleme, Umweltbelastung und Arbeitslosigkeit, gleichzeitig einer Lösung näherzubringen, indem man den Energieverbrauch für die Produktion verteuert und die Kosten für die menschliche Arbeit durch Entlastung der Lohnnebenkosten (Sozialabgaben) herabsetzt. Gegenwärtig wirkt ja der umgekehrte Mechanismus: Weil die Energie für die Unternehmen relativ billig ist, wird die menschliche Arbeit durch Maschinen und Automaten ersetzt, was zwar große Neuinvestitionen erfordert, aber Lohn- und Sozialkosten minimiert.

Die praktischen Vorschläge gehen von einer kostenneutralen Umverteilung der Lasten aus, bei welcher die Neubelastung der Betriebe durch die Energieabgabe mit einer Verringerung der Lohnnebenkosten (Sozialabgaben) kompensiert würde. Für den Verrechnungsmodus gibt es verschiedene Versionen, über deren Brauchbarkeit (besonders im Blick auf soziale Sicherheit) zu diskutieren wäre. Jedenfalls aber liegt damit ein marktverträglicher Reformvorschlag vor, mit dem Arbeitsplätze erhalten und zugleich der Raubbau an natürlichen Ressourcen gebremst werden könnte.[4]

Ebenfalls systemimmanent ist die sogenannte „*Effizienzrevolution*" wie sie im jüngsten Bericht an den Club of Rome unter dem Stichwort „Faktor Vier" zusammengefaßt ist.[5] Dieses Programm basiert auf technischen Neuentwicklungen, die mit halb so viel Energie auskommen wie herkömmliche Techniken und durch diese Einsparung doppelt so kostengünstig sind (deshalb Faktor 4). Der Bericht zählt eine Fülle von Beispielen auf, von denen das Rocky Mountain Institute in Colorado USA eines der spektakulärsten ist. In einer geographischen Höhe von 2200 m wird dort ein relativ großer Baukomplex ausschließlich mit „passiver Sonnenenergie" geheizt und das energiefressende Air-conditioning durch einen architektonisch raffinierten Wärmeaustausch ersetzt. Andere Beispiele sind das Hyperauto, das mit 1,5 l Benzin auskommt, Lampen, Kühlschränke und andere Haushaltgeräte, die mit einem Bruchteil des heutigen Stromverbrauchs funktionieren, und die neuesten Modelle in der Windenergie-Erzeugung und der Gas- und Dampfturbinen-Technik.

Gemeinsam ist allen diesen Vorschlägen, daß sie sich auf kleine und mittlere Betriebsgrößen beziehen und nicht auf Großanlagen. Die Promotoren sind sich der Grenzen der vorgeschlagenen Effizienzrevolution durchaus bewußt, weil auch erneuerbare Energien nicht in beliebigem Ausmaß verfügbar zu machen sind. Riesige Solarenergie- oder Windenergieanlagen würden die Landschaft ebenso zerstören wie riesige Wasserkraftwerke. Effizient im Sinne der ökologischen Ökonomie sind vielmehr *dezentrale Kleinanlagen in großer Zahl,* die der Selbstversorgung privater Häuser und mittlerer Industrie- und Bürokomplexe dienen. Die Zeit der Mammutprojekte ist endgültig vorbei, wenn wir mit dem nachhaltigen Wirtschaften ernst machen wollen.[6]

Diese Einsicht kollidiert von der Sache her mit den Interessen der Betreiber von bestehenden Großtechnologien bzw. mit der Planung neuer, sogenannter „Durchbrecher"-Technologien, die mit neuen Risiken und Energieverschleiß verbunden sind. Die bisherige Forschungsförderung und Subventionspraxis durch den Staat könnte sich aber zugunsten der Alternativtechnologien verschieben, nachdem uns die Experten der Effizienzrevolution versichern, daß die Gewinnaussichten bei Investitionen in Umwelttechnologien außerordentlich hoch sind. Sie könnten die erwarteten Umsätze auf dem Gebiet der Gentechnologie um ein Vielfaches übersteigen.[7] Dazu kommt, daß ein fairer wirtschaftlicher Vergleich neben der Kostenwahrheit für externe Belastungen auch eine unbegrenzte Haftpflicht für Umweltschäden in Rechnung stellen müßte.

Die Konzentration auf erneuerbare Energien und umweltgerechte Technik schließt allerdings auch *den Abschied vom Dogma des permanenten wirtschaftlichen Wachstums* ein. Damit wird die systemimmanente Argumentationsebene verlassen und eine der Grundannahmen der modernen Wirtschaftspolitik in Frage gestellt.

Die zentrale Meßgröße der Volkswirtschaft, *das Bruttosozialprodukt,* das sämtliche in einem Jahr erzeugten Güter und bezahlten Dienstleistungen umfaßt, *kann heute nicht mehr als Maßstab für Wohlstand gelten.* Fortschrittliche Nationalökonomen sprechen von einer groben Fehlrechnung, weil darin alle Umweltschäden nicht nur nicht abgezogen, sondern alle Umweltreparaturen positiv bilanziert sind. Auch sämtliche Verkehrsausgaben und Folgekosten für Verkehrsunfälle sowie die sozialmedizinischen Aufwendungen aufgrund zivilisatorischer Belastungen erscheinen als Größen mit positivem Marktwert. Der eigentliche Wohlstand des Volkes, zu dem die intakte Umwelt mit allen materiellen und psychischen Qualitäten und das psychophysische Wohlbefinden der Menschen gehören, wird mit dem Bruttosozialprodukt gar nicht erfaßt.[8]

Die Abweichung von der systemkonformen Betrachtung setzt aber noch sehr viel grundlegender an. Die klassische Wirtschaftstheorie geht von der Prämisse aus, daß der vom Kapital beherrschte Markt wie von selbst alle menschlichen Bedürfnisse ins Gleichgewicht bringe, und gebraucht die Begriffe Kapitalismus und freie Marktwirtschaft als Synonyme. Querdenker wie der Finanzexperte *George Soros* halten dagegen die natürliche Gleichgewichtsregulation von Angebot und Nachfrage für einen Mythos.[9]

Der moderne Kapitalmarkt befriedigt nicht in erster Linie menschliche Bedürfnisse, sondern die Bedürfnisse des Kapitals. Und das Geld als die eigentliche Kern-Energie der kapitalistischen Wirtschaft ist mitnichten das harmlose Tausch- und Schmiermittel, als das es die klassische und neoliberale Nationalökonomie hinstellt.

Die Metapher vom Geld als dem Blutkreislauf der Wirtschaft ist deshalb irreführend, weil durch den Zinsmechanismus die Geldmenge ständig wächst und in Form von Neuinvestitionen in den Wirtschaftsprozeß zurückgeführt wird. Mit diesen Investitionen (Krediten) expandiert das Produktionsvolumen zwangsläufig, weil die Schulden mit höheren Gewinnen verzinst und die Rentabilität gegenüber anderen expandierenden Unternehmen aufrechterhalten werden muß. Daher ist die Wechselwirkung zwischen Geld und Wirtschaft nur als Spirale zu verstehen, die sich unaufhörlich höher schraubt.[10]

Dazu kommt *der unscharfe und zweideutige Begriff des Geldes,* das einerseits als öffentliches Instrument zum Nutzen aller Bürger definiert wird und zugleich als eine private Ware, die ohne Rücksicht auf das Gemeinwohl verwendet, gehortet oder gehandelt werden kann.[11] Durch verschiedene Deregulierungen während der letzten Jahrzehnte (Lösung vom Goldstandard, flexible Wechselkurse) hat sich der private Charakter des Geldes immer mehr verstärkt, während sein öffentlicher Charakter, den die Zentral- und Nationalbanken vertreten, an Bedeutung verlor. Die letzteren betreiben zwar mit ihrer Notenausgabe das Geschäft der „Geldschöpfung" und versuchen mit der mehr oder weniger großzügig bemessenen Geldmenge einen Mittelweg zwischen Inflation und Deflation zu steuern, doch entziehen sich die globalen Märkte zunehmend ihrem Einfluß.

Zu den Mechanismen, die den Warencharakter des Geldes hochspielen, gehört die abnehmende Bedeutung der traditionellen Industrieproduktion, in die zu investieren sich weniger lohnt, als auf dem Hochzinsmarkt oder der Aktienbörse zu spekulieren. Immer mehr Großindustrien steigen in den Finanzmarkt ein und machen damit höhere Gewinne als mit der eigenen Produktion.[12] Dazu kommen der Devisenmarkt, die Derivatgeschäfte und die immer schnellere und undurchsichtigere Abwicklung internationaler Finanzgeschäfte mit Hilfe elektronischer Medien. So sammeln sich in einzelnen Händen, Konzernen oder Privatbanken riesige Vermögen an, ohne daß der Staat über effiziente Instrumente verfügt, diese steuerlich abzuschöpfen. Die großen Sparvermögen wachsen gemäß der Mathematik von Zins- und Zinseszins nach ein bis zwei Jahrzehnten explosionsartig an (im Gegensatz zu den Gewinnen der kleinen Sparer), und ebenso steigen die Spekulationsgewinne aus dem Aktien-, Devisen- und Derivatmarkt in schwindelnde Höhen. Mitte der neunziger Jahre betrug das um die Welt laufende Spekulationskapital täglich 1400 Milliarden Dollar, und insgesamt stieg die Geldmenge zwischen 1979 und 1989 um 930% an.[13]

Nachdem aber auch die Investitionen in den Finanzkapitalmarkt auf der Erwartung von Gewinnen im produktiven Sektor beruhen, und jede Produktion Naturressourcen verbraucht, *kann sich das Bruttosozialprodukt nur auf Kosten der Natur vergrößern.* Für die wirtschaftliche Zukunftshoffnung Gentechnologie bildet dabei die Artenvielfalt aller Kontinente die neue Ressource. Die künstliche Geld „schöpfung" der Notenbanken kann nicht darüber hinwegtäuschen, daß sich Geld aus eigener Kraft ebensowenig vermehrt wie es eine Energieerzeugung aus dem Nichts gibt.[14] *Kreativ im eigentlichen Sinn ist nur die Natur,* und wir können nichts anderes tun, als mit ihren Gaben und innerhalb ihrer Stoffkreisläufe unsere phantasievollen Umwandlungsspiele treiben oder – in einem fiktiven Schöpferwahn – unsere Umwelt in eine Wüste verwandeln.

Aufgrund der Tatsache, daß *unser heutiges Geldsystem weder umwelt- noch sozialverträglich* ist, mehren sich die Stimmen, die für eine grundlegende Reform des Geldwesens eintreten. So plädiert *Robet Guttmann (1996)* für eine globale Finanzaufsichtsbehörde, die Wechselkurse und Zinsen stabil halten und dem extremen Wachstum des fiktiven Kapitals Einhalt gebieten sollte. Nach seiner Vorstellung müßte das neue monetäre Regime die Finanzspekulation durch höhere Kapitalgewinnsteuern eindämmen und ein supranationales Kreditgeld schaffen, das eine internationale Geldbehörde ausgibt und steuert. Auf diese Art könnte das Geld seinen Charakter als öffentliches Gut zurückgewinnen und reibungslose Zirkulation und Wertstabilität gewährleisten.[15]

Andere Autor/innen knüpfen an die Freigeldlehre *Silvio Gesells* (1862–1939) an und fordern ein Geld ohne Zinsen. Dies würde das exponentielle Wachstum privater Vermögen verhindern und die heutige Verminderung des Arbeitseinkommens durch die Kreditzinsüberwälzung auf die Preise stoppen.[16]

H. Ch. Binswanger hält das *Aktienrecht* bzw. die Verfassung der Aktiengesellschaft für reformbedürftig. Historisch gesehen sei letztere ein Kind des Absolutismus und immer noch mit Privilegien der einstigen fürstlichen Handelsgesellschaften ausgestattet. Besonders die beschränkte Haftung der Aktionäre, die unbeschränkte Ausweitung und Zusammenlegung von Aktiengesellschaften und ihre Behandlung als „juristische Personen" verschaffen ihnen Vorteile, die heute für die gesamte Volkswirtschaft kontraproduktiv sind. Um ein weiteres Anschwellen der Konzerne und den Trend zur Monopolwirtschaft zu stoppen, müßte man Betriebsübernahmen durch Erwerb von Aktienmehrheiten restriktiv regeln.[17]

Binswanger geht aber noch einen Schritt weiter und analysiert unser bisher sakrosanktes *Eigentumsrecht.* Auch hier zeigt sich, daß der heutige Eigentumsbegriff nicht demokratischen, sondern imperialen Ursprungs ist, nämlich auf den römischen Rechtsbegriff zurückgeht, der zur Aneignung der militärischen Eroberungen und zur Enteignung der unterworfenen Gemeinschaften geschaffen wurde. Vor dem römischen Recht gab es in ganz Europa genossenschaftliche Rechtsordnungen für Boden, Wald und Gewässer, die zwar persönliches und vererbbares Grundeigentum garantierten, aber nicht im Sinne von völlig freier Verfügungsgewalt. An heute noch bestehenden Bergregalen und Alpenkooperationen in der Schweiz illustriert Binswanger ein Eigentumsverständnis, das die prinzipielle Gemeinnützigkeit der natürlichen Ressourcen anerkennt und sie dem jeweiligen Besitzer zu schonender Nutzung anvertraut. Solche Traditionen könnten Vorbild für umwelterhaltende Gesetze und das Mitspracherecht der regionalen Bewohner sein.[18]

Bei allen diesen Vorschlägen geht es um *Demokratisierungsprozesse des Marktes,* der heute nur scheinbar allen gleich offensteht und sich in Richtung einer Kapitaloligarchie bewegt. Auch wenn solche Reformgedanken im Blick auf ihre politische Mehrheitsfähigkeit unrealistisch erscheinen, so wäre schon viel gewonnen, wenn seriöse, wissenschaftlich fundierte Alternativmodelle für den Fall bereitstünden, daß der aus allen Fugen geratende Finanzmarkt eines Tages zusammenbricht.

Im übrigen haben theoretische Konzepte nur dann eine Chance auf Verwirklichung, wenn das Umdenken von einer Veränderung des Lebensgefühls begleitet wird. Es geht um die Entwicklung eines Lebensstils, der den emotionalen Lebenswerten einen viel höheren Stellenwert gegenüber der rein materiellen Bequemlichkeit einräumt und von da aus zu einer ganz anderen Definition des guten Lebens gelangt. Bevor wir uns solchen Vorschlägen für eine neue Sozialkultur zuwenden, muß ein immer drängenderes Problem zur Sprache kommen, nämlich der politische Stellenwert der (Natur-) Wissenschaft innerhalb der Gesellschaft.

6.2 Wissenschaft ohne die Illusion der Allmacht

Wenn wir mit *Binswanger* davon ausgehen, daß neben der Gelddynamik die unbegrenzte Erfindungsgabe des Menschen die treibende Kraft für unser ständiges Wirtschaftswachstum ist, so muß auch diese Kraft einer kritischen Prüfung unterzogen werden. Es genügt nicht, die Einseitigkeit des naturwissenschaftlichen Fortschritts zu beklagen, mit dem die Geisteswissenschaften nicht Schritt hielten. Vielmehr ist *die Naturwissenschaft dank ihrer Verflechtung mit Technologie und Wirtschaft* als *ein erstrangiger gesellschaftlicher Machtfaktor* zu betrachten.

Tatsächlich wird von einem Großteil der scientific community die Freiheit der Wissenschaft nicht nur im Sinn von Erkenntnisfreiheit beansprucht, sondern auch als das Recht, die Realisierung ihrer Forschungsergebnisse voranzutreiben. In der Geschichte der Naturwissenschaft ist dieser Anspruch nicht neu. Schon *Bacon* als ihr eigentlicher Begründer entwarf in seiner Gesellschaftsutopie „New Atlantis" einen Staat, an dessen Spitze die Wissenschaftler im „Hause Salomon" stehen. Dieser Forscherelite sind alle Entscheidungen für die künftigen Lebensformen der Gesellschaft vorbehalten, indem sie unter Geheimhaltung gegenüber dem Volk die Politik durch wissenschaftliche Verwaltung ersetzen.[19]

Ein Nachhall dieses Anspruchs ist noch immer aus persönlichen und offiziellen Stellungnahmen zeitgenössischer Wissenschaftler herauszuhören. In Deutschland erregte ein Essay des Biologen und Präsidenten der Max-Planck-Gesellschaft *Hubert Markl* (1995) großes Aufsehen. Darin fordert er den ungehinderten Ausbau gentechnologischer Eingriffe in die Natur und ein „Management der Biosphäre" durch die Wissenschaft. Die heutige Weltsituation, nicht zuletzt die Überbevölkerung, fordere geradezu die „Pflicht zu einer Moral der Widernatürlichkeit".[20]

Wenig später (1996) gab die Deutsche Forschungsgemeinschaft DFG, die für die Vergabe von Forschungsgeldern verantwortlich ist, eine Denkschrift heraus, in der sie den Vertrauensschwund der Öffentlichkeit gegenüber der Wissenschaft beklagt. Gefordert wird eine zügige Bewilligung von Forschungsvorhaben, um den Standort Deutschland im internationalen Wettbewerb nicht zu benachteiligen. Dafür sei die volle Forschungsfreiheit ohne Einmischung von außen und die Selbstverantwortung der Wissenschaft für die komplexen moralischen Probleme nach den „Standards wissenschaftlicher Urteilsbildung" zu gewährleisten. Gegenüber dem Grundrecht der Forschungsfreiheit könne, so die Denkschrift, „das Zurücktreten zum Beispiel des Grundrechts auf Leben oder des Staatsziels Umwelt... geboten sein" mit der Begründung, daß die Forschung letztlich dem Schutz dieser Grundrechte diene.[21]

Gegen beide Texte erhebt die seit der Nachkriegszeit bestehende Vereinigung Deutscher Wissenschaftler VDW scharfen Einspruch. Sie gibt zu bedenken, daß auch *Forschungsfreiheit nur ein Teil des ganzen Gesellschaftsvertrages* sei, dem kulturelle und gesellschaftliche Normen zugrunde liegen. Wissenschaftsfreiheit könne demzufolge nicht unabhängig von solchen Werten eingefordert werden.[22] Ausdrücklich weist *Hans Peter Dürr* als Vorstandsmitglied des VDW die politische Kompetenzüberschreitung solcher Forderungen zurück: „Kein Physiker, kein Biologe, Ökonom oder Chemiker ist mehr Experte für das Politische als alle übrigen nachdenklichen Staatsbürger."[23]

In diesem Zusammenhang sind auch die Überlegungen von Schweizer Staatsrechtlern von Bedeutung.[24] Danach beruht Forschungsfreiheit auf zwei anderen in der Verfassung verankerten Grundrechten: zum einen auf den elementaren Persönlichkeitsrechten, zu denen auch das Recht auf Erkenntnisfreiheit und das Recht auf Bildung gehören; zum anderen auf dem Recht zur freien Meinungsäußerung, das einen Teil der demokratischen Grundrechte darstellt. *Nach H. Gruber ist Forschungsfreiheit* im wesentlichen Erkenntnisfreiheit und Publikationsfreiheit, jedoch *kein spezielles Recht für eine autonome Forschung gegenüber den allgemeinen Grundrechten der Gesellschaft:* „Grundrechtswürdigkeit legitimiert sich nicht durch Rückgriff auf die Wissenschaftlichkeit" im Sinne einer normengeleiteten Methode zur Erkenntnisgewinnung. Der Schutz beziehe sich vielmehr auf die allgemein menschliche Tätigkeit des Erkennens: „eine Differenzierung zwischen wissenschaftlicher und nicht-wissenschaftlicher Forschung darf nicht erfolgen". Auch die staatlich institutionalisierte Forschung (Universitäten) genieße keinen Alleinvertretungsanspruch, sondern diene auch der wissenschaftlichen Pluralität und Kritik.[25]

Im Einzelfall kann die Erkenntnisfreiheit bzw. die Freiheit der Forschung mit anderen Persönlichkeitsrechten wie der Wahrung der Menschenwürde und des Persönlichkeitsschutzes kollidieren. So etwa beim Datenschutz oder in der Reproduktionsforschung. Die Entscheidung darüber ist nicht mit fachwissenschaftlichen Kriterien zu fällen, sondern bedarf einer Abwägung zwischen gleichberechtigten Grundrechtsansprüchen. Das bedeutet eine Konsensfindung zwischen den Grundrechtsträgern bzw. ihren gewählten Vertretern auf der Ebene politischer Willensbildung. Und es bedeutet auch, daß „Freiheit . . . nie als schrankenloses Prinzip konzipiert werden kann. Sie muß auf andere Werte bezogen und in ein soziales Regulierungsmodell einbezogen sein."[26]

Aus solchen staatsrechtlichen Erwägungen ergeben sich praktische Konsequenzen unter anderem für die Vergabe von Forschungsgeldern und für die Kompetenzen von ad hoc gebildeten Ethikkommissionen. Im Blick auf die Forschungsgelder stellt *K. M. Meyer-Abich* (1988) fest: „Die Wissenschaft ist zu einer Art neuem ‚Kapital' geworden, zu einer Macht, die ebenso dringlich in die demokratische Verantwortung eingebunden werden müßte wie die der Wirtschaft."[27] *Parlamente und Öffentlichkeit müßten in die Lage versetzt werden, über*

Ziele und Inhalte der Forschung mitzuentscheiden sowie über die Prioritäten der verschiedenen Forschungsvorhaben.[28] Während ein Teil der scientific community ausgesprochen verärgert auf ein solches Ansinnen reagiert,[29] fühlt sich ein hoher Prozentsatz der Bürger/innen überfordert.

Nicht zuletzt deshalb haben sogenannte *Ethikkommissionen* gegenwärtig Hochkonjunktur, wodurch sich die Probleme allerdings nur verschieben. Von seiten der Wissenschaft beansprucht man eine Zusammensetzung solcher Kommissionen, die den jeweiligen Fachexperten eine starke Präsenz, wenn nicht Dominanz garantiert. Auf der anderen Seite erwartet die Öffentlichkeit von den Fachvertretern der philosophischen Ethik eindeutige Entscheidungen, die sie gar nicht treffen können. Aufgabe der Fach-Philosoph/innen kann es nur sein, die ethischen Kriterien offenzulegen, die im fraglichen Fall auf dem Spiel stehen. Die ethisch zu verantwortende Entscheidung selbst kann in einer für mündig erklärten Gesellschaft nicht von oben getroffen werden. Deshalb sprechen sich Philosophen wie *Günther Patzig* und andere dafür aus, Ethikkommissionen in einer Weise zusammenzusetzen, daß darin neben verschiedenen Standpunkten innerhalb der Gruppe der Fachexperten auch Vertreter/innen der unmittelbar Betroffenen und der mit ihnen arbeitenden Personen (Pflegepersonal, Sozialarbeiter und andere) eine Stimme haben.[30]

Auch solche Gremien können eine demokratische Entscheidung nur vorbereiten. Angesichts der konkreten Macht der heutigen Wissenschaft, die Lebensumstände für die gegenwärtige und die zukünftige Gesellschaft weitgehend vorzuprogrammieren, wäre ein Mitbestimmungsrecht der Bevölkerung und engagierter Bürgergruppierungen auf allen Ebenen zu fordern: auf der Stufe von Gemeinden und Regionen, in den nationalen und – immer dringender – in den internationalen Institutionen, die wissenschaftspolitische Entscheidungen fällen.

Wer in der Demokratisierung gesellschaftlich relevanter Wissenschaftsdiskussionen eine Fremdeinmischung in die Forschungsfreiheit sieht, geht nicht nur von einem elitären Selbstverständnis der Wissenschaft aus, sondern engt Forschung auf die Lösung von Spezialproblemen ein. Dadurch unterliegt der Wissenschaftsbetrieb auf dem jeweiligen Fachgebiet einem Erfolgszwang, der die Forschenden der Freiheit beraubt, innezuhalten und grundsätzliche Fragen nach Sinn und Ziel der eigenen Arbeit zu stellen.

Freiheit wäre aber genau dies: sich nicht unter Zugszwang setzen zu lassen, um von einer Mittel-Zweck-Bestimmung zur anderen ad infinitum fortzuschreiten, sondern viele Wege offenzuhalten und manche ganz bewußt nicht zu gehen. Das überschreitet allerdings die Dimension der instrumentellen Vernunft und schließt emotionale, wertende Vernunft ein. Erst sie läßt Risiken und Gefahren als reale Bedrohungen erleben und nicht als technische Schwierigkeiten, die dazu da sind, überwunden zu werden. Aus dieser Sicht wäre *der Verzicht auf mögliche Technologien kein Verdikt gegen die Freiheit der Forschung, sondern der Ausdruck von Freiheit einer sinnstiftenden Vernunft,* die sich im Austausch mit anderen Subjekten der Gemeinschaft konstituiert.

6.3 Wege zu einer neuen Sozialkultur

Sieben Jahre nach dem Zusammenbruch der Ostblockstaaten und dem „Sieg" des Kapitalismus räumen auch Nationalökonomen aus dem Establishment ein, daß das kapitalistische System an gefährlichen inneren Widersprüchen krankt. Die zunehmende Disparität in der Einkommensverteilung kann die Unverträglichkeit zwischen den Gleichheitsidealen der Demokratie und dem Prinzip von gewinnmaximierenden Einzelinteressen nicht länger verdecken. Die Blindheit der Marktideologie gegenüber den unabdingbaren Aufgaben des Staates und den Erfordernissen einer funktionierenden Gemeinschaft wurzelt in der Fehleinschätzung des Menschen als eines selbsttragenden Individuums, das es als solches nie gab: *„Wenn man den sozialen Aspekt der Menschheit ignoriert, entwirft man eine Welt für eine Spezies Mensch, die es nicht gibt"* – das ist die lapidare Aussage Lester C. Thurows (1996), eines der führenden Köpfe der School of Management am MIT, USA.[31]

Verschärft werden die sozialen Schwächen des Systems durch das Auseinanderbrechen der Familien, durch eine immer hektischere Mobilität, die das soziale Netz zerreißt, und nicht zuletzt durch die Geburtenrückgänge und die Überalterung unserer hochtechnisierten Gesellschaften. In allen Industriestaaten verringern sich die Haushalte mit Kindern zugunsten von Singles oder kinderlosen Paaren. *Kinder werden in der Konsumgesellschaft zu einem privaten Luxusgut,* das man sich nur um den Preis persönlicher Einschränkungen leisten kann; doch ist die Motivation zur Fürsorge für andere in der offiziellen Marktdoktrin nicht vorgesehen. Wenn der gegenwärtige demographische Trend anhält, wird schon in naher Zukunft der Unterhalt der immer größeren Zahl von Betagten durch schwache jüngere Jahrgänge nicht mehr bezahlbar.[32]

Der drohende Zusammenbruch des „Generationenvertrags" spitzt sich durch die Einkommensverschiebung zwischen Alt und Jung noch zu. Gehörten früher die alten Menschen zu den Personen mit den geringsten Einkommen, so stellen heute die Pensionierten oberer Mittelschichten in den USA und Europa eine finanziell gut gestellte Gruppe dar, die relativ hohe Renten bezieht und meist ein zusätzliches Vermögenspolster bilden konnte. Im Gegensatz dazu sind die Einkommen der jungen Familien mehrheitlich äußerst knapp, was ein Mitverdienen der Mütter bis zur Hälfte des Familienunterhalts erfordert und entsprechende Probleme der Kinderbetreuung mit sich bringt. Am Rande oder unter der Armutsgrenze leben vor allem alleinerziehende Mütter, weil die Löhne der Frauen noch immer wesentlich niedriger sind als die der Männer. Die auf den „Familienernäher" zugeschnittenen Lohnstrukturen werden den tatsächlichen Verhältnissen in keiner Weise mehr gerecht.

Der von der neoliberalen Doktrin torpedierte Wohlfahrtsstaat gerät immer mehr ins Wanken und kann bei der derzeitigen Staatsverschuldung die ihm erwachsenden Aufgaben je länger je weniger erfüllen. Andererseits würden die vorgeschlagenen Privatisierungen der Sozialausgaben – von der außerhäuslichen Kinderbetreuung über Schule und Universität bis zur Kranken- und Altersversicherung – die Schere zwischen

Arm und Reich nur noch weiter öffnen. *Ein völlig deregulierter Markt im Sozialbereich ist von der Sache her zwangsläufig unsozial* und auf die Länge auch politisch instabil. Schon jetzt bröckelt das Demokratieverständnis auch von unten her ab, wenn in den USA die einkommensschwächsten Schichten kaum mehr zur Wahlurne gehen und auch in Europa ein Großteil der Jugendlichen das Vertrauen in eine funktionierende Demokratie verliert. Dies bereitet der Anfälligkeit für fundamentalistische Bewegungen aller Art den Weg.[33]

Neue Visionen für eine tragfähige Sozialpolitik sind also dringend erforderlich. In der Schweiz wurden 1996 zwei bemerkenswerte Ansätze vorgestellt, der eine von der Schweizerischen Vereinigung für Zukunftsforschung (P. Füglistaler/M. Pedergnana), der andere von zwei Tessiner Autoren (M. Rossi/E. Sartoris). In beiden geht es um eine neue gesellschaftliche Solidarität und um griffige Maßnahmen gegen die steigende Armut.

Während das Tessiner Modell ein garantiertes Mindesteinkommen in den Mittelpunkt der sozialen Sicherheit stellt, gehen die von *P. Füglistaler-Wasmer* und *M. Pedergnana-Fehr* erarbeiteten Vorschläge über monetäre Lösungsansätze weit hinaus. Auch sie halten fiskalische Maßnahmen für dringend nötig – etwa die Neuerschließung von Steuerquellen in Form einer Energiesteuer oder Einsparungen bei Militärausgaben sowie die steuerliche Begünstigung von Personen mit Kindern. Dennoch liegt ihr Schwergewicht auf der gerechten Umverteilung von bezahlter und unbezahlter Arbeit zwischen den Geschlechtern, zwischen Alt und Jung und zwischen allen Schichten der Gesellschaft. Am bisherigen Wohlfahrtsstaat kritisieren die Autoren den rein monetären Aspekt der Sozialhilfe sowohl auf der Seite der Gebenden als auch auf jener der Nehmenden. Dabei komme einerseits die persönliche Bereitschaft zu praktischer Hilfe zu kurz und werde andererseits eine passive Anspruchshaltung gefördert.[34]

Sie plädieren für einen pragmatischen Ansatz, der sich jeder parteipolitischen Ideologie enthält und die Erfordernisse einer funktionierenden Gemeinschaft in den Mittelpunkt stellt. Dazu gehört *die Haltung eines gegenseitigen Gebens und Neh-*

mens, d. h. eine wenn immer mögliche Gegenleistung für Empfangenes und ein konkretes Einstehen für Hilfsbedürftige und öffentliche Aufgaben. Gesucht werden partnerschaftliche Lösungen auf allen Ebenen, wozu auch der *Vorschlag eines obligatorischen Gemeinschaftsdienstes* gehört. Demzufolge wären alle Einwohner und Einwohnerinnen verpflichtet, mindestens während 500 Tagen im Betreuungs- und Pflegebereich, im Umweltschutz und anderen gemeinnützigen Aufgaben Dienst zu leisten, wobei sich die Entschädigungsregelung an diejenigen für den Militärdienst anlehnt. (Dienstleistungen im Militär, Zivildienst und Feuerwehr wären in das Gesamtsystem des Gemeinschaftsdienstes einzubeziehen.)[35]

Gegen diesen in vieler Hinsicht positiven Vorschlag erheben sich gleichwohl nicht unberechtigte Einwände, die ich vorstellen und zugleich entkräften möchte. An erster Stelle steht die Sorge, die nicht erwerbsmäßigen Dienstleistungen würden die ohnehin schon knappen Arbeitsplätze bedrohen. Das wäre bei der heutigen Norm der Vollzeit-Arbeitsplätze tatsächlich der Fall, doch soll ja gerade von dieser Norm abgewichen werden. Das Ziel ist eine durchgängige Teilung zwischen Erwerbsarbeit und unbezahlter bzw. nicht gewinnorientierter Haus-, Erziehungs- und Sozialarbeit. Das würde die Teilzeit-Erwerbsarbeit für beide Geschlechter zum Normalfall machen.

Der zweite Vorbehalt bezieht sich auf den menschlich-organisatorischen Aspekt. Wenn der Gemeinschaftsdienst im Sinne der Initianten funktionieren soll, so müßte er sich deutlich von einem sturen Zwangsarbeitseinsatz unterscheiden und bedürfte neben Takt und Einfühlungsvermögen auch sozialpsychologischer Kompetenzen auf seiten der Organisatoren. Unter den Ausführenden wäre eine positive Einstellung nur zu erreichen, wenn genügend Spielräume für den zeitlichen Ablauf (in Form selbstbestimmter Blockzeiten) und für den Einsatz der je individuellen Fähigkeiten verbliebe. Um die emotionalen Voraussetzungen für eine gemeinschaftsorientierte Lebenshaltung zu fördern, wird an eine möglichst frühe Erfahrung mit dem Gemeinschaftsdienst gedacht (15–16jährige) und gleichzeitig die Beteiligung schon pensionierter, noch leistungsfähiger Menschen befürwortet, was durch ein flexibles Pensionierungsalter zu fördern wäre.

Ein wohldurchdachtes Gesamtkonzept und einen offenen Geist vorausgesetzt, böte ein solcher Gemeinschaftsdienst große Chancen nicht nur in staatsentlastender, finanzieller Hinsicht. Im besonderen könnte er Erwerbslose in ein Beschäftigungsprogramm einbinden, das sozial durchmischt und daher nicht diskriminierend ist. Für alle Bevölkerungskreise würde die Begegnung mit anderen Altersstufen, Schichten und Berufen eine Horizonterweiterung bedeuten, die nicht zuletzt für Menschen in Schlüsselpositionen bereichernd wäre. Die einseitigen Denkmuster mancher wirtschaftlichen, politischen und behördlichen Entscheidungsträger könnten sich zugunsten lebensnäherer Lösungen korrigieren.

Bevor eine solche Zukunftsvision auf einen politischen Konsens hoffen kann, sollten freiwillige Aktivitäten in dieser Richtung materiell (infrastrukturell) und moralisch von der Öffentlichkeit unterstützt werden. Dazu gehören bereits bestehende Selbsthilfegruppen unter älteren Menschen, private gemeinnützige Netzwerke, Quartierzentren und ähnliche Einrichtungen auf Gemeindeebene, die, statt sie durch Sparmaßnahmen zu behindern und ihre Betreiber/innen zu entmutigen, dringender Beihilfe bedürften.

Die erste Keimzelle für gelebte Solidarität ist freilich die schlichte *Nachbarschaftshilfe,* wie sie in kleinen Dörfern noch besteht, in städtischen Agglomerationen aber einer gezielten Aufbauarbeit bedarf. Dies beginnt mit der Architektur des Wohnens, die zum großen Teil immer noch auf abgeschlossene Kleinfamilien zugeschnitten ist. Seit längerem entstehen zwar Beispiele für das *„verbundene Wohnen"* in Form von Gemeinschaftssiedlungen oder Hausgemeinschaften, die länger Bestand haben als vorübergehende Zweck-Wohngemeinschaften. Daß sie sich nicht viel breiter durchsetzten, liegt zum Teil an einem ungenügend ausgebauten Genossenschaftsrecht, hauptsächlich jedoch an den bestehenden Eigentumsverhältnissen. In einem Land wie der Schweiz, in dem 75% der Bevölkerung in Mietobjekten wohnen und nicht über eigenen Boden oder

Bausubstanz verfügen, sind neue Wohnstrukturen nur beschränkt realisierbar. (Und für Immobilienbesitzer sind Anlagen mit Gemeinschaftsflächen oder -räumen weniger rentabel als herkömmliche Wohnungen oder Luxusappartements mit allem technischen Komfort.)

Dennoch wären gemeinschaftsorientierte Wohnmöglichkeiten für ein gesundes Aufwachsen der Kinder und für die psychosoziale Stabilität der Erwachsenen als Eltern, Alleinerziehende oder Alleinlebende von erstrangiger Bedeutung. Der Zusammenhalt sippenähnlicher, wenn auch nicht blutsverwandter Gruppen könnte eine gewisse Geborgenheit auch über zerbrochene Partnerschaften hinweg vermitteln. Dies und die Tatsache, daß das Kleinfamilien-Modell mit seiner Ghettoisierung der Hausfrauen keineswegs das ideale Milieu für Kinder darstellt, sondern in vieler Hinsicht pathogen wirken kann, habe ich an anderer Stelle ausführlich beschrieben.[36] Jedenfalls aber gibt es für die Probleme des Zusammenlebens nur menschlich-soziale Lösungen. Die „Kommunikations"-Gesellschaft per Internet kann weder die Doppel- und Dreifachbelastungen der Alleinerziehenden noch die epidemische Zunahme von Depressionen unter Jugendlichen und schon gar nicht die Vereinsamung alter Menschen beheben.

Im übrigen ist der Einwand, die heutige Generation sei zu einem konstruktiven Gemeinschaftsleben gar nicht bereit, nur sehr bedingt stichhaltig. Die oben schon genannte französische Jugendumfrage ergab, daß zwei Drittel von 1,5 Millionen jungen Menschen bereit wären, sich in ihrer Wohngemeinde für eine gute Sache – für Umwelt oder gegen Armut, Drogen, Aids – zu engagieren (vgl. Anm. 8 zu Kapitel IV 4). Auch nimmt die Zahl der Männer, die ihr Vollpensum zugunsten der Familienbetreuung einschränken wollen, zwar langsam, aber stetig zu. Das größte Hindernis bilden die Betriebe, die an der traditionellen Männerkarriere festhalten.

Wenn wir die jüngsten Veröffentlichungen bedeutender Gesellschaftskritiker überblicken, so fällt auf, daß eine ganze Reihe von ihnen ihre Zukunftshoffnungen auf *eine neue Form von Sozialkultur* ausrichten. *E. U. v. Weizsäcker* widmet den letzten Abschnitt von „Faktor Vier" dem „informellen Sektor", zu dem er alle Formen von nicht gewinnorientierter Arbeit rechnet, seien es Produktionsgenossenschaften oder Produktions- (und Reparatur-) nischen, die der offizielle Markt immer weniger abdeckt, sei es unbezahlte Freiwilligen-Arbeit im Sozial- und Umweltbereich.[37] *J. Rifkin* und *Benjamin R. Barber* sprechen vom „Dritten Sektor" und R. Kurz von der „Dritten Kraft" als unserer letzten großen Hoffnung auch auf internationaler Ebene.

Die Beschwörung des Dritten Sektors macht allerdings nur dann Sinn, wenn damit nicht einfach an die traditionell unbezahlten oder unterbezahlten (Frauen-) Tätigkeiten oder an neu entstehende schlecht bezahlte Jobs *(working poor)* gedacht wird. Nicht eine neue „Dienstbotengesellschaft" kann die Lösung sein, in der das gut verdienende obere Drittel im gewinnbringenden Markt die „informellen" Arbeiten an das untere Drittel der Gesellschaft abschiebt.[38] Nur eine echte Sozialreform, die sich weigert, die gewinnorientierte Marktlogik zur obersten Maxime des öffentlichen Lebens zu machen, wird dem Dritten Sektor die ihm zukommende Bedeutung und Wertschätzung verleihen. Das Fernziel wäre *ein neues Verständnis von Markt als ein Forum des Austauschs, der ganz von den Bedürfnissen der Menschen ausgeht und nicht von den Bedürfnissen des Geldes.* Deshalb spricht Rifkin von „Gemeinwirtschaft" und Kurz von einer gewissen „Entmonetarisierung" des Marktes.[39]

Ähnlich wie die oben genannten Schweizer Autoren betont auch Kurz den unideologischen, pragmatischen Charakter solcher Reformbestrebungen. Auf regionaler Ebene wären Gemeinschaftsmodelle, wie sie in den siebziger und achtziger Jahren entstanden, aus ihrer zum Teil sektiererischen Enge zu befreien und auf einer neuen und breiteren Reflexionsstufe wieder aufzugreifen.[40] Barber ruft die regionalen Gemeinschaften der amerikanischen Pionierzeit in Erinnerung und definiert Bürgerschaft geradezu über den Gemeinschaftssinn: *„Konsumenten sagen ‚ich', nur Bürger reden vom ‚wir'"*, und nur die letzteren sind die Garanten für Demokratie.[41]

Auf internationaler Ebene geht es um die Vernetzung der überall entstehenden gemeinnützigen und regierungsunabhängigen Organisationen mit teils kirchlichen, teils privaten Trägern. Darauf setzt vor allem Rifkin, der von Hunderttausenden von Freiwilligen-Organisationen in den Industriestaaten und von Zehntausenden von NGOs in den Südstaaten berichtet, sowie von der 1993 gegründeten internationalen Organisation „*Civicus*", die Verbindungen zwischen ihnen knüpft.[42]

Menschen dieser Dritten Kraft verbindet trotz unterschiedlichster ökonomischer und kultureller Voraussetzungen wenigstens in Umrissen ein gemeinsames Weltbild: die Vorstellung einer Demokratie von unten, die Wiederherstellung gemeinwirtschaftlich funktionierender Regionen und die Sorge um die Biosphäre der Erde. Als eigentliche Alternative zur neoliberalen Vorstellung eines profitorientierten globalen Managements ist zwar ihre Macht vergleichsweise minimal, doch könnte sie sich in äußersten Krisensituationen als die einzig stabilisierende Kraft erweisen.

Dennoch wäre es unzutreffend, in der neuen Sozialkultur nur eine Notgemeinschaft zu sehen. Sie ist ebenso Ausdruck der spontanen Lebensbejahung und Lebensfreude, der Suche nach gegenseitiger emotionaler Wahrnehmung und einer mitmenschlichen Vertrauensbasis. Im Norden könnte der – wenigstens teilweise – Ausstieg aus einer Lebensweise der rein materiellen Versprechungen und der Einstieg in ein Leben, in dem wieder Zeit bleibt für intensive menschliche Kontakte und sinnvolle Gemeinschaftsaktivitäten, den Pegel der Lebenslust deutlich ansteigen lassen. (Was in Mitteleuropa bei der notorischen Verdrossenheit unserer Wohlstandsgesellschaft nicht allzu schwierig sein dürfte.)

„Für einander Zeit haben" wäre das eigentliche Schlüsselwort: Zeit für Kinder, Zeit für eigene Liebhabereien, Zeit für alte Menschen (und für Sterbende). Auch im kulturellen Leben wäre „*Entschleunigung*" angesagt (*Altvater/Mahnkopf* 1996), nicht zuletzt im Kunstbetrieb, der immer hektischer der Neuheit und der Originalität um jeden Preis nachjagt. Die gegenwärtige Wiederentdeckung der indigenen Kunst kann – im Gegensatz zu ihrer Romantisierung im letzten Jahrhundert – als Versuch begriffen werden, sich einem tieferen Verständnis der allgemein menschlichen Wurzeln der Kunst anzunähern.[43]

Das könnte uns helfen, den vergessenen Symbolschatz der eigenen Volkskunst wiederzubeleben, ohne einer engstirnigen Volkstümelei zu verfallen. Immerhin zeigen sich überall in Europa bescheidene *Ansätze zu einer neuen Festkultur* jenseits der offiziellen Festival-Hektik. Doch brauchen solche Entwicklungen sehr viel Zeit, ähnlich wie auf erodierten Böden erst nach Jahrzehnten wieder Pionierpflanzen wachsen.

Bei globaler Vernetzung einer neuen Sozialkultur könnte sich vielleicht eines Tages bewahrheiten, was Susan George einmal ganz unprätentiös aussprach: „Die große Masse der Leute im Süden und im Norden haben dieselben Interessen, obwohl man uns mit der größten Mühe vom Gegenteil zu überzeugen versucht."[44] Dabei wäre nicht nur an die überall nötige Existenzsicherung zu denken, sondern ebenso an das Grundbedürfnis, in Frieden und in kultureller Eigenständigkeit zu leben.

Ausblick

Vision eines weltweiten Projekts zur interkulturellen Ethikforschung

In den letzten Jahrzehnten führten Forscher/innen aus den Fachbereichen Ethnologie, Soziologie und Psychologie eine Fülle kulturvergleichender Untersuchungen durch; so auf den Gebieten der Entwicklungspsychologie (Art der Kindererziehung), der Denk- und Wahrnehmungspsychologie, der Ausdrucks- und Motivationsforschung. Im Vergleich dazu sind die bisher erbrachten Ergebnisse über kulturvergleichende Wertvorstellungen äußerst spärlich.

M. Zavalloni als eine Expertin auf diesem Gebiet macht dafür verschiedene Gründe verantwortlich. Die Untersuchungen zwischen den dreißiger und fünfziger Jahren waren stark von philosophischen Denkmustern europäischer Herkunft geprägt (Benedict 1934, Kluckhohn 1949) und genügen den heutigen methodischen Anforderungen hinsichtlich Objektivierbarkeit nicht. In der Folgezeit versuchte man, die subjektiven Faktoren bei der Datenauswertung durch quantitativ meßbare Testverfahren auszuschalten, doch zeigte sich bald, daß auch diese Verfahren in ihrer Konzeption von euro-amerikanischen Kulturvorstellungen ausgingen. Zudem meldet Zavalloni prinzipielle Zweifel an der Brauchbarkeit der gängigen Fragebogen-Technik an, wenn es um die Erforschung wertrelevanter Urteile geht, weil sie die psychischen Motivationen, die hinter solchen Urteilen stehen, nicht erfassen.[1]

Demgegenüber erwiesen sich sorgfältig ausgearbeitete Interviewmethoden nicht nur als das angemessene Instrument für schriftlose Kulturen, sondern als geeignete Alternative für alle Untersuchungen, die ein flexibles Eingehen auf die Befragten erfordern und psychische Hintergründe einbeziehen. In den letzten zwei Dekaden wurde man sich in allen Sozialwissenschaften der eigenen Rolle als Forschende stärker bewußt, sowohl was die eigenen kulturellen Voraussetzungen als auch was die Art der Interaktion mit den zu erforschenden Kulturen betrifft. Daraus ergab sich als eine der wichtigsten Einsichten, daß für interkulturelle Untersuchungen *die Mitwirkung von Fachkräften aus den jeweiligen Kulturgemeinschaften selbst,* wenn immer möglich, anzustreben ist.[2]

Inhaltlich gesehen steht einer vergleichenden Studie von kulturellen Wertvorstellungen allerdings der gegenwärtige Trend entgegen, Gesellschaften weniger als Gebilde anzusehen, die auf gemeinsamen Werten basieren, als sie auf der Ebene der Konfliktaustragung zwischen verschiedenen Interessen wahrzunehmen.[3] Dennoch zeigt die heute in allen Teilen der Welt zu beobachtende Tendenz, sich auf ethnisch-kulturelle Identität zu besinnen, daß das Bedürfnis nach verbindlichen Werten nach wie vor stark ist und ein Werte-Vakuum zu höchst unerfreulichen Rückgriffen auf dogmatisch verengte Normen führen kann. Deshalb wäre es wichtiger denn je, über alle nationalen und regionalen Verschiedenheiten hinweg übergreifende Wertvorstellungen auszumachen.

Was ich anregen möchte, ist eine globale Untersuchung, die sich alle Erfahrungen und wissenschaftlichen Methoden bisheriger interkultureller *(cross cultural)* Forschungen nutzbar macht. Dem Umfang nach sollte sie sich auf mehrere hundert Kulturen beziehen, deren Auswahl kein geringes Problem darstellt. Ist schon die absolute Zahl der weltweit gesprochenen Sprachen kaum anzugeben, weil sie je nach Feinheit der Untergliederung variiert, so stellen sich der Abgrenzung von kulturellen Einheiten, die sich mit den Sprachregionen überschneiden, noch größere Schwierigkeiten entgegen.

Sprachforscher gehen von einer ungefähren Zahl von 4000 gesprochenen Sprachen aus, und Ethnologen stützen sich auf den *„Atlas of World Cultures"* von *G. P. Murdock,* der ca. 1300 Kulturen verzeichnet. Unter ihnen wählte Murdock 563 Gesellschaften aus, die ethnologisch und historisch am besten dokumentiert sind und die mit ihren ökologischen Gegebenheiten, ihren sozioökonomischen, familiären und politischen Strukturen sowie mit ihren religiösen und kulturellen Ausdrucksformen als repräsentativ für die gesamte Bandbreite der Weltkulturen gelten können. Diese 563 Kulturen verteilen sich auf sechs geographische Regionen mit vergleichbarer Fläche und Bevölkerungszahl, wobei Murdock das kleine Europa der circummediterranen Region zuordnet. Jede Großregion ist in 25 Provinzen unterteilt, so daß sich im Ganzen *150 verschiedene Kulturprovinzen* ergeben.[4]

Diese Einteilung, die durch das HRAF-sample *(Human Relations Area Files)*[5] mit computergespeicherten Daten ergänzt wurde und von daher eine sehr brauchbare Grundlage darstellt, zeigt jedenfalls eine begrenzbare Größenordnung des Projekts. Wenn wir sie mit dem derzeit auf Hochtouren laufenden Forschungsprojekt zur Entschlüsselung des menschlichen Genoms (Human Genom Organization – HUGO) vergleichen, dessen Initiatoren sich zum Ziel setzten, die rund 100 000 Gene und die dazugehörigen Milliarden von Basenpaaren zu kartieren, so nimmt sich das Projekt zur Erforschung humaner Wertvorstellungen geradezu bescheiden aus. Die erforderliche Finanzierung durch nationale und internationale Forschungsfonds (UNESCO) wäre vermutlich mit einem Bruchteil der immensen Summen zu bewältigen, die für die Entzifferung des menschlichen Gen-Codes aufgebracht werden.

Dennoch wäre bereits die Vorbereitungsphase für das „*Human-Values-Projekt*" mit großem personellen Aufwand verbunden: Es bedürfte eines internationalen Gremiums, das von vornherein das bisherige Übergewicht der euroamerikanischen Perspektive ausgleichen würde. Dieser Problematik ist sich die international anerkannte „*Society for Cross-Cultural Research*" voll bewußt, so daß es ihr anvertraut werden könnte, ein internationales Team von Sozial- und Geisteswissenschaftler/innen ins Leben zu rufen.[6] Neben Fachkräften der Ethnologie, Soziologie, Psychologie, Literaturwissenschaft, Linguistik, Kulturphilosophie und Religionswissenschaft sollten m.E. auch Personen aus der nicht-akademischen Welt wie Schriftsteller,

Künstler und Mitglieder nicht-regierungsabhängiger Gruppen aus dem sozialen Feld bereits an der Konzeption des Projekts wie auch an der Auswertung der Ergebnisse beteiligt sein.

Die ethnographische Aufteilung in die verschiedenen Sprach/ Kulturgemeinschaften, die sich nicht mit den bestehenden (184) Nationalstaaten deckt, hätte den vorteilhaften Effekt, politisch-ideologische Rivalitäten, wenn nicht zu neutralisieren, so doch einzudämmen.

Aus meiner Sicht sollte die Untersuchung aus zwei Teilen bestehen. Zum einen aus einer *sprachlich-literarischen Analyse* signifikanter wertgetönter Emotionswörter und ethischer Begriffe, wie sie aus der Umgangssprache und aus einer repräsentativen Auswahl historischer und zeitgenössischer Literatur (bei schriftlosen Kulturen aus ihrem Lied- und Erzählgut) zu gewinnen wäre (siehe S. 274 f.); zum anderen aus *persönlich geführten Interviews* anhand eines sorgfältig ausgearbeiteten Fragenkomplexes. Der zweite Teil der Untersuchung würde sich nicht nur auf die jeweiligen Vorstellungen über wünschbare Verhaltensweisen und verinnerlichte Haltungen („Tugenden") konzentrieren, sondern auch auf die konkreten Lebenssituationen, die ein „gutes Leben" für das Individuum und die Gruppe ermöglichen bzw. gefährden.

So verschieden die Methoden der beiden Untersuchungshälften sind, können sie sich gegenseitig ergänzen und fördern. So wäre die Kenntnis der sprachlichen Ausdrucksformen für wertorientiertes Fühlen und Denken eine der Voraussetzungen für die kulturgerechte Formulierung der persönlichen Befragungen und deren äquivalente Übersetzbarkeit. Umgekehrt könnten sich persönliche Leitbilder der Befragten auch auf literarische Zeugnisse beziehen.

Für die Interviews wäre die Auswahl der Durchführenden ebenso wichtig wie diejenigen der Befragten. Selbstverständlich müßten die Durchführenden mit der jeweiligen Sprache und Kultur aus erster Hand vertraut und in der Lage sein, eine vertrauensvolle Beziehung zu ihren Gesprächspartnern herzustellen. Auch sollte die paritätische Beteiligung von männlichen und weiblichen Interviewern gewährleistet sein. Bei den

Befragten ginge es um eine repräsentative Auswahl von Personen beiderlei Geschlechts verschiedener Alters-, Berufs- und Schichtzugehörigkeiten, die statistische Signifikanz beanspruchen kann. Entscheidend wären die offene Information über das Forschungsvorhaben und, besonders bei indigenen Völkern, die signalisierte Bereitschaft, von ihren Erfahrungen und Einstellungen zu lernen.

Über den Auswertungsmodus der gesammelten Daten müßte schon während der Vorbereitungsphase des Projekts Konsens erzielt werden, um eine qualitative und quantitative Vergleichbarkeit herzustellen. Mit die größten Probleme würden sich vermutlich bei der Evaluation von Werthaltungen in „pluralistischen" Hochzivilisationen ergeben, in denen es, oberflächlich gesehen, kaum noch allgemeinverbindliche Werte gibt. Es käme aber darauf an, einen Blick hinter diese Oberfläche zu tun, was sowohl anhand zeitgenössischer Literatur als auch in behutsamen persönlichen Gesprächen möglich sein sollte.

Mit dieser „realutopischen" Vision einer weltweiten Erforschung ethischer Werthaltungen schließt sich der Kreis unserer Betrachtungen. Vergegenwärtigen wir uns noch einmal den großen Bogen, den die Gedankengänge dieses Buches ziehen, so begannen sie mit der Darstellung einer philosophischen Denktradition, die im Schatten der Hauptströmung modernen Philosophierens steht. Wir lernten einen erkenntnistheoretisch-anthropologischen Diskurs kennen, der die Emotionen nicht nur für eine Quelle der Beunruhigung hält, welche den sachlichen Denkablauf stören kann, sondern auch für eine unverzichtbare Quelle echter Erkenntnis. Die wichtigsten Stationen dieser philosophischen Ansätze führten vor Augen, daß seit Pascals „Logik des Herzens" die Bedeutung des Emotionalen für die Wertphilosophie bis in die Gegenwart lebendig blieb und daß auch dort, wo die Tradition unterbrochen war, unabhängig von ihr immer wieder ähnliche Konzeptionen einer „emotionalen Vernunft" entstanden.

Den Stellenwert der Gefühle für das ethische Erkennen und Handeln gegenüber einer ausschließlich rationalen Ethikbegründung hervorzuheben, bildete den Inhalt des zweiten und dritten Kapitels. Dabei zeigte sich, daß die eigentliche Schwierigkeit der Ethikbegründung im Problem ihrer Allgemeingültigkeit liegt. Während Kant den Anspruch auf universelle Geltung auf ein formales Apriori der Vernunft stützte, versuchte Scheler seine Wertethik auf das Fundament eines emotionalen Apriori zu stellen, doch halten beide philosophischen Axiome einer kritischen Analyse nicht stand.

Daraus folgt aber nicht notwendig der resignierte Rückzug auf einen prinzipiellen Wertrelativismus und die Beschränkung auf formaljuristische Gesellschaftskontrakte. Eigentliche Menschenrechte sind ohne die Wertvorstellungen von der Würde der Person und der Idee der Gerechtigkeit nicht denkbar. Doch lassen sich diese humanen Grundwerte nicht ein für allemal rational konstruieren, sondern müssen immer neu aus zwischenmenschlichen Erfahrungen gewonnen und für die Gruppe verbindlich gemacht werden. Als Ergänzung zur „Diskursethik" (Habermas, Apel), deren Akzent auf den rationalen Übereinkünften gleichberechtigter Individuen liegt, stelle ich mit anderen zeitgenössischen Ethiker/innen (Heller, Gilligan, De Sousa) die Bildung der emotionalen Beziehungsfähigkeit in den Mittelpunkt der Betrachtung. Mit dem Begriff der „Konziliation" (*conciliare* – Freundschaft, Frieden stiften) betone ich den Stiftungscharakter ethischer Normen, was bedeutet, daß das empirisch gewachsene gegenseitige Vertrauen und die emotionale Wertvermittlung die Grundlagen für jedes ethische Handeln bilden.

In Auseinandersetzung mit der Position eines prinzipiellen ethischen Relativismus habe ich die psychosozialen Hintergründe analysiert, die zu einer künstlichen Aufspaltung bzw. Relativierung ethischer Normen führen: die Strukturen von Herrschaft, Sexismus und reiner Marktideologie. Dem stelle ich den Versuch entgegen, zeitlose Werthaltungen zu formulieren, die sich an menschlichen Grundbedürfnissen orientieren.

Einen eigenen Abschnitt widmete ich der Kommunizierbarkeit emotionaler Erfahrungen, was sowohl für die mitmenschliche Praxis als auch für die theoretische Verständigung zwischen Gruppen und Kulturen erstrangige Bedeutung hat.

An dieser Stelle wurden die Defizite sichtbar, die durch die Vernachlässigung der emotionalen Dimension in der geistes- und sozialwissenschaftlichen Forschung entstanden. Es zeigten sich aber auch Ansätze, die diese Lücken schließen können bis hin zu einer interkulturellen Emotionsforschung.

Eines der wichtigsten Ergebnisse der erkenntnistheoretischen Erwägungen besteht in der Forderung, die Grenzen zwischen Rationalität und Irrationalität neu zu ziehen. Wie Emotionalität nicht mit Irrationalität und damit letztlich mit Unvernunft gleichzusetzen ist, so ist Intellektualität nicht davor gefeit, daß die Richtung ihrer Denkschritte von irrationalen Motiven geleitet wird. Vernunft und Rationalität in einem nicht verengten Sinn zeichnen sich vor allem durch Bewußtheit aus: durch die bewußte Konfrontation mit den eigenen Gefühlen, Beweggründen und Wertungen ebenso wie durch die bewußte Kontrolle logischer Denkschritte. Dagegen ist von Irrationalität immer dann zu sprechen, wenn psychische Mechanismen unbewußt ablaufen und unerkannt in scheinbar rationale Denkmuster und Handlungen einfließen.

Hinter dem Plädoyer für die emotionale Vernunft steht nicht zuletzt der Wille zur Klärung unbewußter Zwielichtigkeiten. Der große menschliche und geisteswissenschaftliche Aufwand, den uns diese Klärung auferlegt, ist nicht als Luxus mißzuverstehen, denn eigentlich bleibt uns gar keine Wahl: Entweder gelingt die größtmögliche Erhellung aller uns steuernden psychischen Kräfte oder wir werden unbewußt von Ideologien verschiedenster Färbung gesteuert, auch von solchen, bei denen wir nur die rationale Fassade wahrnehmen.

Aus der Perspektive der emotionalen Vernunft besteht Sachlichkeit nicht in einer kühlen, von den eigenen und den Gefühlen anderer abgespaltenen Denkart, sondern läßt sich eher mit dem Begriff der Besonnenheit umschreiben. Besonnenheit nimmt zwar Abstand zur eigenen Betroffenheit in der Reflexion, aber im Spiegel ihres Bewußtseins erscheinen Ich und Mitwelt als lebendige Wirklichkeiten, denen wir nur gerecht werden, wenn die Erkenntniskräfte des Denkens und Fühlens zusammenwirken.

Anmerkungen

Einleitung

1 Vgl. Carolyn Merchant: Der Tod der Natur, München 1987, S. 177 f.
2 Evelyn Fox Keller: Liebe, Macht und Erkenntnis, München 1986, S. 75 ff., S. 85
3 Carolyn Merchant, Der Tod der Natur, S. 182, S. 187 f.
4 Mit dieser Form des Populärpragmatismus ist vor allem der Name John Deweys (1859–1952) verbunden.
5 Antonio R. Damasio, Descartes's Irrtum. Fühlen, Denken und das menschliche Gehirn, München 1995
6 Vgl. I. Eibl-Eibesfeld, Grundriß der vergleichenden Verhaltensforschung, München 1967
Paul Ekman, Universale emotionale Gesichtsausdrücke, in: G. Kahle (Hg.), Logik des Herzens. Die soziale Dimension der Gefühle, Frankfurt/Main 1981

Meilensteine der historischen Spur

1. Die „Logik des Herzens" bei Blaise Pascal (1623–1662)

1 Ludwig Wittgenstein: Tractatus Logico-Philosophicus Satz 6.52
2 Da es eine ganze Reihe älterer Pascalausgaben gibt, halte ich mich an die textkritische Monographie von Irene E. Kummer: Blaise Pascal. Studien zu den Pensées, Berlin 1978.
Die folgenden Anmerkungen verweisen jeweils auf die Stellen des Werkes, an denen Pascal in der Originalsprache zitiert wird.
3 Irene E. Kummer, Blaise Pascal, S. 36
4 Ebd. S. 34 ff.
5 Ebd. S. 92 ff.
6 Ebd. S. 110
7 Ebd. S. 271 ff.
8 Ebd. S. 36
9 Ebd. S. 250 ff.
10 Ebd. S. 241, 258, 302
11 Ebd. S. 351 ff.
12 Ebd. S. 232 f., 256 ff.
13 Ebd. S. 104, S. 200 f.

14 Ebd. S. 110 ff.

15 Ebd. S. 34

16 Ebd. S. 40

17 Bekanntlich schrieb Goya auf ein Blatt seiner satirischen „Caprichos":
„El suevo de la razon produce monstreros", womit er auf die in Unwissenheit und Unaufgeklärtheit verharrende spanische Gesellschaft anspielte.

Weiterführende Sekundärliteratur:

Theophil Spoerri: Der verborgene Pascal, Hamburg 1955
Arthur Rich: Pascals Bild vom Menschen, Zürich 1953
Ewald Wasmuth: Der Mensch in der Mitte, Berlin 1936
Ders.: Blaise Pascal. Die Kunst zu überzeugen, Berlin 1938

2. Der „moralische Sinn" bei Shaftesbury (1671–1713)

Shaftesbury wird nach folgender Ausgabe zitiert: Anthony Ashley Cooper, Third Earl of Shaftesbury, Standard Edition, hg. von W. Benda et al., frommann-holzboog, Stuttgart o. J.

1 The Moralists, Standard Edition Bd. II, 1 S. 212

2 An Inquiry Concerning Virtue and Merit, Standard Edition Bd. II, 2 S. 238 f.

3 Hier befinde ich mich nicht immer im Einklang mit der jüngsten deutschen Ausgabe von Shaftesbury (1990), die sich bewußt sprachlich eng an ihre Vorlage von 1779 hält. So etwa, wenn sie das englische „pleasure" durchgehend mit „Vergnügen" übersetzt, auch dort, wo es nach unserem heutigen Sprachempfinden besser mit „Freude" wiedergegeben würde. Auch vermeide ich den Ausdruck „Gewissen" für das, was Shaftesbury das reflexive, moralische Gefühl nennt, weil er mir mit zu vielen religiösen oder autoritären Assoziationen belastet scheint.

4 Vgl. An Inquiry Concerning Virtue and Merit, Standard Edition Bd. II 2, S. 156 ff.

5 Ebd. S. 172

6 Ebd. S. 66 f.

7 Ebd. S. 148 f.

8 Ebd. S. 196
Hier wäre auf etwas hinzuweisen, worauf Shaftesbury selbst nicht aufmerksam macht, was aber seine These vom rein Linguistischen her zu stützen scheint: wie im Englischen „kind" und „kindness", also Art, Spezies und Freundlichkeit ein und dieselbe Sprachwurzel haben, so auch die deutschen Ausdrücke „Art" und „Artigkeit".

9 An Inquiry Concerning Virtue und Merit, Standard Edition Bd. II, 2 S. 186 ff.

10 Ebd. S. 170 f., S. 216 ff.

11 Ebd. S. 152 f.
12 The Moralists, Standard Edition, Bd. II, 1 S. 164
13 An Inquiry Concerning Virtue und Merit, Standard Edition, Bd. II, 2, S. 202
14 Ebd. S. 66–68
15 The Moralists, Standard Edition Bd. II, 1 S. 340
16 Ebd. S. 324; Characteristics of Men, Manners, Opinions, Times, Standard Edition Bd. I, 2, S. 197–203
17 An Inquiry concerning Virtue and Merit, Standard Edition, Bd. II, 2, S. 158 f.
18 Ebd. S. 198–202
19 Im englischen Originaltext:
   „a mind or temper, thus destitute of mildness and benignity, . . . the consciousness of such a nature . . . must overcloud the mind with dark suspicion and jealousy, alarm it with fears and horror, and raise in it a continual disturbance, even in the most seeming fair and secure state of fortune and in the highest degree of outward property.“
   An Inquiry Concerning Virtue and Merit, Standard Edition, Bd. II, 2, S. 150
   „. . . is sure to create a sadness, dejection and melancholy in the mind“
Ebd. S. 240

Literatur:

Anthony Earl of Shaftesbury, Der gesellige Enthusiast, Philosophische Essays, hg. von Karl-Heinz Schwabe, München und Leipzig 1990
W. H. Schrader, Ethik und Anthropologie in der Englischen Aufklärung Hamburg 1984

3. Das Gefühl als heimliche Erkenntnisquelle bei Kant
(1724–1804)

Die zitierten Textstellen aus Kants Werken beziehen sich auf die Ausgabe der Preußischen Akademie der Wissenschaften, Kants Gesammelte Schriften ab 1902, Akademie-Textausgabe, Berlin 1968

1 Kritik der praktischen Vernunft, Band V, S. 91
2 Die Religion innerhalb der Grenzen der bloßen Vernunft Bd. VI, S. 26
3 Die Metaphysik der Sitten, Bd. VI, S. 376
4 Grundlegung zur Metaphysik der Sitten, Bd. IV, S. 421
5 Ebd. S. 393
6 Ebd. S. 429
7 Kritik der praktischen Vernunft, Bd. V, S. 161
8 Kritik der Urteilskraft, Bd. V, S. 254
9 H. und G. Böhme, Das Andere der Vernunft. Zur Entwicklung von Rationalitätsstrukturen am Beispiel Kants, Frankf./M., 1992, S. 485

10 Ebd. 483 ff.
11 Kritik der Urteilskraft, Bd. V, S. 271
12 Anthropologie in pragmatischer Hinsicht, Bd. VII, S. 253 f.
13 Kritik der Urteilskraft, Bd. V, S. 271
14 Die Metaphysik der Sitten, Bd. VI, S. 464
   Kritik der praktischen Vernunft, Bd. V, S. 75
15 Die Metaphysik der Sitten, Bd. VI, S. 213
   Kritik der praktischen Vernunft, Bd. V, S. 73 ff., S. 77
16 Kritik der Urteilskraft, Bd. V, S. 272 f.
17 Ebd. S. 267 ff.
18 Anthropologie in pragmatischer Hinsicht, Bd. VII, S. 293
19 Grundlegung zur Metaphysik der Sitten, Bd. IV, S. 398
   Vgl. auch H. und G. Böhme, Das Andere der Vernunft, a.a.O.
   S. 483 ff.
20 Kritik der praktischen Vernunft, Bd. V, S. 88
21 Die Metaphysik der Sitten, Bd. VI, S. 456 f.
   Kritik der Urteilskraft, Bd. V, S. 275
22 Die Metaphysik der Sitten, Bd. VI, S. 484
23 Die Religion innerhalb der Grenzen der bloßen Vernunft Bd. VI, S. 23,
   S. 49 f.
24 Chodorow, Nancy, Das Erbe der Mütter, München 1985
   Dinnerstein, Dorothy, Das Arrangement der Geschlechter, Stuttgart
   1979
25 Fox Keller Evelyn, Liebe, Macht und Erkenntnis, München 1986,
   S. 75 ff.
26 H. und G. Böhme, Das Andere der Vernunft, a.a.O. 288 ff.
27 Vgl. Meier-Seethaler, Carola, Ursprünge und Befreiungen. Die sexistischen Wurzeln der Kultur, Frankfurt/M. 1992, S. 349 ff.

Sekundärliteratur:

Theodor Litt, Kant, in: Howald, Dempf, Litt: Geschichte der Ehtik, Mün-
   chen/Wien, 1978
Hartmut und Gernot Böhme, Das Andere der Vernunft. Zur Entwicklung
   von Rationalitätsstrukturen am Beispiel Kants, Frankfurt 1983
Harald Köhl, Die Theorie des moralischen Gefühls bei Kant und Schopen-
   hauer, in: H. Fink-Eitel, G. Lohmann (Hg.), Zur Philosophie der Gefühle, Frankfurt/M. 1993

4. Die Rehabilitation des Gefühls in der Romantik
von Roussseau (1712–1778) bis Carus (1789–1869)

1 Vgl. F. P. Hager, D. Jakubec, Artikel zu J.-J. Rousseau, in: Schweizer
   Lexikon, Luzern 1993, Bd. 5

2 Paul Kluckhohn, Die Auffassung der Liebe in der Literatur des 18. Jahrhunderts und in der deutschen Romantik, Tübingen 1966 S. 542 ff.

3 Margarete Susmann, Frauen der Romantik, Köln 1960, S. 161 ff. Es handelt sich um den klassischen Philologen und Mythenforscher G. F. Creuzer

4 Franz von Baader (1765–1841), der als Arzt das Elend der Arbeiter in England erlebte, beschrieb Jahrzehnte vor Marx das Phänomen der Ausbeutung und setzte sich kritisch mit der liberalen Wirtschaftsdoktrin auseinander.
F. v. Baader: Über das dermalige Mißverhältnis der Vermögenslosen oder Proletärs (1835) in: F. v. Baader: Vom Sinn der Gesellschaft, Köln 1966

5 J. G. Herder, Vom Erkennen und Empfinden der menschlichen Seele, in: J. G. Herder, Werke in zwei Bänden, hg. von Karl Gustav Gerold, München 1955, Bd. 2, S. 357

6 Ders./Dies., Von deutscher Art und Kunst, in: Werke in zwei Bänden, Bd. 1, S. 856 f.

7 Ders./Dies., Auch eine Philosophie der Geschichte zur Bildung der Menschheit, Bd. 2, S. 74

8 Ders./Dies., Ideen zur Philosophie der Geschichte der Menschheit, Bd. 2, S. 106 ff.

9 Ders./Dies., Vom Erkennen und Empfinden der menschlichen Seele, Bd. 2, S. 357 ff.

10 Ebd. da S. 348

11 F. E. D. Schleiermacher, Reden über die Religion an die Gebildeten unter ihren Verächtern, 1799, krit. Ausg. von R. Otto, 1926

12 C. G. Carus, Psyche, Jena 1926

Weiterführende Literatur:

R. Benz, Die deutsche Romantik, Leipzig 1937

Kurt Lüthi, Feminismus und Romatik, Wien/Köln 1985

Cornelia Klinger, Flucht, Trost, Revolte. Die Moderne und ihre ästhetischen Gegenwelten, München 1995

5. Das „Verstehen" als Grundlage der Geisteswissenschaften bei Wilhelm Dilthey (1833–1911)

1 W. Dilthey, Gesammelte Schriften, Leipzig und Berlin 1924, Ideen über eine beschreibende und zergliedernde Psychologie, Bd. V, S. 144

2 Ders./Dies., Studien zur Grundlegung der Geisteswissenschaften, Bd. VII, S. 1–44

3 Ders./Dies., Entwürfe zur Kritik der historischen Vernunft, Bd. VII, S. 207 f.

4 Ebd. S. 208
5 Ebd. S. 191
6 Ders./Dies., Die Entstehung der Hermeneutik, Bd. V, S. 317–338
7 Ders./Dies., Entwürfe zur Kritik der historischen Vernunft, Bd. VII, S. 208
8 Ebd. S. 225–227
9 Ebd. S. 218
10 Ders./Dies., Ideen über eine beschreibende und zergliedernde Psychologie, Bd. V, S. 148
11 Ders./Dies., Das Wesen der Philosophie, Bd. V, S. 341
12 Ders./Dies., System der Ethik, Bd. X, S. 114, S. 118
13 Ebd. S. 79 ff., S. 60 ff.

Weiterführende Literatur:

O. F. Bollnow, Dilthey. Eine Einführung in seine Philosophie, Leipzig und Berlin 1936
Wilhelm Dilthey, Der Aufbau der geschichtlichen Welt in den Geisteswissenschaften. Textauswahl und Einleitung von Manfred Riedel, Frankfurt 1981

6. Die Entmonopolisierung der Ratio durch Sigmund Freud (1856–1939)

1 Sigmund Freud, Das Ich und das Es, in: Sigmund Freud, Studienausgabe Frankfurt 1969, Bd. III, S. 273 ff.
Ders./Dies., Die Zerlegung der psychischen Persönlichkeit, Bd. I, S. 496 ff.
2 Ders./Dies., Der Untergang des Oedipuskomplexes, Bd. V, S. 243 ff.
Über die weibliche Sexualität, Bd. V, S. 273 ff.
3 Erich Fromm, Sigmund Freuds Theorie – Größe und Grenzen, in: Erich Fromm, Gesamtausgabe Stuttgart 1980, Bd. 8, S. 259 ff.
4 Erich Fromm spricht von „Marktorientierung" bzw. von „marketing character" als von einer Einstellung, die auch die Menschen selbst zu Waren macht. Die Folge davon sei, daß sich der Einzelne möglichst vorteilhaft auf dem „Persönlichkeitsmarkt" anzubieten habe und damit seinen Persönlichkeitskern verliere. Dies aber könne nur mit Abhängigkeitsgefühlen und neurotischen Ängsten bezahlt werden.
Vgl. „Psychoanalyse und Ehtik", Gesamtausgabe, Bd. 2, S. 47 ff.
5 Sigmund Freud, Die Zerlegung der psychischen Persönlichkeit Bd. III, S. 516
6 Ders./Dies., Triebe und Triebschicksale, Bd. III, S. 98
7 Erich Fromm, Die Anatomie der menschlichen Destruktivität, Gesamtausgabe, Bd. 7, S. 239
8 Ebd. S. 262 ff.

9 Ebd. S. 238

10 Ders./Dies., Psychoanalyse und Ehtik, Bd. 2, S. 179 ff.

11 Ders./Dies., Märchen, Mythen, Träume, Bd. 9, S. 294, 297

12 Bruno Bettelheim, Die symbolischen Wunden, Pubertätsriten und Neid des Mannes (1954), Frankfurt 1990
Doris F. Jonas, Der überschätzte Mann, München 1981
Brigit Barth, Die Darstellung der weiblichen Sexualität als Ausdruck männlichen Uterusneides und dessen Abwehr, in: Jahrbuch der Psychoanalyse, Bd. 26, 1990

13 Vgl. Carola Meier-Seethaler, Ursprünge und Befreiungen. Die sexistischen Wurzeln der Kultur, Frankfurt 1992, Kp. III
Evelyn Fox Keller, Secrets of Life, Secrets of Death, New York/London 1992
Josef Weizenbaum, Künstliche Intelligenz als Endlösung der Menschenfrage, in: Klagenfurter Beiträge zur Technikdiskussion, Heft 32 1990, S. 15
An dieser Stelle spricht auch der bekannte Computerspezialist von „Gebärneid" als die für ihn einzig plausible Erklärung für die Faszination, mit der seine Kollegen am Projekt der Roboter arbeiten, und die sie verräterischerweise „mind children" nennen.

14 Gernot Böhme, Wissenschaft und Verdrängung, Ansätze zu einer psychoanalytischen Erkenntniskritik, in G. Böhme (Hg.), Alternativen der Wissenschaft, Frankf./M. 1980, S. 54 ff.

15 Unter „persönlicher Gleichung" verstand Jung die persönlichen Voraussetzungen, die einen Menschen durch Anlage, Erziehung, Milieu und Zeitgeist prägen und die in seine Beziehungen zur Um- und Mitwelt einfließen.

7. Die sexistische Definition des Emotionalen
bei Georg Simmel (1858–1918)

1 Georg Simmel, Das Relative und das Absolute im Geschlechterproblem (1911) in: Georg Simmel, Schriften zur Philosophie und Soziologie der Geschlechter, Hg. H. J. Dahme und K. Ch. Köhnke, Frankfurt 1985, S. 200–223

2 Esther Fischer-Homberger, Krankheit Frau, Darmstadt 1984, S. 110 ff.

3 Erik H. Erikson, Die Weiblichkeit und der innere Raum, in: Jugend und Krise, Stuttgart 1970, S. 274–308

4 Vgl. Karla Poewe, Matrilineal Ideology, Male-female dynamics in Luapula, Zambia, International African Institute 1981
Brigitta Hauser-Schäublin, Weltbilder: Sexualität, Basel 1987

5 Erik H. Erikson, Die Weiblichkeit und der innere Raum, in: Jugend und Krise, Stuttgart 1970, S. 296

6 Ebd. S. 307

Weiterführende Literatur:

Marianne Ulmi, Frauenfragen, Männergedanken. Zu Georg Simmels Philosophie und Soziologie der Geschlechter, Zürich 1989

Ilona Ostner, Geschlechterhierarchie und ihre symbolische Repräsentation heute, in: Mythos Frau, hg. v. B. Schaefer-Hegel/B. Wartmann, Berlin 1984, S. 140–152

8. Die „Wertrationalität" bei Max Weber (1864–1920)

1 Max Weber, Die „Objektivität" sozialwissenschaftlicher und sozialpolitischer Erkenntnis, in: Max Weber, Gesammelte Aufsätze zur Wissenschaftslehre, Tübingen 1988, S. 180

2 Ders./Dies., Der Sinn der „Wertfreiheit" der soziologischen und ökonomischen Wissenschaften, in: Gesammelte Aufsätze S. 512

3 Ders./Dies., Die „Objektivität" sozialwissenschaftlicher und sozialpolitischer Erkenntnis, a. a. O. S. 151

4 Ders./Dies., Über einige Kategorien der verstehenden Soziologie, in: Gesammelte Aufsätze, S. 432 f.

5 Ders./Dies., Soziologische Grundbegriffe, in: Gesammelte Aufsätze S. 565 ff.

6 Ders./Dies., Die „Objektivität" sozialwissenschaftlicher und sozialpolitischer Erkenntnis, in: Gesammelte Aufsätze, S. 155

7 Ders./Dies., Wissenschaft als Beruf, in: Gesammelte Aufsätze, S. 612

8 Ebd. S. 608

9 Gustav Schmoller, Wechselnde Theorien und feststehende Wahrheiten im Gebiete der Staats- und Sozialwissenschaften, Rede bei Antritt des Rektorats der Universität Berlin, 1897

10 Max Weber, Politik als Beruf, München/Leipzig 1919, S. 58

11 Ebd. S. 47 f.

12 Vgl. W. J. Mommsen, Universalgeschichtliches und politisches Denken bei Max Weber, in: Dirk Käsler (Hg.) Max Weber. Sein Werk und seine Wirkung, München 1972, S. 202 ff.

13 Max Scheler, Die Wissensformen und die Gesellschaft, Gesammelte Werke, Bd. 8, S. 431 f.

14 Max Weber, Politik als Beruf, a. a. O. S. 53, 63

15 Agnes Heller, Das Leben ändern, Hamburg 1981, S. 208

16 Max Weber, Wissenschaft als Beruf, in: Gesammelte Aufsätze, S. 608

Weiterführende Literatur:

Dirk Käsler (Hg.), Max Weber. Sein Werk und seine Wirkung, München 1972

W. Schuchter, Rationalismus der Weltbeherrschung. Studien zu Max Weber, Frankfurt 1980

9. Das „emotionale Apriori" bei Max Scheler (1874–1928)

1 Edmund Husserl, Logische Untersuchungen, Bd. II: Untersuchungen zur Phänomenologie und Theorie der Erkenntnis, 1901

2 Max Scheler, Der Formalismus in der Ethik und die materiale Wertethik, Gesammelte Werke, Bern u. München 1954 ff. Bd. 2 (1954), S. 125 ff.

3 Ders./Dies., Wesen und Formen der Sympathie, Gesammelte Werke Bd. 7 (1973)

„Über Scham und Schamgefühl", Schriften aus dem Nachlaß, Gesammelte Werke, Bd. 10 (1957)

Siehe auch unten: „Weiterführende Literatur".

4 Max Scheler, Der Formalismus in der Ethik, S. 278

5 Ebd. S. 70 f., S. 84

6 Ebd. S. 72 ff.

7 Ebd. S. 84 ff.

8 Ebd. S. 88 f.

9 Ebd. S. 125 ff.

10 Ebd. S. 48

11 Nicolai Hartmann, Ethik, 1926, S. 245 ff., S. 509 f., S. 543 ff.

12 Max Scheler, Der Formalismus in der Ethik, S. 49

13 Ebd. S. 342, S. 360 ff.

14 Ebd. S. 309 ff., S. 325 ff.

15 Ders./Dies., Über Scham und Schamgefühl, S. 76

16 Ders./Dies., Der Formalismus in der Ethik, S. 325 f.

17 Ebd. S. 276

18 Ebd. S. 282

19 Ebd. S. 283

20 Ebd. S. 292 ff.

21 Ebd. S. 314

22 Nicolai Hartmann, Ethik, II. Abschnitt: Vielheit der Moralen und Einheit der Ethik

Ders./Dies., Zur Grundlegung der Ontologie, Berlin 1948, S. 309 ff.

23 Als die Hauptvertreter des „Emotivismus" gelten Ch. L. Stevenson, Ethics and Language, 1944

A. J. Ayer, Sprache, Wahrheit und Logik, 1970

Weiterführende Literatur

Dietrich von Hildebrand, Die Idee der sittlichen Handlung, Sittlichkeit und ethische Werterkenntnis, Darmstadt 1969

Ders./Dies., Das Wesen der Liebe, Gesammelte Werke III, Regensburg 1971

Otto Friedrich Bollnow, Die Ehrfurcht, Frankfurt/M. 1947

Ders./Dies., Das Wesen der Stimmungen, Frankfurt 1956

10. Das „Unbedingte" bei Karl Jaspers (1883–1969)

1 Karl Jaspers, Der philosophische Glaube, München 1948
2 Ders./Dies., Philosophie, Bd. II, Existenzerhellung, Berlin 1932, S. 270 ff.
3 Ebd. S. 277
4 Ders./Dies., Der philosophische Glaube, S. 40
5 Ders./Dies., Philosophie, Bd. II, Existenzerhellung, S. 50 ff.
6 Ebd. S. 201 ff., S. 223
7 Ders./Dies., Von der Wahrheit, München 1947, S. 415 ff.
8 Ders./Dies., Philosophie, Bd. II, Existenzerhellung, S. 344 ff.
9 Ders./Dies., Vernunft und Widervernunft in unserer Zeit (1950) in: Vernunft und Freiheit, Zürich o. J. S. 284
10 Ders./Dies., Philosophie, Bd. II, Existenzerhellung, S. 127
11 Ebd. S. 219
12 Ders./Dies., Von der Wahrheit, München 1947, S. 1030 ff.
13 Ders./Dies., Einführung in die Philosophie, München 1953, S. 35 f.
Der philosophische Glaube, München 1948, S. 132 f.

Weiterführende Literatur

Hannah Arendt, Was ist Existenzphilosophie? in: Dieselbe, Sechs Essays, Heidelberg 1948
Jeanne Hersch, Karl Jaspers, Lausanne 1980
K. Salamun, Karl Jaspers, München 1985
H. Saner, Karl Jaspers, 1970.

11. Der neue Schlüssel zur emotionalen Vernunft bei Susanne K. Langer (1895–1985)

1 Ernst Cassirer, Philosophie der symbolischen Formen, 1923–29
2 Susanne K. Langer. Philosophy in a New Key. A Study in the Symbolism of Reason, Rite and Art, Cambridge (Mass.) 1942
deutsch: Philosophie auf neuem Wege, Frankfurt 1965/1984
3 Susanne K. Langer, Philosophie auf neuem Wege, S. 35
4 Ebd. S. 49
5 Ebd. S. 53, 55, 57, 178 ff.
6 Ebd. S. 93 ff.
7 Ebd. S. 93
8 Ebd. S. 130 f.
9 Ebd. S. 214 ff.
10 Ebd. S. 234 ff.
11 Ders./Dies., Feeling and Form. A Theory of Art, New York 1953, S. 211 f.

12 Ders./Dies., Philosophie auf neuem Wege, S. 140 ff.
13 Ders./Dies., Feeling and Form, S. 380 f.
14 Ders./Dies., Philosophie auf neuem Wege, S. 122 ff., 140 ff.
15 Ebd. S. 282 f., 288
16 Ebd. S. 282, 285
17 Ebd. S. 282
18 Ders./Dies., Mind: An Essay on Human Feeling, Volume I, Baltimore 1967, S. 3–30
19 Ders./Dies., Mind: Volume III, Baltimore 1982, S. 120
20 Ders./Dies., Mind: Volume I S. 273 f.
21 Ebd. S. 277 ff.
   Vgl. E. Fox Keller, Barbara Mc Clintock, Die Entdeckerin der springenden Gene, Basel 1995
22 Carl Friedrich von Weizsäcker, Zeit und Wissen, München 1993
23 Susanne K. Langer, Mind: An Essay on Human Feeling, Volume I, S. 30: „Instead of looking for a point of liaison between the brain and the mind we may look for a psychical limen in the rise and abatement of cerebral processes."
24 Ders./Dies., Philosophie auf neuem Wege, S. 48
25 Ders./Dies., Mind: An Essay on Human Feeling, Volume I, S. 27–31
26 Ders./Dies., Feeling and Form, S. 375, S. 378
27 Ebd. S. 380: „The only way to make the feeling-content of . . . art symbol (s) public, is to present the expressive form so abstractly and forcibly that anyone with normal sensitivity for the art in question will see this form and its emotive quality."

Sekundärliteratur

Barbara Kösters, Gefühl, Abstraktion, symbolische Transformation. Zu Susanne Langers Philosophie des Lebendigen, Frankfurt/Main, 1993

Zur Ethik-Diskussion der Gegenwart

Fokus 1. Der sogenannte Positivismusstreit und seine Folgen

1 Vgl. Rolf Wiggershaus, Die Frankfurter Schule, München 1986
2 Karl R. Popper, Auf der Suche nach einer besseren Welt, München 1984, S. 99 ff.
3 Ders./Dies., Die Logik der Sozialwissenschaften, in: Der Positivismusstreit in der deutschen Soziologie, Hg. H. Maus und F. Fürstenberg, Neuwied und Berlin 1969, S. 119
4 Ders./Dies., Logik der Forschung, Wien 1935, S. 40 f., S. 200 ff.
5 Ders./Dies., Die Logik der Sozialwissenschaften, in: Der Positivismusstreit, a. a. O. S. 119 f.

6 Ebd. S. 120 f.

7 Ebd. S. 112

8 Ders./Dies., Eine objektive Theorie des historischen Verstehens, in: Schweizer Monatshefte 1970/3

9 Ders./Dies., Objektive Erkenntnis. Ein evolutionärer Entwurf, Hamburg 1973, S. 123 ff.

10 Ders./Dies., Die Logik der Sozialwissenschaften, in: Der Positivismusstreit, a. a. O. S. 113 ff.

11 Ders./Dies., Auf der Suche nach einer besseren Welt, a. a. O. S. 202 f.

12 Ders./Dies., Die offene Gesellschaft und ihre Feinde, Tübingen 1992, Bd. 1, S. 3 ff., S. 238

13 Ebd. S. 29 ff., S. 199 f.

14 Theodor W. Adorno, Zur Logik der Sozialwissenschaften, in: Der Positivismusstreit, a. a. O. S. 127

15 Ebd. S. 140 ff.

16 Ebd. S. 139 f.

17 Ebd. S. 138

18 Jürgen Habermas, Analytische Wissenschaftstheorie und Dialektik, in: Der Positivismusstreit, a. a. O. S. 186 f.

19 Ders./Dies., Erkenntnis und Interesse, Frankfurt 1979, S. 348 f.
Max Horkheimer, Zur Kritik der instrumentellen Vernunft, Frankfurt 1985, S. 53 ff.

20 Jürgen Habermas, Erkenntnis und Interesse, a. a. O. S. 204 ff.

21 Ebd. S. 262 ff.

22 Ebd. S. 9

23 Ebd. S. 350

24 Jürgen Habermas, Gegen einen positivistisch halbierten Rationalismus, in: Der Positivismusstreit, a. a. O. S. 236, 262

25 Ders./Dies., Technik und Wissenschaft als Ideologie, Frankfurt 1969, S. 48 ff., S. 77

26 Ebd. S. 78, S. 90, S. 116

27 Ebd. S. 115 ff.

28 Ebd. S. 118

29 Friedrich A. v. Hayek, Individualismus und wirtschaftliche Ordnung, Erlenbach-Zürich 1952

30 Franz J. Hinkelammert, Kritik der utopischen Vernunft. Eine Auseinandersetzung mit den Hauptströmungen der modernen Gesellschaftstheorien, San José (Costa Rica) 1984, Luzern 1994

31 Vgl. dazu auch Beat Bürgenmeier, Socio-Economics, Ethics, Institutions and Markets, Boston 1992

32 Jürgen Habermas, Moralbewußtsein und kommunikatives Handeln, Frankfurt 1983, S. 112 f.

33 P. F. Strawson, Freedom and Resentment, London 1974

34 Jürgen Habermas, Moralbewußtsein und kommunikatives Handeln, a. a. O. S. 60

35 Ebd. S. 72 ff.

36 Annemarie Pieper, Pragmatische und ethische Normenbegründung, Freiburg 1979, S. 158 ff.

37 Karl R. Popper, Die offene Gesellschaft und ihre Feinde, a. a. O. Bd. 2, S. 484 ff.

38 Ders./Dies., Objektive Erkenntnis, a. a. O. S. 137 ff., S. 260 ff.

39 Jürgen Habermas, Erkenntnis und Interesse, a. a. O. S. 212 f.

40 Karl R. Popper, Auf der Suche nach einer besseren Welt, a. a. O. S. 15

41 Ders./Dies.,Die Logik der Sozialwissenschaften, in: Der Positivismusstreit, a. a. O. S. 114 f.

42 Ders./Dies., Auf der Suche nach einer besseren Welt, a. a. O. S. 15

43 Ders./Dies., Objektive Erkenntnis, a. a. O. S. 172 ff.

44 Ebd. Anhang, S. 390

45 Ders./Dies., Auf der Suche nach einer besseren Welt, a. a. O. S. VIII, S. 25

46 Ebd. S. 154

47 Ders./Dies., Die offene Gesellschaft und ihre Feinde, a. a. O. Bd. 1, S. 208 ff., S. 211

48 Ebd. S. 238

49 Ebd. S. 238 f.

50 Jean François Lyotard, Das postmoderne Wissen, Wien 1986

51 Axel Honneth, Der Affekt gegen das Allgemeine. Zu Lyotards Konzept der Postmoderne, in: Merkur, Dez. 1984

52 Max Horkheimer und Theodor Adorno, Dialektik der Aufklärung, Amsterdam 1947

53 Axel Honneth, Der Affekt gegen das Allgemeine. Zu Lyotards Konzept der Postmoderne, a. a. O.

54 J. F. Lyotard, Ein Denkmal des Marxismus (für Pierre Souryi), in: Streifzüge, hg. von P. Engelmann, Wien 1989

55 Ders./Dies., Beantwortung der Frage: Was ist Postmoderne? in: Postmoderne und Dekonstruktion, Texte, Hg. P. Engelmann, Stuttgart 1990, S. 35

56 Ders./Dies., Randbemerkungen zu den Erzählungen, in: Postmoderne und Dekonstruktion, Texte, a. a. O. S. 50

57 Vgl. Manfred Frank, Die Grenzen der Verständigung. Ein Geistergespräch zwischen Lyotard und Habermas, Frankfurt 1988

58 Vgl. Willem van Reijen/Dick Veermann, Interview mit J. F. Lyotard, in: Walter Reese-Schäfer, Lyotard zur Einführung, Hamburg 1988, S. 139 f.

59 Ebd. S. 128 f.

60 J. F. Lyotard, Beantwortung der Frage: Was ist postmodern?, in: Postmoderne und Dekonstruktion, Texte, a. a. O. S. 47 f.

61 Wolfgang Hübener, Der dreifache Tod des modernen Subjekts, in: Manfred Frank (Hg.), Die Frage nach dem Subjekt, Frankfurt 1988, S. 102–127

H. Nagl-Docekal, Das heimliche Subjekt Lyotards, in: M. Frank (Hg.), Die Frage nach dem Subjekt, a. a. O. S. 230–246

62 Niklas Luhmann, Moderne Systemtheorien als Form gesamtgesellschaftlicher Analyse, in: J. Habermas, N. Luhmann, Theorie der Gesellschaft oder Sozialtechnologie, Frankfurt 1979

63 Ders./Dies., Systemtheoretische Argumentationen, in: Theorie der Gesellschaft oder Sozialtechnologie, a. a. O. S. 385 ff., S. 401

64 Vgl. Franz M. Wuketits, Verdammt zur Unmoral? Zur Naturgeschichte von Gut und Böse, München 1993

65 Richard Dawkins, Das egoistische Gen, Berlin/Heidelberg/New York 1978, S. VIII, S. 2 f.

66 Hans Kummer, Weiße Affen am Roten Meer. Das soziale Leben der Wüstenpaviane, München 1992, S. 178 ff., S. 337 ff., S. 396
Ruth Hubbard/ Elijah Wald, Exploding the Gene Myth, Boston USA 1993
Elisabeth List, Die Präsenz des Anderen, Frankfurt, 1993, S. 67–89
Karl R. Popper, Objektive Erkenntnis. Ein evolutionärer Entwurf, a. a. O. S. 298 ff.
Ders./Dies., Auf der Suche nach einer besseren Welt, a. a. O. S. 25

67 R. Dawkins, Das egoistische Gen, a. a. O. S. 223 ff.

68 Vgl. David Buss, Die Evolution des Begehrens. Geheimnisse der Partnerwahl, Hamburg 1994
Auf soziobiologische Theorien aufbauend untersuchte der amerikanische Psychologe die „Paarungsstrategien" beim Menschen und fand in seiner weltweiten Untersuchung das, was er suchte: Männer bevorzugen schöne und Fruchtbarkeit signalisierende Frauenkörper, Frauen dagegen zuverlässige Männer mit sicherem Einkommen. Zudem begehren Männer möglichst viele Partnerinnen, um ihr Erbgut zu streuen, während Frauen feste Verhältnisse bevorzugen, um ihre Nachkommenschaft zu sichern. Dabei läßt er nicht nur den gravierenden Unterschied zwischen Heirats- und Sexualpartnern, wie er in allen traditionellen Gesellschaften besteht, außer acht, sondern auch vorpatriarchale Eheformen und heutige Emanzipationsbewegungen.

69 Volker Sommer, Lob der Lüge, München 1992

70 Christian Vogel, Vom Töten zum Mord. Das wirklich Böse in der Evolutionsgeschichte, München 1989, S. 120 ff.

71 Volker Sommer, Lob der Lüge, a. a. O. S. 181 f.

72 Joseph Weizenbaum/Klaus Haefner, Sind Computer bessere Menschen? Ein Streitgespräch, München 1990, S. 127

73 Ebd. S. 100 ff.

74 Ebd. S. 105 ff.
Joseph Weizenbaum, Kurs auf den Eisberg. Die Verantwortung des Einzelnen und die Diktatur der Technik, München 1987
Ders./Dies., Absurde Planer, in: Zeitmagazin Nr. 12, 16. Mai 1990

75 Joseph Weizenbaum/Klaus Haefner, Sind Computer bessere Menschen, a. a. O. S. 88

Joseph Weizenbaum, Künstliche Intelligenz als Endlösung der Menschenfrage, in: Klagenfurter Beiträge zur Technikdiskussion, Heft 32, 1990, S. 9

76 Ebd. S. 9 und 10. Das letzte Zitat stammt aus dem Buch von H. Jastro, Der verzauberte Webstuhl

77 Jörg Wichmann, Die Renaissance der Esoterik, Stuttgart 1991, S. 14

78 Ebd. S. 298 ff.

79 Vgl. Guggenberg/Schweidlenka (Hg.), Mißbrauchte Sehnsüchte? Esoterische Wege zum Heil, Wien 1992
Peter Kratz, Die Götter des New Age. Im Schnittpunkt von „Neuem Denken", Faschismus und Romantik, Berlin 1994
Zur Analyse von Peter Kratz, dessen Verdienst vor allem in der präzisen Auflistung faschistischer Gruppierungen der Gegenwart besteht, wäre zu bemerken, daß er an verschiedenen Stellen entschieden zu weit geht. So stempelt er jeden ganzheitlichen Denkansatz von der Gestaltpsychologie über die organische Naturauffassung bis zur biophilen Ethik Erich Fromms als faschistoides Gedankengut ab.

80 So baute J. H. Schultz sein „Autogenes Training" auf den Erfahrungen der Yoga-Schulen auf und gibt es Querverbindungen zwischen Tibetanischer Medizin, mittelalterlicher Naturphilosophie und Homöopathie.

81 Karl R. Popper, Die Logik der Sozialwissenschaften, in: Der Positivismusstreit, a. a. O. S. 119

Fokus 2.
Das Prinzip Verantwortung und die emotionale Dimension

1 Hans Jonas, Das Prinzip Verantwortung. Versuch einer Ethik für die technologische Zivilisation, Frankfurt/M. 1979, Einleitung.
Ders./Dies., Technik, Medizin und Ethik. Zur Praxis des Prinzips Verantwortung, Frankfurt/M. 1985, S. 315 (Interview 1981)

2 Ders./Dies., Das Prinzip Verantwortung, a. a. O. S. 80 ff.

3 Ebd. S. 155

4 Ebd. S. 164

5 Ebd. S. 86 ff.

6 Ebd. S. 164

7 Ebd. S. 170. Vgl. auch Kapitel I, 8 über Max-Scheler, S. 99 f.

8 Ebd. S. 170 f.

9 Immanuel Kant, Einleitung zur Kritik der Urteilskraft, Abschnitt IV und IX

10 Hans Jonas, Das Prinzip Verantwortung, a. a. O. S. 398, Anm. 4

11 Ebd. S. 171

12 Ebd. S. 240

13 Ebd. S. 165 f.

14 Ebd. S. 177

15 Ebd. S. 36
16 Ebd. S. 64 f.
17 Ebd. S. 54 ff. Vgl. auch Hans Jonas, Technik, Medizin und Ethik, a. a. O. S. 16 ff.
18 Hans Jonas, Das Prinzip Verantwortung, a. a. O. S. 230 ff.
19 Ders./Dies., Technik, Medizin und Ethik, a. a. O. S. 67, S. 70 ff.
20 Ders./Dies., Das Prinzip Verantwortung, a. a. O. S. 400, Anm. 10
21 Ebd. S. 72 f., S. 392 f.
22 Hans Jonas, Technik, Medizin und Ethik, a. a. O. S. 42 ff., S. 44
23 Ebd. S. 52, S. 70 f.
   Vgl. Ders./Dies., Dem bösen Ende näher. Gespräche über das Verhältnis des Menschen zur Natur, Frankfurt/M. 1993, S. 81
   Ders./Dies., Das Prinzip Verantwortung, a. a. O. S. 338 f.
24 Ders./Dies., Dem bösen Ende näher, a. a. O. S. 48
25 Ders./Dies., Das Prinzip Verantwortung, S. 75
   Wie recht Jonas mit dieser Bemerkung hat, wurde bereits im Zusammenhang mit den Zukunftsvisionen der Kybernetik offensichtlich.
   Vgl. Fokus 1, S. 143 f.
26 Hans Jonas, Das Prinzip Verantwortung, a. a. O. S. 220
27 Zu ihnen gehört auch Vittorio Hösle: Die Krise der Gegenwart und
   die Verantwortung der Philosophie, München 1990
   Ders./Dies., Philosophie der ökologischen Krise, Moskauer Vorträge,
   München 1994
28 Heller mußte 1977 mit ihrem Mann Ferenc Fehér Ungarn verlassen,
   ging zunächst nach Australien, dann in die USA, wo sie an der Hannah Arendt-Hochschule in New York lehrt.
29 Agnes Heller, A Radical Philosophy, Oxford/New York 1984, S. 134:
   „A world in which humanity is at home"
30 Ebd. S. 184 f.
   Erich Fromm, Gesamtausgabe, Stuttgart 1980, Bd. V, S. 117
31 Agnes Heller, A Radical Philosophy, a. a. O. S. 138 f.
32 Ders./Dies.,Theorie der Gefühle, Hamburg 1981
33 Ebd. S. 19
34 Ebd. S. 114 ff.
35 Ebd. S. 136
36 Ebd. S. 193 ff., S. 119 ff.
37 Ebd. S. 158
38 Ebd. S. 159
39 Ebd. S. 137
40 Ebd. S. 197 ff., 204 f.
41 Agnes Heller, General Ethics, Oxford/Cambridge Mass. 1988 S. 27 f.
42 Ders./Dies., Theorie der Gefühle, a. a. O. S. 167
43 Ebd. S. 169 f.
44 Ebd. S. 208, 279
45 Ebd. S. 283 f.

46 Ebd. S. 288 f., 295
47 Ders./Dies., A Radical Philosophy, a. a. O. S. 141 f.
48 Ebd. S. 88 ff.
49 Ebd. S. 93 ff.
50 Ebd. S. 100
51 Ebd. S. 124 ff.
52 Ebd. S. 158 ff.
53 Ders./Dies., General Ethics, a. a. O. S. 8
54 Ebd. S. 174 ff.
55 Ders./Dies., Theorie der Gefühle, a. a. O. S. 305 ff.
56 Ebd. S. 327 ff.
57 Ders./Dies., Das Leben ändern. Gespräche mit Ferdinando Adornato, Hamburg 1981, S. 208 f.
58 Ders./Dies., Theorie der Gefühle, a. a. O. S. 239 ff.
59 Ebd. S. 240
60 Ders./Dies., A Radical Philosophy, a. a. O. S. 179
61 Amélie Oksenberg Rorty (Hg.), Explaining Emotions, Berkeley and Los Angeles 1980, S. 4 ff.
62 Robert C. Solomon, Emotions and Choice, in: Amélie O. Rorty, Explaining Emotions, a. a. O. S. 251 ff.
   Ronald De Sousa, The Rationality of Emotions, Cambridge Mass. 1987
   Einleitung und Kap. 1
63 Robert C. Solomon, Emotions and Choice, a. a. O. S. 262 ff.
64 Ebd. S. 258
65 Ebd. S. 268 ff.
66 Ronald De Sousa, The Rationality of Emotions, a. a. O. S. 258 ff., 262 f.
67 Siehe unter anderen verschiedene Artikel, in: Amélie O. Rorty (Hg.), Explaining Emotions, a. a. O.
68 Ronald De Sousa, The Rationality of Emotions, a. a. O. S. 323 f.
69 Robert C. Solomon, Emotionen und Anthropologie: Die Logik emotionaler Weltbilder, in: Gerd Kahle (Hg.), Logik des Herzens, Frankfurt/M. 1981, S. 239
70 Ebd. S. 152
71 Lawrence Blum, Compassion, in: Amélie O. Rorty, Explaining Emotions, a. a. O. S. 512 ff.
   Ders./Dies., Friendship, Altruism and Morality, London 1980
72 Patricia S. Greenspan, Emotions and Reasons. An Inquiry into Emotional Justification, New York, London 1988, S. 11, S. 37
73 Ronald De Sousa, The Rationality of Emotions, a. a. O. S. 309
74 Ebd. S. 330
75 Ebd. S. 304 f.
76 Ebd. S. 309–12, S. 324. Vgl. auch Robert C. Solomon, Emotions and Choice, a. a. O. S. 270 f.

77 H. Fink-Eitel/ G. Lohmann (Hg.), Zur Philosophie der Gefühle, Frankfurt/M. 1993, S. 8
78 Ebd. S. 57
79 Ernst Tugendhat, Vorlesungen über Ethik, Frankf./M. 1994, S. 24 f.
80 Ebd. S. 23 ff., S. 79 ff.
   Vgl. E. Tugendhat, Probleme der Ethik, Stuttgart 1994, S. 10 ff.
81 Ders./Dies., Vorlesungen über Ethik, a. a. O. S. 14, S. 29 ff.
82 Ebd. S. 75
83 Ebd. S. 93
84 Ebd. S. 80
   Ders./Dies., Probleme der Ethik, a. a. O., S. 138 f.
85 Andreas Wildt, Die Moralspezifizität von Affekten und der Moralbegriff, in: H. Fink-Eitel /G. Lohmann, Zur Philosophie der Gefühle, a. a. O., S. 188 ff.
   Sighard Neckel, Achtungsverlust und Scham. Die soziale Gestalt eines existentiellen Gefühls, in: H. Fink-Eitel/G. Lohmann, a. a. O. S. 244 ff.
86 Ursula Wolf, Das Problem des moralischen Sollens, Berlin 1984 S. 138 ff., S. 224
   Ernst Tugendhat, Vorlesungen über Ethik, a. a. O., S. 277 ff.
87 Ursula Wolf, Das Problem des moralischen Sollens a. a. O. S. 222 ff.
88 Ders./Dies., Gefühle im Leben und in der Philosophie, in: H. Fink-Eitel/G. Lohmann,Zur Philosophie der Gefühle, S. 112 ff., S. 133
89 Georg Lohmann, Zur Rolle von Stimmungen in Zeitdiagnosen, in: Fink-Eitel/G. Lohmann, Zur Philosophie der Gefühle, a. a. O. S. 266 ff.
90 Z. B. Axel Honneth, Kampf um Anerkennung. Zur moralischen Grammatik sozialer Konflikte, Frankf./M. 1944
91 Ursula Wolf, Gefühle im Leben und in der Philosophie, in: H. Fink-Eitel/G. Lohmann, Zur Philosophie der Gefühle, a. a. O., S. 125 f.
92 Carola Meier-Seethaler, Ursprünge und Befreiungen. Eine dissidente Kulturtheorie, Zürich 1988, Frankf./M. 1992, S. 503
93 Hermann Lang, Zur Phänomenologie der Affektivität in der Psychologie
   Wolfgang Blankenburg, Affektivität und Personsein aus psychiatrischer Sicht. Am Beispiel von Angst und Hoffnung im menschlichen Dasein.
   Michael Theunissen, Melancholische Zeiterfahrung und psychotische Angst
   Alle drei Abhandlungen in: H. Fink-Eitel/G. Lohmann, Zur Philosophie der Gefühle, a. a. O., S. 293–344
94 Dieter Ulich, Das Gefühl. Über die Psychologie der Emotionen, München 1985
   Norbert Groeben/Brigitte Scheele, Argumente für eine Psychologie des reflexiven Subjekts. Paradigmenwechsel vom behavioralen zum epistemologischen Menschenbild, Darmstadt 1977

95 Brigitte Scheele, Emotionen als bedürfnisrelevante Bewertungszustände. Grundriß einer epistemologischen Emotionstheorie, Tübingen
1990, S. 67 ff.

96 Ebd. S. VII

97 Ebd. S. 106–240. Bei diesen empirischen Untersuchungen werden Versuchspersonen aufgefordert, unter bestimmten Stichworten (Ärger,
Angst, Ekel, Freude, Liebe, Verachtung) erinnerte Erlebnissituationen
subjektiv möglichst authentisch zu beschreiben, und andere Versuchspersonen, denen diese Schilderungen vorgelegt werden, gebeten,
das Hauptgefühl zu benennen, das dem Erlebnisbericht unterliegt.

98 Richard M. Hare, Die Sprache der Moral, Frankfurt 1972, Vorwort
Ders./Dies., Repliken, in: Ch. Fehige/G. Meggle (Hg.), Zum moralischen Denken, Frankfurt, 1995, Bd. 2, S. 263 ff., S. 270

99 Jean-Claude Wolf, Hare über Ontologie und Ethik, in: Ch. Fehige/G.
Meggle (Hg.), Zum moralischen Denken, a. a. O. Bd. 1, S. 335 ff.

100 Wilfried Hinsch, Präferenzen im moralischen Denken, in: Ch. Fe-
hige/G. Meggle, Zum moralischen Denken, a. a. O. Bd. 2, S. 87 ff.

101 Christoph Lumer, Die Lücke zwischen Urteil und Handeln, in: Ch.
Fehige/G. Meggle (Hg.), Zum moralischen Denken, a. a. O. Bd. 1,
S. 254 ff.
Anton Leist, Moralisches Zaubern, in: Ch. Fehige/G. Meggle (Hg.),
Zum moralischen Denken, a. a. O. Bd. 1, S. 77 ff.

102 Anna Kusser, Welchen Nutzen maximiert der Utilitarist? in:
Ch. Fehige/G.Meggle, Zum moralischen Denken, a. a. O. Bd. 2,
S. 113 ff.

103 Piet Vroon, Drei Hirne im Kopf. Warum wir nicht können, wie wir
wollen, Zürich 1993, S. 193 ff.

104 Ebd. S. 200 f.

105 So der Untertitel von Piet Vroons oben verzeichnetem Buch.

106 Antonio R. Damasio, Descartes' Irrtum. Fühlen, Denken und das
menschliche Gehirn, München 1994, S. 86 ff.

107 Ebd. S. 152 ff.

108 Ebd. S. 237 ff.

109 Ebd. S. 243 f.

110 Ebd. S. 17 f., S. 218 f.

111 Gerhard Roth, Das Gehirn und seine Wirklichkeit. Kognitive Neu-
robiologie und ihre philosophischen Konsequenzen, Frankfurt/M.
1996
Vgl. „Psychologie Heute", Mai 1994, Das Ende des Dreifaltigkeits-
dogmas? S. 54 f.

112 Ernst Pöppel im Gespräch mit „Psychologie Heute", Oktober 1993
S. 58 ff.

113 Luc Ciompi, Affektlogik, Stuttgart 1982

Fokus 3. Die feministische Kulturkritik und Ansätze zu einer nicht-androzentrischen Ethik

1 Vgl. Shirley Strum, Leben unter Pavianen, Wien/Darmstadt 1989, worin die Autorin ihren Weg als Wissenschaftlerin schildert.

2 Sally Slocum, Woman The Gatherer: Male Bias in Anthropology, in: Towards an Anthropology of Women, Ed. by Rayna R. Reiter, London/New York 1975

3 Vgl. Günter Smolla, Die neolithische Revolution, in: Kindlers Enzyklopädie Der Mensch, Hg. H. Wendt/N. Loaker, Bd. 2, München 1982, S. 563 ff.
Ders./Dies., Arbeitsteilung aus der Sicht der Vor- und Frühgeschichtsforschung, in: Beat Sitter (Hg.) Menschliches Verhalten, Fribourg 1976, S. 102

4 Donna Haraway, Primatologie ist Politik mit anderen Mitteln, in: B. Orland/E. Scheich (Hg.,) Das Geschlecht der Natur, Frankfurt/M. 1995, S. 136–198
Eine bemerkenswerte Ausnahme ist der Schweizer Primatologe Hans Kummer, der die matrilineale Verwandschaftsordnung der Primaten und die Tatsache hervorhebt, daß die Rangordnung eines Tieres dem Rang der Mutter folgt, wie auch Techniken der Futtersuche in der Muttergruppe weitergegeben werden. H. Kummer, Sozialverhalten der Primaten, Berlin, Heidelberg/New York, 1975, S. 28 f., S. 119 ff.

5 Evelyn Fox Keller, Secrets of Life-Secrets of Death, New York/London 1992, S. 128 ff.

6 Ruth Hubbard, Hat die Evolution die Frauen übersehen? in: Denkverhältnisse, Feminismus und Kritik, Hg. E. List/H. Studer, Frankfurt/M. 1989, S. 301–333, S. 320 ff.

7 Zitiert nach Maria Mies/Vandana Shiva, Ökofeminismus, Zürich 1995, S. 258, 269

8 Vgl. Esther Fischer-Homberger, Krankheit Frau, Darmstadt 1984

9 Evelyn Fox Keller, Secrets of Life-Secrets of Death, a. a. O. S. 42 f.

10 Carolyn Merchant, Der Tod der Natur, München 1987, S. 177 ff., S. 348 f.

11 Joseph Weizenbaum, Künstliche Intelligenz als Endlösung der Menschenfrage, Klagenfurter Beiträge zur Technikdiskussion, Heft 32, 1990, S. 15

12 Evelyn Fox Keller, Liebe, Macht und Erkenntnis, München 1986, S. 75 ff., S. 85

13 Jane Flax, Political Philosophy and the Patriarchal Unconsious, in: Sandra Harding/M. B. Hintikka (Hg.), Discovering Reality, 1983, S. 245–281, S. 255

14 Marija Gimbutas, The Goddesses and Gods of Old Europe, 6500–3500 BC, London (1982), 1990. Darin dokumentiert die Archäologin rund

30 000 Miniaturskulpturen aus ca. 3000 Fundplätzen, die zu über 90% auf Göttinnen und weibliche Kulte verweisen. Dennoch mußte sie die Erstausgabe bei der California Univeristy Press 1974 unter dem Titel „Gods and Goddesses" of Old Europe veröffentlichen.
Ders./Dies., The Language of the Goddess, Unearthing the Hidden Symbols of Western Civilisation, London 1989
Auch die jüngsten archäologischen Forschungen in China dokumentieren matrizentrische Kulturen in der jüngeren Steinzeit. Siehe: Das Alte China. Mensch und Götter im Reich der Mitte 5000 v.–220 n. Chr., Ausstellungskatalog, Zürich 1996.

15 Gerda Lerner, The Creation of Patriarchy, New York/Oxford 1986 Die Entstehung des Patriarchats, Frankf./M. 1991
Zum ganzen Abschnitt:
Vgl. Carola Meier-Seethaler, Ursprünge und Befreiungen. Die sexistischen Wurzeln der Kultur, Frankfurt/M. 1992

16 Barbara Walker, The Woman's Encyclopedia of Myths and Secrets, New York 1983, deutsche Ausgabe: Das geheime Wissen der Frauen, München 1993, Stichwort Tiamat
Mary Daly, Beyond God the Father, Boston 1973, deutsche Ausgabe: Jenseits von Gottvater, Sohn & Co., München (1980), 1986
Heide Göttner-Abendroth, Die Göttin und ihr Heros, München (1980) 1993
Ders./Dies., Das Matriarchat I, Geschichte seiner Erforschung, Stuttgart 1988
Vgl. Carola Meier-Seethaler, Ursprünge und Befreiungen, a. a. O. S. 260–277

17 Ebd. S. 243 ff.
Ders./Dies., Von der göttlichen Löwin zum Wahrzeichen männlicher Macht. Ursprung und Wandel großer Symbole, Zürich, 1993

18 Manfred Lurker, Die Botschaft der Symbole, München 1990, S. 179 ff., S. 194

19 Carola Meier-Seethaler, Ursprünge und Befreiungen a. a. O. Zur Rolle der Sexualität in der Frühgesellschaft S. 140 ff.

20 René Girard, Das Heilige und die Gewalt, (Paris 1972) Frankfurt/M. 1992, S. 134 ff.

21 Erna Lesky, Die Zeugungs- und Vererbungslehren der Antike und ihr Nachwirken, Mainzer Akad. d. Wissenschaft 1950

22 Nancy Tuana, Der schwächere Samen. Androzentrismus in der Aristotelischen Zeugungstheorie und in der Galen'schen Anatomie, in: B. Orland/E. Scheich, Das Geschlecht der Natur, a. a. O. S. 203–223

23 Bruno Bettelheim, Die symbolischen Wunden. Pubertätsriten und der Neid des Mannes, Frankfurt/M. 1982, (New York 1954)
Brigitte Hauser-Schäublin, Frauen in Kararau. Zur Rolle der Frau bei den Iatmul am Mittelsepik, Papua Neu Guinea, Basel 1977, S. 153 ff.

24 Klaus P. Koepping, Australier (Arnhem-Land), in: Klaus E. Müller (Hg.), Menschenbilder früher Gesellschaften, Frankfurt/M. 1983, S. 108–130

25 Carola Meier-Seethaler, Ursprünge und Befreiungen, a. a. O. S. 100 ff.

26 Dabei gibt es einige bemerkenswerte Ausnahmen. Bei den (matrilinealen) Trobriand-Insulanern beteiligen sich Väter intensiv an der Säuglingspflege.
George H. Fathauer, Trobriand, in: D. M. Schneider/Kathleen Gough, Matrilineal Kinship, Berkeley/Los Angeles 1961
W. E. Fthenakis, Väter, München/Wien 1985, Bd. II, S. 75 ff.

27 Unter vielen anderen sind hier zu nennen:
Kathleen Gough als eine der Hauptautor/innen und Mitherausgeberin von Matrilineal Kinship a. a. O. 1991
Nancy Tanner, Matrifocality in Indonesia and Africa and among Black Americans, in: Woman, Cultur & Society, Hg. M. Zimbalist Rosaldo/L. Lamphere, Stanford 1974
Heide Göttner-Abendroth, Das Matriarchat II, 1, Stammesgesellschaften in Ostasien, Indonesien, Ozeanien, Stuttgart 1991
Cillie Rentmeister, Frauenwelten-Männerwelten, Opladen 1985
Karla Poewe, Matrilineal Ideology, London 1981
Keebet v. Benda-Beckmann, Die rechtliche Stellung der Frauen bei den Minangkabau in Indonesien, in: Die Braut, Hg. G. Völger/K. v. Welck, Köln 1985, Bd. 2, S. 504 ff.
Ilse Lenz/Ute Luig, Frauenmacht ohne Herrschaft. Geschlechterverhältnisse in nichtpatriarchalischen Gesellschaften, Berlin 1990

28 Carol MacCormack/Marilyn Strathern, Nature, Culture and Gender, Cambridge/USA 1980
Sherry B. Ortner, Is Female to Male as Nature is to Culture? in: Woman, Culture and Society, a. a. O. S. 129–156

29 Carola Meier-Seethaler, Von der göttlichen Löwin zum Wahrzeichen männlicher Macht, a. a. O.

30 Gerda Lerner, Die Entstehung des Patriarchats, a. a. O. S. 158 ff.
Ein Paragraph des mittelassyrischen Rechts setzt die Abtreibung mit dem Verbrechen des Hochverrats gleich.
Cillie Rentmeister, Die Junggesellenmaschine – Bevölkerungsexplosion in den Patriarchaten, Bevölkerungsökologie in Matriarchaten, Berlin 1984

31 Alfred Rust, Der primitive Mensch, in: Propyläen-Weltgeschichte Frankfurt 1961, Gütersloh 1979, Bd. I. S. 175 ff.

32 René Girard, Das Heilige und die Gewalt, a. a. O. S. 141 ff.
In den Worten Girards ersetzt das inszenierte Opfer als ein „Sündenbock"-Ritual den ursprünglichen „Gründungslynchmord" im Sinne einer religiösen Katharsis, welche die Gruppe vorübergehend befriedet.

33 Carola Meier-Seethaler, Ursprünge und Befreiungen, a. a. O. Das Opfer, S. 81–90

34 Ignacio Bernal, Altmexiko und Zentralamerika, in: Bild der Völker, Brockhaus Wiesbaden 1974, Bd. 4, S. 267

35 Die Zurückweisung von Girards verallgemeinernder Theorie schließt weder einzelne „Sündenbock"-Rituale, wie etwa das jüdische, aus noch die weitverbreitete Sündenbock-Psychologie rassistischer oder sexistischer Art. Bei der letzteren handelt es sich um eine Aggressionsverschiebung auf ein Feindbild, während die Ersatzopfer, die bei Griechen, Kelten, Etruskern und anderen an Kriegsgefangenen geübt wurden, schon den Niedergang der alten Opferidee anzeigen.

36 Es handelt sich um ein Kampflied mit der Überschrift „Du aber erhebe dich", aus der Sammlung „Altkurdische Kampf- und Liebeslieder" von Abbas Hilmi, München 1964, zitiert in:
Carola Meier-Seethaler, Ursprünge und Befreiungen, a. a. O. S. 254

37 Ebd. S. 297 ff.

38 Perikles nennt in seiner Rede die „Tugend der Frauen", nicht hinter ihrer „natürlichen, wahren Bestimmung zurückzubleiben", womit an ihre Pflicht, Söhne zu gebären, gemahnt wird. Das sei der „höchste Ruhm der Frau, der weder im guten noch im schlechten Sinn im Kreise der Männer gedacht wird".
Thukydides: Gedenkrede des Perikles an die Gefallenen. Übers. von Ferdinand Willenbücher, Leipzig 1943

39 Brian Easlea, Väter der Vernichtung, Reinbek. b. Hamburg 1986

40 Evelyn Fox Keller, Secrets of Life – Secrets of Death, a. a. O. S. 48 ff.
Ebenso erschreckend ist die Feststellung des schon zitierten Manfred Lurkers, wenn er zur Wesensbestimmung von Männlich und Weiblich sagt: „Auf der männlichen Seite besteht ein so enger Zusammenhang zwischen Töten und Zeugen ein so enger Zusammenhang, daß der Zeugungsvorgang selbst verschiedentlich als Tötung erscheint; dagegen ist das Erleiden als Getötetoder Geraubtwerden weibliches Schicksal", in: Die Botschaft der Symbole, a. a. O. S. 194

41 Vgl. Carola Meier-Seethaler, Ursprünge und Befreiungen, a. a. O. S. 114 ff.

42 Ebd. S. 277 ff., S. 282

43 Ebd. S. 113, S. 122. Besonders instruktiv ist das Beispiel der Yamspflanzer, deren Gärten die Frauen nicht betreten dürfen und die ihre zu möglichster Größe herangezüchteten Ackerfrüchte als ihre leiblichen Kinder bezeichnen.

44 Zitiert nach Hannah Arendt, Vita Activa oder vom tätigen Leben, Stuttgart 1960, S. 19

45 Aristoteles, Politik, in: Aristoteles' Hauptwerke, ausgewählt und übersetzt von Wilhelm Nestle, Stuttgart 1963, S. 303 f.

46 Maria Mies, Patriarchat und Kapital, Frauen in der internationalen Arbeitsteilung, Berlin 1988

Hannelore Schröder, Feministische Gesellschaftstheorie, in: Luise F. Pusch (Hg.), Feminismus, Inspektion der Herrenkultur, Frankfurt/M. 1983, S. 449–506

47 Carola Meier-Seethaler, Ursprünge und Befreiungen, a. a. O. S. 477 ff., S. 493

48 Ebd. S. 306 ff.

49 Gregory Fuller, Das Ende, Zürich 1993

50 Annemarie Pieper, Aufstand des stillgelegten Geschlechts. Einführung in die feministische Ethik, Freiburg 1993, S. 8

51 Alison M. Jaggar, Feminist Ethics: Projects, Problems, Prospects, in: H. Nagl-Docekal/H. Pauer-Studer (Hg.), Denken der Geschlechterdifferenz, Wien 1990, S. 168, S. 171

52 Vgl. Barbara Schaeffer-Hegel, Feministische Wissenschaftskritik. Angriffe auf das Selbstverständliche in den Geisteswissenschaften, in: B. Schaeffer-Hegel/B. Wartmann (Hg.), Mythos Frau. Projektionen und Inszenierungen im Patriarchat, Berlin 1984, S. 36–60

53 J.-J. Rousseau, Emile, Teil 5: „La femme est fait spécialement pour plaire à l'homme".

54 Carola Meier-Seethaler, Ursprünge und Befreiungen, a. a. O. S. 28, S. 361 ff.

55 Simmel spricht von der „immanent transzendenten Einheitlichkeit" der Frau als von dem Mutterboden, durch den „der Mensch gewissermaßen unter sich selbst hinunter in die ungeschiedene Möglichkeit aller Entwicklungen" reicht. Die Frau „verbleibt in sich, ihre Welt graviert nach dem dieser Welt eigenen Zentrum". Georg Simmel, Schriften zur Philosophie und Soziologie der Geschlechter, hg. von H. J. Dahme/K. Ch. Köhnke, Frankfurt/M. 1985, S. 208 f., 217 f.

56 Carol Gilligan, Die andere Stimme. Lebenskonflikte und Moral der Frau, München 1984, S. 10
Lawrence Kohlberg, Die Psychologie der Moralentwicklung, Frankfurt/M. 1995

57 Carola Gilligan, Hearing the Difference: Theorizing Connection, in: Hypathia. A Journal of Feminist Philosophy, Vol 10, Nr. 2, Bloomington, Indiana 1995, S. 120 ff.

58 Eva Feder Kittay, Taking Dependency Seriously, in: Hypathia a. a. O. Vol 10, Nr. 1, S. 8–29

59 Seyla Benhabib, Kritik, Norm und Utopie (New York 1986) Frankfurt/M. 1992, S. 218–237

60 Ebd. S. 233

61 Uma Narayan, Colonialism and Its Others: Considerations On Rights and Care Discourses, in: Hypathia, a. a. O. Vol 10, Nr. 2, S. 133 ff.

62 Maria Mies, Patriarchat und Kapital, a. a. O.
Maria Mies/Vandana Shiva, Ökofeminismus, Berlin 1995
Claudia v. Werlhof/Maria Mies/Veronika Bennholdt-Thomsen, Frauen, die letzte Kolonie, Reinbek b. Hamburg, 1988

63 Regina Becker-Schmidt/Gudrun Axeli Knapp (Hg.), Das Geschlech-
terverhältnis als Gegenstand der Sozialwissenschaften, Frankfurt/M.
1995
In diesen Zusammenhang gehört auch die Konzeption der weiblichen
Mittäterschaft von Ch. Thürmer-Rohr, in: Christina Thürmer-Rohr,
Vagabundinnen, Berlin 1992

64 Carola Meier-Seethaler, Ursprünge und Befreiungen, a. a. O. S. 419 ff.,
S. 437 ff.

65 Elisabeth Badinter, Ich bin Du. Die androgyne Revolution. München
1987, S. 267 ff.
Roberto Zapperi, Der schwangere Mann, München 1984

66 Susanne Brownmüller, Weiblichkeit, Zürich 1986
Bernd Nitzschke, Männerängste, Männerwünsche, München 1984
Jessica Benjamin, Die Fesseln der Liebe, Psychoanalyse, Feminismus
und das Problem der Macht, Frankfurt/M. 1993
Elisabeth List, Die Präsenz des Anderen. Theorie und Geschlechter-
politik, Frankfurt/M. 1993
Frauenkunstgeschichte. Zur Korrektur des herrschenden Blicks, Hrsg.
von Cordula Bischof u. a., Gießen 1985
Elisabeth Bronfen, Nur über ihre Leiche. Tod, Weiblichkeit und
Aesthetik, München 1994

67 Simone de Beauvoir, Die Zeremonie des Abschieds und Gespräche mit
J. P. Sartre, Reinbek b. Hamburg 1983, S. 375–420

68 Audre Lorde/Adrienne Rich, Macht und Sinnlichkeit, Hg. Dagmar
Schultz, Berlin 1991
Barbara Gissrau, Die Sehnsucht der Frau nach der Frau, Zürich 1993

69 G. W. F. Hegel, Phänomenologie des Geistes, Hrsg. H. F. Wessels und
H. Clairmont, Hamburg 1988, S. 455 ff.

70 Simone de Beauvoir, Das andere Geschlecht, Reinbek b. Hamburg
1986, S. 71 ff.

71 Ebd. S. 72

72 Annemarie Pieper, Aufstand des stillgelegten Geschlechts. Einführung
in die feministische Ethik, a. a. O. S. 72

73 Axel Honneth, Kampf um Anerkennung, Frankfurt/M. 1992, Kapitel I
und II

74 Jean-Paul Sartre, Das Sein und das Nichts, Erstes Kapitel, Abschnitt IV

75 Ebd. Zweites Kapitel, Abschnitt I

76 Mary Daly, Beyond God the Father, 1973, deutsch: Jenseits von Gottvater, Sohn & Co. a. a. O. S. 48 ff.

77 Beverly W. Harrison, Die neue Ethik der Frauen, Stuttgart 1991, S. 9,
S. 28
Dorothee Sölle, Die Wahrheit ist konkret, Olten 1967
Ders./Dies., Atheistisch an Gott glauben, München 1986

78 Vgl. u. a. Luce Irigaray, Ethik der sexuellen Differenz, Frankfurt/M.
1991

79 Beverly W. Harrison, Die neue Ethik der Frauen, a. a. O. S. 103 ff.
80 Vgl. Ina Wagner, Feministische Technikkritik und Postmoderne, in: Ilona Ostner, Klaus Lichtblau (Hg.), Feministische Vernunftkritik, Frankf./M. 1992, S. 157

Die Bilanz:
Gibt es universelle Kategorien der emotionalen Vernunft?

1. Zu den bisherigen Kriterien für die Allgemeingültigkeit moralischer Urteile

1 Immanuel Kant, Kritik der praktischen Vernunft, Von der Deduktion der Grundsätze der reinen praktischen Vernunft, in: Akademie-Textausgabe, Berlin 1968, Bd. V. S. 47
2 Ders./Dies., Kritik der Urteilskraft, Einleitung, in: Akademie-Textausgabe, a. a. O. Bd. V. S. 179
3 Max Scheler, Der Formalismus in der Ethik und die materiale Wertethik, Gesammelte Werke, Bd. 2, Bern 1954, S. 85
4 Ebd. S. 310
  Nicolai Hartmann, Zur Grundlegung der Ontologie, Meisenheim/Glan 1948, S. 318 ff.
5 Adolf Reinach, Was ist Phänomenologie? München 1951, S. 21 ff.
6 Vgl. Saul A. Kripke, Name und Notwendigkeit, Frankfurt/M. 1981
7 Reiner Wimmer, Universalisierung in der Ethik, Frankfurt/Main 1980, Teil I
8 Inzwischen hat sich der Begriff des „Konstruktivismus" stark erweitert und ist geradezu inflationär geworden. Vgl. G. Rusch und S. J. Schmidt (Hg.), Konstruktivismus und Ethik, Frankfurt/Main 1995
9 Lawrence Kohlberg, Die Psychologie der Moralentwicklung, Frankfurt/Main 1995, S. 347
10 Ebd. S. 351 ff.
11 Ebd. S. 272 ff., S. 354 ff.
12 Ebd. S. 33 ff.
13 Ebd. S. 125, S. 384
14 Ebd. S. 164 ff., S. 457 ff.
15 Ebd. S. 126, S. 440
16 Antonio R. Damasio, Decartes' Irrtum, München 1995, S. 81 f.
17 L. Kohlberg, Die Psychologie der Moralentwicklung, a. a. O. S. 245. Er spricht in diesem Zusammenhang von „Eindringlingen" in den rationalen Entscheidungsprozeß.
18 Ebd. S. 245
19 Ebd. S. 418 f., S. 320

20 Karl-Otto Apel, Diskurs und Verantwortung, Das Problem des Übergangs zur postkonventionellen Moral, Frankfurt/Main 1990, S. 319 ff., 362, 473 f.

21 Karl Jaspers, Vom Ursprung und Ziel der Geschichte, München 1949 S. 25–48

22 Vorstaatliche Rechtsnormen basieren auf einem differenzierten System des Ausgleichs und der Konsensfindung zwischen allen Gruppenmitgliedern, wie dies u. a. anhand des vorislamischen Rechts bei den Minangkabau, Sumatra, dem sogenannten „adat" geschildert wurde:
Keebet von Benda-Beckmann, The broken stairways of consensus: village justice and state courts in Minangkabau, Dordrecht 1984
Vgl. dazu auch:
Uwe Wesel, Frühformen des Rechts in vorstaatlichen Gesellschaften, Frankfurt/Main 1985
Christian Sigrist, Regulierte Anarchie, Frankfurt/Main 1979

23 L. Kohlberg, The Psychology of Moral Development, San Francisco 1984, wenige Jahre vor seinem Tod (1987)

24 Karl-Otto Apel, Diskurs und Verantwortung, a. a. O. S. 198 ff.

25 In gewisser Weise deckt sich der von mir so genannte konziliationistische Ansatz mit der von Anton Leist angewandten „Kohärenzmethode".
Anton Leist, Mitleid und universelle Ethik, in: H. Fink-Eitel und G. Lohmann (Hg.), Zur Philosophie der Gefühle, Frankfurt/Main 1993, S. 157–187

26 Ernst Tugendhat, Vorlesungen über Ethik, Frankf./M. 1993, S. 62

27 Vgl. L. Kohlberg, Die Psychologie der Moralentwicklung a. a. O. S. 35 ff.

28 Ernst Tugendhat, Vorlesungen über Ethik, a. a. O. S. 182 ff.

29 Ursula Wolf, Das Tier in der Moral, Frankfurt/Main 1990, S. 79 ff.

30 Ernst Tugendhat, Vorlesungen über Ethik, a. a. O. S. 187

31 Carol Gilligan, Moralische Orientierung und moralische Entwicklung, in: G. Nunner-Winkler (Hg.), Weibliche Moral, Frankfurt/Main 1991, S. 79–100

32 Lawrence Blum, Compassion, in: A. Oksenberg Rorty (Hg.), Explaining Emotions, Berkeley 1980, S. 512

33 Carol Gilligan, Moralische Orientierung und moralische Entwicklung, a. a. O. S. 94 ff.

34 Anton Leist, Mitleid und universelle Ethik, in: H. Fink-Eitel und G. Lohmann (Hg.), Zur Philosophie der Gefühle, a. a. O. S. 170 ff.

35 Ernst Tugendhat, Vorlesungen über Ethik, a. a. O. S. 170 ff.

36 Jürgen Habermas, Gerechtigkeit und Solidarität, in: G. Nunner-Winkler (Hg.), Weibliche Moral, Frankfurt/Main 1991, S. 234

37 Vgl. Vittorio Hösle, Philosophie der ökologischen Krise, München 1994, S. 72 f.
Hösle knüpft an Jonas an, geht aber über ihn hinaus mit dem erneuten Versuch, einen objektiven Idealismus zu begründen.

Ders./Dies., Die Krise der Gegenwart und die Verantwortung der Philosophie, München 1990

38 Ursula Wolf, Das Tier in der Moral, a. a. O. S. 142

39 Hans Jonas, Das Prinzip Verantwortung, Frankfurt/Main 1979 S. 166–170

40 Ders./Dies., Technik, Medizin und Ethik. Zur Praxis des Prinzips Verantwortung, Frankfurt/Main 1985, S. 47

41 Vgl. Manon Andreas-Grisebach, Ethik für die Natur, Frankfurt/Main 1994, S. 169 ff.

Beat Sitter, Plädoyer für das Naturrechtsdenken. Zur Anerkennung von Eigenrechten der Natur, Beihefte zur Zeitschrift f. Schweiz. Recht, Heft 3, Basel 1984

Ders./Dies., Dignitas universalis – Versuch, von der Würde auch nichtmenschlicher Wesen zu sprechen, in: H. Holzhey/P. Schaber (Hg.), THEOPHIL, 2. Bd. Zürich 1996.

42 Hans Jonas, Das Prinzip Verantwortung, a. a. O. S. 372 f.

43 Immanuel Kant, Kritik der Urteilskraft, Vom intellektuellen Interesse am Schönen, in: Akademie-Textausgabe, a. a. O. Bd. V. S. 299 ff.

44 Annemarie Pieper, Einführung in die Ethik, Tübingen/Basel 1994, S. 160

45 Erich Fromm, Die Kunst des Liebens, Gesamtausgabe Bd. 9, Stuttgart, 1981

46 Daniel Goleman, Emotionale Intelligenz, München 1996. Golemans Ausführungen zu den neuesten Ergebnissen der amerikanischen Hirnforschung und deren praktische Bedeutung sind m. E. vor allem im Blick auf pädagogische Konsequenzen interessant.

2. Die künstliche Relativierung moralischer Normen durch Herrschaft

1 Christian Sigrist, Regulierte Anarchie, in: Kindlers Enzyklopädie Der Mensch, Zürich 1984, Bd. VIII, S. 108–125

2 Ebd. S. 115

3 Jakob Burckhardt, Weltgeschichtliche Betrachtungen, Leipzig 1935, S. 32 f.

Vgl. auch Kurt Lenk, Gewalt, Macht, Gesetz, in: Der Mensch, a. a. O. Bd. VIII, S. 100 f.

4 Jakob Burckhardt, Griechische Kulturgeschichte, Leipzig 1939, S. 55–87

Vgl. auch Cecil M. Bowra, Griechenland von Homer bis zum Fall Athens, in: Kindlers Kulturgeschichte Europas, München 1983, Bd. 2, S. 47–82

5 Jakob Burckhardt, Griechische Kulturgeschichte, a. a. O. S. 64 f., S. 259 f.

6 R. Thurnwald, zitiert nach Georg Schwägler, Soziologie der Familie, Einleitung S. XVIII, Tübingen 1970

7 Uwe Wesel, Frühformen des Rechts in vorstaatlichen Gesellschaften, Frankfurt 1985, S. 67 f.

8 Vgl. Anmerkung 1

9 Uwe Wesel, Frühformen des Rechts in vorstaatlichen Gesellschaften, a. a. O. S. 350 f.

10 Schon im frühen Mittelalter machten die Bischöfe als Erben der römischen Staatsidee Front gegen die gemeinschaftsorientierten, autonomen Klöster. Später wurden die Katharer, Waldenser und andere religiöse Erneuerungsbewegungen von der offiziellen Kirche verfolgt.

11 Vgl. Axel Honneth (Hg.), Kommunitarismus. Eine Debatte über die moralischen Grundlagen moderner Gesellschaften, Frankfurt 1994

12 Vgl. Stephanie Coontz/Peta Henderson (Hg.), Women's work, men's property, London 1986

13 Vgl. u. a. Brigitta Hauser-Schäublin, Frauen in Kararau. Zur Rolle der Frauen bei den Iatmul, Basel 1977

14 Myles Dillon, Nora K. Chadwick, Die Kelten, Kindlers Kulturgeschichte Europas, a. a. O. Bd. 6, S. 52 f.

15 Hilmi Abbas, Altkurdische Kampf- und Liebeslieder, München 1964 „Lacht noch im Tode" (31), vorislamischer Gesang des Asiri-Kriegeradels aus dem 6. Jahrhundert.
Dieses Zitat darf im Zusammenhang mit dem gegenwärtigen Kurdenproblem nicht mißverstanden werden. Die Kurden kämpfen mit Recht um ihre kulturelle Anerkennung; im übrigen waren die Turkvölker seit jeher mindestens so kriegerisch wie die Kurden.

16 Theodor Körner, „Aufruf" aus der Sammlung „Leier und Schwert", Berlin 1814, in: Körners Werke, hg. von H. Zimmer, Bibliographisches Institut Leipzig o. J. S. 88 f.

17 Ebd. S. 112 f.

18 Der Serbenführer Radovan Karadzic bzw. sein Stellvertreter Slavko Rajic erließen pathetische Aufrufe an die „rechtgläubigen serbischen Brüder, Kinder des Heiligen Sava" (serbischer Nationalheiliger aus dem 13. Jahrhundert), oder an „jeden Serben, Herrn und Christen". Mit Unterstützung der orthodoxen Kirche wurde damit ein heiliger Krieg Serbiens proklamiert. Vgl. den Apell des Präsidenten der serbisch-demokratischen Partei in der Schweiz, Slavko Rajic an seine Mitglieder vom 7. 7. 1992. Dokumentation Gesellschaft Schweiz-Bosnien, CH 8402 Winterthur.
Im übrigen ist Karadzic selbst Lyriker und soll u. a. Heldengedichte verfaßt haben, die aber nicht ins Deutsche übersetzt sind.

19 Brigitte Hauser-Schäublin, Abelam, in: Klaus E. Müller (Hg.), Menschenbilder früher Gesellschaften, Frankfurt 1983, S. 178–203, S. 201

20 Wilhelm Reich, Der Einbruch der sexuellen Zwangsmoral, Köln 1972, S. 59–92

21 Ebd. S. 80–84

22 Bachofen und Engels gingen von einer solchen „hetärischen" Naturstu-
fe aus, und nach dem griechischen Mythos begründete erst Kekrops,
der angeblich älteste König von Athen, die Ehe.

23 Vgl. Carola Meier-Seethaler, Ursprünge und Befreiungen, a. a. O.
S. 100–114

24 Adam Smith, Der Wohlstand der Nationen, hg. von H. C. Reckten-
wald München 1974, Erstes und Viertes Buch

25 Smith übernahm dieses Leitbild von seinem Lehrer F. Hutcheson, das
J. Bentham (1748–1832) zur Grundlage seines philosophischen Utilitarismus machte.

26 Karl Marx, Das Kapital, 24. Kapitel, Abschnitt 2, Expropriation des
Landvolks

27 So ist bekannt, daß es 1837 zu einem Aufruhr der Fabrikarbeiter in
Glarus kam, als die Fabrikglocke eingeführt wurde, die sie in einen
fremdbestimmten Arbeitsrhythmus zwang.
Emil Zopfi, Die Fabrikglocke, Zürich 1991

28 Karl Polanyi, The Great Transformation, Politische und ökonomische
Ursprünge von Gesellschaften und Wirtschaftssystemen, Wien 1977,
S. 334–346
Uwe Wesel, Frühformen des Rechts in vorstaatlichen Gesellschaften,
a. a. O. S. 86–94

29 Hans-Peter Studer, Jenseits von Kapitalismus und Kommunismus, CH
9052 Niederteufen, 1992, S. 261–269

30 Adam Smith, Der Wohlstand der Nationen, a. a. O. S. 27

31 Erich Fromm, Das Menschenbild bei Marx (1961) in: Gesamtausgabe
Stuttgart 1980, Bd. 5, S. 368–376
Ders./Dies., Haben oder Sein, Gesamtausgabe, Bd. 2, S. 374–378

32 Ders./Dies., Psychoanalyse und Ethik, in: Gesamtausgabe a. a. O.
Bd. 2, S. 47–56
Ders./Dies., Haben oder Sein, in: Gesamtausgabe, a. a. O. Bd. 2, S. 374–
378

33 Ebd. S. 329 f.
Vgl. dazu H. Ch. Binswanger, Geld und Magie, Stuttgart 1985.
Binswanger sieht im Geld zugleich das Nichtverderbliche und Unver-
gängliche, dessen Anhäufung Verfügungsmacht über den individuellen
Tod hinaus und damit eine Art Unsterblichkeit verspricht.

34 H. P. Studer, Jenseits von Kapitalismus und Kommunismus, a. a. O.
S. 325–335

35 Erich Fromm, Psychoanalyse und Ethik, a. a. O. S. 53

36 Ders./Dies., Anatomie der menschlichen Destruktivität (1973), Gesamtausgabe, Bd. 7, S. 317–325

37 Interview mit H. P. Bauer, Chef des Derivathandels der SBG, in:
„Cash", Nr. 4, Jan. 1995, S. 12 f.

38 Ebd. S. 13

39 Vgl. Agnes Heller, A Radical Philosophy, New York 1984, S. 135–137
40 Carola Gilligan, Moralische Orientierung und moralische Entwicklung, in: G. Nunner-Winkler (Hg.), Weibliche Moral, Frankfurt 1991, S. 93
41 Der Ausdruck „Verzweiflungsaggression" stammt von Erich Neumann. Er ordnet sie dem von ihm sogenannten „Not-Ich" des Kindes zu, das dieses bei Vernachlässigung entwickelt. In: Das Kind, Zürich 1963, S. 81–84
42 Hans Küng, Projekt Weltethos, München 1990
43 Charles E. Osgood und andere, Cross-cultural universals of affective meaning, University of Illionis Press 1975
44 O. F. Bollnow, Die Ehrfurcht, Frankfurt 1947, S. 12–15

3. Annäherung an eine exakte Qualitätsbeschreibung

1 Vgl. Humberto R. Maturana, Erkennen: Die Organisation und Verkörperung der Wirklichkeit, Braunschweig 1985[2]
2 Paul K. Feyerabend, Irrwege der Vernunft, Frankf./M. 1989, S. 217
3 Ludwig Wittgenstein, Tractatus Logico-Philosophicus 7; 6.421
4 Marie Luise Kaschnitz, Dein Schweigen – meine Stimme, München 1962, S. 107
5 Susanne K. Langer, Feeling and Form. A Theory of Art, New York 1953, S. 208–257
6 Andrew J. Pekarik, 36 Dichterinnen des Alten Japan, Köln 1991, R 10; R 11
7 Deutsche Gedichte von Hildegard von Bingen bis Ingeborg Bachmann, E. Borchers (Hg.), Frankf./M. 1987, S. 83
8 Ebd. S. 263
9 Susanne K. Langer, Feeling and Form, a. a. O. S. 256 f.
10 Ebd. S. 241–244
11 Hannah Arendt, Vom Leben des Geistes, München 1979, Bd. 1, S. 25
12 Vgl. Paul K. Feyerabend, Über Erkenntnis, Frankf./M. 1995, S. 157–164
13 Richard Fester, Urwörter der Menschheit – eine Archäologie der Sprache, München 1981
14 Robert C. Solomon, Emotionen und Anthropologie: Die Logik emotionaler Weltbilder, in: G. Kahle (Hg.), Logik des Herzens, a. a. O. S. 234
15 Erich Fromm, Der Traum ist die Sprache des universalen Menschen, Gesamtausgabe Bd. 9, S. 315
16 Der Ausdruck „Symbolarchäologie" stammt von Gert Meier, vgl. Gert Meier, Die Wirklichkeit des Mythos, Bern 1990, S. 130
„Archäomythologie" nennt Marija Gimbutas ihre Forschung in der Einleitung zu „The Language of the Goddess", London 1989, S. XVIII
17 Philipp Lersch, Der Aufbau der Person, München 1951[4]
18 Vgl. zu diesen und den folgenden Beispielen:

Etymologisches Wörterbuch des Deutschen, Zentralinstitut für Sprachwissenschaft Berlin, München 1995

19 In jüngster Zeit sprach H. Schmitz vom „unbedingten Ernst" als Kriterium für Gewissensgefühle. Vgl. Andreas Wildt, Phänomenologie der moralischen Gefühle und normative Moralphilosophie. Zur Moralphilosophie von Hermann Schmitz, in: Leib und Gefühl, hg. von M. Großheim, Berlin 1995, S. 40

4. Die Urteilsfunktion der Gefühle auf subjektiver, intersubjektiver und interkultureller Ebene

1 Philipp Lersch, Der Aufbau der Person, a. a. O. 173–176

2 Immanuel Kant, Kritik der Urteilskraft, in: Akademie Textausgabe, Berlin 1968, Bd. V, S. 295 f.

3 Erich Fromm, Märchen, Mythen, Träume. Zum Verständnis einer vergessenen Sprache, in: Gesamtausgabe Bd. 9, S. 195

4 Hermann Schmitz, Neue Grundlagen der Erkenntnistheorie, Bonn 1994
Ders./Dies., Der unerschöpfliche Gegenstand, Bonn 1990

5 Hilge Landweer, Verständigung über Gefühle, in: Leib und Gefühl, Beiträge zur Anthropologie, hg. von Michael Großheim, Berlin 1995, S. 71–86, S. 83

6 Ebd. S. 83

7 Ebd. S. 82

8 Ebd. S. 73

9 Daniel Goleman, Emotionale Intelligenz, München 1996, S. 377–385

10 Ursula Reitemeyer, Philosophie der Leiblichkeit, Frankf./M. 1988, S. 127

11 I. Eibl-Eibesfeldt, Grundriß der vergleichenden Verhaltensforschung, München 1967
Paul Ekman, Universale emotionale Gesichtsausdrücke, in: G. Kahle (Hg.), Logik des Herzens, a. a. O. S. 177–186

12 Carroll E. Izard, Cross-Cultural Perspectives On Emotion and Emotion Communication, in: C. Triandis/W. Lonner (Hg.), Handbook of Cross-Cultural Pschology, Boston/Mass. 1980, Bd. 3, S. 203–206

13 Weston LaBarre, Die kulturelle Basis von Emotionen und Gesten, in: G. Kahle (Hg.), Logik des Herzens, a. a. O. S. 155–165

14 Robert C. Solomon, Emotionen und Anthropologie: Logik emotionaler Weltbilder, in: G. Kahle (Hg.), Logik des Herzens, a. a. O. S. 239 f.

15 Ebd. S. 251

16 Carroll E. Izard, Cross-Cultural Perspectives On Emotion, in: Handbook of Cross-Cultural Psychology, a. a. O. Bd. 3, S. 213 f.

17 Vgl. Hans-Georg Gadamer, Die Aktualität des Schönen. Kunst als Spiel, Symbol und Fest, Stuttgart 1977

18 So ist bekannt, daß Schimpansenweibchen Zeichen der Verzweiflung von sich geben, wenn man ihnen ein Junges raubt, oder daß sie ein totes tagelang mit sich herumtragen. Ebenso reagieren alle Menschenaffen auf Klagelaute von jungen oder erwachsenen Gruppenmitgliedern und „adoptieren" verwaiste Jungtiere. Vgl. u. a. Jane van Lawick-Goodall, Wilde Schimpansen, Reinbek b. Hamburg, 1971

19 Jüngste Schweizer Untersuchungen zur Gefährdung von Kindern im Straßenverkehr publizierte Martin Lehmann in: „Der Bund", 27. April 1996, S. 11

20 Anton Christen, Südafrika, in: „Der Bund", 6. April 1996, S. 2

21 Edward Goldsmith, Neue Kolonialreiche, Le Monde diplomatique, monatl. Beilage d. WOZ, April 1996, S. 1, S. 12 ff.

22 Humberto R. Maturana, Biologie der Sozialität, in: Siegfried J. Schmidt (Hg.), Der Diskurs des Radikalen Konstruktivismus, Frankf./M. 1987, S. 300, abgedruckt in: Konstruktivismus und Ethik, hg. von G. Rusch und S. J. Schmidt, Frankf./Main 1995, S. 376

5. Zur Neudefinition von Rationalität und Irrationalität und den Konsequenzen für den Wissenschaftsbegriff

1 Erich Fromm, Das gesellschaftliche Unbewußte, in: Jenseits der Illusionen, Gesamtausgabe Stuttgart 1980 Bd. 9, S. 116–120

2 Mario Erdheim, Die gesellschaftliche Produktion von Unbewußtheit, Frankfurt/Main 1992

3 C. G. Jung, Psychologische Typen (1920), Gesammelte Werke, Olten/Freiburg 1971 ff. Bd. 6, S. 357–443

4 Ebd. S. 369 f.

5 Ludwik Fleck, Entstehung und Entwicklung einer wissenschaftlichen Tatsache. Einführung in die Lehre vom Denkstil und Denkkollektiv, Frankf./M. 1994, S. 130, 187

6 Ebd. S. 66–69

7 Vgl. Karen Gloy, Das Verständnis der Natur, Bd. 1, Die Geschichte des wissenschaftlichen Denkens, München 1995, S. 274

8 Ludwik Fleck, Entstehung und Entwicklung einer wissenschaftlichen Tatsache, a. a. O. S. 111, S. 188

9 Ebd. S. 79 f. Fleck bezieht sich nicht ausdrücklich auf Bertalanffy, sondern auf H. Gradmann, Naturwissenschaften, 1930

10 Ebd. S. 137–140, S. 158

11 Ebd. S. 39, S. 58 f.

12 Humberto R. Maturana, Erkennen: Die Organisation und Verkörperung der Wirklichkeit, Braunschweig 1985

13 Vgl. Paul K. Feyerabend, Über Erkenntnis, Frankf./M. 1995, S. 124

14 So etwa beschwert sich ein Gentechnologe öffentlich darüber, daß die
breite Öffentlichkeit, aber auch die Philosophen, die Errungenschaften
der Genmanipulation viel zu wenig schätzen. Seiner Meinung nach ist
das Genrearrangement als kultureller Beitrag der Wissenschaft mit der
Fünften Symphonie von Beethoven gleichzusetzen. Interview mit Prof.
Beda Stadler, „Der Bund" 23. Juni 1994, S. 9

15 Evelyn Fox Keller, Barbara McClintock, Die Entdeckerin der springenden Gene, Basel, Boston, Berlin 1995

16 Ebd. S. 172

17 Ebd. S. 213

18 Ebd. S. 210

19 Ebd. S. 220

20 Vgl. unter anderen:
Regina Becker-Schmidt, Computer sapiens. Problemaufriß und sechs
feministische Thesen zum Verhältnis von Wissenschaft, Technik und
gesellschaftlicher Entwicklung, in: Vermittelte Weiblichkeit, hg. von
Elvira Scheich, Hamburg 1996, S. 335–346, S. 341
Helen Longino, Natur anders sehen: Zur Bedeutung der Geschlech-
terdifferenz, in: Vermittelte Weiblichkeit, hg. von E. Scheich, a. a. O.
S. 292–312, S. 302 f.

21 Evelyn Fox Keller, Secrets of Life – Secrets of Death. Essays on Language, Gender and Science, New York, London 1992, S. 27 ff., S. 177–
181
Marianne Krüll, Das rekursive Denken im radikalen Konstruktivismus
und im Feminismus, in: Wege aus der männlichen Wissenschaft, Hg.
M. Krüll, Pfaffenweiler 1990, S. 97–114

22 Vgl. zu Punkt 3, 4 und 6 unter anderen:
Evelyn Fox Keller, Liebe, Macht und Erkenntnis, München 1986
Ders./Dies. Secrets of Life – Secrets of Death, a. a. O. S. 29 ff.
Ders./Dies. Geschlecht und Wissenschaft: Eine Standortbestimmung,
in: Das Geschlecht der Natur, Hg. B. Orlando/E. Scheich, Frankf./M.
1995 S. 64–91
Nancy Cartwright, Nature's Capacities, Oxford 1990
Sandra Harding, Feministische Wissenschaftstheorie, Hamburg
1991
Ders./Dies., Das Geschlecht des Wissens, Frankf./M. 1994
Elisabeth List, Die Präsenz des Anderen. Theorie und Geschlechter-
politik, Frankf./M. 1993, S. 103–110.

23 Evelyn Fox Keller, Wissenschaftstheorie in feministischer Perspektive,
in: M. Krüll (Hg.), Wege aus der männlichen Wissenschaft, a. a. O.
S. 114–134, S. 127

24 Zu Punkt 7 und 8 unter anderen:
Helen Longino, Die Natur anders sehen: Zur Bedeutung der Geschlechterdifferenz, in: Vermittelte Weiblichkeit, hg. von E. Scheich,
a. a. O. S. 300 ff.

Ders./Dies., Science as Social Knowledge. Values and Objectivity in Scientific Inquiry, New Jersey 1990

Christine Woesler de Panafieu, Feministische Kritik am wissenschaftlichen Androzentrismus, in: Ursula Beer (Hg.), Klasse Geschlecht, S. 95–131, S. 122 ff.

25 Vgl. Sandra Harding, Das Geschlecht des Wissens, Frankf./M. 1994, S. 316 ff.

Ruth Bleier (Hg.) Feminist Approaches to Science, New York, 1986

26 Sandra Harding, Ist die westliche Wissenschaft eine Ethnowissenschaft? in: Die Philosophin, Forum für feministische Theorie und Philosophie, H. 9, April 1994, S. 26–44

Ders./Dies., Wissenschaft in der Ersten und Dritten Welt, in: Das Geschlecht des Wissens, a. a. O. S. 235–264

27 So Gernot Böhme, Frank Rotter, Guenther Roth und Klaus Lichtblau, in: Feministische Vernunftkritik, Hg. Ilona Ostner, Klaus Lichtblau, Frankf./M. 1992

28 Interview mit Richard Strohmann, in: WOZ, 17. Nov. 1995, S. 24

29 Erwin Chargaff, Bemerkungen, Stuttgart 1981, S. 125

30 Evelyn Fox Keller, Wissenschaftstheorie in feministischer Perspektive, in: Wege aus der männlichen Wissenschaft, Hg. M. Krüll, a. a. O. S. 129

Die politischen Konsequenzen

1. Zu Problemen in der Humanmedizin

1 Zur holländischen Praxis und zur australischen Praxis der apparategestützten Selbsttötung siehe:
Ruedi Spöndlin, Sterbehilfe im internationalen Vergleich. Fakten, Diskussionen und die Rechtslage, in: Soziale Medizin (sm) Basel, August 1996, S. 14 f.

2 Hans Jonas, Gehirntod und menschliche Organbank: Zur pragmatischen Umdefinierung des Todes, in: Technik, Medizin und Ethik. Zur Praxis des Prinzips Verantwortung, Frankfurt/Main 1985, S. 219–241, Against the Stream: Comments on the Definition of Death, in: Hans Jonas, Philosophical Essays 1974–1980

3 Ders./Dies., Technik, Medizin und Ethik, a. a. O. S. 235

4 J. Hoff/I. in der Schmitten (Hg.), Wann ist der Mensch tot? Organverpflanzung und Hirntodkriterium, Reinbek bei Hamburg 1994. Darin u. a. Beiträge von D. B. Linke, M. Kurthen, G. Roth, U. Dicke

5 Ebd. S. 58, S. 163 f., S. 192 ff.

6 E. Wellendorf, Der Zweck heiligt die Mittel ? Erfahrungen aus der Arbeit mit Organempfängern, in: J. Hoff/I. in der Schmitten, Wann ist der Mensch tot? a. a. O. S. 392

7 Vgl. J. Hoff/I. in der Schmitten, Kritik der Hirntod-Konzeption, in: Wann ist der Mensch tot? a. a. O. S. 226

8 E. Wellendorf, Der Zweck heiligt die Mittel? a. a. O. S. 385–391

9 Ursel Fuchs, Gentechnik – Der Griff nach dem Erbgut, Bergisch Gladbach 1996, S. 240

10 Detlef B. Linke, Hirnverpflanzung. Die erste Unsterblichkeit auf Erden. Reinbek b. Hamburg, 1996, S. 95 ff.

11 S. Pater/A. Raman, Organhandel. Ersatzteile aus der Dritten Welt. Göttingen 1991, S. 53 ff.

12 Ingrid Schneider, Föten. Der neue medizinische Rohstoff, Frankfurt/Main 1995, S. 176–198

13 R. M. Hare, Essays on Bioethics, Oxford 1993, S. 128 ff.
P. Singer, Diana Wells, The Reproductive Revolution, Melbourne 1984

14 R. M. Hare, Essays on Bioethics, a. a. O. S. 15–30

15 Ingrid Schneider, Föten. Der neue medizinische Rohstoff. a. a. O. S. 153–155, S. 166–173

16 S. Braga, Testen auf ein gesundes Kind? WOZ, 15. Mai 1992, S. 26 f.

17 Maria Mies/Vandana Shiva, Ökofeminismus, Zürich 1995, S. 258, S. 289

18 Peter Singer, Diana Wells, The Reproductive Evolution. New Ways of Making Babies, Melbourne 1984

19 Gen-Archiv, Essen, Erklärung zum „Erlanger Fall", 21. 10. 1992 zitiert nach Süddeutsche Zeitung, 27. 6. 1988

20 Vgl. die Auseinandersetzung von Maria Mies mit der amerikanischen Juristin Lori B. Andrews, in: Ökofeminismus. a. a. O. S. 271–S. 276
Zur psychophysischen Entwicklung des Embryos:
Ludwig Janus, Wie die Seele entsteht, München 1993

21 R. M. Hare, Essays on Bioethics, a. a. O. S. 185–191

22 Papier des Lenkungsausschusses Bioethik (CDBI) Straßburg CDBI/INF (93) 4

23 Hans Jonas, Technik, Medizin und Ethik, a. a. O. S. 131–140

24 Zitiert nach U. Fuchs, Gentechnik – Der Griff nach dem Erbgut a. a. O. S. 246

25 Brigitte Weißhaupt, Ethik und die Technologie am Lebendigen, in: Grenzen der Moral, hg. v. U. Konnertz, Tübingen 1991, S. 91

26 Ebd. S. 84

27 Ursula P Jauch, Von der „Nausea Ethica", in: Grenzen der Moral a. a. O. S. 99

28 Ebd. S. 97 f.

29 Vgl. Stephan Wehowsky, Gespräche über Ethik, a. a. O. S. 138 f.

30 Ebd. S. 170 f.

31 The World Health Report 1996, World Health Organization, Geneva

32 Zitiert nach Alex Schwank, Was den Menschen ausmacht. Wird die Medizin zur „biologischen Ingenieurskunst?" in: WOZ, 12. März 1993, S. 7

2. Zur Genmanipulation von Tieren und Pflanzen und zur Patentierung von Lebewesen

1 Florianne Koechlin, Daniel Ammann (Hg.), morgen, Materialienband der Schweiz. Arbeitsgruppe Gentechnologie (SAG), Basel 1995, S.70f., S. 171

2 Florianne Koechlin, Das Tierleid nimmt zu, in: Herz vom Schwein, Basler Appell gegen Gentechnologie (Hg.) Basel 1996, S. 27–29

3 Daniel Ammann, Gentechnologie an Tieren, Pflanzen und Mikroorganismen, hg. von Gen-Schutz-Initiative SAG (Schweizer Arbeitsgruppe Gentechnologie) 1992, S. 26–29

4 Vgl. Mascha Madörin, Der Kampf um neue Märkte, in: Genzeit, Die Industrialisierung von Pflanze, Tier und Mensch, hg. von Claudia Roth, Zürich 1991, S. 15–36

5 Christoph Keller, Der göttliche Professor, in: WOZ, 2. Juni 1995, S. 7. Darin referiert der Verfasser über die spektakulären Experimente Prof. Walter J. Gehrings (Basel), dem es gelang, eine Fruchtfliege mit Beinen anstelle von Fühlern am Kopf, und eine andere mit 14 Augen am ganzen Körper herzustellen.

6 Zitiert nach Stephan Wehowsky, Gespräche über Ethik, München 1995, S. 142 f.

7 Florianne Koechlin, Die neuen Killerviren, in: Herz vom Schwein a. a. O. S. 12–20

8 Detlef B. Linke im Interview mit F. Koechlin und Ch. Keller, Das Tier der Offenbarung, in: WOZ, 29. Sept. 1995, S. 27

9 Vandana Shiva, The Violence of the Green Revolution, London 1991

10 Ebd. S. 171–194
   Vgl. auch Henk Hobbelink, Biotechnology and the future of world agriculture, London 1991

11 So etwa zogen die Frauen im Punjab zwischen verschiedensten Getreidearten vitaminreiches Blattgemüse (Bathua) und in den unter Wasser stehenden Reisfeldern Fische, was beides dem Monopolanbau und den Pestiziden zum Opfer fällt. Heute erblinden jährlich Tausende von Kindern durch den Ausfall von Vitamin A in ihrer einseitig gewordenen Nahrung, und wegen des Wegfalls wertvoller Futter (Un-)kräuter plündern Viehzüchter die Wälder.
   Vandana Shiva, The Violence of the Green Revolution, a. a. O. S. 205 ff.
   Ders./Dies., Das Geschlecht des Lebens. Frauen, Ökologie und Dritte Welt, Berlin 1989, S. 109–148

12 Erklärung von Bern (Hg.), Hunger aus dem Genlabor, Zürich 1989

13 Henk Hobbelink, Bio-Industrie gegen die Hungernden, Reinbek bei Hamburg 1989

14 Zum Angriff auf die Artenvielfalt:

Michael Flitner, Sammler, Räuber und Gelehrte. Die politischen Interessen an pflanzengenetischen Ressourcen 1895–1995, Frankfurt/M. 1995

15 Daniel Ammann, Gentechnologie und Nahrungsmittel, Hg. von Ärztinnen und Ärzten für Umweltschutz, Delémont, o. J. S. 47–65

3. Angewandte Ökologie als Gewissensfrage

1 Vittorio Hösle, Philosophie der ökologischen Krise, München 1994, S. 25

2 Susan George, Sie sterben an unserem Geld, Reinbek bei Hamburg 1988, S. 44–68

3 Dafür steht als Beispiel die Ölförderung durch den Shell-Konzern in Nigeria und seiner Zusammenarbeit mit dem skrupellosen Regierungschef Sani Abacha, der den Schriftsteller Ken Saro-Wiwa mit anderen Kämpfern für die Rechte des Ogonivolkes hinrichten ließ.
Ken Saro-Wiwa, Flammen der Hölle, Reinbek bei Hamburg 1996

4 Dokumentiert in: „Der Bund", 17. Juli 1996, S. 5, „Der Graben zwischen Arm und Reich vertieft sich". (Karin Reber Amann)

5 Helen Zweifel/Martin Brauen, Wenig Kinder – viel Konsum? Stimmen zur Bevölkerungsfrage von Frauen aus dem Süden und Norden, Hg. Brot für alle, Erklärung von Bern, Fastenopfer, 1994

6 Der seit 1995 amtierende Weltbank-Präsident J. D. Wolfensohn engagiert sich für Programme der NGO's und Frauengruppen. Bericht „Der Bund" 22. Mai 1996, S. 20

7 Lorenz Kummer, Traum der „roten Kaiser" bedroht Millionen, „Der Bund" 13. April 1995, S. 2
Zur Beteiligung des ABB-Konzerns am Bakunstaudamm, siehe „Der Bund" 20. Juni 1996, S. 4

8 Siehe Bericht in: „Der Bund", 8. Januar 1996, S. 5: „Sind die Tage der letzten Kampungs gezählt?"
Zur Situation der indigenen Völker vgl. das Publikationsorgan der „Gesellschaft für bedrohte Völker", „Vielfalt", CH Bern

9 „Dem bösen Ende näher" ist der Titel der 1993 in Frankfurt/M. veröffentlichten Gespräche mit Hans Jonas, Hg. W. Schneider

10 H. Ch. Binswanger, Geld und Natur, Das wirtschaftliche Wachstum im Spannungsfeld zwischen Ökonomie und Ökologie, Stuttgart 1991, S. 38 ff.
Vgl. auch Robert Kurz, Der Kollaps der Modernisierung, Leipzig 1994, S. 294 ff.

11 Hans Peter Dürr, Die Ökonomie überlebensfähiger Ordnungen, in: Politische Ökologie, Tagungsbericht „Ökonomie und Natur", Tutzing 1990, Sonderheft September, S. 10–14

12 G. Füllgraff, Stoffstrom-Management, in: VDW-Info (Vereinigung Deutscher Wissenschaftler) Berlin, 1. Februar 1996 S. 13–15

13 H. Ch. Binswanger, Geld und Natur, a. a. O. S. 107 f.

14 Hans Peter Dürr, Verantwortung für die Natur, hg. von M. Haller, Zürich 1992, S. 33 ff.
15 Vgl. Kapitel II. 3, S. 188 f.
H. Maturana/F. J. Varela, Der Baum der Erkenntnis, Berlin 1984, S. 195–220
Ders./Dies., Was ist Erkenntnis? München 1994, S. 235
16 Hans Peter Dürr, Verantwortung für die Natur, a. a. O. S. 103 f.

4. Die De-Humanisierung der Arbeit oder: Wieviel Automatisierung verträgt der Mensch?

1 Günter Anders, Die Antiquiertheit des Menschen. Über die Zerstörung des Lebens im Zeitalter der industriellen Revolution, München 1980 (erstes Erscheinen 1960)
2 Jeremy Rifkin, Das Ende der Arbeit und ihre Zukunft. Frankfurt/Main 1995
3 Ebd. S. 108–120
4 Ebd. S. 151–155. Vgl. auch Robert Kurz, Der Kollaps der Modernisierung, Leipzig 1994, S. 211–220
5 Jeremy Rifkin, Das Ende der Arbeit, a. a. O. S. 139–143
6 Ebd. S. 138 f. Vgl. auch Rosmarie Barwinski Fäh, Arbeitslosigkeit macht krank, in: Widerspruch, Heft 25, 1993, S. 160–174
7 Hans H. Dickhaut, Selbstmord bei Kindern und Jugendlichen, Weinheim 1995
Radiomeldung DRS „Horizonte" vom 9. März 1996, wonach sich in der Schweiz jährlich 110 Jugendliche das Leben nehmen, worin die Drogentoten nicht inbegriffen sind.
8 Rudolf Balmer, Frankreichs Jugend sieht schwarz, in: „Der Bund", 4. Oktober 1994, S. 5
9 Jeremy Rifkin, Das Ende der Arbeit, a. a. O. S. 132 ff.
Daniela Niederberger, Unerträgliche Belastung am Arbeitsplatz, in: „Der Bund", 18. Juni 1996, S. 19
Helga Wienröder, Existenzangst macht Manager krank, in: „Der Bund", 14. August 1996, S. 17
10 Jeremy Rifkin, Das Ende der Arbeit, a. a. O. S. 115–120
11 Süddeutsche Zeitung, 3. Juli 1996, S. 12
12 Clifford Stoll, Die Wüste Internet. Geisterfahrten auf der Datenautobahn, Frankfurt/Mai 1996
13 Ebd. S. 336

5. Sozialer Sprengstoff in deregulierten Gesellschaften

1 Jeremy Rifkin, Das Ende der Arbeit, a. a. O. S. 156 f.
2 Ebd. S. 157–162

3 Susan Goerge/Fabrizio Sabelli, Kredit und Dogma – Ideologie und Macht der Weltbank, Hamburg 1995
Noam Chomsky, Das Doppelspiel der Vereinigten Staaten mit Kolumbien, in: Le Monde Diplomatique/WOZ, August 1996, S. 9
4 Horst Afheldt, Freier Welthandel und der bedrohte Wohlstand der Nationen, in: WOZ, 17. März 1995, S. 28
Claus Koch, Die Gier des Marktes. Die Ohnmacht des Staates im Kampf der Weltwirtschaft, München 1995
5 WOZ, 14. März 1996, S. 2
6 Süddeutsche Zeitung, 6./7. Juli 1996, S. 13
7 Robert Kurz, Der Kollaps der Modernisierung, a. a. O. S. 283–297
Susan George, Für eine radikale Veränderung der internationalen Wirtschaftsordnung, in: Le Monde Diplomatique/WOZ, Juli 1995 S. 10–11

6. Wie dem bösen Ende entkommen?

1 Omni, Das wird morgen sein, München 1986
2 Hans Peter Dürr, Die Ökonomie überlebensfähiger Ordnungen, in: Politische Ökologie, 1990, a. a. O. S. 11 f.
3 Zu denken wäre an die Beginen im 12.–14. Jahrhundert oder an die chiliastische Bewegung im 12. und späten 16. Jahrhundert.
4 H. Ch. Binswanger und andere, Arbeit ohne Umweltzerstörung, Frankf./M. 1988
Hellmut Butterweck, Arbeit ohne Wachstumszwang, Frankf./M. 1995
5 Ernst Ulrich v. Weizsäcker/Amory B. Lovins/L. Hunter Lovins, Faktor Vier. Der neue Bericht an den Club of Rome, München 1995
6 Vgl. Jürg Minsch, Nachhaltige Entwicklung – Zur Karriere eines Begriffs, in: Allgemeine Ökologie zur Diskussion gestellt, Heft 1, Hg. M. Flury, Koordinationsstelle für allg. Ökologie, Universität Bern, 1995
7 E. U. v. Weizsäcker und andere, Faktor Vier, a. a. O. S. 18, 173. Hier wird sogar von einer Umsatzerwartung gesprochen, welche die der Gentechnik um ein Hundertfaches übertrifft.
8 H. Ch. Binswanger und andere, Wege aus der Wohlstandsfalle, Strategien gegen Arbeitslosigkeit und Umweltkrise, Frankfurt/Main 1978, S. 100–109
9 George Soros, Eine neue These zum Funktionieren der Kapitalmärkte, in: Die Herausforderung des Wachstums, Bericht an den Club of Rome, Bern 1990, S. 110–119
10 H. Ch. Binswanger, Geld und Natur, a. a. O. S. 56
11 Robert Guttmann, Die Transformation des Finanzkapitals, in: Prokla, Zeitschr. f. kritische Sozialwissensch. Berlin, Juni 1996, S. 193
Helmut Creutz, Das Geldsyndrom, Wege zu einer krisenfreien Marktwirtschaft, Berlin 1995, S. 25–28

12 Robert Guttmann, Die Transformation des Finanzkapitals, a. a. O. S. 177 f.

13 Ebd. S. 183 und
Mathias Binswanger, Wirtschaftswachstum durch „Profits without Production?" in: Geld und Wachstum, Hg. von H. Ch. Binswanger/P. V. Flotow, Edition Weitbrecht, Stuttgart, o. J., S. 180
Elmar Altvater/Brigitte Mahnkopf, Grenzen der Globalisierung, Münster 1996

14 Die Illusion von der Selbstvermehrung des Geldes geht bis in die Antike zurück. Das griechische Wort „tokos", das Gebären, Nachkommenschaft von Mensch und Tier und zugleich Zinsgewinn bedeutet, knüpft an das sich tatsächlich selbstvermehrende Zahlungsmittel der Pastoralwirtschaft an. Vgl. das lateinische „pecunia" als Synonym für Viehbestand und Geld. Die heutige Redensart von Zins- und Zinseszins läßt immer noch diejenige von „Kind und Kindeskindern" anklingen. Ich vermute auch hier einen Faktor unbewußt-irrationaler Kompensation.

15 Robert Guttmann, Die Transformationen des Finanzkapitals, a. a. O. S. 185–193

16 Helmut Creutz, Das Geldsyndrom, a. a. O. S. 96 ff., 106 ff. Creutz rechnet vor, daß die versteckten Schuldzinsanteile zusammen mit der Mehrwertsteuer die Warenpreise bis zu 30% verteuern.
Vgl. auch Dieter Suhr, Plädoyer für eine neue Geldordnung, Frankfurt/Main 1986
Margrit Kennedy, Geld ohne Zinsen und Inflation, Steyerberg 1990

17 H. Ch. Binswanger und andere, Wege aus der Wohlstandsfalle, a. a. O. S. 273–278

18 Ebd. S. 261–272
Binswanger weist auf die Unterscheidung von „patrimonium" und „dominium" im Lateinischen hin, wobei der erste Begriff das von den Vätern Ererbte meint, und erst der zweite das Eigentum mit unbeschränktem persönlichen Verfügungsrecht.

19 Carolyn Merchant, Der Tod der Natur, München 1987, S. 183 ff.

20 Hubert Markl, in: „Der Spiegel", 48/1995

21 Zitiert nach: Vereinigung Deutscher Wissenschaftler (VDW), Forschungsfreiheit öffentlich verantworten. Stellungnahme zur DFG-Denkschrift „Forschungsfreiheit. Ein Plädoyer für die besseren Rahmenbedingungen der Forschung in Deutschland". Berlin 1996, S. 4

22 Ebd. S. 3

23 Hans Peter Dürr, „Pflicht zur Mitnatürlichkeit", eine Antwort auf Hubert Markl, „Der Spiegel" 5/1996, S. 9

24 Peter Saladin, Verantwortung als Staatsprinzip, Bern 1984
Jörg Paul Müller, Elemente einer schweizerischen Grundrechtstheorie, Bern 1982
Hans Gruber, Forschungsförderung und Erkenntnisfreiheit, Bern 1986

25 Hans Gruber, Erkenntnisfreiheit aus rechtlicher Sicht, in: Forschungsfreiheit, Zürcher Hochschul-Forum, Bd. 18 Zürich 1991, S. 129–131
26 Jakob Tanner, Datenschutz als Schutz historischer Mythen?, in: Forschungsfreiheit, a. a. O. S. 264
27 Klaus Michael Meyer-Abich, Wissenschaft für die Zukunft, München
   1988, S. 14
28 Ebd. S. 22–33, 161–172
29 So äußerte sich ein Schweizer Forscher (Clive Kuenzle) über die Ver-
   zögerung der Forschung an transgenen Tieren durch die Behörden mit
   der Bemerkung, die wissenschaftlich reifen Vorhaben steckten noch im
   „politischen Morast", in: NZZ, 26./27. August 1989, S. 25
30 Stephan Wehowsky, Gespräche über Ethik, München 1995, S. 137 f.
31 Lester C. Thurow, Die Zukunft des Kapitalismus, Düsseldorf 1996
   S. 407
32 Ebd. S. 62–66
   Vgl. Peter Füglistaler-Wasmer/Maurice Pedergnana-Fehr, Vision einer
   sozialen Schweiz. Zum Umbau der Sozialpolitik, Bern 1996, S. 61–87
33 Lester C. Thurow, Die Zukunft des Kapitalismus, a. a. O. S. 341–355,
   S. 370 f.
34 Füglistaler/Pedergnana, Visionen einer sozialen Schweiz, a. a. O. S. 46–
   59
35 Ebd. S. 133–138
   Die Idee des Gemeinschaftsdienstes ist nicht neu. Sie wurde auch von
   H. Ch. Binswanger vertreten, in: Wege aus der Wohlstandsfalle,
   Frankf./M. 1978, S. 242–260.
   Der Schweizer Sozialethiker Hans Ruh nimmt sie ebenfalls auf und
   spricht sogar von einem dreijährigen Gemeinschaftsdienst:
   Hans Ruh, Anders aber besser. Die Arbeit neu erfinden – für eine soli-
   darische und überlebensfähige Welt, Frauenfeld 1995.
36 Carola Meier-Seethaler, Ursprünge und Befreiungen. Die sexistischen
   Wurzeln der Kultur, Frankf./M. 1992 S. 317–336, 440–464
   Ders./Dies., Die Bedeutung der Elternschaft im Wandel der Lebensbedingungen, in: Pro Familia, Nr. 4, Bern 1991
37 E. U. v. Weizsäcker/A. u. H. Lovins, Faktor Vier, a. a. O. S. 324–334
38 Martin Kempe in seinem Nachwort zu J. Rifkin, Das Ende der Arbeit
   a. a. O. S. 226
39 Jeremy Rifkin, Das Ende der Arbeit, a. a. O. S. 219
   Robert Kurz. Der Kollaps der Modernisierung, Leipzig 1994,
   S. 311 f.
40 Ebd. S. 312–325.
   Als Ostdeutscher setzt sich Kurz mit den falschen Voraussetzungen
   des kommunistischen Staatskapitalismus ebenso kritisch auseinander
   wie mit dem neoliberalen Kapitalismus.
41 Benjamin R. Barber, Coca Cola und Heiliger Krieg, Bern 1996, S. 259 f.
42 Jeremy Rifkin, Das Ende der Arbeit, a. a. O. S. 199–219

43 In diese Richtung geht das neue Engagement der privaten Entwicklungsorganisation „Helvetas" (Zürich), wenn sie die indigene Kunstproduktion zur Stärkung der kulturellen Identität fördert und sie gleichzeitig ihren Mitgliedern im Norden nahebringt. Siehe „Partnerschaft", Publikumsorgan der Helvetas, August 1996

44 Susan George, Interview in: WOZ, 18. Oktober 1991, Zürich

Ausblick

1 Marisa Zavalloni, Values, in: Handbook of Cross-Cultural Psychology, Bosten/Mass. 1980, Bd. 5, S. 73–120

2 Udai Pareek/T. Venkateswara Rao, Cross-Cultural Surveys and Interviewing, in: Handbook of Cross-Cultural Psychology, Bd. 2, S. 127–180

3 Marisa Zavalloni, Values, a. a. O. S. 113

4 George P. Murdock, Atlas of World Cultures, Pittsburgh 1981 (1967)

5 Ders./Dies., Outline of world cultures, New Haven: Human Relations Area Files, 1975

6 Harry C. Triandis, USA, der Gesamtherausgeber des Handbuchs für Cross-Cultural Psychology, umreißt in seiner Einleitung, Bd. 1, S. IX–XV, die Entstehungsgeschichte und die Intention des enzyklopädischen Werks.

Personenregister

Die mit hochgestellten Ziffern oder mit * versehenen Seitenzahlen verweisen auf die Anmerkungen und sämtliche Literaturangaben.

Sachregister

Hochgestellte Zahlen verweisen auf die Anmerkungen.

Philosophie bei C. H. Beck
(Eine Auswahl)

Vittorio Hösle
Moral und Politik
Grundlagen einer politischen Ethik für das 21. Jahrhundert
1997. Etwa 1200 Seiten. Gebunden

Vittorio Hösle
Philosophiegeschichte und objektiver Realismus
Acht Aufsätze
1996. 277 Seiten. Paperback
Beck'sche Reihe Band 1159

Nora K./Vittorio Hösle
Das Café der toten Philosophen
Ein philosophischer Briefwechsel für Kinder und Erwachsene
3. Auflage. 1997. 256 Seiten mit 1 Abbildung. Gebunden

Wolfgang Röd
Der Weg zur Philosophie
Von den Anfängen bis zum 20. Jahrhundert
Band 1: Altertum, Mittelalter, Renaissance
1994. 525 Seiten. Leinen
Band 2: 17. bis 20. Jahrhundert
1996. 637 Seiten. Leinen

Wolfgang Röd
Erfahrung und Reflexion
Theorien der Erfahrung in transzendentalphilosophischer Sicht
1991. 256 Seiten. Broschiert

Verlag C. H. Beck München